DIREITO DOS PETRÓLEOS
UMA PERSPECTIVA LUSÓFONA

DÁRIO MOURA VICENTE (Coordenador)
ANTÓNIO MENEZES CORDEIRO; CARLA AMADO
GOMES; CARLOS MARIA FEIJÓ; DÁRIO MOURA VICENTE;
FRANCISCO RODRIGUES ROCHA; GILBERTO BERCOVICI;
JOÃO VERNE OLIVEIRA; LINO DIAMVUTU;
LUÍS MANUEL TELES DE MENEZES LEITÃO;
MANUEL GONÇALVES; MANUEL JANUÁRIO DA COSTA
GOMES; ORLINDO FRANCISCO BORGES

DIREITO DOS PETRÓLEOS
UMA PERSPECTIVA LUSÓFONA

2.ª edição revista e aumentada

DIREITO DOS PETRÓLEOS
UMA PERSPECTIVA LUSÓFONA

AUTOR
DÁRIO MOURA VICENTE (Coordenador)

EDITOR
EDIÇÕES ALMEDINA, S.A.
Rua Fernandes Tomás, n.os 76-80
3000-167 Coimbra
Tel.: 239 851 904 · Fax: 239 851 901
www.almedina.net · editora@almedina.net

DESIGN DE CAPA
FBA.

PRÉ-IMPRESSÃO
EDIÇÕES ALMEDINA, S.A.

IMPRESSÃO | ACABAMENTO
PENTAEDRO, LDA.

Julho, 2015

DEPÓSITO LEGAL
396640/15

Os dados e as opiniões inseridos na presente publicação
são da exclusiva responsabilidade do(s) seu(s) autor(es).

Toda a reprodução desta obra, por fotocópia ou outro qualquer
processo, sem prévia autorização escrita do Editor, é ilícita
e passível de procedimento judicial contra o infrator.

BIBLIOTECA NACIONAL DE PORTUGAL – CATALOGAÇÃO NA PUBLICAÇÃO

DIREITO DOS PETRÓLEOS

Direito dos petróleos : uma perspectiva
lusófona / coord. Dário Moura Vicente. – 2ª ed.
rev. e aum. – (Estudos de direito africano)
ISBN 978-972-40-6132-0

I – VICENTE, Dário Moura, 1962-

CDU   34

PLANO DA OBRA

I. DÁRIO MOURA VICENTE
Nota prévia à 2.ª edição. 7
Nota prévia à 1.ª edição. 9

II. ANTÓNIO MENEZES CORDEIRO
As empresas petrolíferas em Angola 11

III. CARLA AMADO GOMES e JOÃO VERNE OLIVEIRA
Proteção do ambiente e Actividades petrolíferas e em Angola . . 45

IV. CARLOS MARIA FEIJÓ
O poder concedente no sector petrolífero em Angola 91

V. DÁRIO MOURA VICENTE
Arbitragem Petrolífera. 117

VI. FRANCISCO RODRIGUES ROCHA
Da cessão da posição contratual no âmbito das operações
petrolíferas à luz do Direito angolano. 143

VII. GILBERTO BERCOVICI
O Regime Jurídico do Petróleo no Brasil, Industrialização e
Desenvolvimento 183

VIII. LUÍS MANUEL TELES DE MENEZES LEITÃO
Os contratos no Direito do Petróleo e do Gás. 221

IX. Manuel Gonçalves e Lino Diamvutu
Seguro petrolífero: contributos para o mercado angolano 267

X. Manuel Januário da Costa Gomes
O transporte marítimo de hidrocarbonetos e o regime de limitação de responsabilidade previsto na Convenção Internacional Sobre Responsabilidade Civil pelos Prejuízos Devidos à Poluição por Hidrocarbonetos, 1992 (CLC 92). 289

XI. Orlindo Francisco Borges
Gestão de riscos ambientais de atividades petrolíferas offshore e danos ambientais anônimos: uma perspectiva luso-brasileira ... 397

NOTA PRÉVIA À 2.ª EDIÇÃO

Encontrando-se esgotada a 1.ª edição desta obra, propôs-nos a Livraria Almedina a preparação de uma 2.ª edição.

É essa edição que agora se dá à estampa. Sai enriquecida com novos estudos da autoria de Francisco Rodrigues Rocha, sobre A cessão da posição contratual no âmbito das operações petrolíferas, *de Gilberto Bercovici sobre* O Regime Jurídico do Petróleo no Brasil, *de Manuel Gonçalves e Lino Diamvutu sobre* O Seguro petrolífero *e de Orlindo Francisco Borges sobre* Gestão de riscos ambientais de atividades petrolíferas offshore e danos ambientais anónimos. *O estudo de Carla Gomes e João Oliveira sobre* Protecção do ambiente e atividades petrolíferas *foi também atualizado.*

A todos os autores – tanto os recém-incluídos como os que haviam já participado na 1.ª edição – se agradecem os respetivos contributos.

Crê-se que a obra progrediu, tanto do ponto de vista dos países cujos sistemas jurídicos nela são abrangidos, como do da diversidade dos temas tratados.

Assim possa este pequeno contributo para a criação de uma doutrina lusófona do Direito dos Petróleos ser útil a todos quantos, no Brasil, nos Países Africanos de Língua Oficial Portuguesa e em Portugal, se interessam por esta temática.

Lisboa, junho de 2015.

Dário Moura Vicente

NOTA PRÉVIA

Recolhem-se neste volume diversos estudos dedicados à temática do Direito dos Petróleos. Traço comum a todos eles é a circunstância de resultarem da docência e da investigação levadas a cabo pelos seus autores, em Angola e em Portugal, com destaque para a que vem sendo realizada no quadro da cooperação estabelecida entre a Faculdade de Direito da Universidade de Lisboa e a Faculdade de Direito da Universidade Agostinho Neto.

Não obstante a enorme relevância que conquistou recentemente em diversos países de língua oficial portuguesa – particularmente em Angola – o Direito dos Petróleos é ainda um domínio da Ciência Jurídica relativamente inexplorado pela doutrina. Tal a razão fundamental que justifica a publicação da presente colectânea.

O petróleo e os seus derivados representam hoje, com efeito, uma parte muito substancial do produto interno bruto de vários daqueles países, com destaque para Angola, o Brasil e Timor-Leste. Mesmo Portugal, que não dispõe de recursos petrolíferos conhecidos, há muito que se dotou de uma indústria refinadora de relevo internacional. Boa parte da energia consumida nestes países provém, por outro lado, desses produtos. Não surpreende, por isso, que eles se contem entre os bens que mais pesam na balança comercial desses países. A perspetiva do seu esgotamento, ainda que apenas a longo prazo, e o crescimento da respetiva procura têm determinado o aumento constante do seu valor e, reflexamente, a relevância do seu contributo para as economias nacionais.

Com respeito a esses bens suscitam-se, no entanto, diversas questões jurídicas de reconhecida complexidade, até hoje escassamente tratadas em estudos científicos. Entre elas mencionem-se: a) *O regime da propriedade das jazidas petrolíferas e da concessão a entes públicos e privados de licenças para a respetiva exploração;* b) *As regras que presidem à consti-*

tuição, ao funcionamento e à supervisão das empresas que se dedicam à prospeção e comercialização dos hidrocarbonetos; c) *A regulamentação dos impactos ambientais da atividade dessas empresas;* d) *A relevância dos tipos contratuais que o comércio internacional forjou para a prospeção, extração, transformação, refinação, venda e distribuição de produtos petrolíferos e seus derivados;* e) *O regime do transporte por via marítima desses produtos; e* f) *As regras aplicáveis à resolução dos litígios suscitados neste domínio – não raro opondo Estados a particulares –, em especial por via de arbitragem.*

É justamente destes temas que se ocupam os estudos coligidos neste volume, com os quais esperam os seus autores contribuir para estimular o debate científico neste domínio, tão carecido da atenção dos juristas de expressão lusófona.

Às instituições que promoveram os cursos e as conferências de que resultam esses estudos e à editora que possibilitou a sua publicação, aqui fica exarado o público agradecimento que lhes é devido.

Lisboa, março de 2013.

DÁRIO MOURA VICENTE

As Empresas Petrolíferas em Angola

António Menezes Cordeiro[*]

> SUMÁRIO: I – A Concessionária Nacional: 1. As origens da Sonangol; 2. Aspetos estatutários; 3. Parâmetros e natureza geral. II – Empresas licenciadas e empresas associadas: 4. As empresas licenciadas; 5. Empresas associadas; 6. Prestadoras de serviços. III – Em especial: os consórcios: 7. Noções básicas; Direito comparado; 8. O Direito angolano; influências decisivas; 9. Regime vigente; 10. Problema da repartição dos ganhos e perdas; 11. O termo do consórcio. IV – Breve comparação com empresas estrangeiras: 12. Aspetos gerais; a Exxon/MOBIL; 13. A Saudi Aramco; 14. Elf Aquitaine/Total; 15. Petrobrás. V – Princípios gerais do Direito das empresas petrolíferas: 16. A construção de uma disciplina jurídica; 17. Prudência e adequação; 18. Estabilidade e confiança; 19. Assunção de risco; 20. Fomento e progresso. VI – Concretização na governance: 21. Associação público/privada; 22. Composição e organização da administração; 23. Liberdade e tutela. VII – Concretização na compliance: 24. A fiscalização comum; 25. Níveis de aperfeiçoamento.

I – A Concessionária Nacional

1. As origens da Sonangol

I. A Sonangol/Sociedade Nacional de Combustíveis de Angola, EP, remonta à Angol/Sociedade de Lubrificantes e Combustíveis, SARL, fundada em 1953. Tratava-se, então, de uma subsidiária da Sacor, SARL.

---

[*] Professor Catedrático da Faculdade de Direito da Universidade de Lisboa.

Em 1976 (Decreto-Lei n.º 52/76), foi nacionalizada e cindida na Sonangol U.E.E. e na Direção Nacional de Petróleos.

A Sonangol ficou como concessionária exclusiva para a exploração de hidrocarbonetos líquidos e gasosos no subsolo e na plataforma continental de Angola. É responsável pela exploração, produção, fabrico, transporte e comercialização de hidrocarbonetos em Angola.

II. Após a independência, várias companhias estrangeiras que operavam no País, abandonaram-no, deixando no local infra-estruturas e funcionários. A Sonangol comprou, então, as instalações da Texaco, da Fin e da Shell, acordando ainda nas da Mobil. Obteve o apoio da ENI (Itália) e da Argélia, para a formação dos primeiros quadros.

III. A expansão da Sonangol seria, depois, exponencial. De acordo com o competente sítio, temos a anotar as datas seguintes:

1976 – criação da Sonangol;
1983 – subsidiária em Londres;
1991 – adjudicação do bloco 16: o primeiro em águas profundas;
1992 – subsidiária Sonangol P & P;
1999 – transformação de U.E.E. em E.P.;
2003 – atribuição do bloco 03, para a produção e prospeção de hidrocarbonetos;
2005 – distribuição em Portugal.

2. Aspetos estatutários

I. A Sonangol foi criada pelo Decreto n.º 52/1976, de 9 de Junho, com a designação de Sonangol U.E.E./Sociedade Nacional de Combustíveis de Angola, Unidade Empresarial Estatal. Na época, estava em causa a necessidade imediata de acudir às instalações e aos meios humanos que haviam sido abandonados e de assegurar a continuidade da indústria petrolífera. A solução mais adequada afigurou-se uma especial dependência do Estado, o que se conseguiu através da criação de uma Unidade Empresarial Estatal específica.

II. A Sonangol U.E.E. teve os seus primeiros estatutos definitivos aprovados pelo Decreto n.º 97/80, de 2 de Setembro. Estava, então, na estrita dependência do Estado. Um alargamento foi encarado pelo Decreto n.º 8/91, de 16 de Março, que veio revogar o diploma anterior.

Finalmente, o Decreto n.º 19/99, de 20 de Agosto, veio adaptar a Sonangol à nova Lei sobre Empresas Públicas, aprovando o seu Estatuto Orgânico.

III. Os estatutos da ora Sonangol, EP, comportavam 53 artigos, arrumados em seis capítulos, nos termos seguintes:

Capítulo I – Disposições gerais (1.º a 9.º);
Capítulo II – Direitos e disposições (10.º a 12.º);
Capítulo III – Organização e funcionamento:
    Secção I – Disposições preliminares (13.º);
    Secção II – Conselho de administração (14.º a 22.º);
    Secção III – Conselho fiscal (23.º a 30.º);
    Secção IV – Conselho de direção (31.º a 33.º);
    Secção V – Disposições comuns (34.º a 36.º).
Capítulo IV – Gestão patrimonial e financeira (37.º a 48.º);
Capítulo V – Trabalhadores (49.º a 51.º);
Capítulo VI – Disposições finais (52.º e 53.º).

IV. O artigo 2.º dispõe:

A SONANGOL – E.P. é uma pessoa coletiva dotada de personalidade jurídica e de autonomia patrimonial, regendo-se pelos princípios da programação económica, autonomia de gestão, autonomia financeira, de rentabilidade económica e de livre associação e demais disposições consagradas na lei, no presente estatuto, pelas normas complementares de execução e, no que não estiver especialmente regulado, pelas normas de direito privado em vigor em Angola.

Trata-se de um preceito muito significativo: ele faz a aproximação da Sonangol relativamente ao Direito privado.

V. A Sonangol tem, por objeto principal, o domínio petrolífero (4.º/1). Todavia, os seus estatutos permitem-lhe dedicar-se a quaisquer outras atividades comerciais ou industriais, por decisão do seu conselho de administração (4.º/2). Pode, ainda, transferir no todo ou em parte para outras empresas que controle, a execução das suas atividades (5.º), assim como pode participar noutras empresas, associar-se a elas ou proceder a integrações verticais (6.º). Vê-se, esta base, o universo que pode ser assumido por empresas petrolíferas.

A Sonangol, EP, é, nos termos da Lei, a detentora exclusiva dos direitos mineiros. Em causa está a prospeção, a pesquisa e a produção de hidrocarbonetos líquidos e gasosos (10.º/1). Cabe-lhe a execução da política petrolífera nacional (12.º).

VI. Em termos orgânicos, a Sonangol é dotada de um Conselho de Administração, um Conselho Fiscal e um Conselho de Direção (13.º): o primeiro é o órgão de gestão; o segundo, de fiscalização; e o terceiro, consultivo.

O Conselho de Administração tem cinco membros e recebe larga competência de orientação e gestão (15.º). Pode delegar poderes (16.º), dividir tarefas (17.º) e criar comissões técnicas (18.º). Ao Presidente do Conselho de Administração é ainda atribuído um papel autónomo de relevo (19.º).

Ao Conselho Fiscal são confiadas funções importantes na área da fiscalização (27.º), com os necessários poderes dos seus membros.

3. Parâmetros e natureza geral

I. Outros aspetos poderiam ser mencionados. Cabe todavia sublinhar que o importante papel cometido à Sonangol, seja no plano petrolífero seja, mais latamente, no campo económico e social resulta da sua integração no conjunto da Ordem Jurídica Angolana e, muito em especial, da sua articulação com a Lei das Atividades Petrolíferas.

II. A crescente aproximação da Sonangol às técnicas privadas de gestão dá, ainda, um relevo particular ao Direito das sociedades.

A técnica de empresa pública, hoje seguida pela Lei de Angola, surge materialmente próxima da da Fundação. A Sonangol corresponde a um património muito significativo, que pertence ao Estado Angolano e que este utiliza para dotar uma entidade, cujos fins fixa, cuja gestão determina e cuja atuação acompanha.

III. As empresas públicas aproximam-se, essencialmente, do Direito privado e do Direito comercial. Embora, no plano orgânico, a Sonangol apresente uma ordenação publicística, designadamente no modo de designar o Conselho de Administração, para o exterior, ela atua como um ente privado. Isso sem prejuízo de conservar algumas prerrogativas que vimos decorrerem da Lei das Atividades Petrolíferas.

A Sonangol, EP, pode ser considerada uma empresa pública de Direito angolano, sujeita a um regime próprio e ao Direito privado, civil e comercial de Angola. Tecnicamente, pode ser tomada como comerciante.

IV. Num eventual momento ulterior, poderia o Governo de Angola ponderar a passagem da Sonangol a uma sociedade anónima de capitais exclusivamente públicos ou a uma sociedade tipo *holding*, também de capitais exclusivamente públicos.

Uma vantagem nesse tipo de evolução residiria, sem dúvida, na maior flexibilidade de gestão e na capacidade de atrair grandes investimentos. Paralelamente, ficaria com novas vias de aplicação dos capitais conseguidos.

Trata-se de cenários que a seu tempo serão ponderados pelas Entidades competentes.

II – Empresas licenciadas e empresas associadas

4. As empresas licenciadas

I. As empresas licenciadas são empresas petrolíferas que disponham de uma licença de prospeção (2.º/11). A licença é emitida pelo Ministro da Tutela, de modo a facilitar a aquisição e o tratamento de informação, que permita uma melhor avaliação e suporte técnico dos pedidos de atribuição de direitos mineiros ou da qualidade de associada da Concessionária Nacional (33.º).

A prospeção em si é definida, pela Lei (2.º/19), como:

(...) o conjunto de operações a executar na terra ou no mar, mediante a utilização de métodos geológicos, geoquímicos ou geofísicos, com vista à localização de jazigos de petróleo, exclusão de perfuração de poços, processamento, análise e interpretação de dados adquiridos nos respetivos levantamentos ou da informação disponível nos arquivos do Ministério de tutela ou da Concessionária Nacional, assim como estudos e mapeamento regionais conducentes a uma avaliação e melhor conhecimento do potencial petrolífero da área.

A área da licença consta do próprio título (35.º/2) e não dá azo a um exclusivo de prospeção, no local (35.º/3). Como foi referido, tão-pouco ela confere ao beneficiário um direito de preferência relativamente à qualidade de associada da Sonangol (35.º/4).

II. Podem ser beneficiárias da licença (34.º):

Qualquer empresa nacional ou estrangeira, dotada de comprovada idoneidade e capacidade técnica e financeira (...).

Na verdade, a prospeção de petróleo, particularmente quando feita no mar e em águas profundas, requer um conjunto sofisticado de meios humanos e materiais e um especial *know how*. A essa luz, compreendem-se as exigências legais de idoneidade e de capacidade, acima referidas. Os inerentes requisitos devem ser comprovados, aquando do requerimento dirigido à Tutela (37.º/1).

A licença consigna os elementos relativos à identidade da licenciada, à área e ao prazo da licença, aos direitos e obrigações da mesma licenciada, à descrição dos trabalhos a realizar, o calendário e o orçamento e o regime da propriedade dos dados (39.º).

III. Os dados e as informações adquiridos na execução das atividades petrolíferas de prospeção são decisivos: é esse o objeto da operação em causa. O artigo 36.º da Lei das Atividades Petrolíferas de 2004 dispõe o seguinte:

– tais dados e informações pertencem ao Estado;
– as licenciadas e a Concessionária Nacional têm o direito de os utilizar;
– o Ministério da Tutela pode autorizar a licenciada a comercializar esses dados e informações, nos termos exarados na licença;
– caso ela venda os dados, o produto da venda é repartido equitativamente entre a Concessionária Nacional e a empresa licenciada.

IV. As empresas licenciadas têm, perante a Lei, um perfil puramente funcional. À Lei Angolana, é indiferente a sua nacionalidade e a sua natureza jurídica: apenas se exige competência técnica, idoneidade pessoal e garantias de desempenho. A essa luz, compreende-se o uso do termo "empresa".

As causas que podem levar à cessação dessa qualidade são aquelas que podem dar azo à extinção das próprias licenças: constam dos artigos 40.º a 43.º.

5. Empresas associadas

I. A Lei Angolana reserva para entidades nacionais a exploração do petróleo. Mais precisamente, ela fica reservada para a Concessionária Nacional, isto é, para a Sonangol.

Esta pode operar sozinha, altura em que o Governo lhe atribuirá, diretamente, a competente concessão, por Decreto publicado (44.º/1).

Mas pode preferir associar-se a terceiras entidades, para esse efeito (44.º/2). Tais terceiras entidades são as empresas associadas.

II. A qualidade de operador associada da Concessionária Nacional só pode ser atribuída a (45.º/1):

> (…) sociedades comerciais que façam prova de idoneidade e capacidade técnica e financeira para o exercício das operações petrolíferas na área da concessão respetiva.

A lei refere "sociedades comerciais". Afigura-se, todavia, que podem ser admitidas entidades diversas, como empresas públicas, ou entidade de qualificação por vezes controversa, como cooperativas. De resto, o facto de poderem estar em causa entidades estrangeiras logo recorda que às leis estrangeiras em causa caberá definir a exata natureza das visadas. Desde que idóneas e competentes, tal matéria não interessa aos objetivos da Lei Angolana.

III. A seleção do associado, como foi referido, deve ser feita por concurso público (44.º/3). Na verdade, quando haja concurso, o Estado Angolano pode recolher uma tripla ordem de vantagens:

– escolhe a mais capaz: perante várias candidaturas ordenadas, tal escolha é mais fácil e clara;
– tira partido da concorrência: em face de um concurso, os interessados serão naturalmente levados a majorar as suas condições, com vantagem para a adjudicante;
– legitima as suas decisões: perante a opinião pública, quer interna quer externa, as escolhas serão transparentes e adequadas.

Pode, todavia, justificar-se a negociação direta. Assim sucederá quando o concurso fique deserto, quando não conduza a resultados satisfatórios ou quando haja razões para supor que os concorrentes estavam conluiados. Sobre negociação direta dispõe o artigo 44.º/4. Quer o concurso público (46.º), quer a negociação direta (47.º) estão previstos na Lei.

III. A associação de uma empresa à Concessionária Nacional pode operar por várias vias. O artigo 14.º/2 elenca:

a) sociedade comercial;
b) contrato de consórcio;
c) contrato de partilha de produção.

O contrato de partilha de produção traduz uma parceria tipicamente petrolífera. Dá azo a uma associação menos institucionalizada e mais flexível. Em regra, é utilizada na fase em que os Países produtores ainda não disponham dos meios materiais e humanos e de *know how*.

IV. Ultrapassada essa fase, temos associações mais institucionalizadas: a sociedade comercial, participada pela Sonangol e pela entidade a ela associada e o consórcio, entre a mesma Sonangol e a entidade em questão. Em qualquer dos casos, a Sonangol deve deter, em regra, o controlo da associação em causa (15.º/1). Admite-se que, em casos devidamente fundamentados, a Concessionária Nacional possa quedar-se por posições minoritárias (15.º/2).

A transmissão das posições contratuais das empresas associadas só é possível a favor de terceiros de comprovadas idoneidade e capacidade técnico-financeira, e precedendo autorização da Tutela (16.º/1).

Em qualquer dos casos, a Concessionária mantém o direito de participar na direção das operações petrolíferas (17.º).

V. O estatuto de empresa associada implica, como foi adiantado e como abaixo será desenvolvido, a aplicação de uma série de regras do maior relevo.

Deste modo, a Lei Angolana, embora não disponha sobre a estrutura e a natureza de tais empresas, acaba por modelá-las em termos funcionais. Impõe-lhes um conjunto particular de direitos e de deveres, que lhes dão uma identidade e especificamente petrolífera.

6. Prestadoras de serviços

I. O artigo 14.º/3 permite, à Concessionária Nacional, o exercício de operações petrolíferas através de contratos de serviços com risco.

II. A matéria não é desenvolvida na Lei das Atividades Petrolíferas. Foi intenção do legislador deixá-la ao abrigo do contrato geral de prestação de serviço, especificando, todavia, que o risco corre por conta do prestador: um princípio geral patente no artigo 18.º.

III. Aos contratos de serviços haverá que aplicar, por via do artigo 1156.º do Código Civil, o regime do contrato de mandato. A natureza funcionalizada de toda esta matéria leva, no entanto, a que se proceda sempre com as necessárias adaptações. Aquilo que tenha sido expressamente clausulado é determinante, nos termos gerais dos artigos 405.º/1 e 406.º/1, do Código Civil.

III – Em especial: os consórcios

7. Noções básicas; Direito comparado

I. O artigo 14.º/2, b), admite que a associação de empresas à Concessionária Nacional possa operar através de um contrato de consórcio. O consórcio dispõe, no Direito angolano, do regime geral adotado pela Lei n.º 19/03, de 12 de Agosto.

Embora os contratos de consórcio prefigurados no referido preceito legal não tenham, necessariamente, de se submeter à Lei Angolana, afigura-se do maior interesse conhecer, concretamente, o regime em jogo. Dá-nos uma ideia mais clara desta particular forma de empresa petrolífera.

II. A figura do consórcio tem ascendência romana. Em Gaio, por exemplo, apareciam referências ao *consortium* como traduzindo formas de organização entre várias pessoas, com objetivos comuns[1].

A revolução industrial, com a tendência conhecida para a concentração ou simples junção de empresas, ditadas por necessidades económicas[2], provocou um incremento no domínio dos consórcios[3]. Hoje, pode considerar-se que, para além de dimensões jurídicas, o consórcio apresenta uma faceta social e económica[4] que explica o seu aparecimento nas mais diversas sociedades e no próprio plano internacional.

Apesar de quanto ficou dito, seria tentativa vã o procurar retirar de puras considerações económicas ou sociológicas o regime do consórcio ou, mesmo, a sua própria autonomização. As evidentes necessidades económicas que dão, ao consórcio, uma particular oportunidade, são comuns às diversas manifestações de associativismo com finalidades comerciais e industriais. Convém recordar, a tal propósito, que um Autor versátil como Francesco

---

[1] Vide PAOLO FREZZA, *"Consortium"*, NDI III (1938), 952-953.

[2] Merece uma especial referência o escrito, hoje clássico, de VITTORIO SALANDRA, *Il diritto delle unioni di imprese (consorzi e gruppi)* (1934), especialmente pp. 5 ss., com a importante recensão de TULLIO ASCARELLI, *Le unioni di emprese*, RDComm XXXIII (1935), I, 152-184.

[3] GIUSEPPE AULETTA, *Consorzi commerciali*, NDI III (1938), 956-966 (956).

[4] Cf. GIANNANTONIO GIUGLIELMETTI, *Consorzi industriali*, NssDI IV (1959), 269-284 (270-271).

Carnelutti incluía o consórcio dentro duma noção ampla de sociedade[5], enquanto Emilio Betti, elevando o consórcio a escopo último, apresentava certas sociedades como um modo de o prosseguir[6]. Estes quadros foram, pelo menos num campo técnico, superadas pela evolução legislativa posterior; mantêm, contudo, um interesse inegável para o conhecimento da figura. Decisivo para o regime do consórcio acaba por ser a lei concretamente aplicável.

III. Procurando ilustrar a relevância da lei em causa, cabe inserir uma breve nota de Direito comparado.

A ciência comparatística permite documentar uma grande diversidade de figuras tecnicamente distintas, todas destinadas a prosseguir interesses económicos, com recurso à conjugação de esforços de várias entidades. Para além das manifestações societárias, cada vez mais especializadas nos diversos ordenamentos[7], podem referenciar-se várias figuras ilustrativas.

Assim, no Direito alemão, aparecem algumas formas de concatenação de empresas, setor do Direito das uniões das empresas[8], às quais os comunitaristas prestam cuidada atenção[9], outro tanto sucedendo com os estudiosos do Direito da economia[10] e do Direito da concorrência[11]. Toda esta rica problemática, cuja atualidade se estendeu perante as exigências comunitárias

---

[5] Francesco Carnelutti, *Natura giuridica dei consorzi industriali*, RDComm XXXVII (1939), I, 1-14 (13-14).

[6] Emilio Betti, *Società commerciale costituita per finalità di consorzi*, em anotação a Milão, 7-Nov.-1940, RDComm XXXIX (1941), II, 335-341 (337). Esta mesma decisão foi objeto de outra importante anotação: Remo Franceschelli, *Consorzi costituiti in forma di società per azione*, RDComm XXXIX (1941), II, 73-81.

[7] Por todos, Götz Hueck/Christine Windbichler, *Gesellschaftsrecht*, 20.ª ed. (2003), 3-4.

[8] Herbert Wiedemann, *Gesellschaftsrecht/Ein Lehrbuch des Unternehmen- und Verbandsrechts*, I – *Grundlagen* (1980), 102 ss., com especial referência a *joint ventures*. Karsten Schmidt, *Gesellschaftsrecht*, 4.ª ed. (2002), 94, fala em *Gemeinschaftsunternehmen*.

[9] Ernst-Joachim Mestmäcker, *Europäisches Wettbewerbsrecht* (1974), 284 ss. e 431 ss..

[10] Wolfgang Fikentscher, *Wirtschaftsrecht* ¹(1983), 121, 166 e 614 ss., onde podem ser confrontadas várias modalidades, bem como o 2.° vol., *Deutsches Wirtschaftsrecht* (1983), 319 ss..

[11] Fritz Rittner, *Einführung in das Wettbewerbs- und Kartellrecht*, 2.ª ed. (1985), 166 ss..

da concorrência, não está aqui em causa, salvo alusões necessárias; não se joga, contudo, uma fórmula jurídica específica.

No Direito anglo-saxónico ocorre a figura dos *joint ventures*[12], próximos, nalgumas das suas manifestações, dos consórcios latinos.

No Direito francês, por fim, observa-se uma inexistência específica de regras dirigidas a contratos de cooperação entre as empresas, regulados, deste modo, pelos princípios gerais[13], lado a lado com a figura, já mais rígida, dos agrupamentos de interesses económicos, dotados de personalidade jurídica[14].

No Direito italiano aparece, efetivamente, a figura do consórcio: terá sido a experiência inspiradora do legislador de 1981.

8. O Direito angolano; influências decisivas

I. O Direito angolano, através da Lei n.º 19/03, de 12 de Agosto, define o consórcio como (artigo 12.º/1):

(...) o contrato pelo qual duas ou mais pessoas, singulares ou coletivas, se obrigam entre si a, de forma concertada e temporária, realizar certa atividade ou efetuar certa contribuição, com vista, nomeadamente, a: (...)[15].

---

[12] Cf. RAÚL VENTURA, *Primeiras notas sobre o contrato de consórcio*, ROA 41 (1981), 609-690 (617 ss.), ANDREA ASTOLFI, *Il contratto internazionale di "joint venture"*, RSoc 22 (1977), 809-902 e RONALD C. WOLF, *International Joint Venture*, 2.ª ed. cit., 3 ss.. No Direito uniforme norte-americano, cf. TATELBAUM/PEARSON, *Manual of Credit and Commercial Laws*, 91.ª ed. (1999), 2.1. ss..

[13] Assim, FRANCISCO LEFEBVRE, *Les contrats de coopération inter-entreprises* (1974), 50 ss..

[14] RENÉ RODIÈRE/BRUNO OPPETIT, *Droit Commercial/Groupements Commerciaux*, 10.ª ed. (1980), 357 ss.. Com vários elementos de Direito comparado, cf. CHRISTIAN MOLLER-GUGENBERGER, *Gesellschaft – Société und Groupement als Rechtsformen zur Unternehmenskooperation* (1976), 102 ss..

[15] Artigo 1°. Uma anotação ao artigo 12.º da Lei portuguesa, paralelo ao preceito angolano, pode ser confrontada em RAÚL VENTURA, *Primeiras notas sobre o contrato de consórcio* cit., 631-643.

Por seu turno, as alíneas subsequentes apontam como possíveis atividades do consórcio:

a) realização de atos materiais ou jurídicos, preparatórios quer de um determinado empreendimento ou atividade;
b) execução de determinado empreendimento ou atividade;
c) fornecimento a terceiros de bens ou serviços, iguais ou complementares entre si, produzidos por cada um dos membros do consórcio;
d) pesquisa ou exploração de recursos naturais;
e) produção de bens que possam ser repartidos, em espécie, entre os membros do consórcio[16].

II. Esta noção apresenta-se bastante elaborada e equivale, no essencial, a uma receção de correspondente fórmula italiana, contida no artigo 2602.º do Código Civil de 1942[17] e que também inspirara o Decreto-Lei português n.º 231/81, de 28 de Julho. Por isso se compreende o especial interesse que o conhecimento da doutrina e da jurisprudência italianas apresenta para a aplicação do Direito angolano, no tocante a consórcios.

O Direito italiano anterior a 1942 conhecia a figura do consórcio[18], referenciando-se nela, várias modalidades já bem tipificadas, com regras e perfis próprios[19]. Os autores recorriam às regras gerais sobre contratos[20].

---

[16] *Idem*, 643-648.

[17] Esse preceito foi alterado pela Lei n.º 377, de 10-Mai.-1976, abaixo referida; cf. TRIOLA, *Codice civile annotato*, 3.ª ed. (2003), 2335.

[18] Assim, além dos já citados trabalhos de CARNELUTTI, *Natura giuridica dei consorzi industriali*, de REMO FRANCESCHELLI, *Consorzi costituiti in forma di società per azione*, de EMILIO BETTI, *Società commerciale costituita per finalità di consorzio*, de AULETTA, *Consorzi commerciali* e de SALANDRA, *Il diritto delle unioni di imprese*, refiram-se LUIGI RAGGI, *Consorzi*, NDI III (1938), 953-956, bem como a anotação à Corte d'Appello di Milano 11-Jan.-1934, FI 1934, I, 1113-1116, assinalada G.F.. Tem ainda o maior interesse confrontar TULLIO ASCARELLI, *Riflessioni in tema di consorzi, mutue, associazioni e società*, incluído nos *Saggi di diritto commerciale* (1955), 273-323 (301).

[19] Por exemplo: LUIGI RAGGI, *Consorzi di comuni*, NDI III (1938), 966-968, e *Consorzi obbligatori*, *idem*, 976-978, CARLO PETROCCHI, *Consorzi di utenze d'acque pubbliche*, *idem*, 968-971, ANTONINO VITALE, *Consorzi idraulici*, *idem*, 971-976 e *Consorzi portuale*, *idem*, 993-995 e MICHELE CARLO ISACCO, *Consorzi stradali*, *idem*, 978-993.

[20] GIUSEPPE AULETTA, *Consorzi commerciali* cit., 961.

Ascarelli, com a sua especial autoridade, negava autonomia e identidade ao consórcio, dada a multiplicidade das figuras que se lhe abrigavam[21].

III. O vigoroso movimento científico que conduziu à codificação civil de 1942 – a qual, como é sabido, abrange o Direito comercial e o Direito do trabalho – permitiu precisar melhor a noção de consórcio.

Deste modo, a definição retirada do artigo 2602.º do Código Civil, versão inicial, apresentava o consórcio como:

> (...) uma associação de pessoas singulares ou coletivas, livremente criada ou obrigatoriamente imposta, para satisfação em comum de necessidades de estas pessoas[22].

Havia duas orientações clássicas de consórcio que deixaram marcas impressivas no instituto, até aos nossos dias. Uma, presente em Giuseppe Auletta[23], que via no consórcio um modo de regular a concorrência e outra, apoiada por Franceschelli[24], que propugnava por um esquema destinado a melhor prosseguir certa produção.

O *Codice* não tomou posição definitiva: como tem sido observado, a definição legal era suficientemente ampla para abarcar, como objetivo, quer uma obra ou prestação comum, quer a regulação de relações entre os consorciados[25].

IV. Amparada agora numa sólida referência legal, a ideia de consórcio desenvolveu-se, vendo multiplicadas as suas aplicações específicas[26].

---

[21] TULLIO ASCARELLI, *Riflessioni in tema di consorzi* cit., 301.

[22] GIUSEPPE FERRI, *Consorzi (Teoria generali e consorzi industriali)*, ED IX (1961), 371-389 (371). Cf. GIANNANTONIO GIUGLIELMETTI, *Consorzi industriali* cit., 272.

[23] G. AULETTA, *Consorzi commerciali* cit., 956 ss..

[24] R. FRANCESCHELLI, *Consorzi per il coordinamento della produzione e degli scambi*, 2.ª ed., no *Commentario del Codice Civile* de A. SCIALOJA e G. BRANCA, Liv. V – *Del lavoro*, art. 2602-2640 (1970), 1-157 (5 ss., 35 ss. e *passim*).

[25] FERRI, *Consorzi* cit., 372. Em geral, cumpre referir LUIGI FILIPPO PAOLUCCI, *Consorzi e società consortili nel diritto commerciale*, no DDP/SCom, III vol. (1990), 433-447.

[26] Como meros exemplos ilustrativos, podem citar-se os seguintes títulos: MARIO BANDINI, *Consorzi agrari*, NssDI IV (1959), 247-250, GIUSEPPE STANCANELLI, *Consorzi*

Um melhor esclarecimento efetivo da figura – embora a doutrina sempre chamasse a atenção para a escassez de jurisprudência[27] – está na origem duma reforma surgida em 1976. Através da Lei n.º 377, de 10 de Maio desse ano, o artigo 2602.º do Código Civil Italiano recebeu nova redação[28].

Diz agora esse preceito:

> Com o contrato de consórcio vários empresários instituem uma organização comum para a disciplina ou para o desenvolvimento de determinadas fases da respetiva empresa.

Houve um alargamento da figura, apontado por todos os comentadores do instituto e que frutificaria, aliás, em numerosas aplicações mais ou menos aparentadas[29]. Mas houve também e sobretudo: um centrar do instituto num significativo elemento: o da organização[30].

---

amministrativi, idem, 250-254, e *Consorzi stradali*, idem, 285-290, CARLO PETROCCHI, *Consorzi di bonifica integrale*, idem, 254-261 e *Consorzi per l'uso delle acque*, idem, 290-294, ELIO GIZZI, *Consorzi fra enti pubblici*, idem, 261-265, ANTONINO VITALE/CARLO PETROCCHI, *Consorzi idraulici*, idem, 265-269, LUIGI ACROSSO, *Consorzi in agricoltora*, ED IX (1961), 389-408, GIOVANNI MIELE/GIUSEPPE STANCANELLI, *Consorzi amministrativi*, idem, 408-414 e MARCELLO BERNARDI, *Consorzi fra enti locali*, idem, 414-425.

[27] Assim, ASCARELLI, *Reflessioni in tema di consorzi* cit., 273.

[28] *La nuova disciplina dei consorzi*, RSoc 21 (1976), 729-735, GIORGIO MARASA, *Prima valutazioni sulla nuova normativa in tema di consorzi*, RDCiv XXIII (1977), II, 524-552, ERNESTO SIMONETTO, *Consorzi/Primi appunti sulla Legge 10 Maggio 1976, n° 377*, RSoc 22 (1977), 785-808 e GIANNANTONIO GIUGLELMETTI, *Consorzi e società consortile*, NssDI/Appendice, vol. II (1981), 488-495 (488 ss.). Diversos elementos podem ainda ser confrontados em RESCIGNO, *Codice civile*, 6.ª ed. cit., 3715 ss..

[29] Como meros exemplos, retiram-se: BRUNETTO CARPINO, *Consorzi agrari*, NssDI/Appendice, vol. II (1981), 479-481, ALBERTO ABRAMI, *Consorzi di bonifica integrale*, idem, 482-486, ELIO GIZZI, *Consorzi fra enti pubblici*, idem, 486-488, FRANCESCO GARRI, *Consorzi per l'uso delle acque*, idem, 497-498, FIORENZO DI PASQUALI, *Alcuni aspetti dell'attività dei consorzi di garanzia nell prassi del mercato azionario italiano*, Riv. della Società 30 (1985), 14-61 e, ainda que noutro domínio, ALBERTO CRESPI, *Disposizioni penale in materia di società e di consorzi*, RSoc 31 (1986), 70-111. Cite-se, também, GIAN DOMENICO MOSCO, *I consorzi tra emprenditori*, cit. em RSoc 30 (1985), 1543-1444, com recensão.

[30] Além dos referidos, em especial, GIORGIO FORNASIERO, *Organizzazione e intuitus nelle Società* (1984), 175 e 178.

Estas considerações são tendencialmente válidas para a realidade jurídica portuguesa.

9. Regime vigente

I. O consórcio, tomado como tipo contratual, pode ser comodamente ponderado com recurso à explanação dos seus elementos.

A definição legal requer, em primeiro lugar, duas ou mais pessoas singulares ou coletivas[31]. A pluralidade de sujeitos liga-se à natureza contratual da figura. Para além disso, a lei não põe limites máximos. Este ponto, embora simples, tem relevância por permitir concluir que o consórcio desaparece quando se perca tal pluralidade, desde que, nos termos gerais, possa operar a confusão – artigo 868° do Código Civil – e sem prejuízo de terceiros – artigo 871°/1, do mesmo diploma.

II. As pessoas em causa devem exercer uma atividade que se supõe económica[32]. Visa-se acentuar a natureza basicamente lucrativa e, daí, comercial, da figura. Parece, contudo, que não se colocam dúvidas no tocante à possibilidade de, através da autonomia privada, se poder utilizar o consórcio num sentido puramente civil: mas ele terá sempre um teor oneroso, por oposição a gratuito.

As pessoas interessadas no contrato vão obrigar-se, pelo consórcio, a agir de forma concertada: postula-se uma organização comum[33]. Trata-se de um ponto decisivo porquanto possibilita a qualificação do consórcio como um contrato de organização – por oposição a contrato de aquisição, de serviços, etc.[34]. As partes apresentam-se, nele, com interesses comuns

---

[31] LUIGI RAGGI, *Consorzi* cit., 953 e RAÚL VENTURA, *Primeiras notas* cit., 633.

[32] GIUGLIELMETTI, *Consorzi industriali* cit., 272; a Lei angolana, ao contrário da portuguesa, não exige expressamente a natureza económica da atividade do consórcio.

[33] GIUGLIELMETTI, *Consorzi industriali* cit., 273, FERRI, *Consorzio* cit., 373 e FRANCESCHELLI, *Consorzi* cit., 46; nesse sentido, já AULETTA, *Consorzi commerciali* cit., 959 e, depois da reforma de 1976, SIMONETTO, *Consorzi* cit, 791 e MARASA, *Prime valutazioni* cit, 538.

[34] GIORGIO FORNASIERO, *Organizzazione e intuitus* cit., 178.

e não contrapostos[35]. Este aspeto, como será aludido mais detidamente, é determinante em todo o regime do contrato.

III. A concertação referida reporta-se ao desenvolvimento de certa atividade ou à efetivação de certa contribuição. Ficam contornados os consórcios puramente passivos, em que uma das partes se adstringiria, simplesmente, a não concorrer com a primeira. Esses elementos – a atividade e/ou a contribuição – são devidos por cada um dos consorciados, sempre com subordinação à ideia de "concatenação".

Deve ainda frisar-se que o contrato visa um dos objetivos do artigo 12.° da Lei n.° 19/03, de 12 de Agosto. Apesar de limitativa, a lista desse preceito é bastante lata. Adiante-se um ponto do maior relevo: o objetivo – qualquer que ele seja – é comum ou tem um nível comum de integração[36]. Assim se reforça, num plano teleológico repercutido em todo o regime, quanto acima foi dito sobre a organização comum[37].

IV. Por determinação legal, os contratos de consórcio devem ser celebrados por escrito, requerendo-se a escritura quando estejam envolvidos imóveis – artigo 13.°/1. As partes têm larga liberdade de estipulação, nos termos gerais.

As modificações ao contrato, a adotar pela forma utilizada para a sua celebração inicial, devem ser aprovadas por todos os contraentes, salvo quando o próprio contrato preveja outra fórmula (artigo 14.°, da Lei n.° 19/03).

---

[35] Quanto a essa importante categoria, VITTORIO SALANDRA, *Il contratto plurilaterale e la società di due soci*, RTDPC III (1949), 836-843 (839), ITALO UBERTI-BONA, *Questioni in tema di cointeressenza fra imprenditori*, RDComm 51 (1953), I, 128-146 (142 ss.) e DISIANO PREITE, *Il conflitto di interessi del socio tra codice e disciplina del mercato mobiliare*, RSoc 33 (1988), 361-470 (368 ss.).

[36] FORNASIERO, *Organizzazione e intuitus* cit, 181.

[37] A RPt 17-Out.-1996 (MANUEL RAMALHO), BMJ 460 (1996), 803, entendeu que havia consórcio perante um contrato escrito entre uma sociedade e uma pessoa singular em que aquela se compromete a construir em terreno fornecido por esta certos edifícios para vender, suportando os custos; os lucros seriam divididos por ambos.

V. Numa contraposição mais ou menos valorizada na doutrina estrangeira[38], a lei angolana distingue, com clareza, o consórcio interno do externo – artigo 15.º, da Lei n.º 19/03):

– no consórcio interno as atividades ou os bens são fornecidos a um dos membros do consórcio e só este estabelece relações com terceiros ou, então, tais atividades ou bens são fornecidos diretamente a terceiros por cada um dos membros do consórcio, sem expressa invocação dessa qualidade[39];
– no consórcio externo, as atividades ou os bens são fornecidos a terceiros por cada um dos consorciados, com invocação expressa dessa qualidade[40].

Contra o que poderia resultar de uma leitura mais apressada dos textos legais, o consórcio externo não se distingue do interno por, ao contrário deste, produzir efeitos perante terceiros. A fronteira reside no facto de, no consórcio externo, se assistir a um reforço do elemento organizativo.

VI. A lei angolana, dado o peso da organização no domínio do consórcio, regulou essa matéria no artigo 16.º, relativo ao chefe do consórcio e ao conselho de orientação e fiscalização. O artigo 26.º proíbe os fundos comuns).

Os deveres dos consorciados, nas dimensões da proibição da concorrência e da prestação de informações, são explicitados – artigo 17.º – surgindo ainda regras no tocante à repartição dos valores recebidos pela atividade nos consórcios internos e à participação em lucros e perdas – artigo 24.º. A denominação vem predisposta no artigo 21.º e as relações com terceiros no 25.º. Todos estes preceitos têm em comum o serem supletivos, numa

---

[38] Cf. GIUGLIELMETTI, *Consorzi industriali* cit., 278, FORNASIERO, *Organizzazione e intuitus* cit, 177 e RAÚL VENTURA, *Primeiras notas* cit, 651 ss..

[39] Cf. RLx 16-Abr.-1996 (JOAQUIM DIAS), CJ XXI (1996) 2, 94-96 (95/II e 96/I).

[40] Hipóteses de consórcios externos podem ser confrontados, na jurisprudência portuguesa, em RCb 19-Jan.-1995 (DANIEL ALMADA), CJ XX (1995) 2, 48-51, em STJ 22-Mai.-1996 (VICTOR DEVESA), CJ/Supremo IV (1996) 2, 262-266 (265/II), STJ 24-Fev.-1999 (SILVA PAIXÃO), CJ/Supremo VII (1999) 1, 124-125 (124/I) e em STJ 18-Jun.-2002 (PINTO MONTEIRO), Proc. 02A637.

ocorrência que deverá ser confirmada caso a caso, perante a própria lei e em face dos princípios gerais.

VII. A denominação do consórcio externo tem regras. Segundo o artigo 21.º/1 da Lei n.º 19/03, os seus membros podem juntar os seus nomes, firmas ou denominações sociais, com o aditamento "Consórcio de ..." ou "... em consórcio", sem prejuízo de apenas ser responsável perante terceiros quem assine os contratos.

A propósito da denominação do consórcio, pôs-se um problema que animou a jurisprudência portuguesa e que pode ter interesse em Angola.

Um determinado regulamento veio estabelecer um consórcio entre os (então) CTT e TLP denominando-o *Transdata – CTT e TLP em consórcio*. A RLx 8-Mai.-1990 entendeu que isso não era possível: a locução *"Transdata"* estaria a mais, podendo induzir terceiros de que haveria uma entidade *a se*[41]; este acórdão foi revogado pelo STJ 23-Mai.-1991, não unânime, que teve opção inversa: mau grado a presença da locução *"Transdata"*, não haveria perigo de confusão por se acrescentar *"em consórcio"*; além disso, o artigo 15.º/1 em causa não diz "os mesmos *só* podem fazer-se designar, juntando todos os seus nomes ..."[42].

A orientação da Relação de Lisboa e do Conselheiro vencido no Supremo parece-nos corresponder melhor ao entendimento da lei: admitir uma denominação para o consórcio que transcenda a soma das denominações das partes, equivale a publicitar uma entidade independente tanto mais que, no giro comercial, esse *plus* tenderá a prevalecer. O princípio da verdade das firmas e das denominações deve, também aqui, levar a melhor.

Prevalecerá, pois, a interpretação teleológica e integrada do artigo 21.º/1, da Lei n.º 19/03.

VIII. Deve ficar claro que, quanto às posições dos contratantes, toda esta regulamentação é apenas um modelo que a lei põe à disposição das partes.

---

[41] RLx 8-Mai.-1990 (SOUSA INÊS), CJ XV (1990) 3, 110-112 (111/I).
[42] STJ 23-Mai.-1991 (PEREIRA DA SILVA; vencido: ROGER LOPES), BMJ 407 (1991), 571-577 (574).

Estas, nos termos do artigo 405° do Código Civil, dispõem de plena liberdade contratual: podem, designadamente, celebrar consórcios "atípicos", acrescentar cláusulas suas ao modelo legal ou afastar soluções legais supletivas.

10. Problema da repartição dos ganhos e perdas

I. Num consórcio, as partes concertam-se para desenvolver determinada atividade económica. Pergunta-se se elas poderão ajustar uma repartição abstrata dos ganhos e das perdas.

O consórcio não tem personalidade jurídica. Assim sendo, a contratação com terceiros é feita em nome de algum ou alguns dos consorciados. Pode algum consorciado, que não tenha contratado diretamente com terceiros, ser chamado a receber lucros ou a suportar prejuízos?

II. Estamos no domínio patrimonial privado. Todos os direitos em jogo no consórcio são plenamente disponíveis. Não há nenhuma regra, no Direito angolano, que proíba estabelecer regimes de solidariedade passiva ou ativa, isto é: regimes nos quais uma mesma dívida passe a ser exigível, por inteiro, a um único de vários condevedores ou um mesmo crédito a ser liberatoriamente pagável a um único de vários co-credores. A lei não prescreve, todavia, nenhuma solidariedade; nem ativa, nem passiva[43]. Apenas não proíbe que as partes, ao abrigo da sua autonomia privada, o façam.

Assim sendo, é perfeitamente possível estabelecer regras de responsabilidade limitada, aquém da solidariedade pura: por exemplo, pode-se contratar que uma entidade responda até 30% de determinada dívida. De igual modo se poderá combinar que uma entidade possa receber, em termos liberatórios, até 30% do crédito.

III. No que toca às relações internas entre as partes: é totalmente viável que duas pessoas ajustem entre si uma certa repartição de esforços ou de lucros, num negócio para o qual ambas tenham contribuído.

---

[43] Só quem, concretamente, celebre contratos com terceiros, responde: RCb 19-Jan.-1995 cit., CJ XX, 2, 48-51 (acidente de trabalho), confirmado por STJ 22-Mai.-1996 cit., CJ/Supremo IV, 2, 265/II e STJ 24-Fev.-1999 cit., CJ/Supremo VII, 1, 125/II.

Deve ficar claro que tal repartição de lucros e de perdas nada tem a ver com o estabelecimento de uma pessoa coletiva[44]. Trata-se dum fenómeno corrente, que a todo o momento se verifica em situações de compropriedade.

Não é a comunhão em lucros e em prejuízos que dá azo à personalidade coletiva, como o mostra o regime das sociedades civis sob forma civil: estas, de acordo com a doutrina dominante, não têm sempre personalidade jurídica plena. Para haver pessoa coletiva, é determinante o reconhecimento jurídico, o qual surge não pela comunhão em lucros e prejuízos mas, antes, por uma determinada organização formal.

IV. No caso do consórcio, todas estas noções recebem plena confirmação.

Pelo contrato de consórcio, as partes obrigam-se a efetuar determinada contribuição para certos objetivos – artigo 12.º da Lei n.º 19/03, de 12 de Agosto. Logo, podem sofrer prejuízos.

Se a contribuição for percentualmente definida, os prejuízos do consorciado serão uma percentagem dos prejuízos totais.

Por outro lado, os valores a receber de terceiros – e que darão eventualmente lugar a lucros – podem, nos termos do contrato de consórcio, ser repartidos entre as partes, de acordo com uma distribuição diferente da que resultaria das relações diretas com terceiros em causa – artigo 4.º/1, por remissão do artigo 24.º da Lei n.º 19/03. Esta hipótese não se esgota na possibilidade de se fixar uma remuneração para o chefe do consórcio. Os valores em causa podem, materialmente, ser recebidos por um único dos consorciados que, depois, fará a repartição pelos outros, bastando, para tanto, que o contrato lhe confira os necessários poderes, como resulta do artigo 16.º da citada Lei.

V. A proibição de fundos comuns estabelecida no artigo 26.º da Lei n.º 19/03, nada tem a ver com a repartição dos lucros e perdas. Ela apenas visa facilitar a definição das relações entre as partes, remetendo-as para o artigo 1167º, *a*), do Código Civil, relativo ao mandato.

---

[44] REv 5-Fev.-1998 (Gaito das Neves), CJ XXIII (1998) 1, 267-270 (269/I), explicando que seria absurdo obrigar as pessoas interessadas em cooperar a instituir sociedades.

Por muito ténue que seja a organização pressuposta pelo consórcio, ela ainda será alguma. Havendo organização, é totalmente razoável esperar que as partes incorram numa quota de esforço e percebam uma quota de vantagens. Seria impensável que a lei o viesse proibir.

11. O termo do consórcio

I. O consórcio dá lugar a uma situação jurídica duradoura. Como tal, torna-se necessário fixar esquemas de cessação, sem o que ela tenderia a eternizar-se no tempo.

Vigora pois a regra de que, salvo quando a lei disponha de outro modo, os contratos não se destinam a ser perpétuos. No entanto, tem-se assistido a uma certa evolução no sentido do reforço da estabilidade dos consórcios: jogaram as necessidades económicas e sociais que ditaram o aparecimento da figura, bem como a conveniência em alargar a autonomia das partes.

Assim, a reforma italiana de 1976 suprimiu a regra de que os consórcios não poderiam ter durações superiores a 10 anos[45].

II. A lei angolana sobre consórcios distinguiu, no tocante à sua cessação, três modalidades[46]:

– a exoneração dos seus membros;
– a resolução do contrato;
– a extinção do consórcio.

Estas modalidades, tratadas nos seus artigos 18.º, 19.º e 20.º, têm o maior interesse, uma vez que são específicas deste tipo contratual: elas não correspondem inteiramente à teoria geral dos contratos.

---

[45] Cf. GIUGLIEMETTI, *Consorzi e società consortile* cit., 490 e FRANCESCHELLI, *Consorzi* cit, 74 ss.. Quanto às modificações sofridas pelo regime italiano do consórcio, cf. PAOLUCCI, *Consorzi e società consortili* cit, 433 e *passim*.

[46] Quanto ao Direito italiano, aqui sempre tão presente, cf. FERRI, *Consorzio* cit, 382 e AULETTA, *Consorzi commerciali* cit, 963.

III. A exoneracão dos membros do consórcio corresponde a uma posição potestativa que o consorciado tenha de pôr cobro aos seus compromissos, excluindo-se do consórcio. Compreende-se que ela requeira uma particular justificação, seja ela:

- uma impossibilidade superveniente de realizar as suas obrigações, a qual terá de ser liberatória, nos termos gerais – portanto absoluta, objetiva e definitiva;
- um comportamento de um consorciado que traduza um incumprimento perante o outro bem como uma impossibilidade em relação, também, a outro membro, sem que seja possível utilizar o esquema da resolução.

Tal o sentido do artigo 18.º, nas duas alíneas do seu n° 1.

IV. A resolução equivale a uma posição potestativa que o consorciado tenha de excluir os outros do consórcio. Compreende-se que, pela sua gravidade, se requeira justa causa – artigo 19.º/1 – a qual pode, de acordo com o elenco desse mesmo preceito, ser subjetiva ou objetiva. Esse artigo exige "declarações escritas emanadas de todos os outros" [membros]: a jurisprudência admite, quando haja apenas dois elementos, que a resolução seja oral[47]. Parece bem: removidos problemas probatórios, mantém-se, sempre que possível pela letra da lei, a regra da consensualidade.

V. Finalmente, os cenários de extinção do consórcio alinham-se no artigo 20.º e englobam:

- a revogação – artigo 20.º/1, *a*): "O acordo unânime dos seus membros"[48];
- a caducidade – artigo 20.º/1, *b*), primeira parte (realização do objeto), *c*) (decurso do prazo) e *d*) (extinção da pluralidade de membros);
- a impossibilidade – artigo 20.º/1, *b*), segunda parte (objeto que se torna impossível).

---

[47] STJ português 23-Out.-1997 (MIRANDA GUSMÃO), CJ V (1997) 3, 94-97 (96/II).
[48] Assim: RLx 16-Abr.-1996 (JOAQUIM DIAS), CJ XXI (1996) 2, 94-96 (96/I).

Há um prazo supletivo de dez anos, prorrogável – 20.º/2 – e admitem-se ainda outras cláusulas de extinção

IV – Breve comparação com empresas estrangeiras

12. Aspetos gerais; a Exxon/MOBIL

I. Como complemento do Direito angolano das empresas petrolíferas e antes de passar a uma construção geral desse setor normativo, afigura-se de algum interesse uma breve comparação com empresas estrangeiras do setor.

O papel da comparação é, antes do mais, ilustrativo. Efetivamente, uma comparação mais aprofundada exigiria exposições alargadas entre as ordens jurídicas respetivas: uma tarefa, aqui, incomportável. Antecipamos, como conclusão, uma certa marcha para o Direito privado e para formas privadas de organização.

II. Tomando como exemplo de estatutos simples e sintéticos temos, em primeiro lugar, a (atual) Exxon Mobil Corporation. Trata-se de uma sociedade de Direito norte-americano, constituída em New Jersey, a 5 de Agosto de 1882. Os seus estatutos comportam dez artigos, ainda que, alguns, de assinalável extensão. Assim:

I – Assembleia geral;
II – Conselho de administração;
III – Comissões do conselho de administração;
IV – Membros;
V – Departamentos e diretores;
VI – Transmissão de ações;
VII – Ano fiscal;
VIII – Insígnia;
IX – Alterações;
X – Indemnizações.

III. Não temos, aqui, quaisquer especificidades derivadas do petróleo. Corresponde a uma técnica, muito valorizada, de dizer o menos possível, por forma a deixar grande latitude aos sócios.

13. A Saudi Aramco

I. A Aramco Saudita (Saudi Arabian Oil Company) é a companhia estatal do petróleo, da Arábia Saudita. Tem sido considerada como a sociedade mais valiosa do Mundo, com um valor estimado entre 2,2 e 7 triliões de dólares.

Na origem, a Aramco remonta a 1933. O Governo Saudita assinou, então, um contrato de concessão com a Standard Oil of California, para a prospeção e exploração de petróleo na Arábia. A Standard Oil constituiu uma subsidiária sua, a California-Arabian Standard Oil Co.. Em 1936, por falta de êxito, alienou 50% desta companhia à Texas Oil Company. Em 1938 foram feitas as primeiras descobertas, perto de Darham, em 1944, a California-Arabian Standard Oil Co. muda a sua designação para Arabian American Oil Company (Aramco). O capital desta foi diluído entre outras petrolíferas norte-americanas.

II. Em 1950, o Rei Abdul Aziz ibn Saud, sob ameaça de nacionalização, obteve, por acordo, uma divisão igualitária dos lucros. A sede passou de Nova Iorque para Darham. Após 1973 e até 1980, o Governo Saudita foi incrementando a sua participação na Aramco, até obter o seu controlo total.

Entretanto, sucessivas descobertas fizeram da Arábia Saudita o 1.º produtor mundial, o 1.º exportador mundial e a detentora das maiores reservas mundiais.

III. A Saudi Aramco é gerida por um conselho de administração, que dispõe de uma comissão executiva, presidida pelo veterano Khalid A. Al-Falih.

14. Elf Aquitaine/Total

I. A Elf Aquitaine remonta à Régie Autonome des Pétroles (RAP), à Société Nationale des Pétroles d'Aquitaine (SNPA) e ao Bureau de Recherches de Pétroles (BRP). Formaram-se com vista à exploração de um campo de gás na Aquitânia, sudoeste de França. Em 28 de Abril de 1967, várias empresas ligadas unificaram-se na Elf (Essence Lubrificants France). Após novas fusões, na Elf Aquitaine.

II. O Governo francês privatizou-a, conservando *golden shares*. Em 2000, fundiu-se com a Total Fina, dando lugar à Total, em 2003.

Estatutariamente, a Total surge como sociedade anónima, sem especificidades.

15. Petrobrás

I. A Petrobrás foi constituída em 3 de Outubro de 1953, pelo Presidente Getúlio Vargas. Correspondia a uma iniciativa do Estado, para concentrar em si o setor petrolífero, na sequência de uma campanha que adveio desde 1946, sob o lema "o petróleo é nosso". A sua instalação ficou concluída em 1954, recebendo do Conselho Nacional do Petróleo, as refinarias de Mataripe e de Cubatão.

Foi progredindo no tempo, em regime de monopólio, até à Lei n.º 9.478, de 1997.

II. A expansão da Petrobrás foi fenomenal, marcada por sucessivas descobertas ao longo da costa brasileira. O seu capital foi aberto em bolsa, ainda que se conservando o Estado como o maior acionista. Os ganhos em bolsa foram da ordem dos 1200%.

V – Princípios gerais do Direito das empresas petrolíferas

16. A construção de uma disciplina jurídica

I. A possibilidade de tratar o Direito das empresas petrolíferas enquanto disciplina jurídica autónoma depende de, na base das regras vigentes, ser possível construir princípios gerais dotados de relevância axiológica e normativa.

Recordamos que os princípios são parâmetros ou vetores de ordem geral, que surgem num número significativo de lugares normativos. Contrapõem-se às normas, nos pontos seguintes:

- os princípios obtêm-se por construção científica, lidando com todo o sistema jurídico; as normas advêm da interpretação das fontes e, *maxime*, da Lei;
- os princípios equivalem a simples proposições linguísticas, que veiculam um conteúdo valorativo; as normas analisam-se numa previsão e numa estatuição;
- os princípios podem contradizer-se, cabendo então verificar, em concreto, qual deva prevalecer; as normas não se contradizem: a nova revoga a velha; a especial predomina sobre a geral; ou ambas desaparecem, numa lacuna de colisão;
- os princípios podem ceder perante normas ou outros princípios.

II. Isto dito, verifica-se que os princípios têm grande utilidade prática. Designadamente, eles assume as funcionalidades seguintes:

- permitem ordenar e explicar a matéria, num ponto decisivo para a comunicação e a aprendizagem;
- são poderosos auxiliares na interpretação e na aplicação das normas;
- assumem um papel decisivo na concretização de conceitos indeterminados;
- funcionam como bússolas, aquando da integração de eventuais lacunas.

III. Uma disciplina tem efetiva autonomia dogmática quando seja possível apontar, nela, princípios valorativos autónomos. Toda a sequência de normas que se lhes sigam ganha uma coloração própria e justifica uma aprendizagem especializada.

Nestas condições, compreende-se o interesse teórico e prático que assume a busca de eventuais princípios próprios, no tocante ao Direito das empresas petrolíferas.

17. Prudência e adequação

I. A Lei Angolana das Atividades Petrolíferas, em obediência às preocupações personalistas e ambientalistas dos nossos dias, fixa o que consideramos um princípio de prudência e de adequação. O princípio em causa fica claro no artigo 7.º/2:

> As operações petrolíferas devem ser conduzidas de forma prudente e tendo em devida conta a segurança das pessoas e instalações, bem como a protecção do ambiente e a conservação da natureza.

Vamos encontrar afloramentos deste princípio nos artigos 21.º (regime do aproveitamento e recuperação dos jazigos), 22.º (zonas de segurança), 23.º (segurança e higiene no trabalho), 24.º (proteção ambiental) e 75.º (abandono de operações).

II. A prudência e a adequação apresentam utilidade, depois, na seleção de eventuais associados da Sonangol, na opção pela negociação direta e na composição dos diversos contratos que venham a ser celebrados.

Os poderes de fiscalização da Sonangol e do próprio Estado não deixarão de, no terreno, ter em especial conta esta dimensão básica da atual indústria petrolífera.

18. Estabilidade e confiança

I. No domínio das empresas petrolíferas, é da melhor gestão estabelecer relações estáveis e baseadas na confiança. Trata-se de conseguir garantias de conhecimento da realidade natural e humana que rodeia as iniciativas petrolíferas. Além disso, a empresa estavelmente ligada ao empreendimento terá mais cuidado com as iniciativas que tome, privilegiando o longo e o médio prazo ao lucro imediato.

A confiança mútua possibilita, ainda, um aligeiramento dos procedimentos fiscalizadores e sancionatórios, sempre incómodos, num prisma económico de eficácia.

II. A estabilidade e a confiança afloram no artigo 16.º (transmissão da posição contratual), 19.º/3 (mudança de operador). Também reconduzimos a este vetor as múltiplas regras que promovem ou que asseguram a confidencialidade de informações relevantes – 31.º/2, *a*) e 77.º – ou a sua imediata comunicação à Tutela (64.º/1).

III. Cumpre recordar que o princípio da boa-fé, oportunamente referido no artigo 89.º/1 como forma de, pelo consenso, ultrapassar os litígios, tem justamente a sua tónica na tutela da confiança legítima.

19. Assunção de risco

I. As regras gerais de distribuição do risco mandam que ele corra contra o beneficiário da situação atingida. Por duas razões:

– uma razão de justiça: uma vez que o sujeito considerado beneficia de certas utilidades, é justo que, contra ele, corra a eventualidade da sua supressão: *ubi commoda, ibi incommoda*;
– uma razão de praticabilidade: repercutir o risco numa esfera diferente da que, inicialmente, sofra o dano equivale a trabalhar com obrigações de indemnizar: sempre de difícil conceção e execução.

II. No domínio petrolífero, as especiais condições aí reinantes e a possibilidade, bem real, de serem faturados lucros significativos levam o legislador a concentrar o risco nos operadores privados.

Assim, o artigo 18.º faz correr o risco de aplicação dos investimentos, no período de pesquisa, pelas entidades que se associem à Sonangol.

Na mesma linha, a contagem do petróleo produzido precede o ponto de transferência da propriedade, o qual fica fora ou para além da boca do poço: as eventualidades subsequentes já não correm (apenas) pelo Estado.

III. As garantias exigidas às empresas associadas (artigo 32.º1) equivalem, também, à ideia de isentar o operador público de correr o risco da eventual inidoneidade das interessadas.

20. Fomento e progresso

I. Do ponto de vista do legislador angolano – e bem – o petróleo não representa, apenas, uma riqueza em si. Ele deve ser operado como um fator de progresso, quer em termos humanos, quer no que respeita aos setores económicos conexos.

Nesse sentido, podemos apontar preceitos como o artigo 26.º (fomento do empresariado angolano e promoção de desenvolvimento), o artigo 27.º (utilização de bens e serviços nacionais) e o artigo 31.º/2, *a*) (dever da associadas de participar nos esforços de integração, formação e promoção profissional de cidadãos angolanos).

II. A própria prospeção deve ser atuada em termos dinâmicos, ainda numa linha de progresso, desta feita mais diretamente material. Assim sucede no artigo 61.º (prospeção em áreas contíguas) e no artigo 64.º (utilização e desenvolvimento conjunto).

VI – Concretização na *governance*

21. Associação público/privada

I. Os princípios que enformam o Direito das empresas petrolíferas refletem-se na *governance* dos operadores: seja da Concessionária Nacional (a Sonangol), seja das empresas a ela associadas. Os reflexos são inúmeros: iremos, tão-só, sublinhar os mais visíveis.

II. Como primeiro ponto saliente temos o facto de a Lei Angolana ter configurado todo o edifício jurídico-petrolífero como uma área de eleição para associar interesses públicos e privados. E assim sucedeu desde o início: ocasião em que era dominante uma Filosofia favorável à estatização da economia. Podemos explicar esse fenómeno com o particular pragmatismo que envolve o universo do petróleo. Pretendem-se resultados adequados, em detrimento de discussões de princípios ou ideologias, sempre interessantes mas sem projeção imediata na eficácia.

III. A associação público/privada denota-se na técnica das licenças de prospeção e nas diversas vias para a associação de operadores à Concessionária Nacional. Ela deve ser efetiva: donde o artigo 17.º, segundo o qual:

A participação da Concessionária Nacional nas associações com terceiros deve incluir necessariamente o direito à participação na direção das operações petrolíferas, nos termos dos respetivos contratos.

A contratualização público/privada é, pois, um dado estruturante da *governance* petrolífera. De novo sublinhamos, a tal propósito, o artigo 89.º/1, com a remissão para a boa fé, enquanto bitola de resolução de conflitos.

22. Composição e organização da administração

I. O Conselho de Administração da Sonangol é composto por cinco administradores, nomeados pelo Conselho de Ministros, sob proposta conjunta dos Ministros dos Petróleos e das Finanças (14.º/1). Um deles será o Presidente do Conselho de Administração, constando a sua qualidade do ato de nomeação (14.º/2).

Aparentemente, para uma empresa com a dimensão e a envergadura da Sonangol, o Conselho de Administração é reduzido. Prevaleceu, provavelmente, uma dupla ordem de considerações:

- conseguir um órgão operacional, capaz de reunir com facilidade e de tomar decisões rápidas;
- tirar partido, depois, da organização interna e da técnica das deslegações, judiciosamente aplicada.

II. De facto, o artigo 16.º dos Estatutos da Sonangol, epigrafado "delegação de poderes", dispõe:

1. A delegação de poderes do Conselho de Administração pode ser feita:

   a) por designação de administradores delegados;
   b) por nomeação de responsáveis;
   c) por procuração para atos específicos.

O n.º 2 explicita que a delegação de poderes não prejudica a avocação da matéria delegada e tem limites no próprio ato de delegação e nos regulamentos da empresa.

III. A divisão de tarefas, dentro do Conselho, está expressamente prevista no artigo 17.º. O Conselho de Administração funciona, deste modo, como um pequeno Conselho de Ministros, em que cada Administrador responde pelo pelouro que esteja a seu cargo.

IV. Significativa ainda, no seio de uma companhia petrolífera, é a previsão de comissões técnicas, constante do artigo 18.º. Pode, ao abrigo deste preceito, o Conselho de Administração criar, sob a sua dependência e com a coordenação de alguns dos seus membros, as comissões técnicas e os órgãos de apoio que entender convenientes. Nomeará, então, os seus responsáveis e integrantes, definindo os seus poderes.

V. Quanto às reuniões: o Conselho de Administração reúne ordinariamente uma vez por mês e extraordinariamente sempre que convocado pelo seu presidente, por iniciativa deste ou a pedido do Conselho Fiscal ou da maioria dos seus membros (20.º/1). Podem participar nas reuniões, sem direito a voto, os membros do Conselho Fiscal ou outras pessoas especialmente convidadas. Em certos casos, é ainda obrigatória a presença dos diretores-gerais (21.º).

VI. As administrações das demais empresas petrolíferas seguiram o previsto nos respetivos estatutos e nas leis que se lhes apliquem.

Na medida em que elas contactem, juridicamente, com a realidade angolana, *maxime* celebrando contratos de associação com a Sonangol, elas ficam sujeitas às regras de atuação e de valoração próprias do Direito petrolífero.

23. Liberdade e tutela

I. O *management* da Sonangol dispõe de um naipe de poderes muito alargado. Aproxima-se, quiçá, da técnica britânica do *trust*.

Não encontramos, nos Estatutos da Sonangol, particulares limitações aos poderes do Conselho de Administração. O que bem se compreende: a Sonangol atua no mundo muito dinâmico e muito pragmático do petróleo. Deve ser capaz de decidir, com acerto e oportunidade, em cima do acontecimento: o que seria de todo impossível, caso houvesse que percorrer os corredores da burocracia comum.

II. Todavia, não se deve entender quanto foi dito como uma margem lata de arbitrariedade. As condicionantes da atuação do Conselho de Administração da Sonangol devem ser procuradas na Ordem Jurídica de Angola e, em especial, na Lei das Empresas Públicas e na Lei sobre Atividades Petrolíferas.

Todos os princípios que apurámos nesse domínio têm, aqui, aplicação. Torna-se possível discernir os horizontes de um verdadeiro Direito das empresas petrolíferas.

III. A tutela da Sonangol, EP, vem prevista na Lei das Empresas Públicas. O artigo 9.º dos Estatutos, aprovados pelo Decreto n.º 19/99, de 29 de Agosto, comete essa tutela ao Ministro dos Petróleos.

Será, pois, numa articulação entre a Sonangol, que representa a Filosofia empresarial e o Ministério dos Petróleos, que traduz a dimensão pública alargada do Estado que se irá exercer a dialética entre a liberdade e a tutela, por forma a conseguir um máximo de eficiência em todos os domínios.

VII – Concretização na *compliance*

24. A fiscalização comum

I. A Sonangol, enquanto vértice das empresas petrolíferas que atuam na constelação angolana, dispõe dos esquemas de fiscalização próprios das empresas públicas.

Os seus estatutos preveem um Conselho Fiscal composto por três membros, nomeados por despacho conjunto dos Ministros dos Petróleos e das Finanças (23.º/1).

Desfruta das competências habituais para este tipo de órgão (24.º), cabendo, aos seus membros, os necessários deveres (27.º) e poderes (28.º).

II. Para além disso, operam o acompanhamento e a fiscalização levados a cabo pelo Ministério do Petróleo, enquanto entidade da tutela. São-lhe submetidas as diversas fórmulas atinentes a orçamentos e a contas. Além disso, ele tem múltiplas intervenções no desenvolvimento da atividade petrolífera, cabendo-lhe, como foi visto, atribuir licenças e concessões.

25. Níveis de aperfeiçoamento

I. No plano interno, cabe chamar a atenção para os níveis de *compliance* que o Conselho de Administração pode concretizar. Usando, designadamente, a via das comissões técnicas previstas no artigo 18.º dos Estatutos, a Administração da Sonangol pode fixar objetivos de produtividade, de redução de custos, de índices de defesa do ambiente e de índices de defesa dos trabalhadores e dos consumidores e verificar, depois, o *quantum* da sua obtenção.

II. A *compliance*, no sentido acima explicitado de fixação de objetivos e de acompanhamento da sua prossecução terá, aqui, uma dimensão estruturalmente petrolífera, dados os valores em presença.

A tal propósito, é possível fazer apelo a uma ética do petróleo: lidamos com uma fonte de energia fabulosa, não-renovável, que coloca nas mãos das gerações atuais uma grande riqueza e que deve ser posta ao serviço do progresso e das gerações futuras.

Proteção do Ambiente e Actividades Petrolíferas em Angola

Carla Amado Gomes*
João Verne Oliveira**

> SUMÁRIO: 0. Introdução; 1. Exploração petrolífera e impactos ambientais: 1.1. Uma sensibilidade internacional crescente à protecção do ambiente na regulamentação das actividades petrolíferas: 1.1.1. Em especial, o padrão europeu: a Directiva 2013/30/UE, do Parlamento Europeu e do Conselho, de 10 de Junho; 2. Actividades petrolíferas em Angola: 2.1. Importância e relevância dada ao ambiente no contexto das actividades petrolíferas (na sua globalidade); 2.2. Modelos contratuais de exploração petrolífera; 2.3. Cumprimento de normas de protecção ambiental como critério decisivo na escolha de parceiros internacionais; 2.4. Principais responsabilidades da Concessionária Nacional e das suas Associadas aquando do início das operações; 3 Exploração e produção de petróleo: 3.1. Responsabilidade pela condução das operações e pela protecção do ambiente; 3.1.1. Em especial, a responsabilidade por derrames; 3.2. Responsabilidade civil objectiva das empresas petrolíferas por danos ambientais?; 4. Abandono de campos de exploração petrolífera: 4.1. Normas de desmantelamento; 4.2. Restauração do meio envolvente; 5. Em jeito de conclusão: o futuro das operações petrolíferas em Angola no que respeita à protecção do ambiente

0. Introdução

Angola é território onde abundam recursos naturais – ouro, diamantes, minerais vários e petróleo. A riqueza petrolífera abriu mesmo as portas da

---

* Professora Auxiliar da FDUL; Investigadora do CIDP.
** Advogado.

Organização dos Países Exportadores de Petróleo ("OPEP") a Angola, membro de pleno direito desde 2008 na qualidade de segundo maior produtor de petróleo em África (apenas suplantada pela Nigéria), com cerca de 80% do seu PIB proveniente de actividades petrolíferas.

Trata-se de actividades extraordinariamente lucrativas, que geram receitas na ordem dos milhares de milhões de dólares em exportações. E, no entanto, cerca de 2/3 da população rural e urbana vive abaixo do limiar de pobreza, com um rendimento anual de 80 dólares, não dispõe de água potável e não tem acesso, nem a serviços de saúde, nem a educação, nem a transportes. A esperança média de vida é de 46 anos e a mortalidade infantil é de 150/1000 (até aos 5 anos: 250/1000). O país regista, do mesmo passo, uma das mais altas taxas de fertilidade do mundo e uma das mais baixas esperanças de vida, encontrando-se entre os últimos 25 Estados do planeta em termos de índice de desenvolvimento humano.

Esta situação pode ser explicada, em parte, por Angola sofrer, ainda que com um impacto menor do que noutros países com realidades comparáveis, da chamada "maldição dos recursos naturais". Esta "maldição" traduz-se num quadro paradoxal vivido em Estados com abundância de recursos não renováveis que, apesar (ou por causa) disso, experienciam períodos de estagnação do seu crescimento (ou mesmo períodos de contracção económica). Isto deve-se a que estes Estados canalizam todas as suas energias para o desenvolvimento de uma única indústria (normalmente, a petrolífera) e negligenciam os outros sectores de economia, cujo apoio permitiria um mais equilibrado e sustentado desenvolvimento sócio-económico. Dessa concentração resulta que estes Estados ficam demasiado dependentes do preço de mercadorias (*"commodities"*), expondo o seu produto interno bruto a uma enorme volatilidade[1]. Acresce a este quadro o nível de corrupção altíssimo induzido pela ganância de enriquecimento, que redunda numa distribuição desequilibrada da riqueza gerada pela produção e venda dos produtos resultantes da exploração dos recursos naturais[2].

---

[1] As recentes dificuldades de tesouraria que o Estado angolano atravessa, devido à baixa do preço do petróleo nos mercados internacionais, apenas vêm confirmar a veracidade desta afirmação.

[2] Sobre a "maldição dos recursos", concretamente a propósito da exploração de petróleo em terras indígenas, Suzana TAVARES DA SILVA e Marta VICENTE, **O Direito do Petróleo no**

A questão que queremos aclarar neste texto prende-se, no entanto, com uma outra interrogação, a saber: é o Estado angolano alheio a preocupações ambientais inerentes à exploração de petróleo? Tentaremos demonstrar que, pelo menos formalmente, a legislação angolana não é indiferente à lógica de gestão sustentada dos recursos petrolíferos. Antes disso, porém, teceremos algumas considerações sobre o estado de mobilização crescente em torno da necessidade de prevenir impactos e de reduzir a incidência de danos para o ambiente resultantes de actividades petrolíferas, muito por força de recentes acidentes de consequências prejudiciais esmagadoras, de que constitui paradigma a explosão seguida de derrame na plataforma da BP do golfo do México, *Deepwater horizon*.

1. Exploração petrolífera e impactos ambientais

A exploração de petróleo *offshore* constitui uma actividade com um potencial de impacto ambiental elevado, tanto em razão das condições em que é levada a cabo (num contexto natural instável, sujeito a fenómenos climáticos vários, por vezes extremos), como em virtude da capacidade de alastramento de efeitos para áreas longínquas (num contexto natural sem barreiras oponíveis a tal alastramento). Os efeitos de um derrame significativo proveniente de uma exploração *offshore* relativamente às espécies, residentes e circulantes, no meio marinho afectado, adquirem normalmente proporções dramáticas, pela intensidade quantitativa, qualitativa e temporal que acarretam.

Constitui, por conseguinte e à partida, razão de perplexidade a inexistência de um regime internacional de prevenção e reparação de danos, ambientais e ecológicos[3], decorrentes de derrames, intencionais e acidentais,

---

contexto jurídico da exploração de recursos naturais, in *Direito do Petróleo*, coord. de José Carlos Vieira de Andrade e Rui de Figueiredo Marcos, Coimbra, 2013, pp. 19 segs, 43-49.

[3] O Acórdão *ERIKA*, prolatado pela *Cour de cassation* francesa a 25 de Setembro de 2012, constitui um bom exemplo de uma decisão na qual se ponderaram, para efeitos de ressarcimentos, os vários tipos de bens/interesses afectados por um derrame petrolífero (de um petroleiro) de grandes dimensões (decisão disponível em https://www.courdecassation. fr/IMG/Crim_arret3439_20120925.pdf).

de instalações petrolíferas *offshore*. Como o segundo autor deste texto teve oportunidade de esclarecer noutro local, "uma das respostas poderá ser a de que a indústria petrolífera *offshore* é, em bom rigor, apenas responsável por cerca de dois por cento da poluição marítima. Outra hipótese reside na dificuldade de elaboração de um 'regime' comum, visto que a exploração petrolífera *offshore* depende muito das condições do local onde se está a operar, com grande diversidade de factores naturais condicionantes.

Na nossa opinião, a existir uma resposta correcta, será a segunda. Esta tese poderá ser corroborada pelo facto de existir um conjunto de tratados regionais que se aplicam a regiões tão distintas como o Atlântico Norte ou o Mediterrâneo"[4]. A este enquadramento regional associam-se normas de aplicação geral, como a Convenção das Nações Unidas para o Direito do Mar (cfr., em especial, a parte XII, que inclui os artigos 192 a 237); o *Código para a Construção e Operação de Unidades de Perfuração Offshore Móveis* (CMODU)[5], aprovado em 2009 no âmbito da Organização Marítima Internacional (IMO)[6]; a Convenção Internacional sobre a Preparação, Intervenção e Cooperação em Caso de Poluição por Petróleo (*International Convention on Oil Pollution Preparedness, Response and Co-operation*, OPRC – em vigor desde 1995), celebrada no âmbito da IMO – a qual prevê a criação de um mecanismo de cooperação preventiva no plano da exploração de instalações de petróleo *offshore*, nomeadamente planos de emergência e sistemas de alerta e comunicação entre Estados potencialmente afectados por acidentes[7].

---

[4] João VERNE OLIVEIRA, **Acidentes com operações de extracção de petróleo,** *in Direito(s) dos riscos tecnológicos*, coord. de Carla Amado Gomes, Lisboa, 2014, pp. 103 segs, 124.

[5] Disponível em http://www.uscg.mil/imo/de/docs/de52-report-add-1.pdf

[6] Conforme o segundo autor teve ensejo de explicar noutro local, este Código não contém "uma previsão especificamente direccionada à segurança de operações de exploração petrolífera *offshore*". Porém, porque estabeleceu "uma base de regras gerais para a segurança na construção de plataformas de exploração, o CMODU tornou-se, afinal, um importante documento no combate a desastres em plataformas *offshore*" – João VERNE OLIVEIRA, **Acidentes...,** *cit.*, p. 129.

[7] Sobre esta Convenção veja-se Md SAIFUL KARIM, **Prevention of pollution of the marine environment from vessels,** 2015, pp. 43 segs.

O acidente na plataforma *Deepwater Horizon*, ocorrido em 2010 no Golfo do México constituiu, porém, um "detonador" da atenção dos agentes técnicos, empresariais, políticos e jurídicos, no sentido de incrementar os níveis de segurança e de sujeitar o quadro regulatório destas actividades a um princípio geral do "mais elevado nível de protecção", social e ambiental[8].

1.1. Uma sensibilidade internacional crescente à protecção do ambiente na regulamentação das actividades petrolíferas

No dia 20 de Abril de 2010, durante os trabalhos de perfuração de um novo poço ("Macondo"), ocorreu uma explosão na sonda *Deepwater Horizon* a qual, além de roubar a vida a onze trabalhadores, originou um derramamento de cerca de 4,9 milhões de barris de petróleo no Golfo do México que se prolongou por quase três meses[9] e cujos efeitos, físicos e judiciais, ainda se fazem sentir. Este acidente terá sido fruto de um conjunto de coincidências infelizes (*v.g.*, e segundo o relatório oficial, por um lado a um deficiente trabalho de cimentação do poço; por outro lado, à pouca relevância atribuída aos resultados do teste de pressão negativa; ainda, ao facto de os procedimentos de abandono temporário não terem levado em conta as especificidades do poço; também, à não detecção atempada da explosão eminente; e, finalmente, à não activação do BOP[10]), e a sua magnitude extravasou as fronteiras norte-americanas, originando reacções no sentido do aumento do nível de prevenção deste tipo de acidentes.

---

[8] Sobre um *Direito Ambiental do petróleo* pautado pelo princípio do nível mais elevado de protecção, Alexandra ARAGÃO, **O Direito do Petróleo no contexto jurídico da exploração de recursos naturais,** in *Direito do Petróleo*, coord. de José Carlos Vieira de Andrade e Rui de Figueiredo Marcos, Coimbra, 2013, pp. 277 segs, 285 segs.

[9] Para uma descrição deste acidente, veja-se João VERNE OLIVEIRA, **Acidentes...,** *cit.*, pp. 119-121.

[10] O BOP – *Blowout Preventer* – é o conjunto de sistemas de protecção contra explosões, que visa reduzir e conter o risco de explosão em plataformas.

1.1.1. Em especial, o padrão europeu: a Directiva 2013/30/UE, do Parlamento Europeu e do Conselho, de 10 de Junho[11]

A Comissão Europeia reagiu ao acidente no Golfo do México através da comunicação «*Enfrentar o desafio da segurança da exploração offshore de petróleo e gás*», adoptada em Outubro de 2010[12], na qual se pretendeu identificar as lacunas existentes no plano da regulação da União Europeia sobre a actividade das instalações de exploração de petróleo *offshore*. Apesar de alguns Estados terem quadros legais muito exigentes e de o próprio Direito da União Europeia dispor de um conjunto de diplomas que, no seu conjunto, podem revelar grande valia para as actividades petrolífera *offshore* (*v.g.*, avaliação de impacto ambiental; prevenção de acidentes graves; responsabilidade por dano ecológico), a Comissão detectou uma grande disparidade entre as molduras normativas existentes no plano dos Estados-membros e uma fragmentação do Direito da União, facto que lhe despertou a necessidade de intensificar as abordagens preventiva, ressarcitória e sancionatória. Desta tomada de consciência nasce a *Proposta de regulamento do Parlamento Europeu e do Conselho, relativo à segurança das actividades de prospecção, pesquisa e produção offshore de petróleo e gás* que, por seu turno, vem a ser aprovada através da Directiva 2013/30/UE, de 10 de Junho[13].

Esta Directiva, cujo prazo de transposição termina em 19 de Julho de 2015[14] (e que, fundamentalmente, vincula Estados-membros com zonas *offshore*[15]),

---

[11] Recorrer-se-á, na redacção deste ponto, a algumas das considerações expendidas pelo segundo autor no estudo, já citado, **Acidentes com operações de extracção de petróleo** (esp. pp. 133 segs).

[12] COM(2010) 560 final.

[13] Sobre esta Directiva, vejam-se: Frédéric SCHNEIDER, **Le droit de l'Union Européenne au défi de la sécurisation des activités pètrolières et gaziéres en mer**, *in RJE*, 2014/2, pp. 277 segs; Alex WAWRYK, **The regulation of oil spills from offshore installations**, *in Research Handbook on International Energy Law,* coord. de Tim Kalus, Cheltenham/Northampton, 2014, pp. 548 segs.

[14] Saliente-se, porém, que as plataformas petrolíferas já existentes terão até 19 de Julho de 2018 para se adaptar e cumprir os novos requisitos – cfr. o artigo 42.º/2 da Directiva.

[15] Os Estados-Membros que não possuam zonas *offshore* ou que, possuindo, não tencionem licenciar operações de exploração petrolífera *offshore*, ficam vinculados apenas à

visa estabelecer *"(...) os requisitos mínimos para a prevenção dos acidentes graves nas operações offshore de petróleo e gás e para a limitação das consequências desses acidentes"* (artigo 1.º). Para tanto, a directiva incide sobre vários aspectos, tais como:

i) A gestão de risco

Os princípios gerais de gestão de risco nas operações de exploração petrolífera *offshore* plasmados na Directiva abrangem, entre outros, uma injunção dirigida aos Estados-membros no sentido de exigirem das companhias petrolíferas a operar em *offshore* quer a adopção de "todas as medidas adequadas" a prevenir acidentes, quer a implementação de um sistema de reacção a acidentes graves que permita a minimização das suas consequências para a saúde humana e para o meio ambiente, quer, ainda, a assunção da responsabilidade pelos danos, ambientais e ecológicos, que possam resultar de um acidente nas plataformas (artigo 3.º).

O conceito de "medidas adequadas" não está definido na Directiva, embora nesta se articule estreitamente a questão da adequação das medidas de gestão do risco com a sua redução a níveis "aceitáveis". Um risco aceitável é, nos termos do n.º 8 do artigo 2.º da Directiva, um risco cujo custo de redução se revela proporcional ao benefício obtido. Concretamente, "Ao avaliar se o tempo, o custo ou o esforço despendidos seriam manifestamente desproporcionados em relação aos benefícios de uma maior redução do risco, deve ter-se em atenção os níveis de risco compatíveis com as operações, de acordo com as melhores práticas".

Por seu turno, as *melhores práticas* de gestão de risco existentes na indústria são, nos Considerandos 25 e 26 do Preâmbulo, descritas da seguinte forma:

> "(25) As melhores práticas atualmente disponíveis em matéria de prevenção de acidentes graves nas operações *offshore* de petróleo e gás baseiam-se numa abordagem assente na fixação de objetivos e na obtenção dos resultados desejáveis através de sistemas de avaliação minuciosa e gestão fiável dos riscos.

transposição de um conjunto limitado de disposições para os seus ordenamentos jurídicos (cfr. o artigo 41.º/3 da Directiva).

(26) Segundo as melhores práticas da União, os operadores e os proprietários são incentivados a estabelecer a política de empresa em matéria de segurança e ambiente, executando-a no âmbito de um sistema global de gestão ambiental e de segurança e de um plano de resposta a emergências. A fim de tomar as disposições adequadas de prevenção dos acidentes graves, os operadores e proprietários deverão identificar de forma exaustiva e sistemática todos os cenários de risco grave relacionados com todas as atividades perigosas que possam ser efetuadas numa dada instalação, incluindo os impactos sobre o ambiente resultantes de um acidente grave. Essas melhores práticas também exigem que se avalie a probabilidade e as consequências, e, por conseguinte, o risco de acidentes graves, e que se identifiquem as medidas necessárias para os prevenir, bem como os planos para dar resposta a emergências caso, apesar de tudo, ocorram acidentes graves. A avaliação dos riscos e as medidas de prevenção de acidentes graves deverão ser claramente descritas e compiladas no relatório sobre riscos graves. O relatório sobre riscos graves deverá ser complementar ao documento de segurança e saúde referido na Diretiva 92/91/CEE. Os trabalhadores deverão ser consultados nas fases pertinentes da elaboração do relatório sobre riscos graves. O relatório sobre riscos graves deverá também ser submetido a uma avaliação exaustiva e à aceitação da autoridade competente".

Estreitamente associado à gestão do risco e às melhores práticas de funcionamento, está a vinculação a um sistema complexo de segurança, construído com todo o "arsenal" que a União Europeia tem vindo a conceber ao longo de décadas de produção de legislação de protecção do ambiente. Este sistema, fortemente filiado no sistema Seveso (hoje traduzido na Directiva 2012/18/UE, do Parlamento europeu e do Conselho, de 4 de Julho, relativa ao controlo dos perigos associados a acidentes graves que envolvem substâncias perigosas, que altera e revoga a Directiva 96/82/CE, do Conselho, de 9 de Dezembro), contempla obrigações do operador de vária ordem, das quais se destacam a elaboração (para aprovação por verificador independente) de um Relatório de riscos graves (artigo 12.º e Anexo I, 2 da Directiva), a elaboração de planos de emergência internos e externos (artigos 28.º e 29.º da Directiva), a sujeição da instalação a um sistema de gestão ambiental (artigo 19.º da Directiva).

Neste sistema complexo, a participação do público é omnipresente, com o inerente fornecimento de informações sobre a instalação e os seus riscos, desde o momento da avaliação de impacto, passando pelo período de funcionamento – no decurso do qual as informações relativas a acidentes e quase acidentes devem ser devidamente veiculadas (cfr. o disposto no artigo 24.º e no Anexo IX, 6)[16] – até ao momento do desmantelamento da instalação. A troca de informação entre Estados (membros e não membros) que estejam especialmente expostos aos riscos decorrentes da existência e funcionamento da instalação, sobretudo tendo em atenção o dever de notificação de acidentes graves, é também um aspecto da maior relevância neste sistema (cfr. os artigos 31.º e 33.º da Directiva).

Com efeito, uma das mais evidentes preocupações da Directiva é a da transparência. Tal desígnio operacionaliza-se fundamentalmente através do fornecimento, pelas operadoras, aos Estados-Membros em cujo espaço actuam, e destes entre si, aos cidadãos, e à Comissão Europeia, de informações sobre factores de risco grave associadas à exploração petrolífera *offshore*. Nesse sentido, a Directiva exige que os Estados-Membros assegurem que os operadores prestam à autoridade competente todas as informações mencionadas no Anexo IX.

Este Anexo exige que os operadores partilhem informações relacionadas com a libertação não intencional de petróleo e gás, com perdas significativas de integridade estrutural, com falhas de elementos críticos para a segurança e ambiente, entre outras questões relevantes. Nos termos do ponto 5. do Anexo,

> "As informações recolhidas e agrupadas nos termos do ponto 2 devem permitir aos Estados-Membros fornecer avisos prévios de uma deterioração potencial das barreiras críticas para a segurança e o ambiente, e devem permitir-lhes a tomada de medidas de correção proactivas. As informações também devem demonstrar a eficácia global das medidas e dos controlos aplicados por cada um dos operadores e contratados e pela indústria em geral, em especial para prevenir os acidentes graves e minimizar os riscos para o ambiente".

---

[16] A participação do público constitui um elemento essencial dos procedimentos de tomada de decisão em quadros de incerteza, contribuindo para a cidadania ambiental e para a realização do direito a conhecer os riscos a que os cidadãos (e o ambiente) estão expostos – cfr. Carla AMADO GOMES, **Risco tecnológico, comunicação do risco e *direito a saber***, in *Direito(s) dos riscos tecnológicos*, coord. de Carla Amado Gomes, Lisboa, 2014, pp. 17 segs.

Na lógica de uma gestão dinâmica do risco, os relatórios e planos *supra* mencionados devem ser periodicamente actualizados e essas actualizações deverão ser do conhecimento do público e da Comissão Europeia (cfr. o Considerando 30 do Preâmbulo, e artigos 12.º/1, 28.º/3, 29.º/7).

ii) O licenciamento prévio de operações petrolíferas offshore

Aquando da concessão ou transferência de licenças para efectuar operações de exploração petrolífera *offshore*, a capacidade técnica e financeira da companhia que esteja a requerer a devida licença deverá ser detidamente analisada. Nomeadamente, em termos de capacidade financeira, a entidade requerente da licença deverá demonstrar que tem capacidade para assumir a responsabilidade que possa "*decorrer das operações offshore de petróleo e gás em causa, bem como a responsabilidade por eventuais prejuízos económicos caso essa responsabilidade esteja prevista na legislação nacional*" (artigo 4.º da Directiva).

A razão desta exigência prende-se, como é facilmente apreensível, com a necessidade de garantir que a licença seja emitida ou transferida para entidades que, comprovadamente, tenham capacidade (especialmente financeira) para lidar com os perigos e riscos associados a operações de exploração petrolífera *offshore*. O requerente deve demonstrar à entidade licenciadora que "tem recursos financeiros suficientes para o início imediato e continuação ininterrupta de todas as medidas necessárias para uma resposta urgente e eficaz e posterior reparação", sob pena de a licença lhe ser recusada (artigo 4.º/3, §1.º da Directiva). A capacidade de resposta deverá ser comprovadamente efectiva desde o início das operações *offshore* (artigo 4.º/3, §1.º da Directiva) e durante o seu desenvolvimento (artigo 4.º/3, §5.º da Directiva).

iii) A responsabilidade civil por danos ecológicos

A Directiva 2013/30/UE estabelece uma articulação com a Directiva 2004/35/CE, do Parlamento Europeu e do Conselho, de 20 de Abril, que traça o regime de prevenção e reparação do dano ecológico[17]. Isto porque, conforme explicita o Considerando 11 do Preâmbulo,

---

[17] O artigo 38.º da Directiva 2013/30/UE altera mesmo o artigo 2.º/1/b) da Directiva 2004/35/CE, que passa a rezar como segue:

"Importa esclarecer que os titulares de autorizações para operações *offshore* de petróleo e gás nos termos da Diretiva 94/22/CE também são os 'operadores' responsáveis na aceção da Diretiva 2004/35/CE, do Parlamento Europeu e do Conselho, de 21 de abril de 2004, relativa à responsabilidade ambiental em termos de prevenção e reparação de danos ambientais, e não deverão delegar as suas responsabilidades nesta matéria em terceiros por eles contratados".

Assim, e nos termos do artigo 7.º da Directiva, qualquer entidade licenciada, ainda que não seja o operador, será responsabilizada por eventuais danos ecológicos que venham a ocorrer no âmbito de operações de exploração petrolífera *offshore* levadas a cabo com a sua licença. Deve salientar-se, contudo, que esta responsabilização fica circunscrita ao espaço, físico e normativo, da União Europeia – ou seja, aplica-se a danos ocorridos em zonas marinhas sob jurisdição dos Estados-membros da União Europeia, mas não para além destas (em razão da inexistência de regime jurídico semelhante, quer no alto-mar, quer em sistemas jurídicos diversos).

iv) *A determinação das autoridades regulatórias competentes*

De acordo com o artigo 8.º da Directiva, os Estados-Membros devem nomear uma autoridade competente responsável por funções regulatórias as quais deverão incluir, entre outras, a avaliação e aceitação de relatórios de risco e a supervisão do cumprimento por parte das companhias petrolíferas das directrizes decorrentes da Directiva. Esta autoridade deve pautar-se pela independência e objectividade o que se traduz, nomeadamente, em que os Estados-Membros devam prevenir eventuais conflitos de interesse entre as funções regulatórias e as funções de licenciamento das operações petrolíferas *offshore*. Conforme se afirma no Considerando 20 do Preâmbulo,

---

"b) 'Danos causados à água', isto é, quaisquer danos que afetem de forma muito séria:

i) o estado ecológico, químico ou quantitativo ou o potencial ecológico das águas em questão, conforme a definição constante da Diretiva 2000/60/CE, com exceção dos efeitos negativos aos quais seja aplicável o n.º 7 do seu artigo 4.º, ou

ii) o estado ambiental das águas marinhas em questão, conforme a definição constante da Diretiva 2008/56/CE, na medida em que aspetos particulares do estado ambiental do meio marinho não sejam já tratados na Diretiva 2000/60/CE".

"A melhor forma de evitar esse conflito de interesses consiste numa separação completa entre a autoridade competente e as atribuições respeitantes a esse desenvolvimento económico dos recursos naturais do *offshore*".

v) A intervenção de verificadores independentes

Os vultuosos lucros envolvidos na exploração petrolífera (*offshore*) tornam particularmente importante que a garantia de segurança para quem trabalha nas instalações, para a população em geral e para o ambiente, seja aferida por uma entidade, por um lado, financeiramente distinta do operador – ou seja, que em nada possa lucrar com o funcionamento da instalação – e, por outro lado, tecnicamente distinta do operador – o mesmo é dizer, que não tenha intervindo em nenhum momento na concepção da instalação e dos seus sistemas de segurança, facto que poderia comprometer a sua objectividade de análise.

Assim, o artigo 2.º/29 define *verificação independente* como

"...uma avaliação e confirmação da validade de determinadas declarações escritas, por uma entidade ou parte organizacional do operador ou do proprietário que não esteja sob o controlo ou a influência da entidade ou parte organizacional que utiliza essas declarações".

Por seu turno, o artigo 17.º (e o Anexo V), desenvolve a regulação da verificação independente, ressaltando a necessidade de conformação dos sistemas de segurança com o parecer do verificador independente, antes de submeter o pedido de licenciamento à entidade competente. Saliente-se que, conforme estabelece o n.º 2 do artigo 17.º, "os resultados da verificação independente não afetam a responsabilidade do operador ou do proprietário pelo funcionamento correto e seguro dos equipamentos e sistemas sob verificação".

vi) A comunicação de acidentes ocorridos fora do espaço da União Europeia

O artigo 20.º da Directiva vincula os Estados-membros a exigir às empresas registadas no seu território que desenvolvam operações de exploração petrolífera *offshore* fora do espaço da União Europeia – quer directamente, quer através de filiais; quer como licenciadas, quer como operadoras –, que lhes enviem, quando para tanto solicitadas, um relatório sobre acidentes graves em que tenham estado envolvidas. Esta previsão é de realçar na medida em que visa trazer mais transparência ao sector e permitir a obtenção de informações mais detalhadas sobre a actividade de cada companhia petrolífera, mesmo quando as mesmas estejam a operar fora do espaço da União Europeia.

vii) A cooperação entre Estados – Membros

Finalmente, a Directiva prevê ainda, no artigo 27.º, que os Estados-Membros cooperem entre si no plano da partilha de informações e do planeamento de operações de exploração petrolífera *offshore* dentro do espaço da União Europeia. A Directiva refere também que cada Estado-Membro é responsável por garantir que a autoridade competente do seu país partilha informações com as autoridades competentes de outros Estados-Membros. Estes deveres de *cooperação preventiva*[18] visam minimizar, tanto quanto possível, situações de responsabilidade do próprio Estado (enquanto estrutura de fiscalização das actividades em causa) perante Estados-membros e Estados terceiros, e vão de encontro às linhas de actuação estabelecidas nos *Draft articles on prevention of transboundary harm from hazardous activities* (2001)[19].

Para além dos pontos referidos, a Directiva contém igualmente disposições relativas à necessidade do estabelecimento de sanções destinadas aos operadores que não cumpram as suas disposições, aumentando o nível de eficácia da sua regulação. É previsível, portanto, que este diploma se venha a tornar um diploma essencial na regulação das operações de exploração petrolífera *offshore* dentro do espaço da União Europeia, bem assim como uma referência para regulações estatais e internacionais.

---

[18] Sobre este macro-conceito, veja-se Carla AMADO GOMES, **A gestão do risco de catástrofe natural. Uma introdução na perspectiva do Direito Internacional,** *in Direito(s) das catástrofes naturais,* coord. de Carla Amado Gomes, Coimbra, 2012, pp. 15 segs, 41 segs.

[19] Disponível em http://untreaty.un.org/ilc/texts/instruments/english/commentaries/9_7_2001.pdf (acesso em Novembro de 2011).

2. Actividades petrolíferas em Angola

As actividades de pesquisa e prospecção de hidrocarbonetos em Angola iniciaram-se no dealbar do século XX. Em 1910 foi concedida uma área de aproximadamente 11.400 Km² à *Companhia Canha e Formiga*, tendo esta mesma Companhia perfurado o seu primeiro poço em 1915[20]. Esta perfuração não resultou, todavia, em qualquer descoberta comercial – *i.e.*, não foram descobertas reservas de petróleo em quantidade suficiente para justificar o investimento feito – e, consequentemente, as actividades de pesquisa e prospecção em Angola estiveram relativamente paradas até meados dos anos 1950 quando, na bacia do rio Kwanza, se assinala a primeira descoberta comercial de petróleo.[21]

Foi preciso, no entanto, esperar até aos anos 1960 para que a indústria petrolífera em Angola arrancasse. Esse momento ficou marcado pela descoberta de importantes reservas de petróleo ao largo de Cabinda (Bloco 0) por parte da *Cabinda Gulf Oil Company* (hoje *"Chevron"*), no ano de 1966. A *Cabinda Gulf Oil* começou, oficialmente, a produzir petróleo no Bloco 0 a partir de 1968[22].

Até à independência de Angola (1975) foram ainda concessionadas várias outras áreas de exploração, tendo a produção atingido um máximo de 172.000 bbl/d em 1974[23]. Durante o período compreendido entre 1952 e 1976, foram realizados 30.500 km de levantamentos sísmicos e foram perfurados 368 poços de prospecção e pesquisa, anotando-se a existência de cerca de 302 poços de desenvolvimento[24].

Após a independência, o Governo decidiu, em 1976, nacionalizar a *ANGOL – Sociedade de Lubrificantes e Combustíveis, Sarl*[25] – sociedade

---

[20] *In* "História do Petróleo em Angola", disponível em http://www.minpet.gov.ao/Institucionais/Historico.aspx

[21] *Idem*

[22] *Idem.*

[23] *Idem.*

[24] *Idem.*

[25] A ANGOL foi constituída em 1953 como subsidiária da empresa SACOR e tinha como objectivo actuar na área da comercialização e distribuição de combustíveis e derivados do petróleo em Angola.

que veio a dar origem à *Sonangol* e à Direção Nacional de Petróleos[26]. O Decreto-lei 52/76, de 9 de Junho, concedeu à *Sonangol – Sociedade Nacional de Combustíveis de Angola, U.E.E*, a gestão da exploração dos recursos de hidrocarbonetos em Angola[27], e a Lei 13/78, de 26 de Agosto, aprovou o quadro regulador das actividades petrolíferas, no qual se reforçou o mandato constitucional de propriedade estatal, instituindo a *Sonangol* como única concessionária dos direitos de exploração e produção de petróleo em Angola. Este diploma determinou ainda que a *Sonangol* poderia integrar associações de empresas estrangeiras para a realização de atividades petrolíferas[28].

No início da década de 1990, a produção anual de petróleo em Angola cifrava-se em cerca de 500.000 bbl/d. O grosso da produção provinha dos blocos *offshore,* ao largo de Cabinda. Foi nessa altura que começaram a ser disponibilizados blocos em águas profundas tendo, subsequentemente, sido autorizada a exploração de blocos em águas ultra-profundas[29].

O desenvolvimento da tecnologia de exploração e perfuração em profundidade permitiu a descoberta de novos blocos, aumentando assim a produção de petróleo em Angola, bem como avolumando as reservas disponíveis no país. Em 2005, a produção petrolífera cifrava-se em mais de 1.000.000 bbl/d, valor determinante para a aceitação da candidatura de Angola à OPEP, em 2007, Organização da qual Angola se tornou membro de pleno direito em 2008, tendo visto a sua quota de produção inicial fixada em 1.9 Mb/d. Actualmente, segundo dados oficiais da OPEP, Angola detém cerca de 9.011.470 m/b de reservas de petróleo e regista-se uma produção diária de 1.701 Mb/d[30].

---

[26] Em 1976, a produção total de petróleo bruto rondava os 100.000 bbl/d.

[27] Importa referir que, apesar de ter como único accionista o Estado angolano, a *Sonangol* foi projectada como uma empresa privada, de modo a assegurar total eficiência e produtividade.

[28] Nos moldes contratuais que se encontram detalhados *infra*, **2.2.**

[29] De acordo com o mapa de concessões disponibilizado pela *Sonangol*, os blocos em águas profundas estão numerados de 14 a 26, e os blocos em águas ultra-profundas de 31 a 40.

[30] Dados estatísticos fornecidos pela OPEP, e disponíveis em http://www.opec.org/opec_web/en/about_us/147.htm

2.1. Importância e relevância dada ao ambiente no contexto das actividades petrolíferas (na sua globalidade)

Deve sublinhar-se, a título preliminar, que a Constituição angolana de 1975 não dedicava qualquer norma à protecção do ambiente[31], malgrado a então recente irrupção da temática na agenda internacional pela mão da Conferência de Estocolmo, de 1972, que imortalizou a primeira *Bíblia* de princípios de Direito ambiental na *Declaração de Estocolmo (Declaration of the United Nations Conference on the Human Environment)*. A afirmação da independência do Estado angolano face à potência colonizadora e a intenção desenvolvimentista levaram o legislador constituinte a realçar apenas a vertente económica e utilitária dos bens naturais (que são de titularidade estatal: artigo 11.º), na sua dimensão de "recursos naturais", cujo aproveitamento o Estado deve gerir planificadamente e de forma harmoniosa, de forma a criar riqueza em benefício de todo o povo angolano (artigo 8.º).

Com a revisão/transição constitucional de 1992, a protecção do ambiente é acolhida numa dupla vertente, no artigo 24.º: por um lado, afirma-se o "direito ao ambiente" de todos os cidadãos, no n.º 1; por outro lado, entrega-se a tarefa de protecção do ambiente e de gestão do equilíbrio ecológico ao Estado, no n.º 2; e ainda se determina a repressão dos comportamentos que, directa ou indirectamente, causem dano ao ambiente (n.º 3). Concomitantemente, a Assembleia Nacional vê-se atribuída competência (relativa) para elaboração de uma lei de bases de protecção da natureza, de salvaguarda do equilíbrio ecológico e do património cultural, no artigo 90.º/h).

Esta visão do ambiente como realidade portadora de um valor intrínseco convive, no entanto, com a perspectiva do ambiente enquanto conjunto de

---

[31] Cumpre sublinhar que no período colonial foram elaborados alguns diplomas para regular aspectos relacionados com a caça e a gestão florestal em Angola, e há mesmo um diploma, já de 1973, que visa prevenir a poluição do litoral. Para uma listagem da legislação editada neste período e ainda em vigor, cfr. o *Relatório do estado geral do Ambiente em Angola*, Ministério do Urbanismo e Ambiente, 2006 (disponível online), em cujos dados nos baseámos para escrever este texto – pp. 9 segs do Cap. V.. Veja-se ainda, sobre o mesmo período, Raul Araújo, Carlos Feijó e Eurico Paz Costa, **O quadro jurídico institucional do ambiente em Angola**, in *Seminário sobre a legislação do ambiente em Angola*, Ministério das pescas e ambiente e Faculdade Agostinho Neto, Luanda, 1999, pp. 77 segs, 84-85.

recursos naturais geradores de riqueza, sublinhando-se a necessidade de gestão racional da sua utilização (artigo 9.º), reafirmando-se a titularidade estatal mas também a liberdade de determinação dos modelos, públicos ou privados, da sua exploração (artigo 16.º) e entregando-se à Assembleia Nacional a competência de estabelecer, em lei, as bases de concessão da exploração por privados ou os termos da sua alienação [cfr. o artigo 89.º/m)].

A conciliação entre a exploração petrolífera e a protecção do ambiente revela-se árdua, encontrando-se os dois objectivos em constante tensão, como facilmente se depreende do texto constitucional e flui desde logo do Direito Internacional. O princípio da soberania permanente do Estado sobre os recursos naturais sitos em território sob sua jurisdição ou controlo está bem firmado no Direito Internacional, constando de documentos como a Resolução da Assembleia Geral da ONU 1803 (XVII), de 14 de Dezembro de 1962, a Declaração de Estocolmo, a *Declaração sobre a instauração de uma Nova Ordem Económica Internacional* (aprovada pela Resolução da Assembleia Geral da ONU 3201 (S.VI), de 1 de Maio de 1974) e a *Carta dos Direitos e Deveres Económicos dos Estados* (aprovada pela Resolução da Assembleia Geral da ONU 281 (XXIX), de 12 de Dezembro de 1974)[32].

Enquanto substracto vivencial determinante para a qualidade de vida das gerações presentes e futuras, o ambiente é uma grandeza pública e colectiva, que ao Estado cabe proteger e promover, utilizando parâmetros de gestão racional. O legislador constituinte não foi alheio a tais parâmetros, que concretizou e desenvolveu em legislação ordinária.

No contexto das atividades petrolíferas em Angola, mais precisamente no âmbito dos diplomas que as regulam, são múltiplas as referências ao ambiente. Em quase todos os diplomas que enquadram os aspectos mais técnicos das actividades petrolíferas, detectam-se normas que exigem a protecção da natureza, que prescrevem a condução das actividades de forma

---

[32] Esta máxima foi recentemente reafirmada como princípio de Direito Internacional geral pelo Tribunal Internacional de Justiça, no *Caso das actividades armadas no território do Congo*, que opôs a República Democrática do Congo ao Uganda, em decisão de 19 de Dezembro de 2005 (cfr. o §244). Todavia, a liberdade do Estado para gerir os seus recursos encontra-se cada vez mais cercada pelos imperativos de prevenção de danos para o ambiente, embora essa pressão – salvo no que tange à responsabilização por danos transfronteiriços – decorra mais da opinião pública do que de mecanismos do Direito Internacional.

responsável, ou ainda, mais genericamente, que impõem o respeito pelo ambiente. A título de exemplo, cite-se o artigo 7.º da Lei 10/04, de 12 de Novembro (Lei das Actividades Petrolíferas = LAP):

> "As operações petrolíferas devem ser conduzidas de forma prudente e tendo em devida conta a segurança das pessoas e instalações, bem como a protecção do ambiente e a conservação da natureza".

Assinalam-se normas de conteúdo idêntico em vários outros diplomas, que incidem especificamente sobre a protecção ambiental no âmbito das operações petrolíferas (tais como o Regulamento sobre Protecção do Ambiente no Decurso de Actividades Petrolíferas[33]; o Regulamento sobre os Procedimentos de Notificação de Ocorrência de Derrames[34]; o Regulamento sobre Gestão, Remoção e Depósito de Desperdícios[35]) bem como outros instrumentos legislativos, de cariz mais geral mas que, por força das circunstâncias, são também aplicáveis ao sector petrolífero.

A supervisão das actividades petrolíferas em Angola é levada a cabo pelo Ministério dos Petróleos, que inclui, entre as suas atribuições, a missão de "Coordenar, supervisionar, fiscalizar e controlar as actividades no sector dos petróleos". Donde, o órgão responsável por fiscalizar a implementação de políticas ambientais no sector petrolífero será forçosamente o Ministério dos Petróleos.

Da leitura sistemática dos instrumentos normativos aplicáveis parece resultar que o ambiente ocupa um lugar central na definição, estruturação e condução das operações petrolíferas em Angola. Conforme se detalhará adiante, existem inúmeros planos e normas vinculativos para as empresas que operam no sector, os quais têm por objectivo proteger o ambiente e a natureza contra eventuais acidentes. Porém, conforme se tentará demonstrar, algumas destas normas acabam por não funcionar em pleno – devido, por um lado, ao carácter vago e impreciso do seu texto e, por outro lado, à falta de fiscalização do seu cumprimento.

---

[33] Decreto 39/00, de 10 de Outubro.
[34] Decreto Executivo 11/05, de 12 de Janeiro.
[35] Decreto Executivo 8/05, de 05 de Janeiro.

2.2. Modelos contratuais de exploração petrolífera

De acordo com a LAP, a *Sonangol* é a detentora exclusiva dos direitos sobre os hidrocarbonetos em Angola e, no âmbito da prossecução das actividades de exploração e produção, pode associar-se a entidades nacionais ou estrangeiras de comprovada idoneidade técnica e financeira.

Esta associação pode, de acordo com a lei, revestir quatro modelos: sociedade Comercial, consórcio, contrato de partilha de produção ("CPP") e contrato de serviços com risco – o mais utilizado em Angola é o CPP. No contrato de partilha de produção, resumidamente, um grupo de empresas privadas – designado como *Grupo Empreiteiro*[36] – age como empreiteiro da Concessionária Nacional (*Sonangol*), que é a proprietária das instalações e de uma parte do petróleo produzido. De acordo com um CPP, o petróleo produzido, depois de deduzidas todas as despesas (consideradas recuperáveis) suportadas pelo Grupo Empreiteiro no âmbito das operações petrolíferas, é dividido entre a *Sonangol* e o Grupo Empreiteiro, numa base percentual previamente acordada no CPP[37].

De entre todas as Companhias que compõem o Grupo Empreiteiro, uma actua como o *Operador*. O Operador deve ser uma entidade de reconhecida capacidade, conhecimento técnico e capacidade financeira e é, de acordo com a Lei, nomeada pelo Conselho de Ministros, sob proposta da *Sonangol*. É ao Operador que cabe dirigir as operações petrolíferas, detendo para isso poderes exclusivos de controlo e administração das operações petrolíferas.

Do exposto resulta, em princípio, que o cumprimento de todas as disposições legais relativas à preservação do ambiente no âmbito das operações petrolíferas é da responsabilidade do Operador, visto ser esta entidade a

---

[36] Dados os elevados custos e riscos inerentes a uma exploração petrolífera, as companhias petrolíferas juntam-se a outras companhias para explorar um bloco de petróleo e reduzirem os riscos inerentes ao projecto. As companhias estabelecem entre si um *Acordo de Operações Conjuntas* no qual se definem direitos e deveres de cada uma delas em relação ao projeto a implementar. É este conjunto de companhias que se designa por "Grupo Empreiteiro".

[37] As matérias reguladas no CPP abrangem ainda, nomeadamente, questões relacionadas com a exploração e produção de hidrocarbonetos, partilha de produção, recuperação de custos, obrigações de trabalho mínimas, planos, garantias, bónus, propriedade das instalações, entre outras.

dirigir tais operações. Com efeito, a LAP contém várias disposições dirigidas à protecção do ambiente, as quais impõem determinados deveres de conduta ao Operador. A título de exemplo, a LAP estabelece que as operações devem ser realizadas de forma diligente e de acordo com as regras aplicáveis em matéria de segurança, de higiene e saúde no trabalho e de protecção ambiental, bem como com as práticas geralmente aceites na indústria internacional de petróleo (artigo 7.º).

Cumpre ainda ressaltar uma disposição que assume particular relevância, inscrita no n.º 8 do artigo 14.º do *Modelo de Contrato de Partilha de Produção Offshore de Angola*[38], onde se afirma que

> *"No caso de se verificar uma situação de emergência (...) o Grupo Empreiteiro, através do Operador, está autorizado a desencadear todas as acções que julgue necessárias para proteger vidas humanas, os interesses das Partes e o ambiente (...)".*

Daqui resulta cristalina a obrigação do Operador de tomar todas as medidas que considere necessárias para evitar um desastre ambiental.

Apesar de louvarmos a inclusão desta norma no CPP, muitas dúvidas se levantam quanto à sua efectividade. Com efeito, e em primeiro lugar, este dispositivo não define nem os limites das acções a realizar, nem sequer estabelece um critério de razoabilidade quanto às mesmas. Em segundo lugar, esta norma é omissa quanto à responsabilidade a assacar ao Operador, no caso de as acções desencadeadas impactarem, por exemplo, as operações de outra companhia.

Anote-se, a este propósito, o disposto no artigo 25.º da LAP, onde se prevê que

> *"As licenciadas, a Concessionária Nacional e as suas associadas são obrigadas a reparar os danos que causarem a terceiros no exercício das operações petrolíferas, excepto se provarem que agiram sem culpa".*

---

[38] Disponível em https://www.sonangol.co.ao/wps/portal/epNew/atividades/concessions/licitacoes

A tentativa de conciliação entre as duas normas *supra* citadas faz despontar uma pergunta: Caso não se prove a culpa do Operador na produção do desastre ambiental (falta de prova essa que poderia ser utilizada também relativamente às suas acções subsequentes) e se as acções desencadeadas em resposta a uma emergência impactem as operações de outra companhia, poder-se-á entender que o Operador fica eximido da obrigação de reparação dos danos que causar, a outras companhias petrolíferas e a terceiros estranhos à actividade petrolífera (*v.g.*, pescadores)? Seria prudente que o legislador angolano se debruçasse mais atentamente sobre esta questão e clarificasse a resposta a dar a este problema o qual, embora não relevando directamente nos planos da protecção do ambiente e da saúde, pode provocar resultados iníquos.

2.3. Cumprimento de normas de protecção ambiental como critério decisivo na escolha de parceiros internacionais

Em regra, as operações de petróleo são divididas em dois períodos: (i) o período de exploração (que compreende as fases de prospecção, pesquisa e avaliação), e (ii) o período de produção (que compreende as fases de desenvolvimento e de produção)[39]. De acordo com a LAP, uma concessão de petróleo só pode ser outorgada por decisão do Conselho de Ministros, através da promulgação de um decreto de concessão ou de um decreto-lei. Em contrapartida, as licenças de prospecção podem ser concedidas por decisão do Ministério dos Petróleos.

Num quadro de concessão, as autoridades angolanas promovem um concurso público com vista a licitar determinado bloco de petróleo e a seleccionar as eventuais associadas da Sonangol que irão desenvolver as actividades petrolíferas nesse mesmo bloco. Tais processos de licitação são, nos termos da lei (Decreto 48/06, de 1 de Setembro, sobre Regras e procedimentos dos concursos públicos no sector dos petróleos = RCPSP),

---

[39] A segunda dessas fases só terá lugar se, durante o período de exploração, se registarem descobertas de petróleo em quantidades que justifiquem o investimento. Caso isso aconteça, o Grupo Empreiteiro deverá apresentar uma proposta para o desenvolvimento e produção dos campos em questão, a submeter à aprovação das autoridades angolanas.

públicos. Em certos casos, muito limitados, existe ainda a possibilidade de negociação directa com entidades com comprovada reputação e capacidade financeira (cfr. o artigo 44.º da LAP) – a regra é, todavia, que as concessões sejam outorgadas na sequência de um concurso público.

Apenas as empresas que conseguirem preencher os requisitos de pré--qualificação do concurso (cfr. o artigo 4.º do RCPSP) têm direito a submeter propostas relativamente ao bloco que se encontre em licitação. As empresas que desejem candidatar-se a Operadoras devem apresentar, para além de todos os elementos exigidos para a pré-qualificação, prova dos seus conhecimentos e experiência na gestão e execução das operações petrolíferas, bem como comprovar a capacidade técnica e operacional e uma estrutura organizacional eficiente. Ressalte-se ainda o disposto no artigo 5.º/2 do RCPSP, onde se enfatiza que qualquer empresa que pretenda candidatar-se ao cargo de "Operadora" de um Bloco de Petróleo pode

> *"apresentar elementos sobre a sua experiência na execução de operações petrolíferas que considere relevantes para a valorização da sua candidatura, nomeadamente nos domínios da segurança, da protecção ao ambiente, da prevenção de situações de poluição e do emprego, integração e formação de pessoal angolano".*

Daqui se retira que a experiência demonstrada no domínio da protecção do ambiente, não sendo um critério decisivo de adjudicação de concessões a parceiros internacionais, é considerada um critério de valoração da proposta, ponto que julgamos ser de louvar. Ou seja, não tendo Angola chegado ao ponto de valorizar a experiência na protecção ao ambiente como um critério decisivo (que deveria ser), "trunfando" sobre critérios estritamente económicos/financeiros, ainda assim, a incorporação desta norma denuncia já uma preocupação latente e poderá mesmo, numa eventual revisão do diploma, vir a adquirir maior relevância[40].

---

[40] Sublinhe-se que também a União Europeia já despertou para os critérios de contratação ecológica – cfr. Carla AMADO GOMES, **Introdução ao Direito do Ambiente**, 2.ª edição, Lisboa, 2014, pp. 134-141 (e documentos e doutrina aí citados).

2.4. Principais responsabilidades da Concessionária Nacional e das suas Associadas aquando do início das operações

Conforme já se observou, a Constituição angolana declara que todos os cidadãos "têm o direito de viver em um ambiente sadio e não poluído", e que o governo deve tomar "medidas necessárias para proteger o meio ambiente." Em harmonia com esta afirmação de princípio, a Lei de Bases do Ambiente (Lei 5/98, de 19 de Junho = LBA) fornece as linhas mestras da prevenção e controle da poluição, bem como dos parâmetros de protecção do meio ambiente.

Em relação à exploração e produção de petróleo, existe um conjunto de diplomas que concretizam esta preocupação, de entre as quais destacaríamos o Regulamento sobre protecção do ambiente no decurso de actividades petrolíferas (Decreto 39/00, de 10 Outubro = RPAAP). Este Regulamento, além de impor obrigações gerais oponíveis às empresas do sector, exige ainda a elaboração de uma série de planos prévios, indispensáveis à implementação de um projecto para exploração e produção de petróleo e gás no país. Vejamos como.

O RPAAP determina que todos os projectos de exploração e produção petrolífera incluam a demonstração de realização, pela Concessionária e suas associadas, de uma Avaliação de Impacto Ambiental ("AIA")[41] junto do Ministério dos Petróleos[42]. Esta AIA deve, de acordo com o artigo 6.º do RPAAP, (i) identificar o estado do local (onde o projecto irá ser implementado) e as modificações que o projecto provocará, (ii) indicar impactos ambientais que se prevê possam vir a ser causados pelo projecto, incluindo as consequências directas e indirectas relativamente ao consumo de recur-

---

[41] Segundo a LBA, a AIA deve conter, no mínimo: (a) Um resumo não técnico do projecto; (b) Uma descrição das actividades a desenvolver; (c) Uma descrição geral da situação ambiental do local de implantação da actividade; (d) Um resumo das opiniões e críticas resultantes das consultas públicas; (e) Uma descrição das possíveis mudanças ambientais e sociais provocadas pelo projecto; (f) Indicação das medidas previstas para eliminar ou minimizar os efeitos sociais e ambientais negativos; e (g) Indicação dos sistemas previstos para o controlo e acompanhamento da actividade.

[42] Esta AIA deverá ter como base estudos de impacto ambiental, a realizar de acordo com os termos de referência contidos no Decreto 92/12, de 1 de Março (Termos de referência para elaboração de estudos de impacto ambiental).

sos naturais, desperdícios, remoção e depósito de resíduos e derrames, entre outros, (iii) descrever as medidas jurídicas, financeiras, económicas e práticas que deverão ser tomadas para reduzir o impacto ambiental durante a construção, operação e abandono do projecto, e (iv) descrever quaisquer medidas a tomar com o fim de determinar e documentar o impacto ambiental do projecto e a eficácia dos esforços para os atenuar.

Neste ponto, importa referir que a AIA é considerada aprovada se o operador do projecto não receber nenhuma resposta do Ministério dos Petróleos no prazo de 30 dias seguidos[43]. Esta solução atenta, na nossa opinião, contra o princípio da prevenção, contrariando o princípio geral de indeferimento tácito que resulta da lei procedimental (cfr. o artigo 58.º do DL 16-A/95, de 15 de Dezembro: Normas sobre procedimento e da actividade administrativa) e privilegiando desadequadamente o interesse económico do proponente em face do interesse imaterial de preservação do ambiente.

Cumpre sublinhar que tanto o RPAAP, como o Decreto 51/04, de 23 de Julho (Regime de avaliação de impacto ambiental = RAIA) prevêem que as AIA sejam submetidas a uma fase de consulta pública – concretizando assim um princípio afirmado na LBA (cfr. o artigo 10.º).

Com vista a regulamentar este mesmo processo de consulta pública, foi publicado o Decreto-Executivo n.º 87/12 de 24 de Fevereiro (Regulamento de Consultas Públicas dos Projectos Sujeitos à Avaliação de Impacto Ambiental = RCPPSAIA). O RCPPSAIA regulamenta, de forma algo sucinta e genérica, os procedimentos que devem ser seguidos aquando da realização de uma consulta pública destinada à recolha de opiniões e sugestões do público interessado nos projectos sujeitos a AIA. Desta forma será possível identificar, considerar e apreciar as exposições, reclamações e preocupações dos segmentos populacionais potencialmente afectados pelo projecto.

De acordo com o RCPPSAIA, a consulta pública inicia-se com a divulgação prévia de um resumo não técnico do Estudo de Impacto Ambiental (elaborado por um técnico especializado), no qual se fará a descrição do

---

[43] Existe uma certa desarticulação entre o regime de RAIA (Decreto 51/04, de 23 de Julho) e o RPAAP. O primeiro prevê um prazo de 30 dias enquanto o RPAAP estabelece um prazo de aprovação de 90 dias. Na nossa opinião, deve ser seguido o prazo de 30 dias contido no RAIA, uma vez que este decreto é posterior e versa especificamente sobre o procedimento de avaliação de impacto ambiental.

projecto e onde se descreverão os efeitos mais importantes que ele pode gerar no ambiente (artigo 8.º/2). Assinalam-se, naturalmente, as boas intenções subjacentes à elaboração deste relatório não técnico. Não nos podemos abstrair, todavia, da realidade do país. Infelizmente, ainda hoje, dado o nível de iliteracia que se regista em Angola, a leitura de relatórios densos e técnicos frequentemente foge à capacidade do cidadão médio. É de louvar, naturalmente, a inserção de tal momento dialógico no procedimento; contudo, ele constitui, na esmagadora maioria dos casos, um momento puramente formal, em razão da incapacidade do angolano médio de inteligir os dados dos documentos em que se traduz a AIA.

Para além da AIA, o RPAAP reclama também a apresentação e manutenção de um *plano de prevenção de derrames*, que terá sempre de ser submetido a aprovação do Ministério dos Petróleos (cfr. o artigo 7.º). Este plano deve detalhar, entre outros aspectos, os sistemas de contenção de derrames e os sistemas de colectores e de drenagem a implementar, bem como os sistemas de prevenção de incêndios e explosões a estruturar, o tipo de treino que irá ser ministrado aos funcionários, e ainda os programas de inspecção e manutenção de equipamentos e prevenção de corrosão.

Relativamente à *prevenção de derrames,* importa também referir o Decreto Presidencial 141/12, de 21 de Junho (Regulamento para a Prevenção e Controlo da Poluição das Águas Nacionais = RPCPAN), aplicável a todos os navios ou plataformas que se encontrem em águas territoriais angolanas. De acordo com o RPCPAN – de resto, em linha com o RPAAP –, todos os navios ou plataformas petrolíferas de pavilhão nacional devem estar munidos de um plano de emergência para combater a poluição das águas, de acordo com as regras da Convenção MARPOL (artigo 9.º)[44] e da legislação angolana em vigor. Ainda de acordo com o RPCPAN, numa das suas mais expressivas previsões, o Ministério do Ambiente pode, em certos casos e em coordenação com outras entidades, por decisão administrativa, suspender as operações de qualquer navio ou plataforma, nacional

---

[44] *Marpol 73/78* é a abreviatura por que normalmente é designada a *Convenção Internacional para a Prevenção da Poluição por Navios,* assinada em 1973 e alterada pelo Protocolo de 1978. Angola aderiu a esta Convenção pela Resolução 41/01, de 21 de Dezembro, estando o texto da Convenção publicado em Diário da República no dia 26 de Dezembro de 2012 sob a epígrafe "Convenção 11/12".

ou estrangeira, que causar poluição, até que a situação geradora de poluição esteja resolvida (artigo 10.º). Saúda-se, naturalmente, a consagração deste "poder", embora se lamente a falta de definição concreta dos casos em que tal competência pode ser exercida, uma vez que a sua consagração, ainda que a título meramente exemplificativo, teria reforçado esta previsão[45].

O RPAAP exige ainda que as empresas envolvidas na exploração e produção de petróleo e gás mantenham *planos de resposta* autónomos para cenários de derramamento de pequena, média e grandes dimensões. Estes planos devem detalhar os procedimentos de notificação, o organigrama da estrutura de resposta e funções principais dos intervenientes na resposta a derrames, a disponibilidade de equipamentos, abastecimentos e serviços para dar resposta aos derrames, quais os exercícios de treino e prática (bem como a sua periodicidade) que irão ser ministrados aos trabalhadores e, por fim, os procedimentos para a remoção de resíduos resultantes das operações de limpeza de derrames (cfr. o artigo 8.º).

Para além dos planos já mencionados, o RPAAP dispõe que cada novo projeto inclua um *plano de gestão, remoção e depósito de desperdícios*, o qual forneça estimativas sobre a quantidade de resíduos que serão gerados, sobre as medidas que irão ser implementadas para reduzir a criação de resíduos, sobre as medidas relativas a manuseio, tratamento e eliminação de resíduos, sobre os locais onde os resíduos serão depositados, e ainda sobre a forma como esses locais serão projetados, utilizados e fechados (artigo 9.º/4). A exigência deste plano decorre identicamente do Decreto Executivo 8/05, de 5 de Janeiro (Regulamento sobre a gestão, remoção e depósito de desperdícios = RGRDD), no qual se descreve os procedimentos a implementar por forma a lidar com a criação, armazenamento, manuseamento e transporte de desperdícios[46]. Este diploma impõe, do mesmo passo, a submissão do plano de gestão, remoção e depósito de desperdícios

---

[45] O RPCPAN prevê ainda que devem ser notificadas ao Ministério do Ambiente todas as descargas ou derrames que não se enquadrem no regime aprovado pela Convenção MARPOL 73 e 78, bem como prevê a obrigatoriedade de inspecções e vistorias periódicas a navios ou plataformas petrolíferas (artigo 11). Lamenta-se, naturalmente, a não inserção de uma mínima indicação de periodicidade de tais inspecções e vistorias.

[46] Importa referir que o artigo 3.º deste regime impõe um maior nível de detalhe ao plano de gestão, remoção e depósito de desperdícios do que o RPAAP, nível esse que, em razão da sucessividade temporal do RGRDD, deve prevalecer sobre o estabelecido no RPAAP.

ao Ministério dos Petróleos até seis meses antes do início das atividades geradoras de desperdício (artigo 3.º/3).

Em linha com o RGRDD, foi também aprovado o Decreto Presidencial n.º 190/12 de 24 de Agosto (Regulamento sobre Gestão de Resíduos = RGR), que refere que todas as entidades que produzem resíduos devem elaborar um Plano de Gestão de Resíduos (artigo 7.º/1). De acordo com o RGR, este plano deve ser submetido ao Ministério do Ambiente para aprovação, sendo o mesmo válido por um período de quatro anos a partir da sua data de aprovação (artigo 7.º/3). Este plano deve ainda ser actualizado e submetido ao Ministério do Ambiente, para aprovação, até noventa dias antes do seu termo de validade, para efeitos de renovação do mesmo (artigo 7.º/4).

Adicionalmente, o RPAAP incumbe os promotores do projecto de apresentar um *plano de gestão de descargas operacionais*, o qual inclua a estimativa das quantidades de descargas, bem como a qualidade do tipo de descargas operacionais geradas pelo projeto, as concentrações das descargas operacionais, os métodos que irão ser utilizados para reduzir o impacto ambiental dessas mesmas descargas, os pontos de descarga e os princípios e regras que irão ser utilizadas na projecção, operação e encerramento das instalações (artigo 10.º/4).

Este *plano de gestão de descargas operacionais* foi objecto de especial atenção no Decreto Executivo 97/14, de 8 de Abril (Regulamento sobre gestão de descargas operacionais = RGDO), que veio suprir algumas vaguidades de alguns Decretos anteriores (nomeadamente, o Decreto Executivo 12/05, de 12 de Janeiro, e o Decreto 224/12 de 16 de Julho), e aprofundar o RPAAP no tocante às responsabilidades do Operador ao realizar descargas operacionais[47]. Com efeito, apesar de o artigo 10.º do RPAAP estabelecer que

> "(...) *a Concessionária e as Associadas, através do Operador, e as outras empresas petrolíferas, deverão elaborar e manter um plano de gestão de descargas operacionais (...)*",

---

[47] A título de exemplo, o RGDO veio estatuir a possibilidade de descarga de "aparas de perfuração" resultantes da perfuração de rochas salinas e contaminadas com lamas de perfuração de base não aquosa, desde que o grau de retenção de óleo nas aparas seja inferior a 1% (artigo 10.º/2).

o RGDO claramente designa o Operador como exclusivo responsável pela elaboração e manutenção de um plano de gestão de descargas operacionais[48].

Importa ainda referir que, de acordo com o RGDO, a implementação das suas disposições (nomeadamente, a obrigação da elaboração de um Plano de Gestão de Descargas Operacionais – cfr. o artigo 5.º do RGDO) deverá estar concluída em Abril de 2015 para as instalações existentes em águas rasas, e em Julho de 2015 para instalações existentes em águas profundas e ultra-profundas[49]. Cabe ao Ministério dos Petróleos analisar cada um dos planos acima referidos e, caso os aprove, conceder uma licença para a implementação do projecto. Este Ministério tem, na verdade, um papel central na autorização de actividades petrolíferas. Não menos importante, todavia, se afigura a competência do Ministério do Ambiente nesta sede.

O Ministério do Ambiente reparte a responsabilidade pela coordenação, desenvolvimento, implementação, execução e cumprimento de políticas ambientais com o Ministério dos Petróleos, contendo-se nas suas atribuições gerais a protecção da biodiversidade, a prevenção e avaliação de impactos no ambiente, a educação ambiental. Nos termos do Decreto 59/07, de 13 de Julho de 2007 (Regime do licenciamento ambiental = RLA), qualquer projecto que venha a utilizar os recursos naturais do país e seja susceptível de causar impactos ambientais significativos requer uma licença ambiental de instalação concedida pelo Ministério do Ambiente. Este regime impõe o licenciamento ambiental em caso de construção, instalação, ampliação, modificação, operação e desactivação de projectos que exijam uma AIA, ou sempre que os projectos sejam susceptíveis de ter um impacto ambiental considerável (artigo 3.º). Ou seja, para determinar se uma determinada actividade está sujeita a licenciamento ambiental cumpre, em primeiro lugar, apurar se a referida actividade está sujeita a AIA.

---

[48] Importa referir que, apesar das boas intenções previstas no RGDO, a indústria petrolífera tem-se debatido seriamente com a falta de instalações adequadas de tratamento e eliminação de resíduos no país.

[49] De acordo com o artigo 27.º do RGDO, os Operadores têm doze meses (a contar da data de publicação) para implementarem as suas disposições em instalações existentes em águas rasas e quinze meses para instalações que se encontrem em águas profundas e ultra-profundas.

Nos termos do RAIA, estão sujeitas a AIA as atividades que, em virtude da sua natureza, dimensão ou localização, possam ter implicações para o equilíbrio ambiental e social (artigo 4.º/1). Assim, o critério-chave reside em saber se o projecto pode, ou não, ter um impacto significativo sobre o ambiente. Como se conclui facilmente, que mais não fosse em razão das referências legislativas que incidem no sector, as actividades petrolíferas estão necessariamente sujeitas a licenciamento ambiental prévio.

O procedimento de licenciamento ambiental está dividido em duas fases, às quais correspondem duas licenças, nomeadamente:

i) A licença de instalação, a qual visa autorizar a implementação/construção das instalações necessárias, de acordo com as especificações descritas no projecto aprovado pela entidade com autoridade de supervisão sobre essas mesmas actividades. Esta licença, de acordo com o Decreto-Executivo Conjunto n.º 140/13, de 13 de Maio (Decreto que aprova a Base de Cálculo das Taxas Ambientais aplicáveis aos Projectos da Indústria Petrolífera = DBCTAPIP), é concedida por um período de três anos para actividades sísmicas, perfuração e construção. De acordo com o DBCTAPIP, a taxa aplicável é quantificada através da ponderação de diversos critérios, nos quais se incluem a abrangência, a severidade e a duração do impacto ambiental; e

ii) A licença de operação, a qual é emitida depois de todos os requisitos estabelecidos na AIA terem sido cumpridos. De acordo com o DBCTAPIP, esta licença é concedida por um período de cinco anos, sendo que a quantificação da taxa aplicável segue os mesmos moldes do previsto para a licença de instalação.

A avaliação de impacto ambiental integra-se no licenciamento ambiental, daí que, em regra, um procedimento de licenciamento ambiental só possa ser iniciado após a conclusão de um procedimento de AIA (cfr. o artigo 6.º/2 do RLA). No entanto, o RPAAP parece admitir um desvio, quando refere, no artigo 6.º/5, que a emissão da licença ambiental decorre imediatamente da emissão de parecer favorável do Ministério do Ambiente no procedimento de AIA[50].

---

[50] Note-se que o início ou mudança de operações sem uma licença do Ministério do Ambiente pode resultar em multas de até 10% do valor do projeto e em ordens para suspender as operações

Para finalizar este ponto, afigura-se importante mencionar o Decreto 1/10, de 13 de Janeiro, que aprovou o regime de auditoria ambiental para actividades prejudiciais ao meio ambiente. Este diploma estabelece a realização de auditorias ambientais obrigatórias para actividades públicas e privadas susceptíveis de causar danos significativos ao meio ambiente. Previamente a este Decreto, tal preocupação já se espelhara na LBA (artigo 18.º) e no RPAAP (artigo 24.º), mas nem estes diplomas nem o recente regime mencionam a frequência com que estas auditorias devem ocorrer. Acresce a esta lacuna o facto de tão pouco se estabelecer qualquer frequência de apresentação, por parte das companhias petrolíferas, de relatórios de monitorização das suas actividades ao Ministério dos Petróleos (cfr. o artigo 76.º do RPAAP) – cuja publicação o Decreto 1/10 impõe (artigo 10.º/2)[51], com resultados práticos duvidosos, em razão da fraca capacidade de compreensão deste tipo de informações pela grande maioria da população angolana.

Enfim, todo este quadro regulatório padece de algumas deficiências de implementação, sobretudo no que toca à difusão da informação sobre os projectos petrolíferos pela população, nomeadamente, no que aos danos ambientais diz respeito. Não pode ignorar-se, todavia, a existência de um sistema de controlo ambiental prévio (que pode ser melhorado), no qual se acolhe um quadro de mecanismos e licenças desenhado para veicular uma avaliação prévia de cada projecto a ser implementado, e que impõe específicas responsabilidades à Concessionária Nacional e às empresas que a esta se associam na prossecução de actividades petrolíferas no país.

3. Exploração e produção de petróleo

As atividades de exploração e produção de petróleo (bem como a generalidade das outras atividades extrativas) são, dada a sua natureza, muito permeáveis a provocar impactos ambientais. Desde logo, o facto de se

---

[51] Este Decreto refere que, aquando do envio destes relatórios para o Ministério dos Petróleos, a entidade responsável pela realização da auditoria ambiental manda publicar, num jornal de grande circulação, a notícia do envio dos resultados da auditoria ao órgão responsável, na qual deve mencionar-se informação sobre o local onde se encontram os relatórios de auditoria para consulta pública.

instalar plataformas de exploração em locais que muitas vezes se encontravam praticamente intocados pela acção humana, passando pela perfuração à superfície (a profundidades cada vez maiores), pela injecção de "líquidos de perfuração", pela introdução de cimentos, até à instalação de toda uma parafernália de instrumentos de perfuração e recuperação de petróleo, tudo isso se traduz inquestionavelmente em "impactos ambientais".

Não só a extracção de petróleo *tout court,* todavia, é susceptível de provocar danos ambientais. Na verdade, o facto de os hidrocarbonetos serem extraídos em locais remotos e, muitas vezes, a milhares de quilómetros do local onde vão ser processados e posteriormente consumidos (pense-se nas perfurações *offshore,* que se realizam, algumas vezes, a muitos milhares de quilómetros das zonas costeiras) implica a necessidade de se criar toda uma rede de transporte que permita deslocar os hidrocarbonetos do local onde eles são extraídos até ao sítio onde irão ser refinados (por exemplo) e posteriormente vendidos.

Todo o sistema de extração, processamento, transporte, refinação e venda importa em elevados riscos para o ambiente, uma vez que as possibilidades de derrame aumentam exponencialmente quanto mais longínquo se encontrar o ponto de refinação e/ou consumo. Basta termos presente acidentes em plataformas[52], acidentes com navios-tanque[53], rupturas de condutas (a que, infelizmente, demasiadas vezes sc assiste na Nigéria e em outros Estados africanos), descargas de não intencionais petróleo, entre outros desastres, para termos a percepção de que a indústria do petróleo e gás representa um enorme potencial lesivo para o ambiente. E como se não bastassem todos os riscos inerentes à própria actividade da indústria petrolífera tradicional, assistimos, hoje em dia, a uma explosão na utilização das chamadas "técnicas de recuperação avançadas", desenvolvidas para permitir às empresas petrolíferas recuperar mais petróleo a partir de um campo petrolífero[54].

---

[52] Tal como ocorreu com a plataforma da BP *Deepwater Horizon* – cfr. supra **1.1.**.

[53] Recordem-se os acidentes com os petroleiros *Torrey Canyon* (1967), *Amoco Cadiz* (1978), *Exxon Valdez* (1989), *Erika* (1999) e *Prestige* (2002), só para mencionar os mais mediáticos.

[54] Geralmente as companhias petrolíferas conseguem recuperar cerca de 35-40% do petróleo contido numa formação geológica; com técnicas mais avançadas, contudo, chegam a conseguir recuperar cerca de 60%.

Estas técnicas de perfuração têm, muitas vezes, um potencial de impacto muito maior do que as técnicas de perfuração clássicas, uma vez que utilizam a injeção de compostos químicos directamente na formação rochosa, para adicionar pressão e perfurá-la de forma a maximizar a recuperação de hidrocarbonetos.

Afigura-se, desta feita, decisivo que os Estados prevejam medidas de controlo, prevenção e monitorização das atividades petrolíferas para que se evite ao máximo os danos ao ambiente. Angola, que agora nos ocupa, conta com alguns mecanismos de controlo mas, uma vez mais, a sua aplicação prática revela muitas falhas, como adiante se aponta.

3.1. Responsabilidade pela condução das operações e pela protecção do ambiente

Em Angola, a direcção das operações petrolíferas compete ao Operador da concessão. Será também ao Operador, conforme se referiu *supra*, que compete garantir que as operações são conduzidas de forma segura e de acordo com as regras estabelecidas na legislação angolana.

Ainda que se possa argumentar que o Operador não é o único responsável pelas operações petrolíferas e por eventuais desastres ambientais (os Acordos de Operações Conjuntas prevêem mecanismos de responsabilidade solidária), na verdade é o Operador que conduz quotidianamente os trabalhos das operações petrolíferas e, como tal, é a ele que compete zelar pelo cumprimento das normas ambientais e pela implementação de rotinas de segurança.

Como forma de monitorizar e implementar programas que reduzam o risco de ocorrência de danos ambientais, quase todas as companhias petrolíferas a operar em Angola adotaram Sistemas de Gestão Ambiental ("SGA"). Estes SGA visam acompanhar os diferentes programas ambientais das companhias de forma abrangente, sistemática e documentada. Cumpre assinalar, todavia e em abono da verdade, que não existem previsões legais que imponham SGA específicos. As companhias petrolíferas, na falta de indicação legal, normalmente seguem os padrões internacionais, tais como a ISO 14001 de Gestão Ambiental.

Recentemente o Decreto Presidencial 194/11, de 7 de Julho, que regula a responsabilidade por danos ambientais, veio determinar, de forma puramente remissiva, que

"*Os padrões de qualidade em vigor em Angola são os referidos pelas normas ISO...*".

Por muito que se louve esta referência, ela peca por tardia e por não acrescentar absolutamente nada ao que já vinha sendo feito ao longo dos anos pelas companhias a operar em Angola. Impunha-se, em nossa opinião, uma maior clarificação e uma referência legal específica que determinasse, *de per se*, padrões de gestão ambiental mais exigentes, e que os adaptasse à realidade angolana.

3.1.1. Em especial, a responsabilidade por derrames

Os derrames constituem a maior ameaça ambiental associada à actividade petrolífera. O Governo angolano aprovou uma série de diplomas que visam prevenir e, no caso de um derrame vir de facto a ocorrer, dotar as autoridades administrativas estatais de meios que permitam dar uma resposta célere.

Em primeiro lugar, o RPAAP refere que tanto a Concessionária como as suas Associadas deverão elaborar e manter atualizados planos para prevenção e resposta a derrames[55]. Este diploma estabelece também que tanto a Concessionária como as suas Associadas (e quaisquer outras empresas petrolíferas a operar no país) são obrigadas a comunicar ao Ministério dos Petróleos, pela via mais rápida, todos os derrames que causarem danos ao ambiente.

Na falta de definição de *"derrames que provocarem danos ao ambiente"*, temos de nos socorrer do Decreto Executivo 11/05 (Regulamento sobre os Procedimentos de Notificação de Ocorrência de Derrames) que prescreve, no artigo 2.º, que todos os derrames em quantidades superiores a um barril[56], ou cujo impacto ambiental seja significativo (de acordo com as normas de classificação da avaliação de impacto ambiental) devem ser notificados num prazo não superior a oito horas após o conhecimento da ocorrência do derrame. O Decreto refere ainda que derrames em quantidades inferiores

---

[55] Tal como referido *supra*, **2.4.**
[56] Um barril corresponde a, aproximadamente, 160 litros de petróleo.

a um barril devem constar de um relatório final (enviado ao Ministério dos Petróleos após conclusão das acções de controlo do derrame e da reposição das condições ambientais do local), não tendo assim que ser reportados imediatamente.

O Decreto Executivo 11/05 descreve ainda o procedimento específico através do qual as companhias petrolíferas devem comunicar ao Ministério dos Petróleos todos os derrames por que são responsáveis, bem como inclui os modelos que devem ser utilizados para efectuar essa mesma comunicação.

Em segundo lugar, o RPAAP dispõe que cabe ao Operador da instalação de onde provenha o derrame tomar todas as medidas adequadas e eficazes para controlar, combater e limpar o derrame. Nos termos deste diploma, se o Operador não tiver capacidade para o fazer, deverá recorrer às demais companhias petrolíferas que operam em Angola[57].

Tratando-se de um derrame de grandes proporções, o RPAAP impõe a colaboração de todas as companhias petrolíferas que disponham em Angola de equipamento, pessoal, abastecimento e de outros meios, no controlo, combate e limpeza do derrame (artigo 16.º/3). A eficácia desta disposição é duvidosa: E se as companhias petrolíferas se recusarem a auxiliar no combate a um derrame que não foi provocado pela sua actividade? Na verdade, o RPAAP não prevê qualquer sanção para a recusa de auxílio embora refira, no seu artigo 18.º/1/c), que constitui infracção o não cumprimento de decisões ministeriais, bem como a inobservância de qualquer regulamento sobre o qual incida. Ora, tendo em conta que será sempre o Ministério dos Petróleos a constatar que o Operador não tem capacidade para lidar com o derrame e que se torna imperativa a colaboração de outras companhias, podemos considerar que a falta de auxílio poderá configurar uma infracção punida nos termos do RPAAP.

Em terceiro lugar, acrescente-se que, em resposta a derrames de grandes proporções e com vista a regulamentar o modo de implementação de uma resposta integrada, o Conselho de Ministros aprovou o *Plano Nacional de Contingência contra Derrames de Petróleo no Mar,* através da Resolução 87-A/08, de 22 de Dezembro. Este Plano Nacional é bastante detalhado

---

[57] Também o Ministério dos Petróleos, caso considere que o Operador não tem capacidade para lidar com o derrame, pode solicitar a colaboração de outras companhias petrolíferas a operar em Angola.

e descreve, entre outros aspectos, os graus de responsabilidade de todos os organismos oficiais angolanos envolvidos e a constituição de equipas nacionais de resposta de emergência a derrames de grandes proporções; o relacionamento entre o Governo e as companhias petrolíferas; a mobilização de recursos de resposta; as medidas a tomar pelo Ministério dos Petróleos junto das entidades alfandegárias e autoridades angolanas de fronteira para tornar expedita a importação de equipamento; o abastecimento em casos de emergência; os acordos celebrados com Estados vizinhos; e a identificação das áreas consideradas sensíveis do ponto de vista ecológico.

Este Plano merece-nos três destaques. *Primo*, o detalhe de elaboração; *secundo*, a eleição do Ministério dos Petróleos como entidade a quem compete, coadjuvado pelo Ministério do Ambiente, coordenar a resposta a derrames de grandes proporções; e, *tertio*, a referência ao acordo de assistência mútua (ANG 212) em vigor entre os Operadores da indústria petrolífera em Angola – o Plano prevê que, relativamente a derrames de nível 2, os recursos de combate deverão ser mobilizados de acordo com o ANG 212.

O quadro legislativo exposto transmite tranquilidade, do ponto de vista formal. Afortunadamente, o *Plano Nacional de Contingência* ainda não foi posto à prova – facto que gera, no entanto, a impossibilidade de aferir a eficácia da sua implementação e de detectar eventuais deficiências que resultem da sua aplicação prática.

3.2. Responsabilidade civil objectiva das empresas petrolíferas por danos ambientais?

Abordar o tema da responsabilidade ambiental no âmbito das operações petrolíferas obriga a uma passagem pela LBA e pelo Decreto Presidencial 194/11, de 7 de Julho.

Em Angola, o "dano ao ambiente" é definido pela alínea g) do artigo 2.º do Decreto Presidencial 194/11, definição, de resto, igual à que já constava do n.º 7 do Anexo à LBA: *"a alteração adversa das características do ambiente, e inclui, entre outras, a poluição, a desertificação, a erosão e o desflorestamento"*. Trata-se de uma noção de dano tendencialmente inoperativa em face da intensa utilização que o Homem faz dos bens ambientais – a introdução de um adjectivo como "significativo" torná-la-ia, porventura, mais realista. Acresce que esta definição confunde *causas* de dano (como a poluição ou o desflorestamento, como acção) com *consequências* danosas, como a desertificação (efeito). Ora, dependendo a aplicação de um regime de responsabilidade por danos "ambientais" de uma definição do que deve entender-se por estes – se não precisa, pelo menos objectiva e operativa –, podemos afirmar que esta questão está inquinada à partida.

Esta fórmula vai ao encontro do disposto no artigo 4.º/g) da LBA, em sede de princípio de responsabilização, e aponta para uma perspectiva estrita de dano ao ambiente enquanto dano causado ao bem ambiental enquanto valor de *per se*. No entanto, na continuação e numa norma com mais concretude, a LBA introduz confusão entre o tradicional dano ambiental (pessoal e/ou patrimonial), a que se refere no artigo 23.º/1, *in fine*, e o dano ecológico puro, cuja reparação pode ser promovida pelo Ministério Público (cfr. o artigo 23.º/2) – e depois da revisão de 2010, por qualquer pessoa, singular ou colectiva, investida em legitimidade popular. A esta confusão acresce o facto de a LBA determinar que a "indemnização" pode reverter para o Estado (conforme dispõe o artigo 28.º/1, no que traduz uma má solução – desde logo porque podem ser entidades da Administração central a provocar danos ao ambiente...), em vez de, tratando-se de dano ecológico puro, reverter para um fundo de gestão ambiental – mencionado pelo artigo 4.º/h) da LBA, mas até hoje ainda não criado.

Em termos de responsabilidade civil aquiliana clássica, o artigo 4.º/g) da LBA estabelece um princípio de responsabilização de *"todos os agentes que como resultado das suas acções provoquem prejuízos ao ambiente, degradação, destruição, ou delapidação de recursos naturais, atribuindo-lhes a obrigatoriedade da recuperação e/ou indemnização dos danos causados"*. No entanto, mais adiante, não só omite qualquer metodologia de reparação – in natura? in pecunia? outra? –, como confunde dano pessoal e dano ecológico, no artigo 23.º/1, já referenciado acima.

Cristalina é, todavia, a consagração de um princípio de responsabilização objectiva, no artigo 28.º – que o legislador terá querido fazer acrescer ao princípio geral de responsabilização subjectiva ou aquiliana que decorre do artigo 483.º/1 do Código Civil angolano. Anote-se que o artigo 6.º do Decreto Presidencial 194/11, que tem por epígrafe *"Responsabilidade objectiva"*, difere sensivelmente do disposto no artigo 28.º da LBA. O legislador angolano revela aqui desatenção e imprecisão, aspectos que complicam a tarefa do intérprete e contribuem para a ineficácia da lei: veja-se que enquanto a LBA refere simplesmente "danos ao ambiente" (artigo 28.º/1, *in fine*), o artigo 6.º do Decreto Presidencial 194/11 incide sobre a ofensa de *"direitos ou interesses alheios por via da lesão de um qualquer componente ambiental"*, o que esvazia por completo a intenção "ecológica" da LBA, pelo menos na vertente da responsabilização objectiva...

É duvidoso que o Decreto Presidencial 194/11 tenha vindo imprimir contenção à excessiva abertura da LBA, pois a responsabilização objectiva aplica-se a "qualquer actividade" (artigo 6.º), embora restringindo a actividades descritas no Anexo do RAIA a obrigação de seguro de responsabilidade civil (cfr. o artigo 21.º do Decreto Presidencial 194/11). Ou seja, qualquer actividade pode gerar responsabilidade objectiva por danos "ambientais", sem embargo de apenas as actividades contempladas no RAIA deverem ser sujeitas a seguro obrigatório (que contêm um elenco meramente exemplificativo das actividades sujeitas a AIA).

Julgamos que o Decreto Presidencial n.º 194/11 deveria circunscrever a responsabilização objectiva, não só a danos ecológicos (pois é esse o seu intuito – ou deveria sê-lo), como amarrá-la a uma listagem de actividades presumivelmente perigosas. A solução legal traduz-se num "escancarar de portas" à responsabilidade objectiva e constitui um grave entrave da iniciativa económica, podendo mesmo contribuir para a fuga de investimento estrangeiro (pelo menos sempre que não incida sobre recursos naturais inamovíveis). Acresce que a consagração generalizada da responsabilidade objectiva constitui um desincentivo à introdução de melhores técnicas nas instalações, uma vez que o operador sabe, à partida, que por mais que gaste na minimização de riscos e em tecnologias limpas, caso aconteça um acidente (que se não deva um evento de força maior?), sempre será responsabilizado.

Estas nossas palavras não querem significar, naturalmente, uma negação das virtualidades do instituto no âmbito do Direito do Ambiente, no qual, devido à complexidade técnica dos processos e à inerente dificuldade de provar a culpa, a responsabilidade subjectiva não deve estar desacompanhada de previsões sectoriais de responsabilização objectiva – *v.g.*, para actividades petrolíferas ou de mineração. E acrescentamos ainda que a responsabilidade aquiliana deverá ser utilizada, quando o dano resulte de omissões de deveres de vigilância, na modalidade subjectiva objectivada que decorre do artigo 493.º/2 do Código Civil, ou seja, presumindo-se a culpa do alegado lesante salvo demonstração deste de que tomou as medidas adequadas e suficientes para evitar o dano ou de que, ainda que as tivesse tomado, o dano sempre teria ocorrido.

Mais concretamente, no caso das operações petrolíferas, a LAP, dispõe, no artigo 25.º, sobre a possibilidade de isenção de responsabilização caso as licenciadas, a Concessionária Nacional e suas associadas *"provem que agiram sem culpa"*. Ou seja, nas actividades petrolíferas, o legislador derrogou a possibilidade (supletiva) de responsabilização objectiva, embora tenha feito recair sobre os operadores a demonstração de actuação sem mácula. A superveniência do Decreto Presidencial 194/11, com a inscrição do princípio de responsabilização objectiva no artigo 6.º, *supra* citado, deve entender-se como revogatória desta disposição da LAP, desde logo por força da afirmação preambular de *"revogação de toda a legislação que [o] contraria"*. Assim sendo, na nossa opinião, deve entender-se que vigora o princípio da responsabilidade objectiva por danos ambientais no âmbito das operações petrolíferas.

A título de nota final, anote-se a particular postura, em contra-corrente ao que decorre da legislação específica do sector do petróleo e gás, do Decreto Presidencial 194/11, que parece dar muito mais "peso" e responsabilidades ao Ministério do Ambiente (em detrimento do Ministério dos Petróleos), uma vez que requer a sua actuação em todos os casos de poluição, incluindo os casos em que esteja em causa poluição provocada por operações petrolíferas.

4. Abandono de campos de exploração petrolífera

O fim do ciclo de vida útil de um bloco de petróleo reclama o abandono do campo de exploração. Este abandono deve ser feito de maneira a deixar no local o mínimo de vestígios de impacto ambiental, e de forma a que o "poço" fique fechado e não sujeito a nenhum derrame subsequente. Tal como as operações "em vida", o "funeral" do bloco é também devidamente regulamentado.

Quando se descobre um poço de petróleo passível de exploração comercial, a Concessionária Nacional deve submeter à aprovação do Ministério dos Petróleos um Plano Geral de Desenvolvimento e Produção[58]. Entre outras

---

[58] Artigo 63.º da LAP.

coisas, este plano deve incluir uma estimativa de custos de abandono das instalações no fim da vida útil do campo petrolífero, bem como uma previsão dos fundos necessários para a sua desactivação. Trata-se, ao cabo e ao resto, de um instrumento de enquadramento preliminar destinado a prever, em linhas gerais, os procedimentos a seguir no momento do abandono do poço, e as despesas projectadas para a fase de desmantelamento.

Há ainda outras disposições que regulam, mais concretamente, o abandono de campos de exploração petrolífera.

4.1. Normas de desmantelamento

Quando as companhias petrolíferas decidem abandonar um poço, de acordo com a legislação angolana, são obrigadas a preparar e entregar ao Ministério dos Petróleos um plano de abandono e restauração do local de instalação. Este plano deverá conter um calendário de implementação, e deverá ser submetido à aprovação do Ministério do Petróleos até um ano antes da data de abandono[59].

Este plano deverá incluir, entre outros aspectos, a descrição: i) da história do campo; ii) das instalações, incluindo a localização, profundidade e tipos de materiais utilizados; iii) dos registos de produção e de jazigos; iv) dos aspectos técnicos, económicos, ambientais e de segurança, das operações de abandono; v) do impacto das operações de abandono para outros utilizadores do mar e da terra, especialmente nas áreas de pescas, navegação, agricultura e indústria; vi) das soluções de abandono recomendadas, incluindo o horizonte temporal para a sua implementação; vii) do cronograma das actividades de abandono; viii) dos inventários dos materiais químicos que se encontram nas instalações, e planos para a sua remoção (artigo 27.º do Decreto 1/09, de 27 de Janeiro).

O Ministério dos Petróleos tem noventa dias para aprovar o plano, findos os quais, no silêncio, este é considerado aprovado. Em contrapartida, o mesmo Ministério dispõe de quarenta e cinco dias para solicitar a sua revisão, ou introduzir as alterações que considere necessárias (cfr. o artigo 27.º do Decreto 1/09, de 27 de Janeiro).

---

[59] Artigos 11.º do RPAAP, e 75.º da LAP.

Uma nota final para referir que o artigo 27.º do Regulamento das Operações Petrolíferas entrega ao Ministério dos Petróleos a competência de regulamentar os procedimentos técnicos a adoptar sobre a actividade de abandono dos poços. Tais regulamentos não foram, até à data, emitidos.

4.2. Restauração do meio envolvente

As companhias petrolíferas, no momento do abandono do campo de exploração petrolífera, devem restaurar o meio envolvente e proceder à recuperação paisagística desse mesmo local, nos termos do plano previamente aprovado e que mencionámos no ponto anterior. O artigo 75.º da LAP dispõe que

"...*devem proceder ao correcto abandono do poço ou poços em questão, obrigando-se, também, a desenvolver outras acções para o abandono das instalações e outros activos e a proceder à recuperação paisagística, de acordo com a legislação vigente e subsidiariamente com a prática normal da indústria petrolífera*".

Por seu turno, o artigo 11.º do RPAAP estatui que o plano de abandono e restauração do local de instalação deve definir "...*b) as medidas a tomar para atenuar o impacto ambiental e restaurar devidamente o local*". Estas disposições indiciam uma preocupação com a restauração do meio envolvente, a qual se não concretiza, todavia, na indicação de medidas específicas de recuperação paisagística ou de restauração natural ou por equivalente. A LAP remete para a "prática normal da indústria" como critério de referência. Questionamo-nos, contudo, sobre o que deve entender-se por "prática normal da indústria" no contexto da lei angolana. Da nossa perspectiva, a expressão "prática normal da indústria" deve revestir o mesmo significado de uma outra expressão, contida em vários regulamentos aplicáveis à indústria petrolífera no país, a saber: a de "práticas geralmente aceites na indústria internacional de petróleo".

Estas expressões remetem para a expressão inglesa "best oil-field practices" e devem ser entendidas, do nosso ponto de vista, como práticas e procedimentos desenvolvidos e aplicados mundialmente por companhias petrolíferas diligentes, em condições e circunstâncias análogas às condições com que se deparam as companhias petrolíferas no caso concreto.

Por outras palavras, o legislador angolano passivamente remeteu para práticas internacionais as quais deveria ter regulamentado, explicitando os padrões a aplicar no contexto angolano. Julgamos que a definição de "prática normal da indústria" ou de "práticas geralmente aceites na indústria internacional de petróleo" deveria constar da lei. Na generalidade dos países produtores de petróleo, existem previsões legais onde se inscreve o critério essencial e genérico para a condução das operações petrolíferas – as "best oil-field practices" –, mas esse mesmo critério está definido e concretizado. Em Angola, o legislador não só não dedicou uma definição legal a esta expressão, como tão pouco aprofundou o que deve ser feito para recuperar paisagisticamente um local de exploração abandonado. Na nossa opinião, impunha-se uma sistematização de critérios mínimos de recuperação paisagística a seguir pelas companhias petrolíferas aquando do abandono de campos de exploração.

5. Em jeito de conclusão: o futuro das operações petrolíferas em Angola no que respeita à protecção do ambiente

Embora a protecção ambiental em Angola seja um objectivo inscrito na Constituição e exista um conjunto de diplomas que regulam a protecção ambiental, a legislação de controlo de poluição e os padrões ambientais é ainda muito deficiente. Apesar das boas intenções demonstradas pela legislação vigente, a capacidade técnica do Ministério dos Petróleos é ainda insuficiente para garantir um efectivo controlo da poluição e, infelizmente, essa não parece ser, no momento, a sua prioridade. Neste sentido, as companhias petrolíferas acabam por se auto-regular e desenvolvem programas próprios de controlo ambiental. Ora, ainda que esta iniciativa das companhias petrolíferas seja de louvar, muitas vezes as decisões são tomadas mais com base em considerações economicistas do que em considerações ambientais.

A acrescer a este facto, devem sublinhar-se algumas circunstâncias que impedem um desenvolvimento mais significativo no plano da protecção do ambiente, como a iliteracia e pobreza generalizadas, a pouca informação que chega aos angolanos, a relevância da indústria petrolífera como motor económico do país, a percepção de que mais importante do que o ambiente é extrair o máximo de petróleo possível para acelerar o processo de reconstrução do país, ou o facto de muitos angolanos literatos trabalharem directa ou indirectamente para a indústria petrolífera (reduzindo seriamente o seu *animus* para denunciar situações de desrespeito para com o meio ambiente). Estes factores concorrem para entravar a formação de uma consciencialização social relativamente aos riscos ambientais causados pela exploração petrolífera e constituem uma barreira ao desenvolvimento de uma cultura de fiscalização e responsabilização na sociedade angolana.

Não podemos esquecer, todavia, que estamos perante um país que em 2002 se libertava de uma guerra civil sangrenta que o dilacerou. Sendo certo que o argumento da guerra civil não pode valer *ad eternum,* a verdade é que desde então até ao presente (2015) muitos foram os avanços no campo da protecção ambiental. Registam-se alguns avanços importantes, que permitem olhar para o futuro com alguma esperança. Angola está a entrar num processo de modernização que levará, inevitavelmente, à formação de uma maior consciência ambiental. Prova disso reside no facto de, no final de 2012, terem sido publicadas em Diário da República uma série de convenções internacionais sobre protecção ambiental no âmbito das operações de petróleo e gás que haviam sido ratificadas por Angola (algumas delas no final dos anos 1980!) e cujo texto nunca tinha sido publicado[60]. Parece-nos

---

[60] Nomeadamente, a Convenção n.º 7/12, de 26 de Dezembro: *Convenção Internacional sobre a Cooperação e Combate Contra a Poluição por Hidrocarbonetos,* de 1990 (versão inglesa), cuja adesão foi aprovada pela Resolução 33/01, de 9 de Novembro; a Convenção n.º 8/12, de 26 de Dezembro: *Convenção Internacional sobre Responsabilidade Civil pelos Prejuízos devidos a Poluição por Hidrocarbonetos,* de 1992 (versão inglesa), cuja adesão foi aprovada pela Resolução 32/01, de 1 de Novembro; a Convenção n.º 10/12, de 26 de Dezembro: *Convenção Internacional de Compensação pelos Prejuízos devidos a Poluição por Hidrocarbonetos,* de 1992 (versão inglesa), cuja adesão foi aprovada pela Resolução 30/01, de 26 de Outubro; a Convenção n.º 12/12, de 26 de Dezembro: *Convenção Internacional sobre a Intervenção em Alto Mar em caso de acidentes que causem poluição por Hidrocarbonetos,* de 1969, tal como emendada em 1973 e 1991 (versão inglesa), cuja adesão foi aprovada pela Resolução 29-A/01, de 5 de Outubro; e a Convenção n.º 14/12, de 26 de Dezembro: *Convenção Internacional sobre a Responsabilidade e Indemnização relacionadas com o Transporte Marítimo de Substâncias Perigosas e Tóxicas,* de 1996 (versão inglesa), cuja adesão foi aprovada pela Resolução 29/01, de 5 de Outubro.

que este pode ser um sinal de que a protecção ambiental está a ser levada mais a sério pelas autoridades competentes.

A acrescer a este sinal, foram publicados em 2014 dois diplomas que, na nossa opinião, comprovam este facto. Vejamos.

Em primeiro lugar, a inserção da noção de "crimes contra o ambiente" na Lei 3/14, de 10 de Fevereiro (Lei sobre a Criminalização das Infracções Subjacentes ao Branqueamento de Capitais = LCISBC). Embora se estranhe o normativo legal no qual foi incluída esta noção, não deixa de ser louvável a consagração de uma noção de "crimes contra o ambiente". Segundo a LCISBC, os crimes contra o ambiente dividem-se em:

(i) Agressão ao Ambiente: (a) Violação de preceitos legais que crie perigo de extinção de espécies de fauna ou flora; (b) Violação de preceitos legais que resulte na aquisição, alienação ou transporte de espécies de fauna e flora legalmente protegidas ou que impeça a renovação de um ou mais recursos no subsolo; (c) Lançamento para o meio ambiente de fontes, dispositivos, substâncias ou materiais radioactivos bem como o seu depósito no solo, subsolo, mar, rios, lagos ou massas de água sem para tal estar devidamente autorizado (artigo 33.º).

e

(ii) Poluição: Não observância de disposições legais que provoque poluição sonora ou poluição no ar, água, solo ou que provoque a degradação destes componentes ambientais causando danos substanciais (artigo 34.º).

Apesar do carácter algo vago da definição de alguns destes "crimes contra o ambiente", é de realçar a definição de penas concretas para cada um destes crimes (cfr. os artigos 33.º e 34.º do LCISBC).

Em segundo lugar, a criação da Agência Nacional de Resíduos ("ANR"), cujo estatuto orgânico foi publicado pelo Decreto-Presidencial n.º 181/14, de 28 de Julho. De acordo com o seu estatuto orgânico, a ANR é tutelada pelo Ministério do Ambiente (artigo 4.º) e conta com uma extensa lista de atribuições, da qual resulta claro que a sua missão é a de fazer executar, na prática, a política sobre gestão de recursos a nível nacional.

Embora ambos os diplomas sejam recentes e seja algo prematuro fazer uma avaliação sobre a sua implementação, a publicação de ambos os diplomas aponta, uma vez mais, para a preocupação crescente que o Governo angolano tem demonstrado com a temática do ambiente.

Com efeito, o Governo angolano parece estar mais atento às boas práticas internacionais (e também para os exemplos do que não fazer os quais, infelizmente, abundam em África) e querer investir na regulação das operações petrolíferas, particularmente no que à protecção ambiental diz respeito[61].

O futuro das operações petrolíferas em Angola, no entrelaçamento com as preocupações de protecção do ambiente, irá porventura passar por uma mais precisa regulamentação, bem como pela criação de mecanismos de monitorização por parte do Governo, por um lado e, por outro lado, pela maior pressão de grupos e organizações ambientais que irão emergir da sociedade civil no sentido de exigir das companhias petrolíferas que conduzam as suas operações de forma responsável.

Proteger o ambiente em Angola é ainda, em larga medida, uma promessa por cumprir. Para fazer face a este desafio, será necessário, antes de mais nada, definir quais os padrões segundo os quais os procedimentos a implementar devem ser instituídos. Depois, seria importante sentar à mesa todas as companhias petrolíferas actuantes em Angola de forma a estabelecer padrões de actuação comuns. Com efeito, é decisivo que as autoridades angolanas reconheçam que as companhias petrolíferas têm uma vasta experiência internacional, a qual podem utilizar para contribuir para a criação de padrões e regulamentos que incorporem o que de melhor se tem feito a nível de protecção ambiental em outros países produtores de petróleo. Não aproveitar essa experiência constitui um lapso indesculpável.

Uma vez resolvidos os aspectos de base, falta cumprir algumas injunções legiferantes que resultam da legislação própria do sector, da LBA e da Constituição da República de Angola. Existem muitas disposições (algumas das quais, de resto, fomos identificando ao longo do texto) que não passam de meras declarações de princípio, às quais importa conferir efectividade. Identicamente recomendável seria limar algumas imperfeições nas leis existentes, como as apontadas em sede de avaliação de impacto ambiental, mas também, por exemplo, no plano da articulação entre avaliação de impacto ambiental e licenciamento ambiental.

---

[61] A atestá-lo estão os muitos Decretos aprovados nos últimos anos e a que fizemos menção neste texto, relativos à protecção do ambiente.

Enfim, e correndo o risco de sermos óbvios, é imperativo o incremento da transparência e do acesso à informação por parte da sociedade civil. Sem uma sociedade civil informada e motivada, com um forte sentimento de identificação com os valores da natureza, será muito difícil implementar programas de conservação ambiental. Mais do que legislar, importa alertar e incorporar os valores que a legislação já em vários planos semeou, criando na sociedade angolana uma verdadeira consciência ambiental.

Lisboa/Luanda, Abril de 2015

O Poder Concedente no Sector Petrolífero em Angola

Carlos Maria Feijó[*]

SUMÁRIO: 1. Introdução; 2. A reforma Legislativa de 2004; 3. As Atribuições do Poder Concedente ao abrigo da Lei das Actividades Petrolíferas: 3.1. Conselho de Ministros; 3.2. Ministério dos Petróleos; 3.3. Concessionária Nacional – Sonangol. 4. A Concessionária Nacional enquanto entidade decisória – Conflito de Interesses; 5. Conclusões.

1. Introdução

Durante a era colonial e no início do período pós-independência, o sistema petrolífero angolano baseava-se no sistema de acesso geral ou sistema concessionário (*concessionary system*[1]), em que os direitos mineiros (de exploração e produção de petróleo) eram concedidos directamente às empresas petrolíferas estrangeiras.

O ano de 1978 marcou uma viragem fundamental no sistema de atribuição de direitos petrolíferos em Angola. Com efeito, em 1978 e à semelhança

---

[*] Doutor em Direito.
Professor Titular da Faculdade de Direito da Universidade Agostinho Neto (Angola).

[1] A este sistema opõe-se o *contractual system*, que se caracteriza pela adjudicação dos direitos através de contratos do tipo partilha de produção. Sobre a distinção (vantagens e desvantagnes) e implicações económico-fiscais dos dois sistemas, vide KAISER, Mark J. e PULSIPHER, Allan G., *Fiscal System Analysis:Concessionary and Contractual Systems Used in Offshore Petroleum Arrangements*, Coastal Marine Institute, U.S. Department of the Interior, Louisiana State University, 2004, acessível em http://www.data.boem.gov.

de outros países[2], houve uma transição para o sistema misto (ou híbrido), em que as actividades petrolíferas passaram a ser reguladas não apenas pela lei, mas também por contratos individualmente negociados.

Essa transição foi marcada pela entrada em vigor da Lei n.º 13/78, de 26 de Agosto ("Lei 13/78"), a qual veio consagrar como princípio basilar do sistema petrolífero angolano o princípio da propriedade estatal dos jazigos de hidrocarbonetos. De acordo com o preâmbulo e artigo 1.º da referida lei, «são propriedade do povo angolano, através do Estado, todos os jazigos de hidrocarbonetos líquidos e gasosos existentes no subsolo e plataforma continental, compreendidos no território nacional e até ao limite das águas jurisdicionais da República de Angola, ou em qualquer domínio territorial estabelecido em convenções internacionais sobre o qual se exerça a soberania nacional.»

Este princípio nada mais é do que o reflexo do princípio da soberania do povo angolano sobre todos os recursos naturais existentes em Angola, consagrado no artigo 11.º da Lei Constitucional então vigente[3]. Desse prin-

---

[2] Este princípio, que foi generalizado e aplicado nesta época, encontrou sede material na *Carta dos Direitos e Deveres Económicos dos Estados*, aprovada pela Assembleia Geral da ONU em 1974, que pela primeira vez na História do Direito Internacional acolheu o princípio da soberania nacional sobre os recursos naturais dos Estados. Como se sabe, esta Carta constituiu uma peça essencial na então denominada "nova ordem económica internacional". Em rigor, esse princípio foi essencial e resultou de um movimento reivindicado desde os anos 50 do século XX, principalmente, pelos países produtores como forma de reaver os recursos que, na sua óptica, consideravam terem sido injustamente atribuídos ou apropriados pelas empresas estrangeiras; o que, em certos casos, resultou em processos de nacionalizações (como no caso no Iraque, 1951) ou noutras tentativas de renegociação de concessões (como no caso da Líbia, 1970).

[3] Este princípio foi reformulado na revisão da Lei Constitucional em 1992, nos seguintes termos: «Todos os recursos naturais existentes no solo e no subsolo, nas águas interiores, no mar territorial, na plataforma continental e na zona económica exclusiva, são propriedade do Estado, que determina as condições do seu aproveitamento, utilização e exploração.» (n.º 1 do artigo 12.º da Lei n.º 23/92, de 16 de Setembro – Lei de Revisão Constitucional então vigente). Mais recentemente, a Constituição da República de Angola reiterou o mesmo princípio, dando-lhe a seguinte redacção: «Os recursos naturais, sólidos, líquidos e gasosos existentes no solo, subsolo, mar territorial, na zona económica exclusiva e na plataforma continental sob jurisdição de Angola são propriedade do Estado que determina as condições para a sua concessão, pesquisa e exploração nos termos da Constituição, da Lei e do Direito internacional» (artigo 16.º).

cípio decorrem corolários, que o legislador verteu nos seguintes princípios fundamentais do regime jurídico angolano:

- Princípio do monopólio ou da titularidade exclusiva de direitos mineiros pela empresa petrolífera nacional (artigo 2.º);
- Princípio da intransmissibilidade de direitos mineiros (artigo 4.º);
- Princípio da obrigatoriedade associativa das empresas petrolíferas estrangeiras (artigo 16.º); e
- Participação maioritária da empresa petrolífera nacional (artigo 20.º).

Vejamos, sucintamente:

O princípio do monopólio da concessionário petrolífera nacional traduz-se na atribuição, a título exclusivo, de direitos mineiros (i.e. direitos de pesquisa e produção de hidrocarbonetos) à Sonangol, E.P. ("Sonangol"), a qual passou a ter o estatuto de "Concessionária Nacional". Este princípio veio marcar o fim da vigência do sistema concessionário livre, ao determinar-se, no n.º 2 do artigo 2.º, a extinção da concessão dos direitos mineiros atribuídos a sociedades ou entidades estrangeiras, tendo tais direitos sido transferidos para a Sonangol sem mais formalidades (i.e. pela mera entrada em vigor da Lei 13/78).

O segundo princípio – princípio da intransmissibilidade de direitos mineiros – determina uma proibição expressa de a Sonangol transmitir, total ou parcialmente, os direitos mineiros que lhe são atribuídos. Já de acordo com o terceiro princípio – intransmissibilidade de direitos mineiros –, toda a sociedade ou entidade estrangeira que queira exercer actividades de pesquisa e produção de hidrocarbonetos, apenas o poderá fazer em associação com a Sonangol. Tal associação assumirá uma das seguintes formas:

- sociedade comercial, que importa a constituição de uma sociedade comercial de direito angolano;
- associação em participação[4]; ou ainda

---

[4] Associações em participação (terminologia da Lei n.º 13/78, de 26 de Agosto) ou consórcios (terminologia da Lei n.º 10/04, de 12 de Novembro). No direito petrolífero angolano foram adjudicados direitos mineiros através dessas figuras no Bloco 0 (Associação de Cabinda) – Contrato inicial de 1957 e alterado em 1966, 1969, 1973, 1986 e em 2004. E os

– contrato de partilha de produção ("CPP" ou, na denominação inglesa, "*production sharing agreement*[5]") (artigo 17.º, n.º 1), o qual é, até à data, a forma associativa mais utilizada em Angola.

Como se pode constatar por esse mecanismo de atribuição de direitos, o sistema angolano deve, na realidade, qualificar-se como um sistema misto, no qual convivem as componentes do sistema concessional – a concessão para a Concessionária Nacional – e o contrato de partilha de produção, o mais típico do sistema contratual.

Assim, como referimos, em Angola, de entre todas as formas associativas permitidas por lei, o contrato associativo (i.e. o contrato pelo qual a Sonangol se associa a entidades privadas para a execução de operações petrolíferas) de eleição em Angola é o Contrato de Partilha de Produção ("CPP"). Importa, por isso, ainda que em breve nota, determinar a natureza jurídica deste contrato, à luz do direito angolano.

Sendo um contrato de exploração petrolífera, o CPP incide sobre recursos integrados no domínio público[6], e como tal enquadra-se, como aliás o fez (e, a nosso ver bem) Carlos Teixeira[7], no âmbito dos contratos

---

FS (Fina/Sonangol) e FST (Fina/Sonangol/Texaco) para a Zona Terrestre do Baixo Congo, em 1967. Estas concessões foram atribuídas em 1967 e reconhecidas pelo Governo Angolano após a independência do País; depois foram objecto de operações petrolíferas até à presente data, mas nunca foram objecto de diploma de concessão nem de contrato de associação em participação à luz da legislação petrolífera angolana.

[5] Vulgarmente designado pela sigla inglesa PSA. O PSA teve a sua origem na Indonésia em 1966, tendo sido celebrado entre a empresa nacional Permina e a Indonesia American Petroleum Company (IIAPCO), tendo-se rapidamente propagado pelos países que não adoptaram o sistema concessionário como instrumento de maior equilíbrio entre o país titular dos recursos e as empresas petrolíferas. Sobre o tema, vide *Key Issues for Rising National Oil Companies*, KPMG International, 2008, acessível em http://www.kpmg.com.

[6] Veja-se o artigo 12.º, n.º 1 da Lei de Revisão Constitucional.

[7] Carlos Teixeira, *Os Contratos Administrativos no Direito Angolano*, Luanda, Luanda Editora, 1999. De acordo com a definição dada por Carlos Teixeira, domínio público é *"o conjunto de coisas públicas e dos direitos públicos que sobre elas incidem e assistem à Administração Pública"*, sendo que, na ausência de um diploma que faça a enumeração das coisas que integram o domínio público, devemos, à semelhança do referido autor, socorrer--nos da definição de "coisa pública" estatuída no artigo 202.º, n.º 2 do Código Civil. *Vide* pp. 91 e 92.

de concessão de exploração do domínio público; os quais sujeitam-se ao Direito Administrativo e ao respectivo regime jurídico, nomeadamente, o Decreto-Lei n.º 16-A/95 de 15 de Dezembro (que aprova as Normas do Procedimento e da Actividade Administrativa). Tal posição é corroborada pelo artigo 120.º, n.º 2, al. d) do referido diploma, o qual classifica como contrato administrativo a «concessão de exploração do domínio público».

De acordo com a definição que nos é dada pelo artigo 120.º, n.º 1 do mesmo diploma, contrato administrativo é «o acordo de vontades pelo qual é constituída, modificada ou extinta uma relação jurídica de direito público entre a Administração [Pública] e um particular tendo como finalidade a realização de um interesse público». Por outras palavras, os contratos administrativos visam associar um particular ao desempenho regular de atribuições administrativas de modo que aquele substitui-se ao Estado no exercício de certa actividade com vista a realização de um interesse público[8].

Portanto, resulta do que se acaba de dizer que, à luz do direito angolano, o CPP é um contrato administrativo. No entanto, coloca-se a questão de saber se o CPP é um contrato administrativo por determinação legal ou por natureza. Para responder a esta questão, vale a pena descrever o que denominaremos por "processo concedente", i.e., o processo através do qual são atribuídas as concessões petrolíferas em Angola.

Como já se disse algumas vezes ao longo deste trabalho, os direitos mineiros são concedidos à Sonangol e esta, por sua vez, através do CPP, permite que as suas associadas executem operações petrolíferas; ou seja, que exerçam os direitos que lhe são atribuídos exclusivamente a si (i.e. à Sonangol).

Esse processo concedente materializa-se através de um único instrumento jurídico – o Decreto de Concessão[9] que era emitido pelo Conselho de

---

[8] Os contratos administrativos têm por objecto uma concessão. Esta é o acto administrativo pelo qual um órgão da Administração Pública transfere para um particular o exercício de uma actividade pública, que o concessionário desempenhará por sua conta e risco mas no interesse público.
Vide Freitas do Amaral, *Curso de Direito Administrativo*, Vol.II, Coimbra, 2007 p. 258.

[9] *Vide* artigos 8.º, n.º 2, 48.º e 49.º da LAP.

Ministros. Este é definido como o «instrumento formal do Poder Governo através do qual é atribuída à Concessionária Nacional uma determinada concessão petrolífera» (artigo 48.º, n.º 1 da LAP) e contém, pelo menos, os seguintes elementos essenciais[10]:

– Atribuição dos direitos mineiros (à Sonangol);
– Definição e descrição da área de concessão;
– Duração da concessão e das diferentes fases e períodos;
– Identificação do Operador.

Para além disso, no caso de a Concessionária Nacional se associar a terceiros para a execução das operações petrolíferas, o Decreto de Concessão deveria conter[11]:

– Autorização para a Concessionária Nacional realizar a associação;
– Identificação das suas associadas; e
– Aprovação do respectivo contrato associativo (em regra, o CPP).

Portanto, como podemos ver, no mesmo instrumento jurídico o poder executivo (i) concede os direitos mineiros à Sonangol, (ii) autoriza esta a associar-se a terceiros, e (iii) aprova o respectivo CPP. Ou seja, temos aqui um processo em que intervêm três partes – o Governo, a Sonangol e as suas associadas.

Por esta razão, Carlos Teixeira[12] entende que os CPP têm uma estrutura multipolar, o que o levou a retirar duas conclusões: por um lado, que *«a tradicional estrutura bilateral da relação jurídica administrativa não se aplica aos contratos de partilha de produção*[13]*»* e, por outro, que o CPP, à luz do direito angolano, é uma espécie de "sub-concessão".

Das conclusões de Carlos Teixeira resultam, a meu ver, uma contradição – enquanto que a primeira leva-nos a concluir que o CPP é um contrato administrativo por determinação legal e não por natureza, uma vez que não obedece à estrutura bilateral da relação jurídico-administrativa; a segunda,

---

[10] Vide artigo 48.º, n.º 2 da LAP.
[11] Vide artigo 49.º, n.º 1 da LAP.
[12] Carlos TEIXEIRA, op. cit., p. 98.
[13] Ibid.

e ao contrário, faz-nos concluir no sentido inverso, i.e. que o CPP é efectivamente um contrato administrativo por natureza por traduzir-se numa (sub-)concessão que, como já aqui disse, é o acto jurídico pelo qual o Estado permite a um particular substituí-lo na realização de certa actividade administrativa no interesse público e, como tal, sujeito ao direito público.

Assim, somos a concordar apenas com a segunda conclusão de Carlos Teixeira, segundo a qual o CPP traduz-se numa sub-concessão dos direitos mineiros atribuídos à Sonangol: como mencionámos anteriormente, o processo concedente materializa-se através de um único acto – o Decreto Presidencial de Concessão; o qual, por um lado, concede os direitos mineiros à Sonangol, e por outro, autoriza esta a associar-se a terceiros através de um contrato associativo (CPP) que é também aprovado pelo mesmo acto.

Daqui resulta, a meu ver, e sem que se ponha em causa o princípio da intransmissibilidade dos direitos mineiros (*supra*), uma concessão indirecta (ou sub-concessão, nas palavras de Carlos Teixeira) dos direitos mineiros atribuídos à Sonangol às suas associadas, sem os quais estas não poderiam exercer as operações petrolíferas.

Discordamos da não aplicabilidade da estrutura bilateral da relação jurídico-administrativa aos CPP defendida por Carlos Teixeira, pois, a bom rigor, o CPP é celebrado, por um lado, pela Concessionária Nacional no uso de poderes de autoridade (ou seja, no desempenho de funções administrativas) e, como tal, sujeita à aplicação do regime jurídico-administrativo (*Vide* artigo 2.º, n.º 2 do Decreto-Lei n.º 16-A/95) e, por outro, pelo grupo empreiteiro (composto pelas associadas da Sonangol). Ou seja, o CPP é, efectivamente, um contrato bilateral e, a meu entender, um contrato administrativo por natureza e não apenas por determinação legal. Contudo, é um contrato administrativo sujeito a regras próprias, dada a especificidade do sector petrolífero.

Esse quadro associativo é o quadro geral de operações e atribuição de direitos de participação e acesso das empresas aos direitos petrolíferos em Angola. Entretanto, o legislador, prevendo situações de especial risco e com base em experiências comparadas[14], permitiu ainda à Sonangol celebrar

---

[14] Designadamente, as que resultavam da tentativa de estimular produção em campos petrolíferos já em declínio em determinados países.

contratos de prestação de serviços (i.e. contratos de serviço com risco ou *risk service contracts*[15]) (artigo 17.º, n.º 2).

Estes, a bom rigor, não constituem uma forma de associação pois, por definição, numa relação de prestação de serviços não existe o elemento essencial das associações – a *affectio societatis*. Ou seja, a vontade ou intenção de constituir uma sociedade ou de se associar com vista uma cooperação recíproca, como acontece nos casos anteriores.

Por outro lado, previu-se ainda a possibilidade de, em casos excepcionais, o Conselho de Ministros autorizar outras formas contratuais que não contrariem o princípio da propriedade estatal dos jazigos de hidrocarbonetos e o princípio da titularidade exclusiva de direitos mineiros (artigo 29.º)[16].

Finalmente, o princípio da participação maioritária da empresa petrolífera nacional impõe uma participação obrigatória mínima de 51%[17] da Sonangol em qualquer tipo de associação estabelecida com sociedades ou entidades estrangeiras (artigo 20.º, n.º 1), excepto nos casos de actividades no mar a uma profundidade superior a 150 metros, em que se permitia uma participação inferior a fixar por Decreto do Conselho de Ministros (artigo 20.º).

Estes princípios enformaram um sistema de carácter misto do sistema petrolífero angolano, resultado não apenas da consagração legal dos princípios acima descritos mas, também, da ausência de uma maior densificação normativa dos preceitos da Lei 13/78[18]. O que necessariamente remetia

---

[15] Sobre o *Risk Service Agreement vide*, Gao, Zhiguo. International Petroleum Contracts: Current trends and new directions. 1994. Graham & Trotman / Martinus Nijhoff.

[16] Dir-se-ia que esta constituía uma "válvula de escape" ou norma de recurso para situações que o Governo considerasse de relevante interesse público e para as quais as demais formas associativas ou contratuais não seriam adequadas. Tanto quanto temos conhecimento, essa norma nunca chegou a ser utilizada.

[17] Considera-se que os 51% seriam uma maioria mínima necessária para o controlo pela Sonangol. É bom de sublinhar que os recentes desenvolvimentos do Direito nos levam a considerar que controlo e maioria absoluta dos interesses participativos nem sempre são sinónimos. Necessariamente que o "take" (a fatia) da Sonangol será maior, mas daí, em contrapartida, também o esforço financeiro que lhe é exigido. De qualquer modo, uma maioria absoluta incontestada de 51% assegura à Sonangol os votos suficientes para deter o controlo nessas associações.

[18] O que veio a acontecer em 2004, como veremos adiante.

para negociação individual a regulação de todos os aspectos não previstos na lei. Daqui resultou, por seu turno, uma atribuição implícita (e efectivo exercício) de poderes regulatórios à Sonangol na qualidade de Concessionária Nacional.

Em concreto, ao abrigo e na vigência da Lei 13/78, o poder concedente (no sentido de poder decisório) era exercido quase que exclusivamente pela Sonangol, exceptuando-se apenas os (poucos) poderes atribuídos expressamente na lei ao Conselho de Ministros e os (menos ainda) atribuídos ao Ministério dos Petróleos ("Minpet") na qualidade de ministério de tutela, sendo estes os seguintes:

a) Conselho de Ministros:

- Fixar a participação da Sonangol em associações que exerçam actividades no mar a uma profundidade superior a 150 metros – Conselho de Ministros (artigo 20.º);
- Autorizar a participação de terceiros nas associações com vista à obtenção de fundos necessários ao investimento (artigo 25.º);
- Autorizar a celebração de outros tipos de contratos não previstos na lei (artigo 29.º)
- Autorizar o Minpet a definir as áreas de concessão (artigo 3.º);
- Definir o conteúdo e fins dos direitos mineiros em casos especiais (artigo 6.º);

b) Minpet:

- Definir as áreas de concessão (artigo 3.º);
- Prorrogar a duração, estabelecida nos contratos, dos períodos de pesquisa e produção (artigo 9.º);
- Autorizar o início de produção após uma descoberta comercial (artigo 63.º, n.º 4.º);
- Conceder autorização provisória ou especial de pesquisa (artigo 12.º);
- Autorizar a queima de gás (artigo 14.º);
- Propor a revisão periódica das percentagens associativas ou de partilha de produção (artigo 27.º);

Em suma, ao abrigo da Lei 13/78, o poder concedente repartia-se por três entidades – o Conselho de Ministros, o Minpet e a Sonangol, sendo que a esta última cabia exercer todos os poderes não expressamente atribuídos aos primeiros, que eram, ao tempo, a maioria dos poderes concedentes.

Desta malha de competências resultou a grande influência da Sonangol no sector petrolífero angolano que, como veremos adiante nesse trabalho, permanece em grande medida até aos dias de hoje.

2. A reforma legislativa de 2004

Em 2004, o sector petrolífero angolano foi submetido a uma segunda e significativa reforma legislativa, tendo sido aprovado três diplomas essenciais:

– Uma nova Lei das Actividades Petrolíferas (Lei n.º 10/04, de 12 de Novembro);
– A Lei sobre o Regime Aduaneiro Aplicável ao Sector Petrolífero (Lei n.º 11/04, de 12 de Novembro); e
– A Lei sobre a Tributação das Actividades Petrolíferas (Lei n.º 13/04, de 24 de Dezembro).

Dado o objecto do presente trabalho, debruçar-nos-emos apenas sobre a Lei das Actividades Petrolíferas, por constituir a referência legislativa do sector petrolífero *upstream* angolano.

A aprovação de uma nova lei reguladora das actividades petrolíferas (que veio revogar a Lei 13/78) foi determinada por diversos factores como o desenvolvimento do próprio sector, o avolumar de experiências que tal desenvolvimento originou e, consequentemente, a necessidade de implementação de novos conceitos e práticas no âmbito das concessões petrolíferas.

Visou-se, essencialmente, não alterar substancialmente o sistema então inaugurado pela Lei 13/78, mas, pela positiva, completá-lo e ajustá-lo às necessidades de uma contemporaneidade que impunha novas formas de actuar e regular a actividade[19]. Como se verá a seguir, esses factores ditaram

---

[19] V. Preâmbulo da Lei das Actividades Petrolíferas.

a revisão (e revogação) da Lei 13/78, a qual manteve as linhas orientadores da reforma de 1978.

Como enunciámos, não obstante a Lei das Actividades Petrolíferas ter revogado a Lei 13/78, pela importância dos princípios fundamentais consagrados nessa lei no ordenamento jurídico angolano, tais princípios foram reiterados na Lei das Actividades Petrolíferas[20], tendo sido apenas reformulados e complementados; o mesmo será dizer que a reforma legislativa revalidou ou importou os princípios-chave do anterior regime legal.

Observa-se, entretanto, uma alteração substancial no que tange ao princípio da obrigatoriedade associativa: ao passo que na lei anterior, a Lei 13/78, este princípio aplicava-se apenas a sociedades e entidades estrangeiras, a Lei das Actividades Petrolíferas vem abolir essa distinção, passando a ser obrigatória a associação tanto de sociedades estrangeiras como das nacionais. Reza, na verdade, a norma que «toda a sociedade que pretenda exercer em território angolano operações petrolíferas fora do âmbito da licença de prospecção[21], apenas o pode fazer conjuntamente com a Concessionária Nacional (...)» (artigo 13.º).

Em rigor, esse seria o corolário natural do monopólio concessionário da Sonangol, i.e., sendo a Sonangol a concessionária exclusiva dos direitos mineiros, a Lei das Actividades Petrolíferas limita-se a retirar as devidas consequências, ao dispor que a necessidade de associação não se limita às empresas estrangeiras, sendo também aplicável às nacionais.

---

[20] Como resulta dos artigos 3.º, 4.º, 5.º, 13.º e 15.º.

[21] A Lei das Actividades Petrolíferas introduziu uma distinção entre a licença de prospecção e a concessão, atribuindo a cada uma um regime específico (*Vide* respectivamente, capítulo IV e capítulo V). De entre as diferenças entre os dois regimes, destaca-se a competência para atribuir os respectivos títulos – enquanto que a licença de prospecção é atribuída pelo Ministério dos Petróleos, a concessão petrolífera é atribuída pelo Conselho de Ministros (artigo 8.º). No entanto, o foco deste trabalho será a concessão petrolífera. Nesta matéria, importa distinguir "licença" de "autorização" – enquanto ambas são actos administrativos, a primeira é um acto pelo qual um órgão da Administração Pública atribui a alguém o direito de exercer uma actividade privada que é permitida por lei (neste caso, o particular não é titular de nenhum direito face à Administração), e a segunda é o acto pelo qual um órgão da Administração permite a alguém o exercício de um direito ou de uma competência pré-existente (ou seja, o particular já é titular do direito e apenas o seu exercício carece de autorização). Sobre esta matéria veja Freitas do Amaral, *op. cit.*, p. 257-258.

Por outro lado, parece-nos igualmente que tal solução se impunha em homenagem a um princípio de igualdade de tratamento, independentemente de se tratar de sociedades estrangeiras ou nacionais, num período em que os nacionalismos[22] já se haviam há muito esbatido. Note-se, que tal princípio de igualdade (de resto encontrando sede normativa no artigo 18.º da então Lei Constitucional) não significa que em tudo as empresas estrangeiras e nacionais devam ser absolutamente equiparadas[23].

Muitas foram as novidades trazidas pela nova lei, as quais prendem-se fundamentalmente com interesses de política económica e social para o sector petrolífero angolano e para o País, nomeadamente, a protecção do interesse nacional, a promoção do desenvolvimento do mercado de trabalho, a valoração dos recursos mineiros, a protecção do meio ambiente, a racionalização da utilização de recursos petrolíferos e o aumento da competitividade do país no mercado internacional[24].

Em resumo, a Lei das Actividades Petrolíferas apresenta as seguintes características fundamentais:

– Mantém os principais princípios já consagrados na Lei 13/78 com algumas reformulações[25];
– Densifica o conteúdo de alguns princípios e matérias já constantes da Lei 13/78: nomeadamente, definiu de forma clara a competência

---

[22] O mesmo se diga dos "acantonamentos" ideológicos da Guerra Fria, que ditaram também soluções jurídicas nos vários sistemas jurídicos durante esse período.

[23] Não nos parece ser este o sentido útil ou material da igualdade; se assim fosse, o recente regime aprovado pelo Decreto Legislativo Presidencial n.º 3/12, de 16 de Março, seria materialmente inconstitucional porque concede alguns incentivos – em rigor, isenta de algumas obrigações fiscais ou parafiscais – às sociedades nacionais, o que, de todo não nos parece inconstitucional no contexto de tentar colocar o empresariado nacional numa situação de maior relativa competitividade que lhes permita aceder aos recursos petrolíferos. Essencialmente, e como atrás dissemos, podemos falar aqui em "discriminação" positiva como forma complementar de apoio ao desenvolvimento do conteúdo local e, consequentemente, da economia do país. Diga-se ainda que tal exceção relativa à igualdade também ela está ancorada em considerações de aprovação por lei, adequação e proporcionalidade em respeito pelas limitações aos princípios constitucionais (como decorre do artigo 57.º da Constituição da República Angolana).

[24] Preâmbulo da Lei das Actividades Petrolíferas.

[25] V. Secção anterior.

para a emissão de títulos (artigo 8.º) e estabeleceu os requisitos das associadas da Concessionária Nacional (artigo 45.º);
- Enuncia princípios de matérias que, anteriormente, constavam de Decretos de Concessão como, por exemplo, segurança e higiene no trabalho (artigo 23.º), protecção ambiental (artigo 24.º), direitos e obrigações da Concessionária Nacional (artigos 29.º e 30.º), direitos e obrigações das associadas da Concessionária Nacional (artigo 31.º);
- Introduz matérias e princípios novos e inovadores com vista a adaptar a legislação às mais recentes inovações verificadas nos sectores petrolíferos angolano e internacional, como o princípio do fomento do empresariado privado angolano e promoção do desenvolvimento (artigo 26.º)[26], transmissão de interesses participativos (artigo 16.º), matérias relacionadas com concursos públicos e negociação directa (capítulo V), todas as matérias sobre operações petrolíferas (capítulo VI), fiscalização de operações petrolíferas (capítulo VII), etc.

3. As atribuições do poder concedente ao abrigo da Lei das Actividades Petrolíferas

Quanto ao seu objecto, dispõe a Lei das Actividades Petrolíferas no artigo 1.º que: «A presente lei visa estabelecer as regras de acesso e de exercício das actividades petrolíferas nas áreas disponíveis de superfície [solo] e submersa [subsolo] do território nacional, das águas interiores, do mar territorial, da zona económica exclusiva e da plataforma continental»; sendo que o conceito de «operações petrolíferas» para efeitos de aplicabilidade dessa lei, definido no n.º 12 do artigo 2.º, é o seguinte: «Operações petrolíferas são as actividades de prospecção, pesquisa [ou exploração], avaliação, desenvolvimento e produção de petróleo» – ou seja, as actividades designadas na indústria como *upstream*.

---

[26] Princípio esse que, como vimos, veio a materializar-se no Decreto n.º 4/07, de 22 de Janeiro e, mais recentemente, no Decreto Presidencial Legislativo n.º 3/12, de 16 de Março, que estabelece os incentivos fiscais às empresas nacionais do sector petrolífero e revoga o Decreto n.º 4/07.

Note-se que as actividades designadas de *downstream* (refinação, armazenagem, transporte, distribuição e comercialização) são excluídas e remetidas para regulação própria pelo n.º 2 do artigo 1.º[27].

Relativamente ao objecto do presente trabalho, e que é também o objecto do presente capítulo, de referir, antes de mais, que a Lei das Actividades Petrolíferas mantém a estrutura, já antes estabelecida pela Lei 13/78, de repartição do poder concedente pelas mesmas três entidades – o Conselho de Ministros, o Minpet e a Sonangol (actuando na qualidade de Concessionária Nacional). De referir, também, que, neste âmbito, a reforma de 2004 veio aumentar substancialmente o leque de atribuições do Minpet, o qual passou, pelo menos teoricamente, a deter a maioria das atribuições.

Para uma melhor compreensão do que enunciamos, passamos a enumerar as atribuições de cada uma das entidades "detentoras" de poder concedente em Angola.

3.1. Conselho de Ministros

Ao Conselho de Ministros, na qualidade de órgão representativo do Governo e como tal representante[28] do Estado angolano, são atribuídos

---

[27] Essas actividades são, actualmente, reguladas pela Lei n.º 26/12, de 22 de Agosto.

[28] Uma perplexidade que se levanta é a de saber como interpretar este sistema à luz da "reforma" constitucional de 2010, que em resultado da entrada em vigor da Constituição da República de Angola, aboliu o órgão Governo e elegeu como "titular" do Poder Executivo, o Presidente da República. A nosso ver, uma interpretação à luz da Constituição impõe, ao menos, que se equacione se os poderes que a Lei das Actividades Petrolíferas atribui ao Conselho de Ministros, mantêm o mesmo sentido que o legislador lhe atribuiu em 2004 ou se se deve fazer uma interpretação actualista ou conforme à Constituição da norma e logo de todo o sistema. A prática constitucional tem consistido em o Presidente da República submeter os actos à apreciação do Conselho de Ministros, nos termos constitucionais e, uma vez apreciado, aprovar o acto formal no âmbito dos seus poderes próprios, mencionando que o acto obteve a apreciação do Conselho de Ministros. Por outro lado, entende-se que os poderes do Minpet são exercidos no âmbito da delegação de poderes do Presidente da República. Esta prática vem, a nosso ver, consolidar a melhor interpretação da Constituição. De outra forma, não deixaria de ser curioso que, *aparentemente*, sob novo regime de forte pendor presidencialista e no âmbito da matéria de maior sensibilidade económica do país, o Presidente da República não detivesse orgânica, material e formalmente poderes de decisão

todos os poderes relativos e conexos com a concessão de direitos mineiros à Sonangol e com as concessões petrolíferas em geral, bem como poderes relacionados com questões de interesse nacional. Em particular, cabe a essa entidade:

- Atribuir a concessão para o exercício de direitos mineiros (artigo 8.º, n.º 2);
- Atribuir os direitos mineiros à Concessionária Nacional sobre as áreas de concessão, através de um Decreto de Concessão (artigos 4.º, n.º 2 e 44.º);
- Autorizar o Minpet a definir as áreas de concessão (artigo 11.º);
- Retirar a qualidade de associada da Concessionária Nacional às entidades que, de forma grave ou reiterada, não cumpram as suas obrigações legais (artigo 47.º, n.º 1);
- Autorizar a Concessionária Nacional a associar-se à entidades privadas para a execução de operações petrolíferas (artigo 49.º, n.º 1, al. a);
- Aprovar o contrato associativo (em regra, Contrato de Partilha de Produção) entre a Sonangol e as associadas (artigo 49.º, n.º 1, al. c)[29];
- Autorizar todas e quaisquer alterações aos contratos associativos (artigo 50.º);
- Resgatar, total ou parcialmente, e por razões de interesse público e mediante justa compensação, as concessões petrolíferas (artigo 52.º, n.º 2). Este mecanismo equipara-se a uma expropriação por utilidade pública;
- No caso de situações de unitização em áreas que não se encontrem sob o regime de concessão ou relativas a país limítrofe, aprovar a estratégia a ser adoptada com vista a possibilitar a produção de petróleo (artigo 64.º, n.º 8);
- Em casos de emergência nacional (ex. conflito armado, catástrofe natural ou iminente expectativa dos mesmos), ordenar a requisição de instalações petrolíferas de qualquer concessão petrolífera, a qual

---

e que estes, na órbita do que sejam os poderes executivos, estivessem distribuídos ora no Conselho de Ministros ora no Ministro dos Petróleos.

[29] Esta aprovação consta do próprio Decreto de Concessão (*supra*).

produz efeitos apenas enquanto durar o estado de emergência (artigo 79.º, n.ᵒˢ 1 e 2);
– Autorizar a prospecção e produção de quaisquer outras substâncias (i.e. substâncias diversas de hidrocarbonetos), desde que tal não ponha em perigo ou interfira com as operações petrolíferas levadas a cabo na área respectiva (artigo 80.º, n.º 3); e
– Excepcionalmente, e por razões de segurança e de interesse nacional, determinar o condicionamento ou suspensão das operações petrolíferas (artigo 90.º).

3.2. Ministério dos Petróleos

Como já aqui disse, a Lei das Actividades Petrolíferas ampliou substancialmente as atribuições do Minpet no sector petrolífero. Estas passaram a ser as seguintes:

– Emitir as licenças de prospecção (artigo 8.º, n.º 1);
– Definir as áreas das concessões, mediante autorização do Conselho de Ministros (artigo 11.º);
– Prorrogar os prazos das licenças de prospecção e dos períodos de concessão[30], a requerimento da licenciada ou da Concessionária Nacional (artigo 12.º, n.º 3);
– Autorizar a cessão de interesses participativos (total ou parcialmente) por parte das associadas da Sonangol a terceiros (i.e. sociedades não afiliadas) (artigo 16.º, n.º 1);
– Autorizar a mudança de Operador nas concessões (artigo 19.º, n.º 3);
– Estabelecer os limites e o regime da zona de segurança adjacente ao local de implantação de equipamentos e instalações permanentes ou provisórias afectas à realização de operações petrolíferas (artigo 24.º);

---

[30] De acordo com o artigo 10.º, n.º 1, a concessão abrange dois períodos: (i) período de pesquisa que compreende as fases de pesquisa e avaliação; e (ii) período de produção que compreende as fases de desenvolvimento e produção. Contudo, prevê-se a possibilidade de a concessão abranger apenas o período de produção (artigo 10.º, n.º 2).

- Aprovar os planos de gestão da protecção do meio ambiente exigidos pela legislação petrolífera ambiental, submetidos pela Concessionária Nacional e suas associadas (artigo 24.º, n.º 2);
- Fiscalizar o cumprimento das normas relativas ao conteúdo nacional (o denominado na indústria por "*local content*") (artigo 27.º, n.º 3);
- Autorizar a abertura, pela Sonangol, de concurso público para associação com entidades privadas (artigo 30.º, n.º 1, al. j) e artigo 44.º, n.º 3[31]);
- Autorizar as licenciadas (i.e. titulares de licença de prospecção) a comercializar os dados e informações adquiridos durante a execução das operações petrolíferas ao abrigo das licenças (artigo 36.º, n.º 2);
- Rescindir as licenças de prospecção (artigo 41.º, n.º 2);
- Autorizar a atribuição da qualidade de associada da Concessionária Nacional mediante negociação directa (artigo 47.º, n.º 2);
- Propor ao Conselho de Ministros o resgate, total ou parcial, de uma concessão petrolífera (artigo 55.º, n.º 2);
- Aprovar o plano anual de trabalhos (artigo 58.º, n.º 3);
- Autorizar, a título excepcional, a Sonangol e quando for de reconhecido interesse para o estudo do potencial petrolífero de uma dada concessão a realização de trabalhos de prospecção numa área contígua a essa concessão, quer tal área esteja ou não abrangida por um título de concessão, a realizar tais trabalhos por um período determinado (artigo 61.º);
- Aprovar o plano geral de desenvolvimento e produção (artigo 63.º, n.º 1);
- Autorizar, excepcionalmente, a Concessionária Nacional a iniciar certas actividades contempladas no plano geral de desenvolvimento e produção antes da sua aprovação formal (artigo 63.º, n.º 7);
- Determinar a unitização de concessões petrolíferas com vista ao desenvolvimento e produção de jazigos de petróleo comercialmente viáveis e que se estendam para além da respectiva área de concessão (artigo 64.º, n.º 2);

---

[31] Essa competência é reiterada no n.º 1 do artigo 7.º do Decreto n.º 48/06, de 1 de Setembro, que aprova as regras e os procedimentos dos concursos públicos no sector petrolífero.

- Aprovar os planos anuais de desenvolvimento e de produção (artigo 65.º, n.º 1);
- Autorizar a instalação de oleodutos, gasodutos, cabos, instalações e outros meios de uma concessão petrolífera em toda a extensão de outra concessão, bem como o seu levantamento, desde que tal não perturbe o bom andamento dos trabalhos da última (artigo 67.º);
- Determinar a utilização de instalações de terceiros (i.e. de outra concessão) se tal utilização contribuir para uma gestão mais eficiente e económica dos recursos existentes e desde que tal não implique a redução dos níveis de produção nem perturbe o bom andamento das operações petrolíferas da concessão a que os meios estão afectos (artigo 68.º, n.º 1), assim como estabelecer o preço pela respectiva utilização no caso de não haver acordo entre a Concessionária Nacional e suas associadas;
- Homologar o acordo relativo ao pagamento pela utilização de instalações de terceiros (artigo 68.º, n.º 3);
- Autorizar o início da produção comercial (artigo 69.º, n.º 1);
- Aprovar os planos anuais de produção e quaisquer alterações (artigo 70.º, n.ºs 1 e 3);
- Aprovar e licenciar os projectos relativos à instalação e funcionamento de oleodutos, gasodutos e instalações de armazenagem de petróleo (artigo 72.º, n.º 1);
- Autorizar a queima de gás associado em jazigos marginais ou de pequena dimensão para viabilizar a sua exploração (artigo 73.º, n.º 3), podendo fixar a taxa correspondente (artigo 73.º, n.º 6);
- Aprovar os projectos de encerramento definitivo de poços produtivos (artigo 74.º);
- Aprovar o plano de abandono dos poços, instalações, equipamentos, recuperação paisagística, ou de continuação das operações petrolíferas, que devem ser entregues pela Concessionária Nacional e suas associadas até um ano antes do termo da concessão ou data de abandono de quaisquer áreas nela integrada (artigo 75.º, n.º 5);
- Acompanhar e fiscalizar toda a actividade desenvolvida pelas licenciadas, Concessionária Nacional e suas associadas no âmbito das operações petrolíferas (artigo 76.º, n.º 1);

– Ordenar a requisição de parte ou toda a produção de qualquer concessão petrolífera em casos de estado de emergência (artigo 79.º, n.ᵒˢ 1 e 2);
– Autorizar (em conjunto com o Ministério das Finanças) a Concessionária Nacional e sua associadas a recorrer a terceiros para obtenção de fundos necessários ao investimento nas operações petrolíferas, que implique a atribuição de direitos mineiros (artigo 85.º);
– Estabelecer normas técnicas aplicáveis ao exercício de operações petrolíferas (artigo 87.º)[32];
– Instaurar e instruir os processos de infracções e aplicar as respectivas multas (artigo 88.º, n.º 4).

Como fica patente, em resultado da Lei das Actividades Petrolíferas, o Minpet passou a deter um vasto número de competências relativas à regulação do sector petrolífero angolano, tendo-se, desta forma e a nosso ver bem, limitado os poderes da Sonangol. Efectivamente, enquanto que, ao abrigo da Lei 13/78, a Sonangol exercia todos os poderes que não estivessem expressamente reservados ao Conselho de Ministros e ao Minpet, actualmente, a Concessionária Nacional apenas pode exercer os poderes que lhe são expressamente confiados por lei, os quais abordaremos seguidamente.

3.3. Concessionária Nacional – Sonangol

À Sonangol, enquanto Concessionária Nacional, são atribuídos os seguintes poderes:

– Aprovar os instrumentos contratuais de cessão de interesses participativos das suas associadas a não afiliadas (artigo 16.º, n.º 4);
– Propor a mudança de Operador nas concessões (artigo 19.º, n.º 3);
– Emitir parecer sobre os pedidos de atribuição de licenças de prospecção (artigo 38.º, n.º 1);

---

[32] Neste domínio, a lei confere ao Minpet o papel de um verdadeiro regulador, ainda que – como decorre da natureza da instituição – não lhe atribua essa qualificação.

- Dar opinião sobre a rescisão de licenças de prospecção (artigo 41.º, n.º 2);
- Dar parecer sobre a atribuição da qualidade de associada da Concessionária Nacional mediante negociação directa (artigo 47.º, n.º 2);
- Declarar as descobertas comerciais (artigo 62.º, n.º 1);
- Fazer a demarcação preliminar dos jazigos após uma descoberta comercial (artigo 62.º, n.º 4);
- Dar opinião sobre a instalação de oleodutos, gasodutos, cabos, instalações e outros meios de uma concessão em outra concessão, bem como o seu levantamento (artigo 67.º);
- Dar opinião sobre a utilização de instalações de terceiros (i.e. de outras concessões mediante o pagamento de um preço) (artigo 68.º, n.º 2).

Resulta da articulação e distribuição de competências enumeradas acima que a esfera de autoridade da Sonangol cometida pela Lei das Actividades Petrolíferas prende-se mais com aspectos relacionados com as operações petrolíferas em si, não sendo, pelo menos directamente, tanto poderes regulatórios ou poderes concedentes, no sentido de poderes decisórios.

A única excepção de monta será o poder de aprovar os contratos de cessão de interesses participativos, pelas associadas, a não afiliadas: neste caso, a Sonangol actua como verdadeiro ente decisório, uma vez que a não aprovação dos contratos pela Sonangol irá obstar, por um lado, à celebração de tais contratos (pelo menos nos termos propostos pelas associadas) e, por outro, à autorização do Minpet para a transacção, pois, cronologicamente, a aprovação dos instrumentos contratuais antecede a autorização do Minpet.

Ainda assim, podemos notar aqui que a *ratio* normativa é permitir à Sonangol o controlo da relação contratual enquanto parte da relação associativa/contratual e titular dos direitos e não como entidade administrativa *supra partes*. Ou seja, mesmo nestes casos, parece-nos justificada a excepção, visto – bem analisadas as razões "por detrás" da norma – tratar-se de uma relação *inter partes*, cujo centro gravitacional são os direitos mineiros: neste caso, a transmissão de posições contratuais a terceiros.

A nosso ver, tal não deixa de ser a explicitação do princípio contido no artigo 424.º do Código Civil: a transmissão carece de autorização da contraparte cessionária. Ora, tratando-se aqui de uma relação eminentemente administrativa – que, recorde-se, visa acautelar interesses públicos e gerais da comunidade – mal se compreenderia que o legislador deixasse ao acaso essa situação jurídica.

Do quadro de competências ressalta pois que, na sua maioria, os poderes atribuídos à Sonangol assumem um carácter consultivo, i.e. de aconselhamento (normalmente, ao Minpet). O fundamento para uma tal opção legislativa poderá passar pelo facto de a Sonangol ter adquirido uma experiência considerável desde a sua criação, a qual deve ser tida em conta na tomada de decisões pelos órgãos decisórios.

Contudo, esse papel de "conselheiro" não deve, de forma alguma, ser sub-valorizado: na realidade, é um papel de grande importância na tomada de decisões no sector petrolífero angolano, devido à grande influência que a Sonangol tem exercido no sector (e no País) ao longo de mais de 30 anos de existência. Portanto, um parecer da Sonangol (positivo ou negativo), mais do que provavelmente, irá determinar a decisão final do órgão decisório.

Assim, nesse quadro, o sistema concede à Sonangol alguns poderes de autoridade que a colocam ao nível de "quasi"-regulador. Ora, apesar da Lei das Actividades Petrolíferas ter reduzido as competências da Sonangol, transferindo tais competências de tutela e regulação técnica para o Minpet, opção que, a nosso ver, equilibrou e introduziu maior racionalidade no sistema, a verdade é que ela não logrou extinguir – antes pelo contrário manteve, se não mesmo fomentou – situações de conflitos de interesses, como veremos de seguida, situações essas que futuras intervenções legislativas tenderão a dissipar.

4. A Concessionária Nacional enquanto entidade decisória. O Conflito de interesses

Enquanto que, ao abrigo da Lei das Actividades Petrolíferas, os poderes da Sonangol foram substancialmente reduzidos, traduzindo-se, conforme acabado de expor, na sua maioria, em poderes de aconselhamento ao órgão decisório, por excelência, mas não exclusivo (o Minpet), fora do âmbito da Lei das Actividades Petrolíferas, em particular, no âmbito dos concursos públicos para aquisição de bens e serviços (*procurement*) por parte dos Operadores das concessões, à Sonangol são atribuídos verdadeiros poderes decisórios.

Os concursos públicos para aquisição de bens e serviços no sector petrolífero vêm regulados no Decreto n.º 48/06, de 1 de Setembro (que aprova as regras e os procedimentos dos concursos públicos no sector petrolífero). Ao abrigo deste Decreto, compete à Sonangol, na qualidade de Concessionária Nacional:

– Aprovar a lista geral das entidades susceptíveis de serem contratadas, proposta pelo Operador, de contratos de valor superior a USD 250.000, (artigo 16.º, n.º 3) e, mesmo, o direito de opor-se à proposta de adjudicação do Operador (artigo 16.º, n.º 6);
– Aprovar a lista de entidades pré-qualificadas proposta pelo Operador, relativamente a contratos de valor igual ou superior a USD 750.000 e aprovar a adjudicação das propostas (artigo 16.º, 7.º, al. e));
– Relativamente a todos os contratos, aprovar quaisquer revisões aos contratos celebrados pelo Operador se o valor da revisão exceder 10% do valor original, ou se a revisão importar uma mudança significativa quer do alcance quer da duração dos contratos.

Fácil fica de concluir que no domínio da aquisição de bens e serviços no sector petrolífero, a Sonangol goza de verdadeiros poderes de decisão que podem, *de facto*, inviabilizar as pretensões do Operador.

Nesta medida, os poderes atribuídos à Sonangol levantam uma questão, que já foi alvo de contestação, e que se prende com o papel duplo que a Sonangol assume no sistema petrolífero angolano: por um lado, *player* e, por outro, entidade "quasi"-reguladora, no sentido de estar investida de poderes de autoridade decisória relativamente a certos aspectos relacionadas ou conexos com a "vida" das operações petrolíferas, como é o caso que acabamos de ver.

Assim sendo, torna-se legítimo questionar: não estará a lei a colocar a Sonangol perante uma dupla qualidade susceptível de gerar situações de conflito de interesses?

Prima facie, tender-se-á a responder afirmativamente: no caso em apreço, a grande consequência desse duplo papel da Sonangol é o surgimento de potenciais situações de conflito de interesses que resultam, por um lado, do facto de a Sonangol estar também ela sujeita à aplicação do diploma em referência (cf. artigo 1.º) e, por outro, do facto de à mesma Sonangol serem atribuídos poderes para impedir que o Operador contrate com determinadas entidades: basta para o efeito que, por exemplo, nos contratos de valor igual ou superior a USD 750.000, a Sonangol não aprove a adjudicação da proposta do Operador, conforme lhe é permitido fazer, ao abrigo da alínea e) do n.º 7 do artigo 16.º.

Ora, colocada assim a questão, a resposta não poderia deixar de ser afirmativa. No entanto, nem a colocação da questão nem a resposta se nos afiguram correctas: desde logo, os actos praticados pela Sonangol sob as vestes de Concessionária Nacional, são considerados actos administrativos por serem actos praticados por uma empresa concessionária no uso de poderes de autoridade[33]. Desta forma, tais actos estão sujeitos à legislação aplicável aos actos administrativos, em particular, ao Decreto-Lei n.º 16-A/95 (*supra*).

A título de exemplo, as consequências práticas do que acabamos de referir são (i) a aplicabilidade da regra da fundamentação das decisões (artigo 67.º); e (ii) a susceptibilidade de impugnação, por via de reclamação ou recurso hierárquico dos actos (artigo 100.º ss. do mesmo diploma). Assim sendo, ainda que a norma preveja poderes discricionários, as decisões ao abrigo dos mesmos devem ser fundamentadas e estão sujeitas a controlo judicial.

Mas a nosso ver, o núcleo do problema não se situa na natureza dos poderes ou no mérito ou ausência dele das decisões da Sonangol.

É que o conflito de interesses não é uma figura absoluta: ela é relativa, situacional. Na verdade, está em conflito ou potencial conflito de interesses aquele que, agindo numa determinada qualidade, poderá fazer uso das suas faculdades para retirar vantagens para si, agindo igualmente como contra--parte dos interesses que visa salvaguardar; ou dito de outra forma: haverá conflito ou potencial conflito de interesses se a Sonangol actuar não enquanto concessionária e regulador mas sim enquanto concessionária/regulador e concorrente a prestadora de serviços ou fornecimento de bens. Ou seja, a nosso ver, é conatural à qualidade de concessionária nacional a atribuição de alguns poderes de autoridade que visam salvaguardar o interesse público; no caso *sub judice*: a salvaguarda e o fomento do conteúdo local.

---

[33] Nos termos do n.º 3 do artigo 2.º do Decreto-Lei n.º 16-A/95 de 15 de Dezembro, que aprova as Normas do Procedimento e da Actividade Administrativa.

Já não o será e deve qualificar-se como conflito de interesses – sem prejuízo de outras qualificações legais ao abrigo de normas de outra natureza – as situações em que a Sonangol se apresente a concurso para aquisição de bens e serviços no sector petrolífero – directa ou indirectamente (através de interesses participativos em parcerias directas ou através de veículos comerciais por si controladas ou nas quais exerça uma influência dominante[34]).

Igualmente nessas situações de conflito de interesses se devem qualificar as situações em que a Sonangol, fazendo uso dos seus poderes, imponha às operadoras a contratação de serviços ou a aquisição de bens a empresas por si dominadas ou nas quais exerça uma influência relevante.

No entanto, porque por vezes a linha delimitadora não se afigura clara, o sistema ganhará com a clarificação. Daí que alguns proponham e está aberto o debate sobre a necessidade de criação de um sistema dualista[35], no qual se opere uma verdadeira distinção entre o papel e os poderes de regulação, que passam para uma entidade *supra partes* (o Minpet ou uma autoridade reguladora independente criada para o efeito[36]), a qual ficaria com as atribuições adequadas para agir como o "guardião do sistema" e, por outro lado, as atribuições de concessionária, que, note-se, serão relativamente *inter pares*.

Na verdade, não existe igualdade de posições relativas entre concessionária e associadas: nas diversas configurações que podem tomar as associações da concessionária ou nos caso de contratação de serviços, a Concessionária Nacional, *rectius*, a Sonangol é um *primus inter pares*; não só pela sua qualidade de concessionária e dos poderes/atribuições legais que lhe são cometidas como pela sua posição maioritária nos consórcios.

Pode objectar-se que, sem aqueles poderes e atribuições, os arranjos contratuais podiam ser outros onde o controlo podia ser destacado da detenção da participação maioritária. No entanto, não é esse o figurino normativo em vigor, sendo que, dentro da especulação, a imaginação seria o limite do exercício.

---

[34] No sentido que lhe confere o artigo 469.º da Lei das Sociedades Comerciais.

[35] À semelhança do sistema brasileiro (testado com sucesso) ou, mais próximo mas pese embora ainda não testado, do santomense.

[36] Como a Agência Nacional do Petróleo brasileira ou a Agência Nacional de Petróleo de São Tomé e Príncipe.

Passe o paradoxo, com a actual configuração, essa igualdade só se obteria reformando o sistema para o sistema pré-1978[37]. Todavia, não nos parece que o tema esteja agendado para um horizonte temporal previsível[38].

5. Conclusões

Das considerações acima expostas, podemos retirar as seguintes conclusões quanto ao sistema de poderes concedentes em vigor em Angola no *downstream* petrolífero:

1 – Até 1978 vigorava um sistema concessionário ao abrigo do qual as empresas interessadas em adquirir direitos petrolíferos propunham e obtinham a referida autorização.
2 – A partir de 1978 passou a vigorar o princípio da propriedade do Estado dos recursos do subsolo, i.e., dos recursos petrolíferos e com

---

[37] Veja-se como contraponto a este sistema, o sistema brasileiro. Noutras latitudes e contexto, também valerá a pena o sistema americano ou o inglês.

[38] Note-se que a entrada de Angola para a OPEP (Organização dos Países Exportadores de Petróleo) em 2008 não pode deixar de ser interpretada como nota política de perpetuidade deste sistema de concessionária nacional – pelo menos nos tempos do horizonte contemplados das circunstâncias hodiernas. A este propósito, vale a pena consultar a vasta bibliografia produzida e o debate contemporâneo sobre a alteração do "xadrez" da titularidade das reservas petrolíferas mundiais e a substituição das antigas "Sete Irmãs" (termo cunhado por Enrico Matei para designar as sete empresas petrolíferas internacionais – IOC – privadas mais poderosas ao tempo: Anglo-Persian Oil Company (actual BP); Gulf Oil, Standard Oil of California (SoCal) e Texaco (actual Chevron); Royal Dutch Shell; e Standard Oil of New Jersey (Esso) e Standard Oil Company of New York (Socony) (actual ExxonMobil)) pelas papel das empresas petrolíferas estatais – internacionalmente designadas pela sigla inglesa NOC (*nacional oil companies*) – que hoje já detêm a maioria dessas reservas. A título de nota história, refira-se que esse movimento teve o seu marco inicial com a criação da OPEP, em 1960. O contexto do "xadrez" mundial sobre o domínio e acesso às reservas petrolíferas parece sugerir que a tendência será de tentativa dos Estados salvaguardarem os seus recursos naturais mediante concessionárias nacionais ou empresas por si controladas (caso brasileiro). Ainda a propósito do Brasil, convém revisitar o debate em torno da revisão do sistema aquando do anúncio das descobertas das reservas do designado pré-sal, que resultou na criação de um subsistema próprio com o PSA e com uma espécie de concessionária nacional.

ele, foi inaugurado um sistema misto de monopólio da Concessionária Nacional e contratual entre esta e empresas privadas.

3 – Ao abrigo dessa reforma, não foi contemplada uma entidade reguladora em que se concentre todo o poder concedente: em resultado, esse poder é repartido – ainda que de forma desigual – por três entidades – o Conselho de Ministros, o Minpet e a Sonangol, na qualidade de Concessionária Nacional.

4 – Nesse sistema, a Concessionária Nacional gozava de poderes manifestamente vastos, em virtude de lhe terem sido cometidos os poderes residuais que não estavam atribuídos às outras duas entidades.

5 – A reforma de 2004 veio aprofundar aspectos nucleares da reforma de 1978, podendo ser qualificada como uma continuidade do sistema, mas clarificando os aspectos mais controversos e adaptando e actualizando o sistema aos novos contextos.

6 – Ao abrigo da Lei das Actividades Petrolíferas actualmente em vigor, ao Minpet cabe a maioria dos poderes relativos ao exercício de actividades petrolíferas em Angola, podendo ser considerado, assim, como o poder concedente por excelência mas não exclusivo.

7 – No sistema vigente, o Minpet é não só o ministério responsável pelo sector (o "ministério de tutela") como igualmente exerce vastos poderes de controlo, fiscalização e regulação.

8 – No sector petrolífero, os interesses comerciais privados da Sonangol, quando associados aos seus poderes administrativos, na qualidade de Concessionária Nacional, podem originar situações de conflitos de interesses.

9 – Não existe nem se vislumbra a criação de uma verdadeira entidade reguladora para breve, embora não seja de descartar totalmente essa hipótese, dado que já se tem verificado em outros sectores (como o sector eléctrico) a criação de tais entidades.

Luanda, Março 2013

Arbitragem Petrolífera[*]

Dário Moura Vicente[**]

SUMÁRIO: I. A arbitragem como meio de resolução de litígios internacionais em matéria petrolífera: sua relevância actual e problemas que suscita; II. O quadro jurídico e institucional da arbitragem petrolífera internacional; III. O Direito aplicável ao mérito da causa; IV. A aplicabilidade da *Xaria*; V. A emergência de uma *lex petrolea*; VI. Cláusulas de estabilização.

I. A arbitragem como meio de resolução de litígios internacionais em matéria petrolífera: sua relevância actual e problemas que suscita

Os contratos internacionais respeitantes à produção de petróleo caracterizam-se, entre outros aspectos, pela elevada probabilidade de originarem litígios. Trata-se geralmente, com efeito, de contratos complexos e de longa duração, que têm como partes, por um lado, empresas privadas e, por outro, Estados ou outros entes públicos. Tais contratos implicam, além disso, consideráveis riscos comerciais e políticos, nomeadamente devido às frequentes variações do preço do *crude* nos mercados internacionais[1].

Estão em jogo neles interesses públicos do maior relevo, dado que têm por objecto a exploração de recursos naturais não renováveis de que são titulares, em muitos sistemas jurídicos, os próprios Estados. Outro interesse

---

[*] Texto que serviu de base às conferências proferidas pelo autor em Washington, D.C., em 7 de Abril de 2011, e em Luanda, em 20 de Junho de 2011.
[**] Professor Catedrático da Faculdade de Direito da Universidade de Lisboa.
[1] Ver Manuel A. Abdala, «Key Damage Compensation Issues in Oil and Gas International Arbitration Cases», *American University International Law Review,* 2009, pp. 539 ss.

não menos relevante na sua regulamentação prende-se com a concessão de tratamento equitativo aos investidores estrangeiros. É este interesse, bem como a preocupação em evitar a sujeição ao poder jurisdicional do Estado contratante, que frequentemente leva os investidores estrangeiros a preferirem a arbitragem como meio de resolução dos litígios emergentes dos contratos petrolíferos.

Outras razões ainda explicam esta preferência. Entre elas avultam: *a)* O alto grau de tecnicidade dos referidos litígios, o qual requer julgadores com conhecimentos especializados; *b)* A necessidade de assegurar a confidencialidade dos processos, que não raro é essencial a fim de preservar a imagem e os segredos de negócio das partes; *c)* A circunstância de as decisões arbitrais serem hoje, de um modo geral, mais facilmente reconhecidas além-fronteiras do que as decisões judiciais; e *d)* A exclusão dos recursos das decisões arbitrais, amplamente consagrada nas legislações contemporâneas, a qual assegura uma resolução mais rápida dos litígios pela via arbitral.

Embora a denominada *Doutrina Calvo*, de acordo com a qual os estrangeiros estão obrigatoriamente sujeitos à jurisdição dos tribunais nacionais, que não pode ser excluída por convenções de arbitragem, ainda prevaleça actualmente em algumas partes do mundo (nomeadamente na América do Sul), a maioria dos Estados tem vindo a superar a relutância, que tradicionalmente caracterizava um vasto número deles, em sujeitar a arbitragem os litígios emergentes de contratos petrolíferos[2].

Não obstante isso, são vários e muito complexos os problemas suscitados pelas denominadas arbitragens petrolíferas. Entre eles sobressai, em primeiro lugar, o da determinação da lei aplicável. Diferentemente dos tribunais estaduais, os tribunais arbitrais não têm *lex fori*, visto que não administram a justiça em nome do Estado. Por conseguinte, não estão directamente vinculados a determinadas regras de conflitos. Suscita-se assim a questão de saber como devem esses tribunais determinar a lei aplicável. Em segundo lugar, quando os Estados sejam partes de tais arbitragens, pode perguntar-se se e em que medida deve o Direito Internacional prevalecer sobre os

---

[2] Ver Pieter Sanders, *Quo Vadis Arbitration?*, Haia, 1999, pp. 40 ss.; Gary B. Born, *International Commercial Arbitration*, 3.ª ed., Alphen aan den Rijn, 2009, p. 144; e Bernardo M. Cremades, «State Participation in International Arbitration», *Revista Internacional de Arbitragem e Conciliação,* 2011.

respectivos Direitos. Em terceiro lugar, sempre que seja aplicável ao mérito da causa o Direito de um Estado islâmico, coloca-se o problema de saber se os árbitros podem aplicar a *Xaria*, que como se sabe vigora em numerosos países produtores de petróleo. Em quarto lugar, podemos interrogar-nos sobre que efeito (se algum) deve ser atribuído pelos árbitros, na resolução dos litígios em apreço, a critérios jurídicos supranacionais como os usos e costumes da indústria petrolífera (a denominada *lex petrolea*). Em quinto lugar, põe-se o problema de saber até que ponto devem ser reconhecidos efeitos pelos tribunais arbitrais internacionais às denominadas *cláusulas de estabilização* frequentemente inseridas em contratos petrolíferos.

Ao longo dos últimos 60 anos, estes problemas foram amplamente versados em múltiplas sentenças arbitrais respeitantes a litígios emergentes de contratos petrolíferos. Essas sentenças deram assim um importante contributo, que iremos examinar neste estudo, para a teoria da arbitragem internacional. Antes porém importa traçar um breve panorama do actual quadro jurídico e institucional da arbitragem petrolífera internacional.

II. O quadro jurídico e institucional da arbitragem petrolífera internacional

a) Entre os textos normativos de maior significado para a arbitragem de litígios resultantes de investimentos estrangeiros conta-se a Convenção de Para a Resolução de Diferendos Relativos a Investimentos Entre Estados e Nacionais de Outros Estados, concluída em Washington, D.C., em 1965, sob os auspícios do Banco Mundial[3]. Até Maio de 2011, tinham ratificado esta Convenção 157 Estados[4].

---

[3] Vejam-se sobre a Convenção: Aron Broches, «The Convention on the Settlement of Disputes Between States And Nationals of Other States», *Recueil des Cours de l'Académie de La Haye de Droit International,* vol. 136 (1972-II), pp. 331 ss.; Andreas R. Lowenfeld, «The ICSID Convention: Origins and Transformation», *Revista Internacional de Arbitragem e Conciliação,* 2008, pp. 37 ss.; Luís de Lima Pinheiro, «A arbitragem CIRDI e o regime dos contratos de Estado», *Revista Internacional de Arbitragem e Conciliação,* 2008, pp. 75 ss.; e Christoph H. Schreuer, Loretta Malitoppi, August Reinisch & Anthony Sinclair, *The ICSID Convention: A Commentary,* 2.ª ed., Cambridge, 2009.

[4] Ver http://icsid.worldbank.org/ICSID.

A Convenção de Washington prevê a resolução dos litígios que integram o respectivo objecto por pessoas escolhidas pelas partes ou nomeadas pelo Presidente do Centro Internacional Para a Resolução de Diferendos Relativos a Investimentos (ICSID ou CIRDI), de entre os membros de uma lista de árbitros. A competência deste Centro encontra-se definida no art. 25.º, n.º 1, da Convenção, nos termos do qual:

> «A competência do Centro abrangerá os diferendos de natureza jurídica directamente decorrentes de um investimento entre um Estado Contratante (ou qualquer pessoa colectiva de direito público ou organismo dele dependente designado pelo mesmo ao Centro) e um nacional de outro Estado contratante, diferendo esse cuja submissão ao Centro foi consentida por escrito por ambas as partes.»

Até Abril de 2010, foram decididos no âmbito do ICSID 220 casos. Actualmente, estão pendentes nele 121 processos, dos quais 47 (i. é, 39%) correspondem a litígios em matéria de energia. Vários destes resultam de contratos petrolíferos.

Embora a autoridade e a influência do Banco Mundial possam estimular particularmente o cumprimento voluntário das decisões arbitrais proferidas no âmbito do ICSID, a Convenção de Washington regula também o reconhecimento das decisões proferidas ao abrigo das suas disposições. Esse reconhecimento deve ter lugar, em cada Estado membro, segundo o art. 54.º, n.º 1, «como se [a decisão em causa] fosse uma decisão final de um tribunal desse Estado».

b) Outro importante foro para a resolução pela via arbitral de litígios respeitantes a investimentos é o Tribunal de Reclamações Irão-Estados Unidos (*Iran-United States Claims Tribunal*)[5].

---

[5] Sobre a qual podem ver-se: David Caron, «The Nature of the Iran-United States Claims Tribunal and the Evolving Structure of International Dispute Resolution», *American Journal of International Law*, 1990, pp. 104 ss.; George H. Aldrich, *The Jurisprudence of the Iran-United States Claims Tribunal: An Analysis of the Decisions of the Tribunal*, Oxford, 1996; David Caron & John R. Crook (editors), *The Iran-United States Claims Tribunal and the Process of International Claims Resolution*, Ardsley, Nova Iorque, 2000.

Este Tribunal foi constituído na Haia, em 1981, com base na denominada «Declaração de Resolução de Reclamações» (*Claims Settlement Declaration*) do Governo da Argélia, a que os EUA e o Irão posteriormente aderiram. A sua competência cinge-se às reclamações apresentadas por nacionais de um Estado Parte contra o outro Estado Parte e a certas questões entre os Estados Partes. As arbitragens instauradas ao abrigo da Declaração são conduzidas de acordo com uma versão modificada do Regulamento de Arbitragem da Comissão das Nações Unidas Para o Direito do Comércio Internacional (UNCITRAL).

Ao longo dos últimos 30 anos, as três Câmaras do Tribunal proferiram 600 decisões, várias das quais respeitantes a litígios petrolíferos.

Diferentemente porém das decisões proferidas nas arbitragens ICSID, as que emanam do Tribunal Irão-EUA não beneficiam de um mecanismo específico de reconhecimento. O art. IV, n.º 3, da *Claims Settlement Declaration* limita-se a dispor a este respeito:

«Qualquer decisão proferida pelo Tribunal contra um dos Governos será susceptível de ser reconhecida e executada contra esse Governo nos tribunais de qualquer país de acordo com as respectivas leis.»

O que levanta o problema de saber se o reconhecimento destas decisões pode processar-se ao abrigo da Convenção de Nova Iorque de 1958 Sobre o Reconhecimento e a Execução de Sentenças Arbitrais Estrangeiras.

No caso *Dallal v. Bank Mellat*[6], decidido em 1986, o *High Court* inglês considerou que uma decisão oriunda do Tribunal Irão-EUA não seria susceptível de ser reconhecida em Inglaterra ao abrigo dessa Convenção. Já no caso *Gould Marketing Inc. v. Ministry of Defence of the Islamic Republic of Iran*[7], julgado em 1992, o Tribunal Federal de Apelação para o 9.º Circuito entendeu que a mesma Convenção seria aplicável ao reconhecimento nos Estados Unidos das decisões do referido Tribunal, aduzindo para tanto que uma decisão «não carece de ser proferida ao abrigo de uma lei nacional

---

[6] Cfr. a decisão reproduzida no *Yearbook of Commercial Arbitration,* 1986, pp. 547 ss. Veja-se também, sobre este caso, P. F. Kunzlik, «Public International Law – Cannot Govern a Contract, Can Authorize an Arbitration», *The Cambridge Law Journal,* 1986, pp. 377 ss.

[7] Cfr. a decisão reproduzida em *ibidem,* 1990, pp. 605 ss.

para que um tribunal possa exercer a sua competência quanto ao respectivo reconhecimento nos termos da Convenção de Nova Iorque». A questão permanece controvertida na doutrina[8].

c) Em 1994, foi concluído em Lisboa um instrumento internacional inovador, que prevê a resolução por arbitragem de litígios em matéria de petróleo e outras fontes de energia: o Tratado da Carta da Energia (*Energy Charter Treaty* ou TCE)[9].

Este tratado multilateral foi subscrito por 51 países europeus e asiáticos, bem como pela União Europeia, e entrou em vigor em 1998. Um certo número de países, incluindo os Estados Unidos da América, acedeu entretanto ao estatuto de observador[10].

O Tratado visa abrir os mercados da energia dos respectivos Estados membros, em ordem a promover o seu funcionamento eficiente. Procura também proteger os investimentos no sector da energia e assegurar condições de igualdade aos concorrentes neste domínio da actividade económica.

O art. 26.º do TCE prevê que os diferendos entre uma Parte Contratante e um investidor de outra Parte Contratante, relativos a um investimento deste último no território da primeira, serão resolvidos por conciliação ou arbitragem. Os diferendos que não sejam resolvidos amigavelmente podem ser submetidos, à escolha do investidor, a uma de três modalidades de arbitragem mencionadas no art. 26.º, n.º 4: *a)* A arbitragem ICSID, se a Parte Contratante de que o investidor é nacional ou de acordo com cuja lei foi constituído e a Parte Contratante demandada forem ambas signatárias

---

[8] Ver Jean-François Poudret & Sébastien Besson, *Droit comparé de l'arbitrage international*, Zurique, etc., 2002, pp. 866 ss.

[9] Sobre as disposições de arbitragem deste Tratado, vejam-se Thomas W. Wälde, «Investment Arbitration Under the Energy Charter Treaty – From Dispute Settlement to Treaty Implementation», *Arbitration International*, 1996, pp. 429 ss.; Matthew D. Slater, «The Energy Charter Treaty: A Brief Introduction to its Scope and Initial Arbitral Awards», *in* Association for International Arbitration (org.), *Alternative Dispute Resolution in the Energy Sector*, Antuérpia/Apeldoorn/Portland, 2009, pp. 15 ss.; e Paul Oxnard & Benoit Le Bars, «Arbitration of Energy Disputes: Practitioners' Views From London and Paris», *in ibidem*, pp. 55 ss.

[10] Veja-se o estado das ratificações em http://www.encharter.org.

da Convenção de Washington (podendo também ter lugar uma arbitragem desse tipo ao abrigo do Regulamento de Facilidades Adicionais do ICSID, se uma das Partes Contratantes, mas não ambas, for parte dessa Convenção); b) A arbitragem *ad hoc* ao abrigo do Regulamento de Arbitragem da UNCITRAL; ou c) A arbitragem institucional prevista no Regulamento de Arbitragem da Câmara de Comércio de Estocolmo.

Diferentemente da Convenção ICSID, o TCE não exige uma convenção de arbitragem a fim de que o diferendo possa ser submetido a um tribunal arbitral. Ao subscreverem o Tratado, as Partes Contratantes deram, de acordo com o art. 26.º, n.º 3, o seu «consentimento incondicional para a submissão do diferendo a arbitragem ou conciliação internacional nos termos das disposições deste artigo». Para os Estados membros do TCE e para a União Europeia, a arbitragem ao abrigo do Tratado é *hoc sensu* obrigatória.

Este mecanismo de resolução de diferendos é, no entanto, restringido pelo art. 26.º, n.º 1, do Tratado às violações de obrigações das Partes Contratantes decorrentes da Parte III do Tratado, respeitante à promoção e protecção de investimentos.

De acordo com o art. 26.º, n.º 8, do Tratado, cada Parte Contratante obriga-se a executar sem demora qualquer decisão arbitral proferida em conformidade com as disposições daquele e a tomar medidas para a aplicação efectiva dessas decisões no respectivo território.

Os diferendos entre as Partes Contratantes do TCE podem também ser resolvidos por um tribunal arbitral *ad hoc* cujos membros serão nomeados, de acordo com o art. 27.º, pelas próprias partes ou pelo Secretário-Geral do Tribunal Permanente de Arbitragem Internacional. São aplicáveis, neste caso, as regras de arbitragem da UNCITRAL.

III. O Direito aplicável ao mérito da causa

a) Agora pergunta-se: que Direito devem os tribunais arbitrais aplicar às questões petrolíferas que lhes forem submetidas para julgamento?

As regras comuns de Direito Internacional Privado prevêem geralmente a aplicação aos contratos internacionais da lei de uma das partes – *v.g.*, na falta de escolha por estas, a lei do país onde a parte que deve realizar a prestação característica do contrato tem a sua residência habitual ou a sua administração central[11] ou a lei do lugar da celebração do contrato[12].

Tais regras mostram-se, todavia, inadequadas aos litígios emergentes de contratos petrolíferos entre Estados ou outros entes públicos e empresas estrangeiras.

Com efeito, as partes em tais contratos não se encontram, por via de regra, em posição de paridade, dado que os Estados exercem poderes soberanos ao abrigo dos quais podem modificar as leis ou regulamentos aplicáveis ao contrato, bem como nacionalizar ou expropriar os bens do investidor estrangeiro.

Os investidores privados que concluem tais contratos carecem, por isso, de protecção contra a possibilidade de os Estados utilizarem os seus poderes legislativos em ordem a subtraírem-se às respectivas obrigações contratuais.

Por outra parte, conforme notámos acima, estão também em jogo em tais contratos interesses públicos que têm de ser tidos em conta na resolução dos litígios deles emergentes, inclusive no que diz respeito à determinação do Direito aplicável.

b) Uma solução possível para este problema consiste em aplicar o Direito Internacional Público[13]. Esta solução reforça consideravelmente

---

[11] Ver o art. 4.º, n.º 2, do Regulamento (CE) n.º 593/2008 do Parlamento Europeu e do Conselho, de 17 de Junho de 2008, Sobre a Lei Aplicável às Obrigações Contratuais («Roma I»), publicado no *Jornal Oficial da União Europeia*, n.º L 177, de 4 de Julho de 2008, pp. 6 ss.

[12] Cfr. o art. 42.º, n.º 2, do Código Civil angolano.

[13] Solução que foi preconizada *inter alia* por Alfred Verdross, «Die Sicherung von ausländischen Privatrechten aus Abkommen zur wirtschaftlichen Entwicklung mit Schiedsklauseln», *Zeitschrift für ausländisches öffentliches Recht und Völkerrecht*, 1957/58, pp. 635 ss.; F.A. Mann, «The Proper Law of Contracts Concluded by International Persons», *British Yearbook of International Law*, 1959, pp. 34 ss.; Prosper Weil, «Problèmes relatifs aux contrats passés entre un État et un particulier», *Recueil des Cours de l'Académie de Droit International de La Haye*, vol. 128 (1969-III), pp. 95 ss. (pp. 148 ss.); e Karl-Heinz Böckstiegel, *Der Staat als Vertragspartner ausländischer Privatunternehmen*, Frankfurt a.M., 1971, pp. 119 ss. Ver também, na literatura portuguesa, Dário Moura Vicente, *Da arbitragem comercial internacional*, Coimbra, 1990, pp. 227 ss. e 286 ss.; idem, «Direito aplicável aos contratos públicos internacionais», in *Estudos em homenagem ao Professor Doutor Marcello Caetano no centenário do seu nascimento*, Lisboa, 2006, vol. I, pp. 289 ss.; Fausto de Quadros, «Direito Internacional Público I – Programa, conteúdos e métodos de ensino», *Revista*

a posição dos particulares que sejam partes nos contratos em apreço, na medida em que, por força dela, as obrigações assumidas pelos Estados em virtude de tais contratos são tratadas como vinculações internacionais, a que os Estados não podem eximir-se invocando as suas leis internas.

Não obstante isso, tem por vezes sido manifestada a preocupação, aliás inteiramente legítima, de que uma plena «internacionalização» ou «deslocalização» dos denominados *State Contracts* pode restringir indevidamente o direito dos povos à soberania permanente sobre os seus recursos naturais[14].

Além disso, o Direito Internacional Público não contém quaisquer regras que disciplinem certas questões do maior relevo frequentemente suscitadas pelas obrigações contratuais. A Convenção Sobre o Direito dos Tratados[15], por exemplo, não regula a indemnização dos danos causados pela violação de obrigações contratuais. A aplicação do Direito Internacional Público às arbitragens petrolíferas internacionais pode, por isso, revelar-se impraticável.

Não surpreende, a esta luz, que sejam raras as decisões arbitrais que determinam a aplicação exclusiva do Direito Internacional Público a litígios em matéria petrolífera. O que não significa, importa notá-lo, que o Direito Internacional Público seja irrelevante no que toca a esses litígios. Como veremos, ele pode ser atendido quer como elemento constituinte do Direito do Estado contratante quer como limite à aplicação deste último.

---

da Faculdade de Direito da Universidade de Lisboa, 1991, pp. 351 ss. (p. 445); *idem, A protecção da propriedade privada pelo Direito Internacional Público*, Coimbra, 1998, p. 55; André Gonçalves Pereira & Fausto de Quadros, *Manual de Direito Internacional Público*, 3.ª ed., Coimbra, 1993, p. 181; e Luís de Lima Pinheiro, *Contrato de empreendimento comum (joint-venture) em Direito Internacional Privado,* Lisboa, 1998, pp. 507 ss.

[14] Que as Nações Unidas reconheceram em diversas resoluções como elemento constitutivo fundamental do direito à auto-determinação: ver, por exemplo, a Resolução da Assembleia Geral n.º 1803 (XVII) de 14 de Dezembro de 1962.

[15] Feita em Viena em 23 de Maio de 1969 e em vigor desde 27 de Janeiro de 1980. Publicada *in United Nations Treaty Series*, vol. 1155, pp. 331 ss.

c) Uma solução alternativa, que visa também possibilitar uma certa «desnacionalização» das arbitragens petrolíferas, consiste em aplicar às questões controvertidas nestas os princípios gerais de Direito[16].

Esta orientação foi adoptada, por exemplo, no caso *Sapphire International Petroleum Limited v. National Iranian Oil Company (NIOC)*[17], decidido em 1963. O juiz suíço Pierre Cavin, funcionando em Lausana como árbitro único, aplicou nesse caso ao contrato que dera origem ao litígio os «princípios jurídicos geralmente reconhecidos pelas nações civilizadas», com exclusão do Direito iraniano, embora o Irão fosse o lugar da celebração do contrato e onde era devido o cumprimento das obrigações dele resultantes. Nessa base, o árbitro entendeu que a requerida, por se ter recusado a cooperar adequadamente com a requerente, tinha violado o princípio *pacta sunt servanda*; e decidiu que esta infracção aos seus deveres conferia à requerente o direito a ser indemnizada pelos danos sofridos.

Este precedente foi posteriormente invocado, *inter alia*, no caso *Deutsche Schachtbau- und Tiefbohrgesellschaft mbH (DST) et al. v. The Government of the State of R'as Al Khaimah and the R'as Al Khaimah Oil Company (Rakoil)*[18]. Na espécie, estava em causa um contrato de concessão concluído entre o Governo do R'as Al Khaimah e um grupo de empresas estrangeiras para a exploração de petróleo e gás nas águas territoriais deste Emirato Árabe. O tribunal arbitral, constituído por Pierre Folliet, Bjorn Haug e Cedric Barclay, considerou que seria inapropriada a aplicação da lei de qualquer das referidas empresas ou do Estado contratante. Por esse motivo, decidiu aplicar «o que se tornou prática comum nas arbitragens internacionais, em particular no domínio das concessões de exploração

---

[16] Ver Lorde McNair, «The General Principles of Law Recognized by Civilized Nations», *British Yearbook of International Law,* 1957, pp. 1 ss.; Philippe Fouchard, *L'arbitrage commercial international,* Paris, 1965, pp. 423 ss.; René David, «L'arbitrage en droit civil, téchnique de régulation des contrats», *in Mélanges dédiés à Gabriel Marty,* Toulouse, 1978, pp. 383 ss.; e Peter Nygh, *Autonomy in International Contracts,* Oxford, 1999, pp. 192 s.

[17] Cfr. a decisão reproduzida no *The International and Comparative Law Quarterly,* 1964, pp. 1011 ss.

[18] Decisão arbitral CCI n.º 3572, de 1982, reproduzida in Sigvard Jarvin, Yves Derains & Jean-Jacques Arnaldez (orgs.), *Collection of ICC Arbitral Awards 1986-1990,* Paris, etc., 1994, pp. 154 ss.

petrolífera e especialmente nas arbitragens localizadas na Suíça». Segundo o tribunal, essa prática «deveria ser do conhecimento das partes», sendo por isso «correspondente à sua vontade implícita». Nesta conformidade, declararam os árbitros que «a *proper law* deste caso são os princípios jurídicos internacionalmente aceites que regem as relações contratuais».

Esta linha de pensamento foi igualmente observada no caso *Mobil Oil Iran Inc. v. Islamic Republic of Iran,* decidido pelo *Iran-United States Claims Tribunal* em 1987[19]. Os requerentes haviam instaurado um processo arbitral contra o Governo do Irão e a *National Iranian Oil Company* (NIOC), visando a condenação destas entidades no pagamento de uma indemnização pelos danos que lhes haviam sido alegadamente causados em virtude do incumprimento e da resolução ilícita de um contrato de compra e venda de produtos petrolíferos concluído em 1973. O contrato continha uma cláusula de escolha da lei aplicável, nos termos da qual o mesmo deveria ser interpretado de acordo com a lei iraniana. Não obstante isso, a 3.ª Câmara do Tribunal Arbitral Irão-EUA entendeu que, dada a natureza internacional do contrato em apreço, não seria apropriado aplicar-lhe a lei de qualquer das partes. Por esse motivo, decidiu que o Direito iraniano apenas seria aplicável às questões de interpretação do contrato e que os princípios gerais de Direito Comercial e de Direito Internacional regeriam todas as demais questões controvertidas. Entre esses princípios contar-se-ia, segundo o Tribunal, o de que a «força maior» (*force majeure*) constitui fundamento de suspensão ou resolução do contrato. Contudo, o tribunal entendeu que, à data da resolução do contrato pela NIOC (10 de Março de 1979), a situação ocorrente não era susceptível de ser caracterizada como de força maior.

Apesar de engenhosa, esta construção não ficou imune à crítica. Frequentemente, com efeito, não é possível identificar princípios jurídicos universalmente aceites sobre questões da maior importância suscitadas pelos contratos internacionais. Tomemos, a fim de exemplificar, a responsabilidade pela violação de deveres pré-contratuais de conduta emergentes do princípio da boa fé. Ao passo que os Códigos Civis alemão e português impõem essa responsabilidade nos casos ditos de *culpa in contrahendo* e conferem por conseguinte um alto grau de protecção à confiança depositada por cada

---

[19] Cfr. a decisão reproduzida no *American Journal of International Law*, 1988, pp. 136 ss.

uma das partes na conduta da outra durante os preliminares do contrato, o Direito inglês, que adopta uma orientação muito mais liberal a este respeito, rejeita-a expressamente[20].

Mas ainda que possa identificar-se um princípio geral de Direito relativamente a determinada questão controvertida numa arbitragem internacional, a sua índole necessariamente muito indeterminada confere aos árbitros um alto grau de discricionariedade, que pode revelar-se nociva sob o ponto de vista da previsibilidade das suas decisões e, por conseguinte, da segurança jurídica no comércio internacional[21].

Consideremos, a título de exemplo, o caso *BP v. Líbia*, decidido em 1973 pelo Juiz Gunnar Lagergren como árbitro único[22]. A cláusula de escolha da lei aplicável contida no contrato que regulava a concessão petrolífera feita à BP pela Líbia adoptava um «sistema de dois níveis» («*two-tier system*»), de acordo com o qual os litígios dele emergentes seriam em primeira linha regidos pelos princípios de Direito comuns ao Direito líbio e ao Direito Internacional e, na falta de tais princípios, pelos princípios gerais de Direito. À luz destes, o árbitro decidiu que a nacionalização da concessão, decretada em 1971 pelo Governo líbio, constituía um incumprimento do contrato, na medida em que era arbitrária, discriminatória e confiscatória. O árbitro entendeu, todavia, que não haveria lugar na espécie à execução específica do contrato, dado que os Direitos inglês, americano, dinamarquês e alemão divergiam entre si quanto à respectiva admissibilidade. Com este fundamento, o árbitro decidiu que a Líbia apenas deveria ser obrigada a indemnizar a BP, em valor a liquidar em processo arbitral posterior[23].

À conclusão oposta chegou o Professor René-Jean Dupuy na decisão que proferiu em 1977 como árbitro único no caso *Texaco v. Libia*[24]. A cláu-

---

[20] Ver, sobre o ponto, Dário Moura Vicente, *Da responsabilidade pré-contratual em Direito Internacional Privado*, Coimbra, 2001, pp. 239 ss., com mais referências.

[21] Sublinhou-o Wilhelm Wengler, in «Allgemeine Rechtsgrundsätze als wählbares Geschäftsstatut», *Zeitschrift für Rechtsvergleichung*, 1982, pp. 11 ss.

[22] Decisão reproduzida no *Yearbook of Commercial Arbitration*, 1980, pp. 143 ss., e na *Revue de l'arbitrage*, 1980, pp. 117 ss.

[23] As partes puseram mais tarde termo ao litígio por uma transacção em que o Estado líbio se obrigou a pagar à BP o valor de 17,4 milhões de Libras esterlinas.

[24] Reproduzida no *Clunet – Journal de Droit International*, 1977, pp. 319 ss., e no *Yearbook of Commercial Arbitration*, 1979, pp. 177 ss. Ver também, sobre esta decisão,

sula de escolha da lei aplicável era neste caso idêntica à que figurava no referido contrato entre a BP e a Líbia. As pretensões da Texaco decorriam igualmente da nacionalização de uma concessão petrolífera, ocorrida em 1973 e 1974, que o árbitro entendeu constituir uma violação do contrato celebrado pelas partes. Mas o árbitro considerou que, ao abrigo do Direito líbio e do Direito Internacional, a reparação das consequências da violação das obrigações contratuais a cargo da parte inadimplente deveria ter lugar mediante a *restitutio in integrum*. A concessão continuaria, assim, a vincular as partes. Nesta conformidade, a Líbia foi condenada a cumprir o contrato[25].

Outra conclusão ainda foi alcançada, na base da mesma cláusula de escolha da lei aplicável, no caso *Libyan American Oil Company (LIAMCO) v. Líbia*, decidido em 1977 por um jurista libanês, Sobhi Mahmassani, funcionando também como árbitro único[26]. A LIAMCO, uma empresa norte-americana, tinha obtido uma concessão de exploração e produção de petróleo na Líbia, a qual fora nacionalizada entre 1973 e 1974. Instaurou subsequentemente um processo arbitral contra a República da Líbia, reclamando a restauração dos seus direitos ao abrigo da concessão ou o pagamento de uma indemnização. O árbitro entendeu que a nacionalização da concessão era lícita, mas que a concessionária tinha direito, apesar disso, a uma compensação. Decidiu outrossim que o montante dessa compensação deveria ser determinado em conformidade com os princípios gerais de Direito, dado que não havia qualquer prova concludente de que existissem princípios comuns ao Direito líbio e ao Direito Internacional a este respeito. Ora, segundo o árbitro, entre aqueles primeiros princípios incluir-se-ia o da equidade. Seria por isso razoável e justo adoptá-lo como critério de determinação do montante da compensação devida à LIAMCO. À luz deste critério, o valor a pagar pela Líbia deveria corresponder ao valor de mercado dos activos da LIAMCO, ao tempo da nacionalização. Os lucros cessantes deveriam também, de acordo com o mesmo critério, ser compen-

---

Jean-Flavien Lalive, «Un grand arbitrage pétrolier entre un Gouvernement et deux sociétés privées étrangères», *Clunet – Journal de Droit International*, 1977, pp. 319 ss.

[25] Também este litígio foi subsequentemente objecto de uma transacção, no montante de 152 milhões de dólares norte-americanos.

[26] Cfr. a decisão reproduzida na *Revue de l'arbitrage*, 1980, pp. 132 ss.

sados. Foi assim reconhecido à LIAMCO o direito a uma compensação no montante de aproximadamente 80 milhões de dólares, acrescidos de juros e custas.

Estes casos evidenciam que a aplicabilidade dos princípios gerais de Direito às arbitragens petrolíferas pode gerar um alto grau de incerteza quanto às respectivas decisões[27].

d) Uma terceira orientação acerca do modo de determinar a lei aplicável às arbitragens petrolíferas ganhou entretanto terreno. Consiste em aplicar as regras escolhidas pelas partes ou, na falta de escolha, as do Estado contratante. A aplicabilidade do Direito interno deste encontra-se no entanto, de acordo com a mesma orientação, limitada pelo Direito Internacional, na medida em que as regras do primeiro não se aplicam sempre que se mostrem incompatíveis com as do segundo.

Este sistema, dito de «Direitos concorrentes», procura tomar em conta os diferentes interesses em jogo: por um lado, a aplicabilidade da lei do Estado contratante atende aos interesses soberanos deste; por outro, a relevância conferida ao Direito Internacional confere a protecção necessária aos interesses dos particulares que com ele contratam.

É esta, no essencial, a orientação acolhida no art. 42.º, n.º 1, da Convenção ICSID, que dispõe:

> «O tribunal julgará o diferendo em conformidade com as regras de direito acordadas entre as partes. Na ausência de tal acordo, o tribunal deverá aplicar a lei do Estado Contratante parte no diferendo (incluindo as regras referentes aos conflitos de leis), bem como os princípios de direito internacional aplicáveis.»

Por força desta regra, se o Direito nacional aplicável ao contrato permitir ao Estado contratante expropriar ou nacionalizar os bens da outra parte sem compensação, prevalecerá sobre ele o princípio de Direito Internacional costumeiro que exige o pagamento dessa compensação.

---

[27] Para uma comparação das três decisões descritas no texto, veja-se Brigitte Stern, «Trois arbitrages, un même problème, trois solutions. Les nationalisations pétrolières libyennes devant l'arbitrage international», *Revue de l'arbitrage,* 1980, pp. 3 ss.

Foi esta a conclusão fundamental a que chegou o tribunal arbitral na decisão proferida sobre o caso *AGIP v. Congo*, a primeira arbitragem petrolífera que teve lugar sob a égide da Convenção ICSID[28]. Os bens da AGIP no Congo haviam sido nacionalizados em 1975 e transferidos para uma empresa local por um decreto que declarava expressamente não resultar dele o direito dos titulares da empresa nacionalizada a qualquer compensação. Numa decisão proferida em 1979, o tribunal, composto por Jogen Trolle, René-Jean Dupuy e Fuad Rouhani, examinou a validade do referido decreto sob o ponto de vista do Direito Internacional e concluiu que o acto de nacionalização era incompatível com este. O Governo do Congo foi condenado, com esse fundamento, a indemnizar a AGIP.

A mesma orientação fundamental foi observada numa decisão proferida em 1988 no caso *Wintershall AG v. The Government of Qatar*[29], por um tribunal arbitral *ad hoc* integrado por John Stevenson, Bernardo Cremades e Ian Brownlie. O caso dizia respeito a um Acordo de Partilha de Exploração e Produção (*Exploration and Production Sharing Agreement* ou EPSA), ao abrigo do qual o Qatar havia concedido à requerente e a outras empresas o direito exclusivo de explorar e produzir petróleo numa determinada área sita ao largo do Qatar, assim como de armazenar, transportar e vender esse petróleo no Qatar e de exportá-lo. Os requerentes alegavam que o Qatar tinha violado o dito acordo, ao impedir o seu acesso a uma parte da área concessionada. O contrato não continha qualquer cláusula de escolha da lei aplicável. O tribunal entendeu que a lei aplicável seria a do Qatar, dada a estreita conexão entre o contrato e este país. O Direito Internacional Público seria, no entanto, também aplicável segundo o tribunal (embora não fosse relevante quanto às questões controvertidas no caso).

Nesta matéria, a *Iran-US Claims Settlement Declaration* confere ao tribunal arbitral uma discricionariedade mais ampla, ao dispor no art. V:

> «O Tribunal decidirá todos os casos com base no respeito pelo Direito, aplicando as regras de conflitos de leis e os princípios de Direito comercial e internacional que considere aplicáveis e tomando em consideração os usos mercantis relevantes, as estipulações contratuais e as alterações de circunstâncias.»

---

[28] Reproduzida no *Yearbook of Commercial Arbitration*, 1983, pp. 133 ss.
[29] Reproduzida *in International Legal Materials*, 1989, pp. 795 ss.

De todo o modo, a referência constante deste preceito a regras de conflitos de leis sugere que deve ser sempre considerada pelo Tribunal a aplicabilidade de um Direito nacional.

O art. 26.º, n.º 6, do Tratado da Carta da Energia revela uma orientação mais restritiva no que se refere à aplicabilidade da lei do Estado contratante, na medida em que dispõe:

«Um tribunal estabelecido nos termos do n.º 4 decidirá as questões em litígio em conformidade com o presente Tratado e as regras e os princípios aplicáveis do direito internacional.»

Parece-nos, contudo, que esta disposição não deve ser interpretada no sentido de que exclui a aplicação do Direito do Estado contratante, pelo menos nos litígios com investidores privados. Por diversas razões.

Por um lado, porque a aplicabilidade de um Direito nacional se encontra expressamente prevista nas regras de conflitos da Convenção ICSID (art. 42.º), do Regulamento de Arbitragem da UNCITRAL (art. 33.º) e do Regulamento de Arbitragem da Câmara de Comércio de Estocolmo (art. 22.º), para as quais remete, como vimos, o art. 26.º, n.º 4, do TCE.

Por outro lado, porque sempre que o contrato de que o litígio resulte contiver uma cláusula de escolha da lei aplicável os árbitros não podem ignorá-la, na medida em que se trata de uma expressão da autonomia privada protegida pelo próprio Direito Internacional. Este ponto de vista foi, aliás, explicitamente admitido no caso *LIAMCO*.

Finalmente, porque, conforme dissemos, frequentemente o Direito Internacional não dá qualquer resposta aos problemas jurídicos postos pelos contratos ou concessões submetidos à apreciação dos tribunais arbitrais. Tal a razão por que a força vinculativa do contrato deve, a nosso ver, ser aferida em primeira linha de acordo com um Direito nacional.

A disposição atrás citada deve por isso ser entendida, no nosso modo de ver, no sentido de que, sempre que seja aplicável um Direito nacional, este deve conformar-se com o Direito Internacional.

A aplicabilidade de um Direito estadual à arbitragem internacional, na falta de escolha pelas partes da lei aplicável, encontra-se também prevista no art. 43.º, n.º 3, da lei angolana da arbitragem voluntária (a Lei n.º 16/03, de 25 de Julho)[30].

IV. A aplicabilidade da *Xaria*

a) Em muitos países produtores de petróleo, a *Xaria* islâmica é a principal fonte de Direito. Tal o caso, *inter alia*, da Líbia e da Nigéria, em África, e da Arábia Saudita e do Kuwait no Médio Oriente.

Esta circunstância suscita o problema de saber se e em que medida devem ser aplicadas as regras da *Xaria* às arbitragens internacionais relativas a litígios petrolíferos[31]. Este problema foi objecto de diversas decisões arbitrais, das quais emergiram duas orientações fundamentais.

b) No caso *Petroleum Development Ltd. v. Sheikh of Abu Dhabi*, decidido em 1951 por Lorde Asquith of Bishopstone[32], o árbitro único declarou no tocante à questão da lei aplicável à interpretação do contrato:

«Este é um contrato concluído no Abu Dhabi e cuja execução é inteiramente devida nesse país. Se fosse aplicável um sistema jurídico nacional, este seria *prima facie* o do Abu Dhabi. Não pode todavia razoavelmente sustentar-se que um tal sistema exista. O Xeque administra uma justiça puramente discricionária com apoio no Corão; e seria fantasioso sugerir que nesta região muito primitiva existe um corpo assente de princípios jurídicos aplicáveis à interpretação de instrumentos comerciais modernos.»

---

[30] Dispõe esse texto: «Na falta de designação das partes, o tribunal aplica o direito resultante da aplicação da regra de conflitos de leis que julgue aplicável na espécie».

[31] Ver, sobre o ponto, Pieter Sanders, *op. cit. supra* (nota 2), pp. 51 ss.; Alan Redfern & Martin Hunter, *Law and Practice of International Commercial Arbitration*, 3.ª ed., Londres, 1999, pp. 110 ss.; Julian D. M. Lew, Loukas A. Mistelis & Stefan M. Kröll, *Comparative International Commercial Arbitration*, The Hague/London/New York, 2003, pp. 447 ss.; Ali Mezghani, «Le droit musulman et l'arbitrage», *Revue de l'arbitrage*, 2008, pp. 211 ss.; Mary B. Ayad, «Harmonisation of International Commercial Arbitration and *Sharia*», *Macquarie Journal of Business Law*, 2009, pp. 93 ss.; Abdul El-Ahdab, *Arbitration With the Arab Countries*, 3.ª ed., Alphen aan den Rijn, 2011.

[32] Decisão reproduzida no *The International and Comparative Law Quarterly*, 1952, pp. 247 ss., e em *International Law Reports*, 1957, pp. 144 ss.

O árbitro invocou em seguida uma cláusula do contrato da qual se retiraria, em seu entender, a aplicabilidade de «princípios fundados no bom senso e na prática comum da generalidade das nações civilizadas – uma espécie de Direito Natural moderno». Nesta base, declarou o árbitro:

> «Embora o Direito inglês seja inaplicável enquanto tal, algumas das suas regras estão a meu ver de tal forma baseadas na razão que devem ser tidas como integrantes deste Direito Natural moderno.»

Suscitou-se um problema semelhante no caso *Ruler of Qatar v. International Marine Oil Company, Ltd.*, decidido em 1953 por Sir Alfred Bucknill[33]. Em face dos pareceres de dois peritos em Direito Muçulmano, o árbitro concluiu que «não existe no Qatar um conjunto de princípios jurídicos aplicáveis à interpretação de instrumentos comerciais modernos» e que «o Direito [Muçulmano] não contém princípios suficientes para interpretar este contrato em particular». Além disso, segundo o árbitro, «se fosse aplicável o Direito Muçulmano, certas partes do contrato ficariam expostas à grave crítica de serem inválidas». Na sua opinião, por conseguinte, «nenhuma das partes teve em mente a aplicação do Direito Muçulmano». Ao invés, as partes teriam «querido que o acordo fosse regido pelos "princípios da justiça, da equidade e da boa consciência"».

c) Em ambos os casos os árbitros excluíram, por conseguinte, a aplicabilidade do Direito Muçulmano ao mérito da causa. Esta «escolha negativa» do Direito aplicável não foi contudo reiterada em litígios posteriores.

No caso *Aramco v. Saudi Arabia*[34], julgado em 1958 por um tribunal arbitral integrado por um professor de Direito suíço, Georges Sauser-Hall, e por dois juristas egípcios, Mohamed Hassan e Saba Habachi, a convenção de arbitragem determinava expressamente que o litígio seria decidido de

---

[33] Decisão reproduzida em *International Law Reports*, 1953, pp. 534 ss.

[34] Decisão reproduzida na *Revue critique de droit international privé*, 1963, pp. 304 ss. Ver também sobre este caso Suzanne Bastid, «Le droit international public dans la sentence arbitrale de l'Aramco», *Annuaire français de droit international*, 1961, pp. 300 ss.; e Henri Batiffol, «La sentence Aramco et le droit international privé», *Revue critique de droit international privé*, 1964, pp. 647 ss.

acordo com o Direito da Arábia Saudita no tocante às matérias pertencentes à jurisdição da Arábia Saudita; e pelo Direito que o tribunal arbitral considerasse aplicável nas demais matérias. O Direito saudita era, de acordo com a mesma convenção, «o Direito Muçulmano conforme ensinado pela Escola do Imã Ahmed Ibn Hanbal e aplicado na Arábia Saudita». A concessão em causa nesse processo foi assim tida pelo tribunal arbitral por sujeita à *Xaria*, tal como esta vigorava na Arábia Saudita. Contudo, a *Xaria* não continha, segundo o tribunal, regras precisas sobre a exploração de jazidas petrolíferas. Na medida em que subsistissem dúvidas sobre o conteúdo ou o significado do contrato, seriam por conseguinte aplicáveis os princípios gerais de Direito. Estes completariam também, de acordo com o tribunal, as estipulações das partes quanto aos seus direitos e obrigações.

No caso *LIAMCO*, foi levado a cabo um esforço consideravelmente superior no sentido de determinar a existência de regras da *Xaria* aplicáveis a uma concessão petrolífera e às consequências da sua resolução. Citando o Corão, a Suna e a Majala Otomana, o árbitro único procurou neste caso demonstrar que a *Xaria* – que considerou parte do Direito líbio – continha regras compatíveis com o Direito Internacional sobre a força vinculativa dos contratos, a execução específica das obrigações contratuais e a indemnização dos danos causados por incumprimento contratual. O árbitro distanciou-se assim da internacionalização do litígio empreendida pelos árbitros nos casos líbios acima referidos.

A Convenção ICSID não regula expressamente o problema da aplicabilidade de fontes religiosas de Direito. Mas o art. 42.º, n.º 1, dessa Convenção, a que fizemos referência, afigura-se incompatível com a orientação seguida nas arbitragens relativas aos casos de que eram partes o Abu Dhabi e o Qatar. Por duas razões: em primeiro lugar, porque ao determinar a aplicação das «regras de Direito que hajam sido acordadas pelas partes», a Convenção parece permitir a escolha pelas partes de regras de Direito religioso; em segundo lugar, porque ao dispor que se aplicará a lei do Estado Contratante parte no diferendo, na falta de escolha pelas partes das regras aplicáveis, a Convenção conduz também à aplicação das regras da *Xaria* que integrem o Direito vigente nesse Estado. Tais regras apenas poderão ser excluídas pelos árbitros, de acordo com o mesmo preceito, se e na medida em que se revelem incompatíveis com os ditames do Direito Internacional.

V. A emergência de uma *lex petrolea*

a) Pode ainda perguntar-se a respeito do tema em exame qual o papel que deve ser reservado aos usos e costumes da indústria petrolífera, que alguns têm caracterizado como uma *lex petrolea* ou um novo ramo da denominada *lex mercatoria*[35].

Na jurisprudência arbitral, a noção de *lex petrolea* parece ter sido utilizada pela primeira vez na decisão proferida em 1982 sobre o caso *Kuwait v. American Independent Oil Company (Aminoil)*[36]. Este caso dizia respeito à nacionalização de uma concessão petrolífera de que era titular esta empresa no Kuwait, a qual lhe havia sido outorgada em 1948 por 60 anos. De acordo com o tribunal, seriam aplicáveis ao caso o Direito do Kuwait e o Direito Internacional Público, este último enquanto elemento constituinte do primeiro.

Nas suas alegações, o Governo do Kuwait invocou diversas decisões anteriores respeitantes a nacionalizações de concessões petrolíferas ocorridas no Médio Oriente. Essas decisões teriam alegadamente gerado uma regra de Direito costumeiro própria da indústria petrolífera – uma regra da *lex petrolea* – segundo a qual a compensação a pagar em caso de nacionalização de uma concessão deveria limitar-se ao valor contabilístico líquido («*net book value*») dos activos do concessionário.

O tribunal, constituído pelos Professores Paul Reuter e Hamed Sultan e por Sir Gerald Fitzmaurice, Q.C., não se conformou, contudo, com este ponto de vista. Sublinhou, na sua decisão, que o critério do «valor contabilístico líquido», preconizado pelo Kuwait, tinha sido utilizado em negociações e não em arbitragens; que o consentimento dado pelos investidores a esse critério havia sido obtido no contexto de constrangimentos económicos e políticos muito fortes; e que o mesmo não constituía uma expressão da *opinio iuris*, não podendo, por conseguinte, ser tido como correspondente a uma regra de Direito Internacional. Em consequência disso, o tribunal concedeu à Aminoil uma compensação que visava reflectir as suas expectativas legíti-

---

[35] Ver, sobre o conceito de *lex petrolea*, R. Doak Bishop, «International Arbitration of Petroleum Disputes: The Development of a *Lex Petrolea*», *Yearbook of Commercial Arbitration*, 1998, pp. 1131 ss.

[36] Decisão reproduzida no *Yearbook of Commercial Arbitration*, 1984, pp. 71 ss.

mas quanto à evolução das receitas da concessão, à luz das circunstâncias ocorrentes no período que precedeu a nacionalização dos seus activos no Kuwait.

b) Pode, em todo o caso, perguntar-se qual deve ser o estatuto da *lex petrolea* na arbitragem internacional.

Não é certo, a nosso ver, que os usos e costumes da indústria petrolífera possam com propriedade ser caracterizados como um sistema jurídico autónomo (*hoc sensu,* uma *lex*) susceptível de ser aplicado nas arbitragens petrolíferas como uma alternativa às leis nacionais.

Em larga medida, esses usos e costumes não foram codificados (contrariamente ao que sucedeu noutros ramos da *lex mercatoria*, como por exemplo os que são abrangidos pelos *Incotermos,* pelas *Regras e Usos Uniformes Sobre Garantias Contratuais* e pelas *Regras e Usos Uniformes Sobre Créditos Documentários* emanados da Câmara de Comércio Internacional). A índole mais indeterminada dos usos da indústria petrolífera poderia assim gerar, caso os mesmos fossem tomados como critério único de decisão de litígios, um grau considerável de incerteza.

Finalmente, parece altamente improvável que os Estados aceitem submeter-se exclusivamente a tais usos e costumes nos litígios respeitantes à exploração dos seus recursos naturais.

c) O papel dos usos e costumes da indústria petrolífera é pois, a nosso ver, essencialmente complementar dos Direitos nacionais, devendo aplicar-se sempre que as partes se lhes refiram e na medida em que não sejam contrários às regras imperativas do Direito aplicável, assim como em ordem a preencher as lacunas deste.

Foi justamente esse o efeito que lhes foi reconhecido na decisão proferida sobre o caso *Aramco v. Saudi Arabia*. Segundo o tribunal arbitral, nas questões de Direito Privado as lacunas do Direito nacional aplicável (que era, como vimos, o Direito saudita) deveriam ser supridas pelos «costumes e usos mundialmente aceites na indústria e no comércio do petróleo».

A Convenção ICSID é omissa quanto a este ponto. O art. 42.º, n.º 1, pode decerto ser interpretado no sentido de que permite a escolha pelas partes de regras consuetudinárias observadas pela indústria petrolífera. Mas na falta de uma tal escolha é duvidoso que os árbitros possam referir-se exclusivamente a estas regras[37].

Uma referência mais explícita aos usos mercantis figura na Lei-Modelo da UNCITRAL Sobre a Arbitragem Comercial Internacional[38], que dispõe no art. 28.º, n.º 4:

«Em qualquer caso, o tribunal arbitral decidirá de acordo com as estipulações do contrato e terá em conta os usos do comércio aplicáveis à transacção.»

Uma regra semelhante consta do art. 35.º, n.º 3, do Regulamento de Arbitragem da UNCITRAL (na redacção dada em 2010)[39]; e a *Iran-US Claims Settlement Declaration* determina igualmente, no art. V, que o Tribunal tomará em consideração os usos relevantes do comércio. Outra não é a orientação acolhida no art. 43.º, n.º 5, da Lei angolana sobre a arbitragem voluntária[40].

VI. Cláusulas de estabilização

a) O tema do presente estudo suscita uma última questão, que importa agora considerar. Nos contratos petrolíferos a longo termo são por vezes incluídas «cláusulas de estabilização» destinadas a evitar modificações das regras aplicáveis por um acto unilateral do Estado contratante (incluindo as decisões administrativas ou judiciais que interpretem o Direito vigente) ou a preservar o *statu quo* económico existente ao tempo da conclusão do contrato[41].

---

[37] Ver, no sentido de que «o mandato conferido a um tribunal arbitral ICSID é, pois, claro e as regras relevantes para a decisão da causa são as que se encontram nos sistemas jurídicos tradicionais, com exclusão da *lex mercatoria*», Georges Delaume, «Comparative Analysis as a Basis of Law in State Contracts: The Myth of the Lex Mercatoria», *Tulane Law Review,* vol. 63 (1988-1989), pp. 575 ss. (p. 591).

[38] Disponível em http://www.uncitral.org.

[39] Disponível em http://www.uncitral.org.

[40] Segundo o qual: «Em qualquer caso, o Tribunal Arbitral toma em conta os usos e costumes do comércio internacional aplicável ao objecto da convenção de arbitragem».

[41] Ver, sobre essas cláusulas, René David, «Les clauses de stabilité dans les contrats pétroliers», *Clunet: Journal de Droit international*, 1986, pp. 79 ss.; Margarita T.B. Coale, «Stabilization Clauses in International Petroleum Transactions», *Denver Journal of Inter-*

Tais cláusulas podem estipular que o Direito estadual aplicável compreende apenas as regras em vigor no momento da celebração do contrato, excluindo desse modo todas as modificações subsequentemente introduzidas nele. Por este motivo, são também por vezes denominadas «cláusulas de congelamento» (*freezing clauses*).

Nos contratos de concessão líbios que deram origem às decisões arbitrais atrás referidas, essas cláusulas eram do seguinte teor:

> «Durante o período da sua vigência, a concessão será interpretada de acordo com o Direito petrolífero e os regulamentos em vigor à data da celebração do acordo [...].»

Em alternativa, as cláusulas de estabilização podem impor ao contraente particular que se conforme com as leis novas emanadas do Estado contratante, mas prevêem que o primeiro será compensado pelos custos adicionais que para si decorram dessa circunstância (através, *v.g.*, de ajustamentos tarifários, da prorrogação da concessão, de reduções fiscais, de compensações monetárias, etc.). Designam-se nestes casos *cláusulas de equilíbrio económico*.

b) A validade c os efeitos destas cláusulas são controvertidos.

O art. 3.º da Resolução do Instituto de Direito Internacional sobre *A Lei Aplicável ao Contrato em Acordos Entre Um Estado e Um Particular Estrangeiro,* adoptada em 1979[42], permite-as sem reservas. De acordo com essa disposição:

> «As partes podem convencionar que as disposições de Direito interno referidas no contrato devem ser entendidas como as que se encontravam em vigor ao tempo da conclusão do contrato.»

---

national Law and Policy, vol. 30:2, 2001/2002, pp. 217 ss.; Andrea Giardina, «Clauses de stabilisation et clauses d'arbitrage: vers l'assouplissement de leur effet obligatoire?», *Revue de l'arbitrage,* 2003, pp. 647 ss.; Zeyad A. Alqurashi, *International Oil and Gas Arbitration,* 2005, pp. 179 ss.; Ahmed El-Kosheri, «International arbitration and petroleum contracts», in *Encyclopaedia of Hydrocarbons,* vol. IV, *Hydrocarbons: Economics, Policies and Legislation,* Roma, 2005, pp. 879 ss.; e Stefan Leible, «Private International Law: Contracts for the Delivery of Gas», *German Yearbook of International Law,* 2009, pp. 327 ss. (p. 331 s.).

[42] Disponível em http://www.idi-iil.org.

A responsabilidade dos Estados pela violação de uma cláusula de estabilização deve, por seu turno, ser aferida de acordo com a lei aplicável ao contrato. Di-lo a mesma Resolução no art. 6, que dispõe:

> «As regras escolhidas de acordo com as disposições precedentes regem a responsabilidade contratual entre as partes, em especial a que decorre do exercício pelo Estado de poderes soberanos em violação de compromissos assumidos perante o seu parceiro contratual.»

Mas a jurisprudência arbitral a este respeito é ambivalente.

No caso *Texaco v. Líbia*, o árbitro entendeu que a cláusula de estabilização inserida no contrato de concessão inibia o Estado de nacionalizar. Nas palavras do árbitro:

> «O reconhecimento pelo Direito Internacional do direito de nacionalizar não constitui motivo bastante para que um Estado ignore os seus compromissos, pois o Direito Internacional também reconhece o poder do Estado de se vincular internacionalmente, mormente aceitando a inclusão de cláusulas de estabilização num contrato concluído com um particular estrangeiro.»

Contudo, no caso *Kuwait v. Aminoil* o tribunal entendeu que a finalidade de uma cláusula de estabilização inserida no contrato concluído pelas partes consistia apenas em inibir nacionalizações de índole confiscatória, i. é, sem uma indemnização adequada. As nacionalizações não seriam, pois, em si mesmas excluídas pela cláusula. O tribunal admitiu porém que as cláusulas de estabilização criam expectativas, que devem ser tidas em consideração ao determinar-se o montante da indemnização.

A Resolução do Instituto de Direito Internacional de 1991 sobre *A Autonomia das Partes nos Contratos Internacionais Entre Pessoas ou Entidades Privadas*[43] adopta uma orientação mais restritiva a respeito da eficácia dessas cláusulas, estabelecendo no art. 8:

> «Se as partes convencionarem que a lei escolhida deve ser aplicada tal como se encontrava em vigor ao tempo em que o contrato foi concluído, as

---

[43] Disponível em *ibidem*.

disposições dessa lei serão aplicadas como regras de Direito material incorporadas no contrato; se, porém, a lei escolhida tiver sido alterada ou revogada por regras imperativas que tenham em vista os contratos existentes, ser-lhes-ão reconhecidos efeitos.»

c) Seja como for, são muito raras as decisões que impõem a observância das estipulações constantes de um contrato de Estado com fundamento numa cláusula de estabilização.

As cláusulas em apreço operam essencialmente como *garantias financeiras adicionais* para os investidores que concluem contratos com Estados ou outros entes públicos e não tanto como limites ao exercício por estes dos seus poderes soberanos.

O efeito principal dessas cláusulas consiste, por conseguinte, em reforçar a probabilidade de a parte lesada obter uma indemnização no caso de um acto unilateral do Estado afectar negativamente o ambiente jurídico ou o equilíbrio económico do contrato[44].

Em qualquer caso, a validade das cláusulas de estabilização deve considerar-se subordinada à sua conformidade com o Direito Internacional: um Estado não pode excluir validamente a aplicação de regras imperativas de Direito Internacional através de tais cláusulas; o que tem evidente importância no que respeita às regras sobre direitos humanos e à protecção do ambiente.

---

[44] Ver Eduardo Jiménez de Arechaga, «International Law in the Past Third of a Century», *Recueil des Cours de l'Académie de Droit International de La Haye*, vol. 159 (1978-I), pp. 1 ss. (p. 307).

Da cessão da posição contratual no âmbito das operações petrolíferas à luz do Direito angolano

Francisco B. F. Rodrigues Rocha[*]

SUMÁRIO: 1. Introdução; 2. Regime vigente; 3. Transmissão de que posições contratuais?; 4. A equiparação da transmissão de participações sociais à transmissão da posição contratual nos "contratos de associação" petrolífera, para efeitos da prestação de consentimento e de autorização prévia; 5. O direito de preferência da Concessionária Nacional e das associadas nacionais; 6. A equiparação da transmissão de participações sociais à transmissão da posição contratual nos "contratos de associação" petrolífera, para efeitos do exercício do direito de preferência; 7. Conclusões.

1. Introdução

Não raras vezes, no sector petrolífero, acordam as partes na cessão, parcial ou total, da sua posição contratual, quer por não estarem em condições de assegurar sozinhas ou conjuntamente as operações petrolíferas em questão, quer para efeitos de divisão de riscos[1]. A prática contratual norte-

---

[*] Mestre em Direito. Assistente convidado da Faculdade de Direito de Lisboa. Advogado.
[1] Cf. MENEZES LEITÃO, *Os contratos no Direito do Petróleo e do Gás*, em *Direito dos Petróleos. Uma Perspectiva Lusófona*, Almedina, Coimbra, 2013, pp. 150-151, MARILDA ROSA DE SÁ RIBEIRO, *A cessão de participação nos contratos de concessão*, na *Revista Brasileira de Direito do Petróleo, Gás e Energia 1* (2006), 3, pp. 1-2, ou GEANE LOPES MAGALHÃES, *Os contratos de farm-in e farm-out no âmbito da indústria petrolífera*, Rio de Janeiro, 2009, p. 8. A atestar a elevada importância prática desta figura, elencamos, a título ilustrativo, as cessões até à presente data ocorridas de que tomámos conhecimento: (1) Decreto Executivo n.º 6/15, de 9 de Janeiro, mediante o qual foi a Statoil Angola Block 39 AS autorizada a proceder à cessão de 10 % do interesse participativo por si detido no contrato de partilha de produção

(CPP, abreviadamente) do Bloco 39/11 à Ecopetrol Germany GmbH; (2) Decreto Executivo n.º 5/15, de 9 de Janeiro, mediante o qual foi a Total E&P Angola Block 39 SAS autorizada a proceder à cessão de 7,5 % do interesse participativo no CPP relativo ao Bloco 39/11 à Statoil Angola Block 39 AS; (3) Decreto Executivo n.º 175/14, de 19 de Junho, mediante o qual foi a Petrobras International Braspetro B. V. (PIBBV) autorizada a ceder 27,5 % do interesse participativo no CPP relativo ao Bloco 2/85 à empresa participada Petrobras Oil & Gás B. V.; (4) Decreto Executivo n.º 171/14, de 18 de Junho, mediante o qual foi a Petrobras International Braspetro B. V. (PIBBV) autorizada a ceder 30 % do interesse participativo no CPP relativo ao Bloco 18/06 à empresa participada Petrobras Oil & Gás B. V.; (5) Decreto Executivo n.º 170/14, de 16 de Junho. mediante o qual foi a Petrobras International Braspetro B. V. (PIBBV) autorizada a ceder 40 % do interesse participativo no CPP relativo ao Bloco 26 à empresa participada Petrobras Oil & Gás B. V.; (6) Decreto Executivo n.º 165/14, de 12 de Junho, mediante o qual foi a Petrobras International Braspetro B. V. (PIBBV) autorizada a ceder 40 % do interesse participativo no Bloco 6/06 à empresa participada Petrobras Oil & Gás B. V.; (7) Decreto Executivo n.º 159/14, de 4 de Junho, mediante o qual foi a Sonangol - Pesquisa e Produção, S. A., autorizada a ceder 10 % do interesse participativo no CPP relativo ao Bloco 4/05 à Prodoil – Exploração e Produção de Hidrocarbonetos, S. A.; (8) Decreto Executivo n.º 158/14, de 4 de Junho, mediante o qual foi a Statoil Angola Block 15/06 Award A. S. autorizada a ceder a totalidade da sua participação associativa, correspondente a 5 % do CPP do Bloco 15/06, à Sonangol - Pesquisa e Produção, S. A.; (9) Decreto Executivo n.º 152/14, de 26 de Maio, mediante o qual foi a China Sonangol autorizada a ceder a totalidade da sua participação associativa, correspondente a 15 % no CPP do Bloco 38/11, à WRG Angola 38 Limited; (10) Decreto Executivo n.º 42/14, de 18 de Fevereiro, mediante o qual foi a Marathon International Petroleum Angola Block 32 Limited autorizada a ceder a totalidade da sua participação associativa, correspondente a 50 % do CPP do Bloco 32, à Sonangol - Pesquisa e Produção, S. A.; (11) Decreto Executivo n.º 22/14, de 28 de Janeiro, mediante o qual foi a Total E&P (Bloc 40) SAS a ceder parte da sua participação associativa correspondente a 10 % no CPP do Bloco 40 à Petronas; (12) Decreto Executivo n.º 23/13, de 18 de Fevereiro, mediante o qual foi a China Sonangol International Holding Limited autorizada a ceder a totalidade da participação associativa de 10 % no CPP do Bloco 19/11 à Compañia Española de Petróleos, S. A. (revogado pelo Decreto Executivo n.º 419/13, de 17 de Dezembro); (13) Decreto Executivo n.º 84/09, de 19 de Agosto, mediante o qual foi a Lacula Oil Company, Limited, autorizada a ceder 5 % do seu interesse participativo no CPP do Bloco Sul da Zona Terrestre de Cabinda à Cubapetróleo; (14) Decreto Executivo n.º 83/09, de 19 de Agosto, mediante o qual foi a Roc Oil (Cabinda), Company, autorizada a ceder 45 % do seu interesse participativo no CPP do Bloco Sul da Zona Terrestre de Cabinda à Pluspetrol Angola Corporation; (15) Decreto Executivo n.º 115/04, de 15 de Outubro, mediante o qual foram a Marathon Petroleum Angola Block 31 Limited e a Marathon Petroleum Angola Block 32 Limited autorizadas a ceder as suas partes associativas de 10 % e 30 % respectivamente à Marathon Internacional Petroleum Angola Block 31 Limited e à Marathon americana, que se generalizou na indústria petrolífera mundial, conhece esta realidade por *"farm out agreement"*, que costuma caracterizar-se como o contrato através do qual o titular de direitos de perfuração de petróleo ou gás (o alienante ou *"farmor"*) transmite a outra parte (o adquirente ou *"farmee"*) a totalidade ou parte da sua posição contratual (também chamada, menos correctamente, de "interesses participativos") em tal contrato de locação, que concorda em perfurar um poço e em fazer testes e avaliações ao terreno em troca da oportunidade de o alienante, formalmente, lhe transmitir os direitos de perfuração e exploração[2].

Internacional Petroleum Angola Block 32; (16) Despacho n.º 253/01, de 14 de Setembro, mediante o qual foi a Fina Oil & Gás Cabinda B. V. autorizada a ceder à Roc Oil (Cabinda) Company 45 % da sua participação no CPP do Bloco Sul da Zona Terrestre de Cabinda; (17) Despacho n.º 252/01, de 14 de Setembro, mediante o qual foi a ELF Petroleum Angola Limited autorizada a ceder à Force Petroleum Limited 20 % da sua participação no CPP do Bloco Sul da Zona Terrestre de Cabinda.

[2] Segundo JOHN S. LOWE, *Analyzing Oil and Gas Farmout Agreements*, na *Southwestern Law Journal* 41 (1987), pp. 759 e 763-764, trata-se de um *"agreement by one who owns drilling rights to assign all or a portion of those rights to another in return for drilling and testing on the property. The individual or entity that owns the lease, called the "farmor" or "farmoutor", is said to "farm out" its rights. The person or entity that receives the rights to drill [is] referred to as the "farmee" or "farmoutee"*. Também segundo JOHN S. LOWE, *Analyzing...*, na *Southwestern...*, pp. 759 e 763-764, este contrato distingue-se do *"joint operating agreement"*: (*i*) por um critério funcional, na medida em que no *"farmout"* uma parte adquire um "interesse", uma participação no título de locação (*"lease"*) ou de exploração de petróleo ou de gás de que outrem é titular, ao passo que no JOA se definem os direitos e deveres das partes que já são titulares de "interesses" numa locação ou exploração ou numa unidade de perfuração e se combinam tais "interesses" para a realização de operações conjuntas; (*ii*) porque o *"farmee"* – o cessionário – adianta ao *"farmout"* – o cedente – todos os custos ou uma porção dos custos de perfuração num *"farmout"*, enquanto as partes num JOA, regra geral, partilham os custos da perfuração; (*iii*) por último, os contratos não se excluem: tipicamente, quem celebra um contrato de *"farmout"* celebrará também mais tarde um JOA para regular a sua participação na exploração petrolífera. Cf. também sobre o *farmout agreement*, ainda que sob diferentes prismas, RICHARD W. HEMINGWAY, *The farmout agreement: a story short but not always sweet*, na *Natural Resources & Environment*, 1 (1985/1986), pp. 3-5, 50-52, KENDOR P. JONES, *Something old, something new: the evolving farmout agreement*, na *Washburn Law Journal*, vol. 49 (2009/2010), pp. 477-492, JOHN R. REEVES / J. MATTHEW THOMPSON, *The development of the model form operating agreement: an interpretative accounting*, na *Oklahoma Law Review*, vol. 54 (2001), 2, pp. 211-283, ANITA GEFREH HIMEBAUCH, *An overview of oil and gas contracts in the Williston Basin*, na *North*

A análise subsequente far-se-á em torno da cessão da posição contratual no âmbito das operações petrolíferas por referência ao Direito angolano. Optamos pelo uso dos conceitos consagrados no Direito angolano e, em geral, no lusófono, de cariz romano-germânico, em vez dos mais fluidos presentes nos Direitos anglo-saxónicos. De resto, é a própria doutrina de *Common Law* a primeira a sublinhar as diferenças entre ambos os sistemas, neste particular[3]. Por outro lado, a específica realidade angolana torna avisado proceder com a cautela antes de proceder a uma transposição acrítica de conceitos de *Common Law,* tanto mais que os próprios modelos sócio-económicos em que assenta a exploração petrolífera num caso e noutro são diferentes[4].

Dakota Law Review, vol. 59 (1983), 7, pp. 7-55, *maxime* 12 e ss., A Dawe, *Farmout Agreement – Problem areas to be addressed in negotiation and documentation*, em *AMPLA Bulletin*, vol. 5 (1986), pp. 56-59, John R. Scott, *How to prepare an oil and gas farmout agreement*, in *Baylor Law Review*, vol. 33 (1981), pp. 63-95, Klein / Burke, *The farmout agreement: its form and substance*, na *Rocky Mountain Mineral Law Institute,* 24 (1978), pp. 479 e ss., Julian Cardenas Garcia, *The Era of Petroleum Arbitration Mega Cases – Commentary on Occidental v. Ecuador*, na *Houston Journal of International Law*, vol. 35 (2013), pp. 537-588, D. O. Sabey / J. L. Fingarson, *Indemnity and insurance clauses in joint venture, farmout and joint operating agreements*, na *Alberta Law Review*, vol. VIII (1970), pp. 210-215, Wayne G. Holt, *Problems relating to Arctic farmout and joint venture operating agreements,* na *Alberta Law Review*, vol. X (1972), pp. 450-476, E. M. Bredin, *Types of relationship arising in Oil and Gas agreements*, na *Alberta Law Review*, 3 (1963/1964), pp. 333-348. Sobre o *"joint operating agreement"*, pode consultar-se, além da já mencionada bibliografia, sem pretensão de exaustividade, G. M. Lewis, *The Joint Operating Agreement: Partnership or not?*, no *Journal of Energy & Natural Resources Law*, vol. 4 (1986), 2, pp. 80-84, Cátia Malaquias Miles, *AIPN 2002 Model Form Joint Operating Agreement in Oil and Gas Joint Ventures,* na *Australian Resources and Energy Law Journal*,22 (2003), pp. 153-160, G. M. Burden, *The Operating Agreement – For the development of petroleum and natural gas resources*, na *The Saskatchewan Bar Review*, vol. 30 (1965), 4, pp. 325-339, Wilson Woods, *The effect of exculpatory clauses* in *Joint Operating Agreements: what protections do operators really have in the oil patch?*, in *The Texas Tech Law Review*, vol. 38 (2005), pp. 212-236, *Kansas Oil and Gas Law: Defining the duty between participants* in a *Joint Operating Agreement [Amoco Production Co. v. Wilson, 976 P.2D 941 (Kan. 1999)]*, in *Washburn Law Journal*, vol. 39 (1999/2000), pp. 128-142".

[3] Ernest E. Smith / John S. Dzienkowski / Owen L. Anderson / John S. Lowe / Bruce M. Kramer / Jacqueline L. Weaver, *International Petroleum Transactions*[3], Rocky Mountain Mineral Law Foundation, Westminster, 2010, pp. 535 e ss. (e *passim*).

[4] Assim, segundo Ernest E. Smith / John S. Dzienkowski / Owen L. Anderson / John S. Lowe / Bruce M. Kramer / Jacqueline L. Weaver, *International Petroleum Transactions*[3],

2. Regime vigente

I. O Direito angolano, conforme referido, estabeleceu um regime jurídico para a cessão da posição contratual do âmbito das operações petrolíferas. Esse regime vem disposto no artigo 16.º da "Lei das Actividades Petrolíferas (LAP), aprovada pela Lei n.º 10/04, de 12 de Novembro, sob a epígrafe *"Transmissão da posição contratual"*.

---

pp. 535 e 538, as principais diferenças seriam as seguintes: (*i*) no contrato de *"farm out"* norte-americano típico, é comum que o cessionário se torne no único operador do *"farmed--out interest"*, *i. e.*, é comum que, depois da cessão da posição contratual, o cessionário passe a ser o único operador e titular de todos os direitos de exploração, ao passo que no contrato de *"farm out"* internacional o cessionário raramente se torna no operador único e, por vezes, após a cessão, nem sequer é chamado a executar qualquer função operacional. Esta constatação vale, naturalmente, também para o Direito angolano: não só por causa do princípio da *obrigatoriedade associativa* à Concessionária Nacional, como também porque tipicamente encontraremos, mesmo do lado dos operadores, mais do que uma parte; (*ii*) em segundo lugar, nos contratos internacionais de *"farm out"*, ao contrário do que sucede nos norte-americanos, é também mais frequente a inserção de uma cláusula de determinação da lei aplicável (*"choice of law clause"*) (há que, todavia, atentar no facto de que uma coisa é a lei aplicável à cessão, ao *"fam out"* qua tale, e outra coisa a lei aplicável ao contrato originário de exploração cuja participação se cede), ao passo que, nos contratos internacionais, existem restrições à possibilidade de escolha da lei aplicável, pendendo-se naturalmente em favor da aplicação da lei do Estado anfitrião (*hoc sensu*, cf. o artigo 94.º da LAP); (*iii*) nos contratos internacionais de *"farm out"*, tipicamente dá-se uma cessão parcial de um "interesse participativo" no poço (*"working interest in the well"*), *i. e.*, da posição contratual na exploração petrolífera sem que o cedente retenha para si direitos relativos à produção, ao passo que no *"farm out"* norte-americano é frequente que o cedente retenha um *"royalty"* na produção; (*iv*) nos contratos internacionais de *"farm out"*, existe a possibilidade de a contrapartida pela cessão da posição contratual ser ou a realização de qualquer tipo de operação e ou o pagamento de determinada quantia pecuniária, ao passo que a maioria dos contratos de *"farm out"* norte-americanos são do tipo *"drill-to-earn"* na medida em que a transferência dos interesses participativos é feita sob a condição da perfuração de um ou mais poços; (*v*) por último, os contratos internacionais de *"farm out"* são tipicamente mais complexos do que um *"farm out"* norte-americano, visto naqueles as partes terem de ter em conta o facto de os países anfitriões reservarem para si o direito de aprovar qualquer cessão da posição contratual relativa à exploração ou produção petrolífera e, por esse motivo, as partes têm de lidar com a possibilidade de, a final, o país anfitrião poder não consentir na cessão (é assim, por ex., em Angola e no Brasil, conforme veremos *infra*).

Segundo o disposto no n.º 1 do artigo 16.º da LAP, "*As associadas da Concessionária Nacional apenas podem transmitir parte ou a totalidade da sua posição contratual a terceiros de comprovada idoneidade, capacidade técnica e financeira, após obterem prévia autorização do Ministro da tutela para tal, sob a forma de decreto executivo*".

II. A exacta interpretação do preceito pressupõe que dilucidemos, desde logo, quem são as "*associadas da Concessionária Nacional*". A resposta encontra-se no artigo 14.º da LAP: são-no as "*entidades nacionais ou estrangeiras*" que se associam à Concessionária Nacional, através de uma das formas aí previstas, *i. e.*, sociedade comercial, contrato de consórcio[5], contrato de partilha de produção ou contrato de serviços com risco (artigo 14.º, n.ᵒˢ 2 e 3, da LAP)[6]. A *Concessionária Nacional* em Angola é a

---

[5] A própria cessão da posição contratual no âmbito dos "contratos de associação" petrolíferos, quando parcial, leva à entrada de um novo sujeito nas operações petrolíferas, podendo mesmo levar à criação de um consórcio entre si e essa entidade (e também a Sonangol, sendo o "contrato de associação" qualificado como tal", quando aja de forma concertada com as demais entidades participantes). Assim também ANNA CHRISTINA PISCO ROCHA DA SILVA / CARLOS ALBERTO GONÇALVES BRANDÃO JÚNIOR / OTACÍLIO DOS SANTOS SILVEIRA NETO / SHEYLA YUSK CUNHA / YGOR MEDEIROS BRANDÃO DE ARAÚJO, *Transferência de direitos decorrentes da concessão: os contratos de farm-in / farm-out em face dos princípios da ordem jurídica brasileira*, disponível em www.portalabpg.org.br, p. 3.

[6] À luz da LAP 2004, a referência a "*conta em participação*", que constava da LAP 1978, foi substituída pelo "*consórcio*". O que pode perguntar-se desde logo e legitimamente é: significa isto que já não é possível a "associação" à Concessionária Nacional através de *associação em participação*? Malgrado os benefícios que poderiam ver-se na consagração da figura, pensamos que não: as formas associativas previstas na LAP são *taxativas* (de resto, a própria LAP 78 era particularmente elucidativa a este respeito), pelo que a *associação em participação* encontra-se excluída (não obstante, encontramos a referência à "*conta em participação*" no artigo 4.º do modelo de CPP ou ainda por ex. no CPP entre a Sonangol / China Sonangol / Ajoco / ENI / Somoil / Naftagas / Ina-Nafte). Por outro lado, note-se, a Lei n.º 19/03, de 12 de Agosto, é anterior à LAP 2004 e a verdade é que, quando o legislador angolano veio apenas mencionar o consórcio, fê-lo tendo presente o novíssimo regime constante dessa lei e, portanto, os termos da distinção entre uma figura e outra, motivo pelo qual, no nosso entender, não é possível dizer-se que a referência ao consórcio na LAP 2004 abrangeria simultaneamente consórcio e associação em participação. O mesmo se diga dos *agrupamentos complementares de empresa* também previstos na Lei n.º 19/03. Note-se, porém, conforme fará notar-se adiante, que o facto de a "associação" à Sonangol não poder ser feita em termos de associação em participação não impede que a "associação" entre

Sociedade Nacional de Combustível de Angola (Sonangol, E.P.)[7] (artigo 4.º, n.º 1, da LAP; e já antes o artigo 2.º, n.º 1, da LAP 78, que falava em *"monopólio da empresa estatal"*; cf. também o Decreto n.º 19/99, de 20 de Agosto, que aprova os Estatutos da Sonangol, S.A., em particular o seu artigo 4.º), à qual são atribuídos os *direitos mineiros*[8] (artigos 4.º, n.º 2, e 44.º da LAP). Estamos no âmbito daquilo a se tem chamado o *princípio da obrigatoriedade associativa* ou *de associação*[9], genericamente previsto

---

algumas das entidades do Grupo empreiteiro, em sede de *relações internas*, se faça nos moldes deste tipo contratual.

[7] *Vide*, a este respeito, MENEZES CORDEIRO, *As empresas petrolíferas em Angola*, em *Direito dos Petróleos. Uma Perspectiva Lusófona*, Almedina, Coimbra, 2013, pp. 9 e ss.

[8] A expressão direitos mineiros vem definida no artigo 2.º, n.º 8, da LAP, como *"o conjunto de poderes atribuídos à Concessionária Nacional"* ou, em consonância com o artigo 3.º, al. *c*), da Lei sobre o Regime Cambial aplicável ao Sector Petrolífero, aprovada pela Lei n.º 2/12, de 13 de Janeiro (LRCSP), como *"o conjunto de poderes atribuídos à Concessionária Nacional com vista a realizar operações petrolíferas na área de uma determinada concessão petrolífera"*. Podemos também defini-los como os direitos de pesquisa e produção de hidrocarbonetos (neste último sentido, se bem lemos, CARLOS FEIJÓ, *O Poder Concedente...*, em *Direito...*, p. 77).

[9] Note-se: não estamos, aqui perante uma situação de *associação* em sentido próprio, regulada nos artigos 167.º e ss. do Código Civil, *i. e.*, enquanto *"pessoas colectivas de base associativa (corporações) constituídas por uma pluralidade de membros com vista à realização de um fim e dotadas dos meios económicos necessários"*, distintas das sociedades *"por não terem fim lucrativo"* ou, ainda, noutra formulação mais sintética, *"pessoas colectivas de tipo corporativo, com fim não lucrativo"* (assim, PEDRO PAIS DE VASCONCELOS, *Teoria Geral do Direito Civil*, Almedina, Coimbra, 2007, pp. 146-147 e 188. Cf. também, embora nem sempre em sentido coincidente, MANUEL DE ANDRADE, *Teoria Geral da Relação Jurídica*, vol. I – *Sujeitos e Objecto*, Almedina, Coimbra, 2003 (reimpr.), pp. 54-62, 68-70, 80-81, CASTRO MENDES, *Teoria Geral do Direito Civil*, vol. I, AAFDL, Lisboa, 1995, pp. 396-400 (optando por critério assente na estrutura primária do substracto da pessoa colectiva), OLIVEIRA ASCENSÃO, *Direito Civil – Teoria Geral*, vol. I – *Introdução; As pessoas; Os Bens*, 2.ª ed., Coimbra Ed., Coimbra, 2000, pp. 224 e ss., 294 e ss., MENEZES CORDEIRO, *Tratado de Direito Civil Português*, I – *Parte Geral*, t. III – *Pessoas*, 2.ª ed., Almedina, Coimbra, 2007, pp. 597-598, 603-604, 705 e ss., HEINRICH EWALD HÖRSTER, *A Parte Geral do Código Civil Português – Teoria Geral do Direito Civil*, Almedina, Coimbra, 2011 (6.ª reimpr. ed. 1992), pp. 357 e ss., CARLOS ALBERTO DA MOTA PINTO, *Teoria Geral do Direito Civil*, 4.ª ed. por ANTÓNIO PINTO MONTEIRO / PAULO MOTA PINTO, Almedina, Coimbra, 2012, pp. 269-270, 272-277, 282-284, 292, FERREIRA DE ALMEIDA, *Contratos*, IV – *Contratos de liberalidade, de cooperação e de risco*, Almedina, Coimbra, 2012, pp. 80-93, FÁTIMA GOMES, *Comentário*

no artigo 13.º da LAP (e já antes no artigo 16.º da LAP 78) segundo o qual *"Toda a sociedade que pretenda exercer em território nacional operações petrolíferas fora do âmbito da licença de prospecção, apenas o pode fazer conjuntamente com a Concessionária Nacional"*[10]. Por outro lado, note-se,

---

ao Código Civil – Parte Geral, Universidade Católica Portuguesa, 2014, *sub* 157.º, p. 345, e *sub* art. 167.º, p. 364). Por isso, de *"contrato associativo"* no sentido de *"contrato pelo qual a Sonangol se associa a entidades privadas para a execução de operações petrolíferas"* (na definição de CARLOS FEIJÓ, *O Poder Concedente...*, p. 78; utiliza também recorrentemente a expressão PAULO MARQUES, *Da natureza jurídica...*, em *Estudos..., passim*) não pode falar-se senão em sentido impróprio; o que estará aqui em causa é de um *contrato de cooperação* ou *organização*. Na dúvida, preferimos reservar a expressão *contrato associativo* para o contrato constitutivo de uma associação *proprio sensu*. Além do mais, a expressão *"contrato associativo"* encontra-se também na doutrina referida a propósito dos *"Participation Agreements-PA"* e *"Joint Ventures"*, como pode ver-se em CARAMELO GOMES / LIMA, *Lex Petrolea...*, p. 123. Também não nos parece, em termos dogmáticos, adequada a expressão *contrato petrolífero* do artigo 2.º, al. *a*), do Decreto Legislativo Presidencial n.º 3/12, de 16 de Março, enquanto *"qualquer contrato, nas modalidades de contrato de consórcio, de contrato de serviços com risco, de sociedade comercial e de contrato de partilha de produção"*, pois, em rigor, não estamos em todos estes casos perante contratos petrolíferos em sentido próprio: o contrato de consórcio ou de sociedade não são apenas para fins petrolíferos, por exemplo... Por outro lado, assinalam-se também variantes na legislação angolana: por ex., na Lei n.º 2/12 (Lei do Regime Cambial do Sector Petrolífero) fala-se em *"sociedades investidoras"* como aquelas que, *"nos termos dos n.*[os] *2 e 3 do artigo 14.º da Lei das Actividades Petrolíferas, têm um vínculo contratual com a Concessionária Nacional"*, ou seja, aquelas que celebraram um "contrato de investimento"... Pelos motivos acima expostos, na falta de melhor expressão e na medida em que a lei adopta o termo associação em sentido amplíssimo, utilizaremos entre aspas a locução "contrato de associação" ou "contrato associativo" para nos referirmos às formas de associação à Concessionária Nacional previstas nos artigos 14.º, n.ºs 2 e 3, da LAP.

[10] Princípio cujo fundamento último reside na interpretação feita no Direito angolano do *princípio da soberania nacional sobre os recursos naturais* (artigos 3.º, n.[os]2 e 2, e 16.º, da Constituição da República Angolana), e bem assim do *princípio da propriedade pública dos recursos naturais* (artigo 95.º, n.º 1, al *h*), da Constituição da República de Angola (CRA); cf. também o artigo 3.º da LAP 2004 e 1.º da LAP 1978). Os hidrocarbonetos, tratados pelo Decreto de 20 de Dezembro de 1906 sob a designação de *óleos minerais*, cuja disciplina foi depois completada pelo Decreto de 9 de Dezembro de 1909 (in *Diário do Governo*, n.º 282, de 13 de Dezembro de 1909), foram, desde cedo, em Portugal e em Angola, inseridos no *domínio público*. O mesmo se diga do artigo 49.º, n.ºs 1 e2, da Constituição de 1933: *"Pertencem ao domínio público do Estado: 1.º – Os jazigos minerais, as nascentes de águas minero-medicinais e outras riquezas naturais no subsolo; 2.º – As águas marítimas, com os seus leitos"*.

o artigo 16.º apenas se aplica às associadas da Concessionária Nacional, nos termos acima definidos, que não à própria Concessionária Nacional: não nos parece, contudo, metodologicamente adequado o raciocínio *a contrario sensu*, segundo o qual a Concessionária Nacional poderia, ainda que sem o consentimento das suas "associadas", transmitir a sua posição contratual. Na falta de estipulação no "contrato de associação", entendemos valer para a transmissão da posição contratual da Concessionária Nacional a regra geral do artigo 424.º, n.º 1, do CC[11].

III. Vimos já que, ao abrigo do artigo 14.º, n.º 1, da LAP, a Concessionária Nacional pode associar-se a *"entidades nacionais ou estrangeiras"* (cf. também o artigo 45.º da LAP)[12]. Em relação à LAP 78, verifica-se uma diferença muito relevante: desde 2004, também as entidades nacionais estão obrigadas a associar-se à Sonangol, o que não sucedia à luz da LAP 78, cujo artigo 16.º, n.º 1, falava expressamente em *"Toda a sociedade ou entidade estrangeira (...)"*.

Sem menoscabo da referida equiparação, pergunta-se, os moldes em que pode associar-se com umas e outras são idênticos? A resposta é negativa[13].

---

[11] Embora entendamos residual a possibilidade de a Concessionária Nacional transmitir a sua posição, sobretudo nas situações típicas em que seja detentora de participação no valor de 51 % (artigo 15.º, n.º 1, da LAP). O artigo 5.º da LAP (4.º da LAP78), ao dispor da intransmissibilidade dos direitos mineiros por parte da Concessionária Nacional cura doutra questão: na cessão da posição contratual da Concessionária Nacional, sem prejuízo do disposto no artigo 15.º, n.º 1, da LAP, estaríamos não perante a cessão de direitos mineiros, mas sim perante a cessão da posição contratual no âmbito dos "contratos de associação" para a realização de operações petrolíferas.

[12] MENEZES CORDEIRO, *As empresas...*, em *Direito...*, pp. 15-16, chama a atenção para o facto de a menção, no artigo 45.º, n.ºs 1 e 2, da LAP, a *"sociedades comerciais"*, dever ser entendida no sentido de poderem também ser admitidas entidades diversas, como empresas públicas ou cooperativas, ao mesmo tempo que constata que o facto de poderem estar em causa entidades estrangeiras recorda que às leis estrangeiras em causa caberá definir a exacta natureza das visadas, ou seja, conclui, *"[d]esde que idóneas e competentes, tal matéria não interessa aos objectivos da Lei Angolana"*.

[13] Os incentivos às empresas petrolíferas angolanas (constantes do RIEPA; cf. também os artigos 26.º, n.º 1, 27.º e 86.º da LAP, o Decreto n.º 127/03, de 25 de Novembro, e o Decreto n.º 48/06, de 1 de Setembro) não são inconstitucionais por violação do princípio da igualdade: naturalmente, o Estado angolano está vinculado à defesa dos interesses do povo

Conforme previsto no artigo 26.º, n.º 1, da LAP, sob a epígrafe *"Fomento do empresariado angolano e promoção de desenvolvimento"*, o Governo deve adoptar medidas tendentes a garantir, promover e incentivar a participação no sector petrolífero de empresas tituladas por cidadãos angolanos e estabelecer as condições necessárias para o efeito, o que veio a suceder com a entrada em vigor do RIEPA (Decreto Legislativo Presidencial n.º 3/12, de 16 de Março). Aí vem previsto que as *empresas petrolíferas angolanas de capitais públicos*[14] e as *empresas petrolíferas privadas*[15] e que detenham interesses participativos em contratos petrolíferos para a realização de operações petrolíferas (artigo 3.º do RIEPA)[16] têm os seguintes benefícios:

(i) as que sejam associadas da Sonangol em contratos de partilha de produção beneficiam da redução da taxa do imposto sobre o rendimento do petróleo de 50 % para uma taxa equivalente à taxa em vigor do imposto industrial;

(ii) as que sejam associadas da Sonangol sob outras modalidades de contratos petrolíferos (consórcio, sociedade comercial, contratos com risco) beneficiam da redução da taxa do imposto sobre o rendimento do petróleo de 65,75 % para uma taxa equivalente à taxa em vigor do imposto industrial;

(iii) a atribuição dos incentivos previstos em (i) e (ii) não prejudica o benefício cumulativo dos incentivos atribuíveis nos termos gerais do artigo 43.º da LAP;

---

angolano e, por conseguinte, é justificado que crie condições que objectivamente promovam a melhoria e o desenvolvimento do tecido empresarial do País. Assim também, em termos que sufragamos, CARLOS MARIA FEIJÓ, *O Poder Concedente...*, em *Direito...*, p. 86. O facto de outros países não protegerem o seu tecido empresarial – pensamos em Portugal – não importa, objectivamente, qualquer juízo de valor negativo sobre aqueles que o fazem.

[14] *I. e.*, empresas organizadas sob a forma de empresa pública ou de sociedade comercial com capitais inteiramente públicos, subscritos exclusivamente ou conjuntamente pelo Estado ou por empresas públicas e instituições de direito público nacionais: artigo 2.º, al. *b*), do RIEPA.

[15] *I. e.*, sociedades comerciais de direito angolano constituídas por sócios pessoas singulares de nacionalidade angolana, que, no seu conjunto, detenham 100 % do capital social e que tenham por objecto o exercício de operações petrolíferas: artigo 2.º, al. *c*), do RIEPA.

[16] As *empresas petrolíferas angolanas de capitais públicos* e as *empresas petrolíferas privadas* que cederem *interim* a totalidade ou parte do seu capital a pessoas singulares ou colectivas estão sujeitas à perda dos incentivos previstos no RIEPA (artigo 8.º, n.º 3, do RIEPA).

(iv) isenção do pagamento de bónus ou prémio de assinatura[17] (artigo 84.º da LAP) na celebração de novos contratos petrolíferos (artigo 5.º do RIEPA);

(v) isenção da obrigação de comparticipação no financiamento das empresas de pesquisa da Sonangol, estabelecidas nos termos de qualquer contrato celebrado entre a Sonangol e o grupo empreiteiro de que a empresa angolana faça parte (artigo 6.º do RIEPA);

(vi) isenção das contribuições para projectos sociais previstos nos contratos petrolíferos celebrados entre a Sonangol e as suas associadas (artigo 7.º do RIEPA);

Outros benefícios vêm, de resto, previstos em legislação avulsa. Assim, na Lei do Fomento do Empresariado Privado Angolano (LFEPA), aprovada pela Lei n.º 14/03, de 18 de Julho, que prevê apoios ao empresariado angolano sob a forma de: (*a*) incentivos fiscais; (*b*) apoios financeiros; (*c*) apoio técnico; (*d*) direitos, privilégios e garantias patrimoniais especiais; (*e*) apoio à criação de centros de formação profissional liderados por associações económicas ou profissionais, bem como a participação destas em feiras e seminários nacionais e internacionais (artigo 22.º). Da mesma forma, no âmbito da própria Lei da Contratação Pública (LCP), aprovada pela Lei n.º 20/10, de 7 de Setembro, é previsto, em geral – que não especificamente para os concursos no âmbito das operações petrolíferas –, a admissão, qualificação e selecção preferencial nos procedimentos de contratação pública (artigo 51.º, n.º 1, da LCP), podendo estabelecer-se em cada processo de contratação uma margem de preferência para candidatos ou concorrentes nacionais (artigos 51.º, n.º 2, e 99.º, n.ᵒˢ 4 e 5, da LCP). Também no artigo 6.º, n.º 4, do RCPACN, é previsto que, no intuito de promover o investimento

---

[17] Cf. também os prémios ou bónus de assinatura previstos no CPP do Bloco 2 no valor de 1.000.000$00 (artigo 14.º do Decreto n.º 254-A/79, de 23 de Novembro), no CPP do Bloco 3 no valor de 1.000.000$00 (artigo 14.º do Decreto n.º 47/80, de 17 de Julho) e no CPP do Bloco 3/05 no valor de 17.500.000$00 (artigo 19.º do Decreto n.º 73/05, de 28 de Novembro). Como prestações secundárias de cariz pecuniário a cargo das associadas (estrangeiras), podemos ainda destacar as rendas das áreas de desenvolvimento, que podem confrontar-se, de resto, no CPP do Bloco 2 no valor de 300$00 por km2 (artigo 15.º do referido CPP) e no CPP do Bloco 3 por idêntico valor (artigo 15.º do respectivo CPP).

do empresariado angolano no sector petrolífero, o concurso público pode ser total ou parcialmente limitado a entidades angolanas[18].

Além dos benefícios previstos, "a montante", para as empresas angolanas para efeitos de associação à Concessionária Nacional, é ainda preciso ter em conta, "a jusante", as regras que obrigam à aquisição de bens e contratação de serviços e trabalhadores nacionais[19].

---

[18] O conceito de *"entidades angolanas"*, para efeitos da limitação do concurso ao abrigo do RCPACN, é diferente do de *empresas petrolíferas angolanas* para efeitos de incentivos ao abrigo do RIEPA: assim, entende-se por entidade angolana aquela que: (*a*) em nome individual ou sob forma societária, se encontra legal e regularmente constituída e estabelecida em Angola, (*b*) tenha a sua sede efectiva em território nacional, (*c*) e que seja inteiramente propriedade de cidadãos angolanos ou que pelo menos 51 % do capital social seja detido por cidadãos angolanos ou entidades angolanas, exclusiva ou conjuntamente.

Também para efeitos do QRCSBSP (*vide* nota seguinte), no âmbito da prestação de serviços a empresas petrolíferas, o conceito de *empresas privadas nacionais* abrange aquelas que têm o respectivo capital social maioritariamente subscrito e realizado por cidadãos angolanos (artigo 3.º, n.º 1).

Também para efeitos da LFEPA, o conceito de *empresa angolana* abrange toda a empresa em nome individual ou sob forma societária, legal e regularmente estabelecida ou constituída, com sede em território nacional, que seja inteiramente propriedade de cidadãos angolanos, a título individual ou familiar ou que pelo menos 51 % do capital social seja propriedade de cidadãos angolanos ou empresas angolanas exclusiva ou conjuntamente (artigo 19.º, n.º 1).

[19] Assim, nos termos do artigo 27.º, n.ºs 1 e 3, da LAP, as licenciadas, a Concessionária Nacional e suas associadas, bem como todas as entidades que com elas colaborem na execução das operações petrolíferas *devem*, sob pena de *nulidade* dos contratos celebrados: (*a*) adquirir materiais, equipamentos, maquinaria e bens de consumo de produção nacional, da mesma ou sensivelmente da mesma qualidade, disponíveis para venda e entrega em devido tempo, a preços não superiores a mais de 10 % do custo dos artigos importados, incluindo os custos de transporte, seguro e encargos aduaneiros devidos; (*b*) contratar prestadores de serviços locais, na medida em que os serviços que prestem sejam idênticos aos que estejam disponíveis no mercado internacional e os seus preços, quando sujeitos aos mesmos encargos fiscais, não forem superiores em mais de 10 % aos preços praticados por empreiteiros estrangeiros para idênticos serviços. Além do artigo 27.º, n.ºs 1 e 3, da LAP, há que ter ainda em devida conta o artigo 9.º, n.º 1, do Decreto n.º 127/03, de 25 de Novembro (QRCSBSP), que estabelece um Quadro Regimental da Contratação de Serviços e Bens de Empresas Nacionais por Empresas do Sector Petrolífero, donde também consta que as empresas do sector petrolífero são obrigadas a: (*a*) adquirir no mercado angolano os bens de consumo necessários ao exercício das suas actividades, tais como consumíveis, alimentação, equipamentos, maquinarias e demais bens de produção nacional; (*b*) contratar e subcontratar

IV. Por outro lado, o artigo 16.º, n.º 1, da LAP, apenas permite a transmissão de parte ou da totalidade da posição contratual a *"terceiros de*

preferencialmente empresas nacionais privadas e/ou estatais para a prestação de serviços de apoio às actividades petrolíferas. Por outro lado, para efeitos de *"oportunidades de negócio"*, são distintos sob o QRCSBSP 3 regimes: (*a*) um *regime de exclusividade à iniciativa empresarial angolana*, onde cabem todas as actividades que não exigem elevado valor de capital e de *know how* básico, médio e superior não especializado, em que a participação de empresas estrangeiras somente deve ocorrer por iniciativa das empresas angolanas; (*b*) *regime de semi-concorrência* (onde na lei aparece *"concordância"*, parece-nos lapso), onde cabem todas as áreas que exigem nível de capital razoável na indústria petrolífera e *know how* superior, nem sempre especializado, onde a participação de empresas estrangeiras deve ser permitida somente associadas a empresas nacionais ou por iniciativa destas; (*c*) *regime de concorrência*, onde, sem se excluir a possibilidade de parcerias entre empresas angolanas e estrangeiras, cabem todas as actividades petrolíferas (*offshore* e *onshore*) não descritas nos regimes anteriores que exigem elevado capital na indústria petrolífera e *know how* superior especializado.

Quanto à contratação de trabalhadores angolanos, dispõe o artigo 86.º, n.º 1, da LAP, que as entidades que exerçam em território nacional operações petrolíferas ficam obrigadas a preencher os seus quadros com cidadãos angolanos em todas as categorias e funções, salvo se não houver no mercado nacional cidadãos angolanos com a qualificação e a experiência exigidas. Também nos termos do artigo 72.º, n.º 1, da Lei do Investimento Privado, aprovada pela Lei n.º 20/11, de 20 de Maio (LIP), as sociedades e empresas constituídas para fins de investimento privado são obrigadas a empregar trabalhadores angolanos, garantindo-lhes a necessária formação profissional. Por outro lado, é obrigação do investidor privado promover a formação e enquadramento de mão-de-obra nacional e a angolanização progressiva dos quadros de direcção e chefia (artigo 24.º, n.º 1, al. *b*), da LIP). O Decreto-Lei n.º 17/09, de 26 de Junho, por seu turno, vem definir as regras e os procedimentos a serem observados no recrutamento, integração, formação, desenvolvimento de pessoal angolano e na contratação de pessoal estrangeiro para a execução das operações petrolíferas e para as actividades de refinação e tratamento de petróleo, de armazenagem, distribuição e comercialização de produtos petrolíferos, estabelecendo não apenas a obrigação de as empresas estrangeiras e angolanas de capital maioritariamente estrangeiro a preencher o seu quadro de pessoal, em todas as categorias e funções, com cidadãos angolanos, excepto não havendo comprovadamente no mercado nacional de trabalho cidadãos angolanos suficientes e disponíveis com a qualificação e experiência exigidas (artigo 4.º, n.ºs 1 e 2), devendo ainda celebrar um *contrato-programa* com o Ministério dos Petróleos no qual são estabelecidas as respectivas obrigações com relação ao desenvolvimento dos seus recursos humanos (artigo 6.º e ss.), e devendo, por último, em cada ano, pagar uma verba em moeda internacionalmente convertível para constituição do fundo de formação e desenvolvimento dos recursos humanos do sector petrolífero (artigo 12.º).

comprovada idoneidade, capacidade técnica e financeira"[20]. Como se aferem estes requisitos? A LAP não os concretiza, antes limita-se, no artigo 45.º, n.º 3, a remeter para os requisitos que vierem a ser *"definidos no regulamento previsto no artigo 46."*, o qual, por seu turno, dispõe que *"Os procedimentos do concurso público para atribuição da qualidade de associada da Concessionária Nacional devem constar de um regulamento a ser aprovado pelo Governo, no prazo de 60 dias a partir da data da entrada em vigor da presente lei"*. Esse regulamento veio materializar-se no Decreto n.º 48/06, de 1 de Setembro (Regime Jurídico dos Concursos Públicos para Aquisição da Qualidade de Associada da Concessionária Nacional, abreviadamente RCPACN), cujo artigo 4.º, n.º 2, estabelece que as *associadas não operadoras* da Sonangol, para efeitos da aferição da comprovada idoneidade e capacidade financeira, devem apresentar os seguintes elementos: (*a*) a firma ou denominação social; (*b*) o local de constituição, de registo e o endereço da sua sede; (*c*) as mais importantes actividades exercidas; (*d*) detalhes da sua estrutura patrimonial, nomeadamente os valores do capital próprio, do activo realizável e das imobilizações, assim como do passivo exigível; (*e*) referências de instituições bancárias idóneas, que abonem a sua capacidade financeira; (*f*) os relatórios anuais da actividade desenvolvida com inclusão do balanço e conta dos últimos 3 anos, ou desde a sua constituição se a entidade investidora tiver sido constituída há menos de 3 anos, auditados por uma entidade de auditoria independente e de experiência comprovada; (*g*) detalhes da sua experiência em pesquisa e produção de petróleo, incluindo detalhes das reservas e da produção; (*h*) o número de trabalhadores empregados e a experiência profissional do pessoal de direcção na área de pesquisa e produção de petróleo; (*i*) detalhes dos litígios judiciais e arbitrais contra si intentados nos últimos 5 anos; (*j*) detalhes de planos antecipados, de obrigações futuras, incluindo programas de trabalho ou riscos que possam causar impacto na sua capacidade de cumprir o programa de trabalho que

---

[20] Disposições legais deste jaez encontramos também no Direito brasileiro, *e. g.* no artigo 29 da Lei n.º 9.478/97 (Lei do Petróleo), nos termos do qual *"É permitida a transferência do contrato de concessão, preservando-se o seu objeto e as condições contratuais, desde que o novo concessionário atenda os requisitos técnicos, econômicos e jurídicos estabelecidos pela ANIP, conforme o previsto no art. 25"*. Sobre o tema, cf. MARILDA ROSA DE SÁ RIBEIRO, *A cessão de participação...*, na *Revista...*, p. 2.

vier a ser estabelecido para as concessões angolanas de que venha a fazer parte; (*k*) detalhe da actividade empresarial desenvolvida em Angola até à data em questão.

Para as *associadas operadoras,* além destes elementos, é ainda necessário: (*a*) ser detentor de competência e experiência na gestão e execução de operações petrolíferas; (*b*) possuir competência técnica e operacional; (*c*) possuir uma estrutura organizacional eficiente; (*d*) outros elementos considerados relevantes sobre a sua experiência na execução de operações petrolíferas, *v. g.* nos domínios da segurança, da protecção do ambiente, da prevenção de situações de poluição, do emprego, integração e formação de pessoal angolano *podem* ser apresentados pelo operador.

São, por isso, "*terceiros de comprovada idoneidade, capacidade técnica e financeira*", para efeitos do disposto no artigo 16.º, n.º 1, da LAP, aqueles que cumprirem os requisitos acima transcritos.

Convém ainda não esquecer que, em sede geral, a Lei da Contratação Pública (LCP), aprovada pela Lei n.º 20/10, de 7 de Setembro, dispõe nos artigos 57.º e 58.º de regras gerais em sede de *capacidade financeira* e de *capacidade técnica*, que, *mutatis mutandis*, sem prejuízo da especialidade do RCPACN, são subsidiariamente aplicáveis.

V. Por último, a cessão da posição contratual só pode dar-se "*após* [as associadas da Concessionária Nacional] *obterem prévia autorização do Ministro de tutela para tal, sob a forma de decreto executivo*"[21]. Essa autorização é dispensada no caso de: (*i*) a transmissão se processar entre afiliadas[22]; (*ii*) e o cedente permanecer solidariamente responsável pelas

---

[21] Também no Direito brasileiro, o artigo 29, § único, prevê genericamente que "*[a] transferência do contrato só poderá ocorrer mediante prévia e expressa autorização da ANP*". Sobre o tema, cf. MARILDA ROSA DE SÁ RIBEIRO, *A cessão de participação...*, na *Revista...*, p. 2, e ANNA CHRISTINA PISCO ROCHA DA SILVA / CARLOS ALBERTO GONÇALVES BRANDÃO JÚNIOR / OTACÍLIO DOS SANTOS SILVEIRA NETO / SHEYLA YUSK CUNHA / YGOR MEDEIROS BRANDÃO DE ARAÚJO, *Transferência de direitos...*, pp. 5-6.

[22] Para efeitos da LAP, entende-se por *afiliada*: (*i*) uma sociedade ou qualquer outra entidade na qual a associada detenha, directa ou indirectamente, a maioria absoluta dos votos na assembleia geral de sócios ou seja titular de mais de 50 % dos direitos e interesses que conferem o poder de direcção nessa sociedade ou entidade ou ainda que detenha o poder de direcção e controlo sobre essa sociedade ou entidade; (*ii*) uma sociedade ou qualquer outra

obrigações do cessionário (o que já aconteceria no caso de sociedades em relação de domínio (artigo 473.º da LSC) ou de subordinação (artigo 489.º da LSC))[23].

O Ministro da tutela do sector petrolífero é o Ministro dos Petróleos: como é sabido, a LAP de 2004, em relação à LAP de 1978, veio reforçar os poderes do Ministério dos Petróleos[24].

---

entidade que detenha, directa ou indirectamente, a maioria absoluta dos votos na assembleia geral de sócios ou órgão equivalente da associada ou sobre esta detenha o poder de direcção e controlo; (*iii*) uma sociedade ou qualquer outra entidade na qual a maioria absoluta de votos na respectiva assembleia geral de sócios ou dos direitos e interesses que conferem o poder de direcção daquelas sejam, directa ou indirectamente, detidos por uma sociedade ou qualquer outra entidade que detenha, directa ou indirectamente, a maioria absoluta dos votos na assembleia geral dos sócios ou órgão equivalente da associada ou sobre esta detenha o poder de direcção e controlo.

[23] Não esquecemos a lição do Professor M. JANUÁRIO DA COSTA GOMES, *A sociedade com domínio total como garante. Breves notas*, na *Revista de Direito das Sociedades,* I (2009), 4, pp. 865-883, depois publicada também em *Estudos de Direito das Garantias,* vol. II, Almedina, Coimbra, 2010, pp. 255-274, perfilhada por ANA PERESTRELO DE OLIVEIRA, *CSCAnot*[2], *sub* art. 501.º, III.6, p. 1297, segundo a qual estamos, antes, no que se refere à responsabilidade da sociedade dominante, perante uma responsabilidade de tipo fidejussório, que não solidária (seja em sentido próprio, seja em sentido impróprio: contra, no sentido da solidariedade *"sui generis"*, ENGRÁCIA ANTUNES, *Os grupos de sociedades,* 2.ª ed., Almedina, Coimbra, 2002, pp. 789 e ss.). Todavia, parece-nos que, para efeitos do artigo 16.º, n.º 3, da LAP, o sentido normativo do termo *"solidariamente"* também abrange este tipo de situações, sem necessidade de ulterior contrato *ad hoc* mediante o qual o cedente se vincule solidariamente com o cessionário ao cumprimento das obrigações deste (artigo 598.º, n.º 1, als. *a*) e *b*), e n.º 2, do CC).

[24] *Hoc sensu*, CARLOS FEIJÓ, *O Poder Concedente...*, em *Direito..., passim.* Assim, esquematizando, à luz da LAP 78, o Ministério do Petróleo tinha as seguintes competências: (*a*) definir as áreas de concessão (artigo 3.º); (*b*) prorrogar a duração, estabelecida nos contratos, dos períodos de pesquisa e produção (artigo 9.º); (*c*) autorizar o início de produção após uma descoberta comercial (artigo 63.º, n.º 4); (*d*) conceder autorização provisória ou especial de pesquisa (artigo 12.º); (*e*) autorizar a queima de gás (artigo 14.º); (*f*) propor a revisão periódica das percentagens associativas (artigo 27.º). À luz da LAP 2004, o Ministério dos Petróleos tem as seguintes competências: (*a*) emitir as licenças de prospecção (artigo 8.º, n.º 1); (*b*) definir as áreas das concessões mediante autorização do Conselho de Ministros (artigo 11.º); (*c*) prorrogar os prazos das licenças de prospecção e dos períodos de concessão, a requerimento da licenciada ou da Sonangol (artigo 12.º, n.º 3); (*d*) autorizar a cessão de interesses participativos (total ou parcialmente) por parte das associadas da Sonangol a ter-

ceiros (*i. e.*, "sociedades afiliadas") (artigo 16.º, n.º 1); (*e*) autorizar a mudança de operador nas concessões (artigo 19.º, n.º 3); (*f*) estabelecer os limites e o regime da zona de segurança adjacente ao local de implantação de equipamentos e instalações permanentes ou provisórias afectas à realização de operações petrolíferas (artigo 24.º); (*g*) aprovar os planos de gestão da protecção do meio ambiente exigidos pela legislação petrolífera nacional, submetidos pela Sonangol e suas associadas (artigo 24.º, n.º 2); (*h*) fiscalizar o cumprimento das normas relativas ao conteúdo nacional (o denominado "*local content*") (artigo 27.º, n.º 3); (*i*) autorizar a abertura pela Sonangol de concurso público para associação com entidades privadas (artigos 30.º, n.º 1, al. *j*), e 44.º, n.º 3); (*j*) autorizar as licenciadas (*i. e.*, titulares de licença de prospecção) a comercializar os dados e informações adquiridos durante a execução das operações petrolíferas ao abrigo das licenças (artigo 36.º, n.º 2); (*k*) rescindir as licenças de prospecção (artigo 41.º, n.º 2); (*l*) autorizar a atribuição da qualidade de associada da Sonangol mediante negociação directa (artigo 47.º, n.º 2); (*m*) propor ao Conselho de Ministros o resgate, total ou parcial, de uma concessão petrolífera (artigo 55.º, n.º 2); (*n*) aprovar o plano anual de trabalhos (artigo 58.º, n.º 3); (*o*) autorizar, a título excepcional, à Sonangol, quando for de reconhecido interesse para o estudo do potencial petrolífero de dada concessão, a realização de trabalhos de prospecção, por período determinado de tempo, em área contígua à concessão, quer tal área esteja ou não abrangida por um título de concessão (artigo 61.º); (*p*) aprovar o plano geral de desenvolvimento e produção (artigos 63.º, n.º 1, e 65.º, n.º 1); (*q*) autorizar excepcionalmente a Sonangol a iniciar certas actividades contempladas no plano geral de desenvolvimento e produção antes da sua aprovação formal (artigo 63.º, n.º 7); (*r*) determinar a unitização de concessões petrolíferas com vista ao desenvolvimento e produção de jazigos de petróleo comercialmente viáveis e que se estendam além da respectiva área de concessão (artigo 64.º, n.º 2); (*s*) autorizar a instalação de oleodutos, gasodutos, cabos, instalações e outros meios de uma concessão petrolífera em toda a extensão de outra concessão, bem como o seu levantamento, desde que tal não perturbe o bom andamento dos trabalhos da última (artigo 67.º); (*t*) determinar a utilização de instalações de terceiros (*i. e.*, doutra concessão) se tal utilização contribuição para uma gestão mais eficiente e económica dos recursos existentes e desde que tal não implique redução dos níveis de produção nem perturbe o bom andamento das operações petrolíferas da concessão a que os meios estão afectos, assim como estabelecer o preço pela respectiva utilização no caso de não acordo entre a Sonangol e suas associadas (artigo 68.º, n.º 1); (*u*) homologar o acordo relativo ao pagamento pela utilização de instalações de terceiros (artigo 68.º, n.º 3); (*v*) autorizar o início da produção comercial (artigo 69.º, n.º 1); (*w*) aprovar os planos anuais de produção e quaisquer alterações (artigo 70.º, n.ºˢ 1 e 3); (*x*) aprovar e licenciar os projectos relativos à instalação e funcionamento de oleodutos, gasodutos e instalações de armazenagem de petróleo (artigo 72.º, n.º 1); (*y*) autorizar a queima de gás associado em jazigos marginais ou de pequena dimensão para viabilizar a sua exploração (artigo 73.º, n.º 3), podendo fixar a taxa correspondente (artigo 73.º, n.º 6); (*z*) aprovar os projectos de definitivo encerramento de poços produtivos (artigo 74.º); (*aa*) aprovar o plano de abandono dos poços, instalações,

A prévia aprovação do Ministério dos Petróleos assume-se, assim, como um segundo consentimento, ou seja, além do (primeiro) consentimento da Sonangol à luz do artigo 424.º, n.º 1, do CC, a "associada" terá de obter, ainda, o consentimento do Ministério dos Petróleos, à luz do artigo 16.º, n.º 1, da LAP. Este consentimento é "qualificado", na medida em que deve assumir a forma de decreto executivo – sob pena de ilegalidade, por desconformidade de um decreto a uma lei em sentido formal (a LAP). Também o consentimento da Sonangol assume especificidades: esta não apenas se limita a consentir na cessão, como deve também aprovar os respectivos *"instrumentos contratuais"* (artigo 16.º, n.º 4, da LAP[25]), tendo, por isso, o poder de interferir nas relações entre cedente e cessionário. Uma nota: ao contrário do que parece resultar da arrumação do artigo 16.º da LAP, o consentimento da Sonangol seguido da aprovação dos instrumentos contratuais de cessão é o que se dá em primeiro lugar, só depois se requerendo a aprovação final do Ministério dos Petróleos.

Caso falte o consentimento da Sonangol, a cessão da posição contratual é ineficaz, caso falte o do Ministério dos Petróleos, é nula.

---

equipamentos, recuperação paisagística, ou de continuação das operações petrolíferas, que devem ser entregues pela Sonangol e suas associadas até 1 ano antes do termo da concessão ou data de abandono de quaisquer áreas nela integrada (artigo 75.º, n.º 5); (*ab*) acompanhar e fiscalizar toda a actividade desenvolvida pelas licenciadas, pela Sonangol e suas associadas no âmbito das operações petrolíferas (artigo 76.º, n.º 1); (*ac*) ordenar a requisição de parte ou de toda a produção de qualquer concessão petrolífera em casos de estado de emergência (artigo 79.º, n.ºs 1 e 2); (*ad*) autorizar (em conjunto com o Ministério das Finanças) a Sonangol e suas associadas a recorrer a terceiros para obtenção de fundos necessários ao investimento nas operações petrolíferas, que implique a atribuição de direitos mineiros (artigo 85.º); (*ae*) estabelecer normas técnicas aplicáveis ao exercício de operações petrolíferas (artigo 87.º); (*af*) instaurar e instruir os processos de infracções e aplicar as respectivas multas (artigo 88.º, n.º 4).

[25] Este preceito deveria, em rigor, vir no n.º 1 ou no n.º 2 do artigo 16.º, pois a sua colocação a meio do artigo inculca a ideia de que a aprovação dos instrumentos contratuais de cessão se daria depois da aprovação do Ministério dos Petróleos, quando não é verdade: primeiro, a Sonangol aprova os instrumentos contratuais de cessão, e só depois é a requerida a aprovação do Ministério dos Petróleos, na posse de todos os elementos necessários a que possa tomar uma decisão. Para uma concretização desta norma, *vide* o artigo 35.º, n.º 4, do CPP do Bloco 3/05, acima mencionado.

3. Transmissão de que posições contratuais?

I. O artigo 16.º da LAP aplica-se à transmissão de posição contratual por parte das "associadas" da Concessionária Nacional. A pergunta que se coloca é: quais as posições contratuais transmitidas pelas "associadas" da Concessionária Nacional?

Vimos já que entidades nacionais ou estrangeiras podem associar-se à Concessionária Nacional através, pelo menos, de três formas: (*a*) sociedade comercial; (*b*) contrato de consórcio; (*c*) contrato de partilha de produção; (*d*) contrato de serviços com risco.

Como é bom de ver, as posições contratuais em causa são muito diferentes entre si, consoante a forma pela qual a "associação" tenha tido lugar.

II. Caso estejamos perante uma *sociedade comercial* – que terá de assumir um dos tipos societários mercantis presentes na Lei n.º 1/04, de 13 de Fevereiro (LSC) (cf. o artigo 2.º, n.º 1)[26], com exclusão das sociedades unipessoais[27] –, a transmissão da posição contratual das "associadas", para

---

[26] Cf. José Luís Domingos / Francisco Rodrigues Rocha, *Anotação à Lei das Sociedades Comerciais angolana*, Almedina, Coimbra, 2015, *sub* art. 2.º, I/II, p. 10, ou, também, Pereira de Almeida, *Direito angolano das sociedades comerciais*, colab. Fátima Freitas, 2.ª ed., Almedina, Coimbra, 2013, pp. 16-18, Pinto Furtado, *Lei das Sociedades Comerciais e das Sociedades Unipessoais de Angola anotadas*, Quid Juris, Lisboa, 2014, *sub* art. 2.º, pp. 15-17. À partida, atentos os requisitos técnicos e de idoneidade, mais os montantes dos capitais investidos, o tipo societário mais adequado será, contudo, o das sociedades anónimas, com capital social adequado à realização do objecto e fins sociais (artigo 22.º da LSC; o capital social para as sociedades anónimas é de USD 20.000: artigo 305.º, n.º 3, da LSC; cf., também, o artigo 76.º, n.º 4, da LIP, segundo o qual *"[o] capital social das sociedades constituídas ao abrigo do investimento privado deve ser proporcional ao valor do investimento, sob pena de revogação do CRIP e resolução do contrato de investimento"* – sendo a LIP aplicável a investimentos externos e internos cujo montante global corresponda ao valor igual ou superior a USD 1.000.000 por indivíduo: artigo 3.º, n.ºs 1 e 4, da LIP).

[27] Não é possível a criação de sociedades unipessoais para efeitos de "associação" com vista à realização de operações petrolíferas. Com efeito, na medida em que a "associação" tem de dar-se em moldes tais que a Concessionária Nacional também participe em termos não inferiores a 51 % (artigo 15.º, n.º 1, da LAP), não é possível que outras entidades que não a Concessionária Nacional (que também pode proceder sozinha às operações petrolíferas)

efeitos do artigo 16.º da LAP, traduzirá, normalmente[28], uma cessão de quotas ou de acções[29], com sujeição aos respectivos regimes (artigos 251.º a 254.º e 348.º a 362.º da LSC). Assim, para efeitos da cessão de quotas, além do consentimento da Concessionária Nacional e do Ministério dos Petróleos, necessário é, ainda, que a sociedade comercial adrede constituída consinta na transmissão da posição contratual da "associada". Na prática, porém, uma vez obtido o consentimento da Concessionária Nacional, atenta a circunstância de a mesma ser detentora de, pelo menos, 51 % do capital, o consentimento da sociedade está, à partida, garantido: para o consentimento, a prestar mediante deliberação dos sócios (artigo 272.º, n.º 1, al. *b*), da LSC), basta maioria simples[30] (artigo 279.º da LSC; sem prejuízo das situações de

---

constituam sociedades unipessoais para esse efeito. O regime das sociedades unipessoais vem previsto na Lei n.º 19/12, de 11 de Junho (LSU), com as alterações constantes da Lei n.º 10/15, de 18 de Junho. Sobre as sociedades unipessoais no Direito angolano, *vide, e. g.*, PEREIRA DE ALMEIDA, *Direito angolano das sociedades comerciais*², pp. 405-418, PINTO FURTADO, *Lei das Sociedades Comerciais...,* pp. 503 e ss., e JOÃO ESPÍRITO SANTO, *Sociedades unipessoais de Direito angolano. Introdução e comentários à Lei n.º 19/12, de 11 de Junho (Lei das Sociedades Unipessoais),* colab. VICTOR ANJOS SANTOS, Escolar Ed., Lobito, 2015, *per totum*.

[28] Para facilidade de discurso, excluímos da análise as sociedades em nome colectivo e em comandita.

[29] Independentemente da discussão em torno da qualificação ou não da cessão de quotas como cessão da posição contratual: neste sentido, RAÚL VENTURA, *Cessão de quotas,* separata da *Revista da Faculdade de Direito de Lisboa,* vol. XXI (1967), pp. 9 e ss., EIUSDEM, *Sociedades por quotas,* vol. I – *Comentário ao Código das Sociedades Comerciais,* 2.ª ed., Almedina, Coimbra, 1989, pp. 578 e ss., CARLOS MOTA PINTO, *Cessão da posição contratual,* Almedina, Coimbra, p. 82, COUTINHO DE ABREU, *Da empresarialidade (As empresas no Direito),* Almedina, Coimbra, 1996, pp. 343-344. No sentido da autonomização da cessão de quotas, PEDRO DE ALBUQUERQUE, *CSCAnot*², *sub* art. 228.º, II.3, 662[(4)], ALEXANDRE DE SOVERAL MARTINS, *Cessão de quotas. Alguns problemas,* Almedina, Coimbra, 2007, pp. 9-11, IDEM, *CSCCom,* III, *sub* art. 228.º, p. 451.

[30] RAÚL VENTURA, *Sociedades...,* I², p. 623, SOVERAL MARTINS, *Sobre o consentimento da sociedade para a cessão de quotas,* no *Boletim da Faculdade de Direito / Boletim Comemorativo,* 2003, p. 678, MENEZES CORDEIRO, *Direito das Sociedades Comerciais,* vol. II², p. 369, PEDRO DE ALBUQUERQUE, *CSCAnot*², *sub* art. 228.º, II.5, p. 663. Na jurisprudência, *vide* o Ac. STJ 1.II.1995 (AFONSO DE MELO), na *Colectânea de Jurisprudência / Supremo,* III (1995), 1, p. 57. O cedente não está impedido de votar na deliberação dos sócios para efeitos do consentimento à cessão: neste sentido, RAÚL VENTURA, *Sociedades...,* I, p. 627, PEDRO DE ALBUQUERQUE, *CSCAnot*², *sub* art. 230.º, II.4, pp. 667-668[(6)], e, na jurisprudência, o Ac.

consentimento tácito previstas na lei, em particular no artigo 253.º, n.ᵒˢ 4 a 6, da LSC[31]). Também para efeitos da transmissão de acções, haverá que respeitar o regime disposto nos artigos 348.º, 349.º e 351.º da LSC, a qual, porém, é, em princípio, livre[32], ressalvada a possibilidade de por lei, acordos parassociais ou contrato de sociedade serem previstas restrições à mesma[33]. A lei angolana, tal como a portuguesa, regula em especial, dentre as cláusulas limitativas admissíveis, a chamada cláusula de consentimento (artigo 351.º da LSC), na qual, na hipótese de transmissão de acções nominativas, os sócios em assembleia geral devem conceder o seu consentimento, através da maioria simples dos votos (artigo 406.º, n.º 1, da LSC)[34]: na medida em que também aqui a Concessionária detém a maioria do capital, valem as mesmas considerações acima tecidas a propósito da aprovação da deliberação.

Do contrato de sociedade, sobre cuja forma dispõe o artigo 8.º, n.º 1, da LSC, com as alterações constantes da Lei n.º 10/15, de 17 de Junho (escritura pública), devem ainda, por força do artigo 14.º do ROP, constar os seguintes elementos mínimos: *a)* identificação da área do contrato; *b)*

TRC 18.I.2005 (ANTÓNIO PIÇARRA, proc. n.º 3500/04. Em sentido contrário, JOÃO LABAREDA, *Posição do sócio na deliberação sobre o pedido de consentimento para a cessão de quotas*, nos *Estudos em Homenagem ao Prof. Doutor Raúl Ventura*, vol. II (2003), pp. 467 e ss.

[31] Sobre o correspondente preceito, no Direito português (artigo 230.º do CSC), *vide*, e. g., PEDRO DE ALBUQUERQUE, *CSCAnot²*, sub art. 230.º, II.4, pp. 667-668; no Direito angolano (artigo 253.º da LSC), JOSÉ LUÍS DOMINGOS / FRANCISCO RODRIGUES ROCHA, *Anotação...*, sub art. 253.º, I/II, p. 163. Nota-se, de resto, que o artigo 253.º, n.º 3, da LSC, vai além do artigo 230.º, n.º 4, do CSC: no Direito português, caso a sociedade não tome a deliberação sobre o pedido de consentimento nos 60 dias seguintes à sua recepção, a eficácia da cessão deixa de depender dele; no Direito angolano, mais do que deixar depender, considera-se autorizada a cessão.

[32] MENEZES CORDEIRO, *CSCAnot²*, *Introdução / 326.º a 340.º*, I.3, p. 897.

[33] PAULO CÂMARA, *CSCAnot²*, sub 328.º, II.3, pp. 903-904.

[34] O sentido normativo do artigo 351.º da LSC é idêntico ao do artigo 329.º do CSC (cf. também o 381.º do Código das Empresas Comerciais cabo-verdiano): assim também JOSÉ LUÍS DOMINGOS / FRANCISCO RODRIGUES ROCHA, *AnotLSC*, sub 351.º, p. 235. Por esse motivo, o artigo 351.º da LSC vale para as situações em que o contrato preveja cláusulas estatutárias de consentimento, nos termos do artigo 350.º, n.º 1, *a)*, da LSC, e não de forma supletiva. É este também o entendimento da doutrina no Direito português: ALEXANDRE DE SOVERAL MARTINS, *CSCCom*, V, sub 328.º, pp. 522-525, e sub 329.º, pp. 559 e ss., PAULO CÂMARA, *CSCAnot²*, sub 328.º, II.3 e 5, pp. 903-904, sub 329.º, I.1 e 4, p. 906.

programa de trabalho obrigatório; c) duração do prazo de avaliação e definição da extensão e/ou suspensão da contagem dos diferentes prazos contratuais; d) propriedade e confidencialidade dos elementos de informação; e) levantamento e disposição do petróleo; f) transferências dos activos; g) obrigações do operador; h) regras das operações; i) custos, despesas e sua recuperação; j) partilha do petróleo; k) risco independente; l) comissão das operações; m) garantia financeira; n) garantia empresarial; o) contrapartidas financeiras oferecidas (bónus). As obrigações das partes são as estabelecidas no artigo 31.º, n.º 2, da LAP: (a) as obrigações gerais decorrentes da legislação angolana relativa às empresas que investem e operam em Angola[35]; (b) as obrigações decorrentes da LAP; (c) as obrigações decorrentes dos diplomas de concessão; (d) as obrigações referidas no artigo 30.º, n.º 1, da LAP[36]; (e) as obrigações descritas no artigo 30.º, n.º 2, als. a) a d), da LAP[37].

---

[35] Além da LIP, refira-se, a título meramente exemplificativo, o Decreto n.º 17/09, de 26 de Junho, o Decreto n.º 127/03, de 25 de Novembro, a Lei n.º 2/12, de 13 de Janeiro (Lei sobre o Regime Cambial aplicável ao Sector Petrolífero), a Lei n.º 13/04, de 24 de Dezembro (Lei sobre a Tributação das Actividades Petrolíferas), ou a Lei n.º 11/04, de 12 de Novembro (Lei sobre o Regime Aduaneiro Aplicável ao Sector Petrolífero).

[36] São-no: (a) cumprir as deliberações do Governo relativamente à política comercial de importações e exportações, tendo presente os superiores interesses de Angola; (b) dar execução aos programas de trabalho obrigatórios, bem como aos restantes planos de trabalho aprovados, dentro das boas normas da técnica (*leges artis*) e de harmonia com a prática da indústria petrolífera; (c) realizar, na presença de indícios de petróleo em qualquer sondagem, os ensaios apropriados de acordo com os programas aprovados, comunicando sem demora os seus resultados ao Ministério dos Petróleos, de forma a permitir-lhe fazer um juízo sobre o valor das descobertas e a viabilidade da sua exploração; (d) submeter as propostas de implantação, de armazenamento e de transporte de petróleo à aprovação do Ministério dos Petróleos; (e) facultar as serviços competentes do Estado todos os elementos de informação que estes entendam necessários para o controlo eficaz das operações petrolíferas, bem como o livre acesso dos representantes daqueles a todos os locais, instalações e equipamentos das operações petrolíferas; (f) submeter-se às acções de fiscalização, inspecção e verificação do Estado; (g) preparar e submeter ao Ministério dos Petróleos os *relatórios mensais* das operações petrolíferas, com inclusão de todos os elementos técnicos e económicos relacionados com a actividade desenvolvida no mês a que cada relatório corresponde, bem como *relatórios trimestrais* e *anuais* de actividade, incluindo os resultados obtidos e uma análise comparativa com as previsões feitas para os períodos a que tais relatórios respeitam; (h) conservar em Angola todos os livros e registos de escrituração comercial, bem como o registo completo e actualizado de todas as operações técnicas ao abrigo do decreto de concessão; (i) manter

III. Na hipótese de as partes terem optado pela celebração dum *contrato de consórcio*[38], o regime já será diferente. O consórcio[39] no Direito

---

nas melhores condições de conservação possíveis porções significativas de cada amostra e de cada testemunho obtidos em sondagens, bem como todos e quaisquer dados, designadamente relatórios geológicos e geofísicos, diagrafias, bandas magnéticas, ensaios, relatórios de produção e de reservatório, informações e interpretações de tais dados; (*j*) submeter a concurso a execução dos trabalhos previstos nos programas de trabalho e orçamento aprovados; (*k*) conceder aos representantes dos serviços competentes do Estado e de outros organismos oficiais as mesmas condições concedidas no campo aos seus próprios empregados de idêntica categoria profissional; (*l*) assumir quaisquer obrigações por efeito de responsabilidade decorrente de riscos não cobertos por contrato de seguro.

[37] São-no: (*a*) participar nos esforços de integração, formação e promoção profissional de cidadãos angolanos; (*b*) manter a confidencialidade de quaisquer elementos de informação de carácter técnico ou económico, obtidos no exercício das operações petrolíferas; (*c*) adoptar os procedimentos e as regras contabilísticas legais; (*d*) submeter todos os seus livros e documentos contabilísticos a uma auditoria anual.

[38] Não é uma forma "associativa" actualmente muito frequente em Angola, mas, no Direito petrolífero angolano, podemos encontrar direitos mineiros adjudicados a empresas unidas sob esta forma no Bloco 0 (Associação de Cabinda) – Contrato inicial de 1957 e alterado em 1966, 1969, 1973, 1986 e em 2004, e os FD (Fina/Sonangol) e FST (Fina/Sonangol/Texaco) para a zona terrestre do Baixo Congo em 1967. CARLOS FEIJÓ, *O Poder Concedente...*, em *Direito...*, p. 78[(4)], dá nota de que estas concessões foram atribuídas em 1967 e reconhecidas após a independência e, desde então, nunca foram objecto de diploma de concessão nem de contratação à luz da legislação petrolífera angolana. Sem menoscabo, a figura do consórcio é, dalguma forma, omnipresente neste tipo de operações, ainda que não surja assim designada "no papel": de facto, não apenas certas figuras contratuais de importação anglo-saxónica vão desembocar no consórcio, como também o facto de o "contrato de associação" não seguir frequentemente esse figurino não significa que entre as partes privadas não existam formas de cooperação interempresarial correspondentes ao consórcio: é isso mesmo que normalmente acontece no chamado "*joint operating agreement*" celebrado entre as várias partes pertencentes ao "*grupo empreiteiro*", encimadas pelo "*operador*" – que, na maioria dos casos, poderá assumir-se como chefe do consórcio (abstraindo-nos, por ora, dos poderes de direcção da Concessionária Nacional) (assim também, PAULO MARQUES, *Da natureza jurídica...*, em *Estudos...*, p. 62) – que assume a natureza de consórcio, sem prejuízo da co-existência do "*production sharing agreement*" entre essas mesmas entidades e a Concessionária Nacional (em termos consímiles, segundo cremos, PAULO MARQUES, *Da natureza jurídica...*, em *Estudos...*pp. 61-62, quando escreve, em moldes cujo conteúdo acompanhamos, que, embora o "*production sharing agreement*" não deva ser qualificado de consórcio (no que o acompanhamos), "*porque normalmente o PSA tem por parte mais de uma IOC, (...) algumas considerações (...) importa reter. (...) uma das cláusulas típicas*

do PSA consiste numa declaração das partes no sentido de deixarem claro que o negócio que outorgam não cria, entre elas, uma entidade dotada de personalidade jurídica, uma sociedade comercial ou civil, uma associação ou até uma conta em participação, contudo, essa declaração de princípio vai dirigida ao PSA, não à natureza do vínculo que sustenta o arranjo concertado das diferentes IOC's intervenientes. (...) o mais das vezes, estamos em presença de contratos de consórcio"). Por outro lado, importa não esquecer que a qualificação é tarefa do intérprete, independente dos termos em que seja feita pelas partes ou pelo legislador.

[39] Sobre o contrato de consórcio, no Direito lusófono, vide, colorandi causa, RAÚL VENTURA, *Notas sobre o contrato de consórcio*, na Revista da Ordem dos Advogados, 41 (1981), III, pp. 609-690, OLIVEIRA ASCENSÃO, *Direito comercial*, vol. I – Institutos gerais, AAFDL, Lisboa, 1999, pp. 439-448, IDEM, *Consórcio*, na Enciclopédia Verbo, ROMANO MARTÍNEZ, Contratos comerciais, Principia, Cascais, 2001, pp. 37-39, EDGAR VALLES, *Consórcio, ACE e outras figuras*, Almedina, Coimbra, 2007, passim, PAULO ALVES DE SOUSA DE VASCONCELOS, *O contrato de consórcio (no âmbito dos contratos de cooperação entre empresas)*, Coimbra Ed., Coimbra, 1999, per totum, ENGRÁCIA ANTUNES, *Direito dos contratos comerciais*, Almedina, Coimbra, 2009, pp. 389 e ss., EIUSDEM, *Os contratos de cooperação empresarial*, em Studia Iuridica, LVIII (2009), n.º 318, pp. 249 e ss., MANUEL ANTÓNIO PITA, *Contrato de consórcio*, na Revista de Direito e de Estudos Sociais, XXX (Abr./Jun. 1988), n.º 2, pp. 189-235, LUÍS BIGOTTE CHORÃO, *A propósito das societates e do consórcio*, nos Estudos em Homenagem ao Prof. Doutor Raúl Ventura, vol. I, FDUL / Coimbra Ed., Coimbra, 2003, ABÍLIO MANUEL DE ALMEIDA MORGADO, *Regime jurídico-tributário do consórcio, da associação em participação e da associação à quota. Estudo preparatório do Decreto-Lei n.º 3/97, de 8 de Janeiro*, na Ciência e Técnica Fiscal, n.º 385 (Jan./Mar. 1997), ALBERTO AMORIM PEREIRA, *O contrato de «joint venture». Conceito e prática*, na Revista da Ordem dos Advogados, 48 (1988), III, pp. 845-881, JORGE BRITO PEREIRA, *Contratos de organização comercial no Direito angolano: a conta em participação, o consórcio e o agrupamento de empresas*, colab. Magda Viçoso e Sílvia Espírito Santo, Almedina, Coimbra, per totum, ARMINDO RIBEIRO MENDES / JOSÉ ANTÓNIO VELOSO, *Consórcios internacionais*, na Scientia Iuridica XXXI (Jan./Dez. 1982), n.os 175-178, pp. 138 e ss., LUÍS LIMA, PINHEIRO, *Contratos de empreendimento comum* (joint venture) *em Direito internacional privado*, Almedina, Coimbra, 2003, passim, MENEZES CORDEIRO, *Direito comercial*, 3.ª ed., Almedina, Coimbra, 2012, EIUSDEM, *As empresas petrolíferas...*, em Direito..., passim, FERREIRA DE ALMEIDA, *Contratos*, III, Almedina, Coimbra, 2012, PAULO OLAVO CUNHA, *Lições de Direito comercial*, Almedina, Coimbra, 2010, pp. 186-190, PEDRO PAIS DE VASCONCELOS, *Direito comercial*, vol. I, Almedina, Coimbra, 2011, pp. 152-159, RUI PINTO DUARTE, *Formas jurídicas de cooperação entre empresas*, 2011, disponível em www.fd.unl.pt/docentes_docs/ma/rpd_MA_15167.pdf, pp. 5-9, ALEXANDRE MOTA PINTO, *Sumários desenvolvidos – Contratos civis e comerciais*, com colab. Joana Torres Ereio, 2012, disponível em www.fd.unl.pt/docentes_docs/ma/AMP_MA_15386.pdf, pp. 7-14, RICARDO TEIXEIRA

angolano é regulado pelos artigos 12.º a 26.º da Lei n.º 19/03, de 12 de Agosto[40], que o define como o contrato pelo qual duas ou mais pessoas, singulares ou colectivas, se obrigam entre si a, de forma concertada e temporária, realizar certa actividade ou efectuar certa contribuição, com vista à realização de uma das actividades exemplificativamente[41] definidas na lei: ao contrário da lei portuguesa, da lei angolana não consta o requisito de que as pessoas singulares ou colectivas que compõem o consórcio exerçam uma actividade económica[42]. Pressupondo uma pluralidade de sujeitos, o

---

PINTO MESQUITA, *O acordo interbancário como contrato de consórcio*, Faculdade de Direito da Universidade Católica do Porto, Porto, 2012, *passim*, ANTÓNIO MANUEL VICENTE MARQUES, *O consórcio no âmbito da actividade petrolífera em Angola*, FDUC, Coimbra, 2014, *per totum*.

[40] É notável, a este respeito, a proximidade do regime do consórcio constante dos artigos 12.º a 6.º da Lei n.º 19/03, de 12 de Agosto (Angola), não apenas com o regime constante dos artigos 1.º a 20.º do Decreto-Lei n.º 231/81, de 28 de Julho (Portugal), como também com os artigos 613.º a 633.º do Código Comercial de Moçambique e com os artigos 17.º a 36.º do Código das Empresas Comerciais de Cabo-Verde. No Direito brasileiro, que se afasta da matriz lusófona comum, o instituto vem regulado nos artigos 278.º e 179.º da Lei n.º 6.404, de 15 de Dezembro de 1976.

[41] O artigo 12.º, n.º 1, proémio, da Lei n.º 19/03, utiliza a expressão *"nomeadamente"*, acabando com as dúvidas que surgiram, por ex., na doutrina portuguesa, a propósito do carácter taxativo ou exemplificativo da lista de objectos do consórcio constante do artigo 2.º do Decreto-Lei n.º 231/81. No sentido do carácter exemplificativo do artigo 2.º do Decreto-Lei n.º 231/81 – cuja opinião perfilhamos –, L. FERREIRA LEITE, *Novos agrupamentos de empresas,* 37, Athena, Porto, 1982, PAULO OLAVO CUNHA, *Lições de Direito Comercial*, Almedina, Coimbra, 2010, pp. 187-188, MENEZES CORDEIRO, *Direito comercial,* 3.ª ed., Almedina, Coimbra, 2012, pp. 717 e ss. (assinalando a evolução do Direito italiano, que serviu de inspiração ao legislador português e, indirectamente, do angolano, no sentido do alargamento da figura, parecendo, se bem lemos, ir no sentido do carácter exemplificativo da enumeração de objectos possíveis), FERREIRA DE ALMEIDA, *Contratos*, III, p. 126, PAIS DE VASCONCELOS, *Direito comercial,* vol. I, Almedina, Coimbra, 2011, pp. 157-159. No sentido da tipicidade delimitativa do elenco legal, OLIVEIRA ASCENSÃO, *Direito comercial*, vol. I – *Institutos gerais,* FDL, Lisboa, 1999, p. 440. No sentido do carácter taxativo do elenco legal, RAÚL VENTURA, *Primeiras notas sobre o contrato de consórcio,* na *Revista da Ordem dos Advogados,* ano 41 (1981), p. 644.

[42] Portanto, não consta da lei angolana a expressão que consta da portuguesa: *"que exercem certa actividade económica"*. Nota também esta circunstância, MENEZES CORDEIRO, *As empresas petrolíferas em Angola,* em *Direito dos Petróleos. Uma Perspectiva Lusófona,* coord. Dário Moura Vicente, Almedina, Coimbra, 2013, p. 24[(32)]. Assim, à luz da lei angolana, não é necessário que as partes no contrato de consórcio exerçam uma actividade económica,

consórcio apresenta-se como negócio *bilateral* ou *plurilateral*: por isso, não apenas a celebração de negócio unilateral de consórcio é nula (artigo 280.º do CC), como também a sua redução a um consorte determina a sua automática extinção (artigo 20.º, n.º 1, al. *d*), da Lei n.º 19/03)[43]. O consórcio não traduz um acto objectivo de comércio, até porque – ao contrário da associação em participação – não constava *"especialmente previst[o]"* no Código Comercial: mas sê-lo-á em termos subjectivos quando celebrado por comerciantes (artigos 2.º e 13.º do CCom)[44]. O contrato está sujeito a forma escrita, salvo se, entre os membros do consórcio, houver lugar a transmissão de imóveis, caso em que só será válido se celebrado por escritura pública (artigo 13.º, n.º 1, da Lei n.º 19/03): traduzindo, como traduz, um "contrato de associação" petrolífero, nos termos do disposto no artigo 14.º, n.º 2, al. *b*), da LAP, do contrato de consórcio terão ainda de constar os elementos mínimos acima descritos, previstos no artigo 14.º do ROP. As obrigações das partes, além das que resultam do contrato e da lei (*in specie* do artigo 17.º da Lei n.º 19/03), constam ainda do artigo 31.º, n.º 2, da LAP.

A lei não dispõe sobre a transmissão da cessão da posição contratual no consórcio[45], havendo, por conseguinte, que aplicar o regime geral disposto no artigo 424.º, n.º 1, do CC: é, por isso, necessário o consentimento de todas as partes no contrato de consórcio.

IV. A "associação" pode também dar-se – e frequentemente dá-se, especialmente em Angola[46] – através de *contrato de partilha de produção*

---

ao contrário do que inculca a lei portuguesa (em sentido não coincidente, MENEZES CORDEIRO, *As empresas...*, em *Direito...*, p. 24[(32)]).

[43] ENGRÁCIA ANTUNES, *Direito dos contratos comerciais*, Almedina, Coimbra, 2009, pp. 400-401.

[44] Acompanhamos, neste particular, PAIS DE VASCONCELOS, *Direito...*, I, p. 154.

[45] Não assim a lei moçambicana, ao abrigo da qual, nos termos do disposto no artigo 625.º do Código Comercial de Moçambique, *"qualquer membro do consórcio pode ceder, total ou parcialmente, a sua participação, quer a outro membro quer a terceiro mediante autorização prévia concedida pela unanimidade dos demais participantes"*.

[46] Assim também CARLOS FEIJÓ, *O Poder Concedente...*, em *Direito...*, p. 78, dando, porém, nota da utilização do modelo da associação no Bloco 0 (Associação de Cabinda) no contrato inicial de 1957, depois sucessivamente alterado em 1966, 1969, 1973, 1986 e 2004, e as concessões Fina / Sonangol, Fina / Sonangol / Texaco para a zona terrestre do Baixo

("*production sharing agreement*"), pelo qual o Estado e a empresa petrolífera acordam na distribuição entre si dos proventos da actividade – *rectius,* do petróleo produzido –, sendo esta actividade todavia desenvolvida exclusivamente pela empresa petrolífera, que suporta, assim, por inteiro, os riscos de perdas respectivos (riscos geológicos, comerciais, financeiros, &c.)[47], ou seja, o contrato celebrado entre um Estado detentor de recursos petrolíferos e uma ou várias empresas pelo qual as partes acordam em participar na exploração e extracção do petróleo, repartindo entre si o petróleo extraído em determinada percentagem, assim como os encargos resultantes dessa actividade[48]. Tipicamente, fica ajustada a partilha do

---

Congo em 1967, as quais foram reconhecidas por Angola após a independência. Depois da Constituição de 1975 e da LAP 78, o modelo utilizado foi sucessivamente o do contrato de partilha de produção, podendo elencar-se, a título ilustrativo: *(i)* o contrato de partilha de produção entre a Sonangol e a Texaco em 1979, aprovada pelo Decreto n.º 254-A/79, de 23 de Novembro; *(ii)* o contrato de partilha de produção entre a Sonangol e a SociétéNationaleElf- -Aquitaine, aprovado pelo Decreto n.º 47/80, de 17 de Junho; *(iii)* o contrato de partilha de produção entre a Sonangol, a Petrobrás Internacional, S.A., e a Petrofina, S.A., aprovado pelo Decreto n.º 3/84, de 27 de Março; *(iv)* o contrato de partilha de produção entre a Sonangol e a Conoco Angola, Ltd., aprovado pelo Decreto n.º 9/86, de 24 de Maio; *(v)* o contrato de partilha de produção entre a Sonangol c a Conoco Cegonha (Angola) Ltd., Unocal Cegonha Inc., Citizens Energy Corporation e Total Angola, aprovado pelo Decreto n.º 31/91, de 19 de Julho; *(vi)* o contrato de partilha de produção entre a Sonangol, a Sonangol – Pesquisa e Produção, S. A., a China Sonangol International Holding, Ltd., a Angola Japan Oil Co., Ltd., a ENI Angola Production B. V., a Sociedade Petrolífera Angola, S. A., NIS – Petroleum Industry of Serbia, a NIS – Naftagas e a INA – Industrija, Nafte d. d., aprovado pelo artigo 7.º do Decreto n.º 73/05, de 28 de Setembro, e cujos termos constam em anexo ao referido diploma.

[47] Vieira de Andrade / Figueiredo Marcos *et alii*, *Direito do Petróleo*, p. 140.

[48] Menezes Leitão, *Os contratos...*, em *Direito...*, p. 142. Cf. também Paulo Marques, *Da natureza jurídica do* production sharing agreement *[PSA] à luz do ordenamento jurídico português,* nos *Estudos sobre Energia: Petróleo e Gás Natural*, Almedina, Coimbra, 2204, pp. 15 e ss., Francisco Briosa e Gala, *A tipicidade das formas contratuais atípicas no comércio internacional do petróleo,* n'*O Direito*, 141.º (2009), IV, pp. 1006 e ss., José Caramelo Gomes / Ângela Lima, *Lex Petrolea – Um estudo comparativo da "Lei do Petróleo" em Países de Língua Oficial Portuguesa*, Petrony, Lisboa, 2013, pp. 149 e ss., Cassoma Catende, Production sharing contract *(contrato de partilha de produção): sua classificação, qualificação e avaliação como forma de actividade contratual da administração pública à luz do Direito português*, FDL, Lisboa, 2011, *passim.*

petróleo com base na distinção entre *petróleo inicial* ou *custo* (o *"cost oil"*), totalmente reservado à empresa petrolífera, pagando-se esta, dessa forma, do seu investimento, e o *petróleo subsequente* ou *lucro* (o *"profit oil"*), objecto de repartição entre as partes, de acordo com percentagens convencionadas[49]. Aqui, portanto, a retribuição é feita em moldes diversos do regime da concessão: na concessão é em *prestações pecuniárias*, no CPP é (pelo menos, parcialmente) em *fracção do próprio petróleo produzido*. Trata-se apenas de traços típicos, dos quais ressaltamos a partilha de produção e, sobretudo, o facto de a propriedade dos hidrocarbonetos permanecer no Estado, sem que seja admitida a constituição por entidades privadas de direitos reais (menores ou de propriedade) sobre os mesmos. De facto, pode dizer-se que não existe um modelo universal de PSC, embora *"apesar das suas especificidades, a denominação do modelo angolano constitu[a] uma tradução literal do modelo indonésio"*[50].

Independentemente da natureza jurídica do contrato de partilha de produção[51], mas afastando-o, *ab ovo*, do contrato de sociedade, a que não se reconduz[52], a cessão da posição de qualquer uma das partes no contrato obedecerá também à regra do artigo 424.º, n.º 1, do CC: carece, portanto, do consentimento das demais partes.

---

[49] ALFREDO RUY BARBOSA, *Breve panorama...*, referia, em 2002, que a percentagem de *"profit oil"* que cabia tipicamente ao Estado anda na ordem dos 80 %. Só em meados do séc. XX – com Pablo Pérez Alfonso como Ministro das Minas e Hidrocarbonetos da Venezuela, em 1959 – é que se terá consolidado a regra dos 50 / 50. O cálculo, de resto, pode nem sequer ser fixo, aumentando progressivamente e sendo objecto de ajustes e recálculos periódicos (no Gabão, por ex., há recálculo diário). Corroborando o que fica dito, em Angola, o CPP do Bloco 3/05 (de 2005) prevê uma repartição do petróleo lucro entre a Sonangol e o Grupo empreiteiro no valor de 70 % para a primeira e 30 % para o segundo (sendo que o segundo também engloba sociedades ligadas à própria Sonangol). No CPP do Bloco 3 (de 1980), a repartição obedeceu a critérios diversos, consoante o número de barris, oscilando entre 50 % e 90 % a favor da Sonangol e 50 % e 10 % a favor da SNEA Elf. No CPP do Bloco 2, a repartição obedeceu ao critério do número de barris, oscilando entre 40 % e 90 % a favor da Sonangol e 60 % e 10 % a favor da Texaco.

[50] CASSOMA CATENDE, *Production Sharing Contract...*, p. 9[(13)].

[51] Sobre as várias teses, neste tocante, *vide* PAULO MARQUES, *Da natureza jurídica...*, em *Estudos...*, pp. 57 e ss.

[52] Assim também, PAULO MARQUES, *Da natureza jurídica...*, em *Estudos...*, pp. 58-59.

V. A "associação" pode, por último, dar-se através de *contrato de serviços com risco* (artigo 14.º, n.º 3, da LAP), contrato aleatório[53] pelo qual a empresa petrolífera assume não apenas o encargo da realização do serviço, mas também, de modo substancial, os respectivos *riscos*[54], ou seja, ao contrário do contrato de prestação de serviços clássico ou puro – que, no Direito angolano, enfrenta o óbice legal do artigo 18.º da LAP (22.º da LAP78)[55] e da sua omissão no artigo 14.º do mesmo diploma – cuja contrapartida é paga pelo serviço independentemente do sucesso ou fracasso da operação de prospecção, no contrato de prestação de serviços a risco, a contrapartida pecuniária apenas é paga se e quando se verificar a descoberta comercial em termos de se começar a produção do petróleo[56].

Também aqui a cessão da posição contratual se encontra dependente do consentimento das demais partes no contrato (artigo 424.º, n.º 1, do CC).

4. A equiparação da transmissão de participações sociais à transmissão da posição contratual nos "contratos de associação" petrolífera, para efeitos da prestação de consentimento e de autorização prévia

I. De acordo com o artigo 16.º, n.º 2, "*[p]ara efeitos da presente lei* [a LAP], *é equiparada à transmissão da posição contratual a transferência*

---

[53] MENEZES LEITÃO, *Os contratos no Direito do Petróleo e do Gás,* em *Direito dos Petróleos. Uma Perspectiva Lusófona,* Almedina, Coimbra, 2013, p. 139. Sobre esta classificação, vide, e. g., MENEZES LEITÃO, *Direito das Obrigações,* vol. I, 12.ª ed., Almedina, Coimbra, 2015, pp. 184-185, GALVÃO TELLES, *Manual dos Contratos em geral,* 4.ª ed., Coimbra Ed., Coimbra, 2002, pp. 482 e ss. No sentido de um alargamento do conceito, M. JANUÁRIO DA COSTA GOMES, *Assunção fidejussória de dívida. Sobre o sentido e o âmbito da vinculação como fiador,* Almedina, Coimbra, 2000, p. 119. Crítica da circunscrição da categoria aos negócios onerosos e da contraposição dicotómica destes com os contratos comutativos, LIMA REGO, *Contrato de seguro e terceiros,* Coimbra Ed., Coimbra, 2010, pp. 392 e ss.

[54] VIEIRA DE ANDRADE / FIGUEIREDO MARCOS et alii, *Direito do Petróleo,* p. 142.

[55] Vide também MENEZES LEITÃO, *Os contratos...,* em *Direito...,* p. 138-139: "*o único modelo contratual vedado em Angola para o exercício das operações petrolíferas é o modelo da prestação de serviços clássica, sendo aceites todos os outros modelos*" e "*Os contratos de prestação de serviços mais comuns são os contratos de serviços a risco, uma vez que dificilmente os Estados detentores aceitam assumir sozinhos o risco do fracasso da operação (...). Já os contratos de prestação de serviço clássicos são raros (...)*".

[56] MENEZES LEITÃO, *Os contratos...,* em *Direito...,* p. 139.

para terceiros das quotas ou acções que representem mais de 50 % do capital social da empresa cedente". Está em causa a transmissão da posição contratual por via *indirecta*: não se trata de a posição contratual no "contrato de associação" petrolífero ter sido cedida a um terceiro, mas sim de a "titularidade económica" da empresa ter mudado de mãos[57]. Pode dizer-se uma situação, no mínimo, estranha, sujeitando, no fundo, a transmissão de participações sociais dentro da sociedade petrolífera em questão à aprovação prévia do Ministério do Petróleo e ao consentimento da Sonangol. A sua razão de ser radica não tanto na garantia da capacidade técnica e financeira da empresa – que se mantém, independentemente de serem diferentes os seus sócios –, nem mesmo na protecção e fomento do empresariado nacional – pois este regime não é privativo das sociedades petrolíferas estrangeiras –, mas sim em evitar que os concorrentes defraudem as "regras do jogo", apresentando-se a concurso determinada entidade, para, a final, ser mais tarde integralmente substituída por outra, que, *ab initio*, era a verdadeira interessada no negócio mas que, por algum motivo, não pôde concorrer. Por outro lado, permite-se, ainda, um total controlo por parte do Estado angolano de todas as circunstâncias que rodeiam determinado empreendimento petrolífero, evitando a entrada de novos "parceiros" comerciais à revelia do país anfitrião.

II. Será possível iludir o comando do artigo 16.º, n.º 2, da LAP, através da transmissão de mais de 50 % do capital pela soma de várias cessões realizadas em simultâneo ou de forma intercalada? A resposta é negativa, sob pena de facilmente poderem as partes defraudar a intenção do legislador. É para este efeito irrelevante que a alteração da titularidade decorra de uma única transmissão ou da soma de várias transmissões[58].

---

[57] Idêntica situação se verifica, no Direito português, relativamente à equiparação da cessão maioritária de participações sociais na empresa ao trespasse, para efeitos da aplicação do artigo 26.º, n.º 6, al. *b*), da Lei n.º 6/2006, de 27 de Fevereiro (hoje revogado mas materialmente substituído pelo artigo 28.º, n.º 3, al. *b*), da mesma lei: *vide* FRANCISCO DE CASTRO FRAGA, *Leis do arrendamento urbano anotadas*, cood. Menezes Cordeiro, Almedina, Coimbra, 2014, *sub* art. 26.º NRAU, II.), p. 473, e *sub* art. 28.º, II.2.), pp. 477-478): "*[s]endo o arrendatário uma sociedade, ocorra transmissão inter vivos de posição ou posições sociais que determine a alteração da titularidade em mais de 50 % face à situação existente*".

[58] Seguimos, embora escreva a propósito doutro tema (paralelo), M. JANUÁRIO DA COSTA GOMES, *Sobre a (vera e própria) denúncia...*, n'*O Direito...*, p. 29, a quem se devem

III. O artigo 16.º, n.º 2, da LAP, aplica-se apenas à transferência para terceiros de *quotas* ou *acções*? Só valerá no caso de a "associação" se ter dado entre sociedades por quotas e ou sociedades anónimas, ou aplicar-se-á também à cessão de participações sociais de todas e quaisquer empresas petrolíferas associadas? Parece-nos não haver motivos para distinguir. De resto, é a própria lei que, no artigo 14.º, n.º 1, da LAP, fala em *"entidades nacionais ou estrangeiras"*, permitindo que – ao contrário do que pareceria resultar do artigo 45.º, n.^{os}1 e 2, da LAP – possam associar-se à Concessionária Nacional outras entidades que não exclusivamente sociedades comerciais. Ora, também quanto a estas se verificam as mesmas razões pelas quais o legislador instituiu a regra constante do artigo 16.º, n.º 2, da LAP.

IV. A lei fixa um *critério objectivo*: a transferência para terceiros de participações sociais que representem mais de 50 % do capital da empresa cedente. A verificação deste critério não depende do intuito ou *animus* de qualquer um dos intervenientes[59], pois a norma não assenta apenas no evitar a fraude às "regras do jogo" para escolha da associada da Concessionária Nacional: o regime legal visa também atribuir ao Estado o controlo sobre todas as circunstâncias em torno das operações petrolíferas, permitindo-lhe aquilatar e ajuizar da oportunidade da entrada indirecta de novos parceiros comerciais.

---

as seguintes palavras, que transcrevemos, de forma a lhes não truncar o espírito: *"é patente que a circunscrição a uma só transmissão inutilizaria, na prática, a aplicação da disposição legal, já que o titular da participação social sempre a poderia dividir por duas ou mais alienações em termos de nenhuma delas exceder os 50 %"*. Neste sentido, GRAVATO MORAIS, *Novo regime do arrendamento comercial*, 3.ª ed., Almedina, Coimbra, 2011, pp. 67 e ss., FRANCISCO DE CASTRO FRAGA, *Leis…*, sub art. 26.º, II.2.), p. 477, e LAURINDA GEMAS / JOÃO CALDEIRA JORGE / ALBERTINA PEDROSO, *Arrendamento urbano – novo regime anotado e legislação complementar*, Quid Juris, Lisboa, 2007, p. 91, e, ainda, embora com diversa perspectiva, PINTO MONTEIRO / PEDRO MAIA, *O novo regime do arrendamento urbano numa perspectiva jurídico-societária*, na *Revista de Legislação e de Jurisprudência*, ano 138.º, n.º 3952 (Set./Out. 2008), pp. 23 e ss.

[59] Assim também, embora a propósito da equiparação da cessão de participações sociais ao trespasse, M. JANUÁRIO DA COSTA GOMES, *Sobre a (vera e própria) denúncia do contrato de arrendamento. Considerações gerais*, n'*O Direito*, n.º 143.º (2011), I, pp. 28-31.

E perante situações em que, apesar de não ter ocorrido a transmissão de mais de 50 % do capital social, a empresa petrolífera passe a ser controlada por diferente sujeito? Estamos a pensar designadamente naqueles casos em que uma entidade estranha passe a deter, *"directa ou indirectamente, a maioria absoluta dos votos na Assembleia Geral de Sócios ou órgão equivalente da associada ou sobre esta detenha o poder de direcção e controlo"* (artigo 2.º, n.º 1, al. *a*), da LAP). Estará essa situação ao abrigo da excepção constante do artigo 16.º, n.º 3, da LAP, na medida em que a entidade adquirente do capital da empresa petrolífera se subsume no conceito de afiliada, de acordo com o artigo 2.º, n.º 1, al. *a*), da LAP. Propendemos para responder de forma negativa. De facto, não apenas nos parece que o n.º 3 do artigo 16.º apenas se aplica a casos em que ocorra uma cessão *proprio sensu* entre afiliadas – contrariamente ao n.º 2, que, a tal respeito, não distingue –, como também pressupõe o referido artigo que, antes da realização do negócio, cedente e cessionário fossem já sociedades afiliadas, para efeitos do artigo 2.º, n.º 1, da LAP.

Excluído que possam caber na excepção do n.º 3, caberão tais situações no n.º 2 do artigo 16.º da LAP, ou seja, a aquisição, directa ou indirecta, da maioria absoluta dos *votos* (que não necessariamente do capital) em qualquer órgão societário de controlo da associada está dependente da aprovação do Ministério dos Petróleos e do consentimento da Sonangol? Julgamos que sim, por ser essa a situação mais concorde com os móbiles prosseguidos pela lei.

V. Outra situação cuja subsunção no artigo 16.º, n.º 2, da LAP, pode discutir-se respeita ao *aumento de capital social*. É manifesto não estarmos, nesse caso, perante uma *cessão* no sentido de *transmissão inter vivos* de participações sociais, quer o aumento se dê através da realização pelos sócios de novas entradas, quer através da admissão de novos sócios (artigo 298.º, n.ºs 1 e 2, da LSC)[60]. Ainda assim, a razão de ser da lei aplica-se a esta situação, na medida em que, na prática, pode levar a idêntico resultado: o ingresso de um terceiro maioritário ou controlador – desconhecido do Estado angolano –, no seio da empresa petrolífera em questão[61].

---

[60] Artigo 268.º, n.ºs 1 e 2, do CSC. Assim também M. JANUÁRIO DA COSTA GOMES, *Sobre a (vera e própria) denúncia...*, n'*O Direito...*, p. 29.

[61] Cf. também, noutro quadrante, porém, M. JANUÁRIO DA COSTA GOMES, *Sobre a (vera e própria) denúncia...*, n'*O Direito...*, pp. 29-30.

O mesmo se diga da hipótese de *venda forçada* de participações sociais, nomeadamente em processo de execução ou de falência ou insolvência[62].

VI. Qual o desvalor da cessão de participações sociais sem o consentimento da Sonangol ou sem a aprovação prévia do Ministério dos Petróleos? No primeiro caso, a cessão é ineficaz (artigos 424.º, n.º 1, e 294.º, *in fine*, do CC), no segundo, é nula (artigo 294.º do CC).

5. O direito de preferência da Concessionária Nacional e das associadas nacionais

I. Segundo o disposto no artigo 16.º, n.º 5, da LAP, a Concessionária Nacional goza do direito de preferência na transmissão da posição contratual das associadas, quando as mesmas se processem a não afiliadas da cedente. Ao mesmo tempo, dispõe o n.º 6 do mesmo artigo da LAP que, caso a Concessionária Nacional não exerça esse direito de preferência, o mesmo transmite-se imediatamente às associadas nacionais que gozem do estatuto especial de empresa nacional (mas, se for uma associada nacional a transmitir a sua posição, apenas à Sonangol caberá o direito de preferência legalmente previsto no artigo 16.º, n.º 5, da LAP).

Estamos perante *direitos de preferência legal,* de natureza real, absolutos, que seguem o regime-padrão dos artigos 1409.º e 1410.º do CC[63]. Nos termos gerais, as preferências legais constantes do artigo 16.º, n.ºˢ 5 e 6, da LAP, prevalecem contra quaisquer preferências de origem convencional que as partes, no âmbito das operações petrolíferas, tenham convencionado entre si (artigo 422.º, 1.ª parte, do CC). O procedimento tendente ao exercício do

---

[62] Assim também, para efeitos do artigo 26.º, n.º 6, al. *b*), da Lei n.º 6/2006, M. JANUÁRIO DA COSTA GOMES, *Sobre a (vera e própria) denúncia...*, n'*O Direito...*, p. 30. Em contrário, PINTO FURTADO, *Manual do arrendamento urbano*, II, 5.ª ed., Almedina, Coimbra, 2011, p. 1002. Caso as novas entradas sejam em espécie, podem suscitar-se questões de delicada resolução, às quais faremos referência incidental *infra*.

[63] OLIVEIRA ASCENSÃO, *Direito de preferência do arrendatário*, nos *Estudos em Homenagem ao Professor Doutor Inocêncio Galvão Telles,* vol. III – *Direito do arrendamento urbano*, Almedina, Coimbra, 2002, p. 251, MENEZES CORDEIRO, *Leis do arrendamento urbano anotadas*, coord. Menezes Cordeiro, Almedina, Coimbra, 2014, *sub* art. 1112.º, IV.22, p. 381.

direito de preferência é o regulado pela lei geral, em particular pelo Código Civil (cf. o artigo 416.º do CC), o mesmo podendo dizer-se da acção de preferência.[64]

O exercício por parte da Sonangol ou das associadas nacionais pressupõe que o adquirente reúne as necessárias condições para prosseguir a actividade em questão que era executada pelo cedente, tal qual o haveria de fazer o primitivo ou proposto cessionário. De resto, a exigência de que o cessionário disponha de comprovada idoneidade, capacidade técnica e financeira (artigo 16.º, n.º 1, da LAP) aponta também, precisamente, nesse sentido[65]. A *praxis* petrolífera internacional caminha na mesma direcção, ao exigir-se tipicamente, nos contratos de *farm in farm out,* a realização pelo cessionário de operações de prospecção petrolífera e a sua realização[66] (a qual pode assumir-se como obrigação, condição ou obrigação dependente de condição[67]).

---

[64] Encontram-se, todavia, nalguns CPP disposições contratuais tendentes a regular o procedimento relativo ao exercício do direito de preferência. Assim, por ex., no CPP do Bloco 3/05, cujo artigo 35.º, n.º 6, estabelece o seguinte procedimento: *a)* a empresa cedente deve notificar a Sonangol do preço e dos demais termos e condições essenciais da cessão proposta e da identidade do potencial cessionário; *b)* no prazo de 30 dias após recepção da notificação referida na alínea anterior, a Sonangol deve notificar o cedente se pretende exercer o direito de preferência; *c)* se a Sonangol não exercer o direito de preferência, não enviando a notificação referida na alínea anterior, é considerado que renunciou ao direito de preferência em relação a tal cessão, *d)* se a Sonangol exercer o direito de preferência enviando a notificação referida na alínea *b),* a Sonangol e o cedente celebrarão a cessão nos termos e condições contidos na notificação referida em *a).* Este mesmo procedimento vale, com as devidas adaptações, ao procedimento a cumprir no caso de a preferência passar para as concessionárias nacionais, nos termos do n.º 7 do artigo 35.º do mencionado CPP. Cf., sobre o tema, *e. g.*, MENEZES CORDEIRO, *Tratado de Direito Civil Português*, II – *Direito das Obrigações*, t. II, Almedina, Coimbra, 2010, pp. 511 e ss.

[65] Neste sentido, segundo cremos, a respeito doutro problema, MENEZES CORDEIRO, *Leis...*, sub art. 1112.º, IV.23, p. 381. Em sentido divergente, embora noutro quadrante, M. JANUÁRIO DA COSTA GOMES, *Cessão da posição do arrendatário e direito de preferência do senhorio*, nos *Estudos em Homenagem ao Professor Doutor Inocêncio Galvão Telles*, vol. III – *Direito do arrendamento urbano*, Almedina, Coimbra, 2002, pp. 520 e ss.

[66] Vide MENEZES LEITÃO, *Os contratos...*, em *Direito...*, p. 152.

[67] Assim, MENEZES LEITÃO, *Os contratos...*, em *Direito...*, p. 152. Cf. também MARILDA ROSA DE SÁ RIBEIRO, *A cessão de participação nos contratos de concessão*, na *Revista Brasileira de Direito do Petróleo, Gás e Energia* 1 (2006), 3, p. 18.

II. Não há absoluta coincidência entre a preferência legal da Sonangol (e das concessionárias nacionais) e as situações em que é necessária autorização do Ministério dos Petróleos, à luz do n.º 3 do artigo 16.º da LAP, pela simples circunstância de que, para a dispensa de autorização do Ministério dos Petróleos, além da natureza de afiliada, é necessário que a cedente permaneça solidariamente responsável pelas obrigações do cessionário. Assim, naqueles casos em que a cessão se dê entre afiliadas e o cedente não permaneça solidariamente obrigado (e, portanto, também fora dos casos dos artigos 473.º e 489.º da LSC), a Sonangol terá de dar o seu consentimento para que a cessão se perfaça, mas não tem qualquer direito de preferência.

III. A que transmissões se aplica o direito legal de preferência da Sonangol? Aplicar-se-á também a transmissões gratuitas? Com efeito, a cessão da posição contratual pode ter como base qualquer negócio translativo[68], "*gratuito ou oneroso*" (artigo 426.º, n.º 1, *in fine*, do CC), o qual, de resto, define a forma da transmissão, a capacidade de dispor e de receber, a falta e vícios da vontade e as relações entre as partes (artigo 425.º do CC). A lei parece não distinguir entre negócios gratuitos e onerosos. Mas a interpretação jurídica não se cinge ao elemento literal, nem pode ter-se por axiomático o brocardo *ubi lex non distinguit nec nos distinguere debemus*.

---

[68] Que não tem necessariamente de ser sinalagmático ou bilateral: neste sentido, CARLOS MOTA PINTO, *Cessão da posição contratual*, Almedina, Coimbra, 2003 (reimpr.), pp. 437 e ss., seguido por MENEZES CORDEIRO, *Tratado de Direito Civil, IX – Direito das Obrigações (Cumprimento e não cumprimento. Transmissão. Modificação e extinção. Garantias)*, Almedina, Coimbra, 2014 (reimpr. 1.ª ed. prt. II, t. IV de 2010), p. 249, e por MENEZES LEITÃO, *Direito das Obrigações*, 9.ª ed., vol. II, Almedina, Coimbra, 2014, pp. 82-83; em sentido contrário, ANTUNES VARELA, *Das Obrigações em geral*, vol. II, 7.ª ed., Almedina, Coimbra, 2007 (3.ª reimpr.), p. 385, GALVÃO TELLES, *Cessão do contrato*, na *Revista da Faculdade de Direito de Lisboa*, 6 (1949), pp. 148-149[(2)], VAZ SERRA, *Cessão da posição contratual*, no *Boletim do Ministério da Justiça*, n.º 49 (1955), p. 10, RIBEIRO DE FARIA, *Direito das Obrigações*, vol. II, Almedina, Coimbra, s/d, p. 629, ALMEIDA COSTA, *Direito das Obrigações*, 12.ª ed., Almedina, Coimbra, 2014, p. 834, ROMANO MARTÍNEZ, *Direito das Obrigações – Apontamentos*, 4.ª ed., AAFDL, Lisboa, 2014, p. 249.

Sem prejuízo de crermos pouco frequente a situação em que uma empresa petrolífera ceda a sua posição contratual a um terceiro de graça, atento o disposto no artigo 6.º da LSC (cf. também o 160.º do CC)[69], pode,

---

[69] Sobre o princípio da especialidade, vd., considerando não curar o artigo 6.º, n.º 1, do CSC, de capacidade de gozo, mas de legitimidade (conceito relacional), OLIVEIRA ASCENSÃO, *Direito Comercial,* vol. IV, pp. 47 e ss., PAIS DE VASCONCELOS, *Teoria Geral do Direito Civil*[4], pp. 154 e ss., EIUSDEM, *A participação social*[2], *passim,* PEDRO DE ALBUQUERQUE, *A vinculação das sociedades comerciais por dívidas de terceiros,* na *Revista da Ordem dos Advogados* (1995), pp. 689-711, EIUSDEM, *Da prestação de garantias por sociedades comerciais a dívidas de outras entidades,* na *Revista...* (1997), pp. 69-147; superando histórico-normativamente o "princípio da especialidade", embora com diversa via de argumentação, MENEZES CORDEIRO, *Direito das Sociedades,* vol. I[3], pp. 375-390, acompanhado por ANA PERESTRELO DE OLIVEIRA, *Grupos de sociedades e deveres de lealdade,* Almedina, Coimbra, 2011, pp. 522-523, ou JOÃO VALBOM BAPTISTA, *Grupos societários de facto: a confiança como fundamento da responsabilidade das sociedades dominantes perante credores das sociedades dependentes,* nos *Estudos em Homenagem ao Professor Doutor Alberto Xavier,* vol. III, Eduardo Paz Ferreira/Heleno Taveira Torres/Clotilde Celorico Palma (org.), Almedina, Coimbra, 2013, p. 324; na senda do entendimento tradicional, da limitação da capacidade de gozo das sociedades comerciais pelo seu fim (lucrativo) ou objecto mediato, vd., *colorandi causa,* COUTINHO DE ABREU, *Curso de Direito Comercial,* vol. II[4], pp. 187 e ss., ALEXANDRE SOVERAL MARTINS, *Da personalidade e capacidade jurídicas das sociedades comerciais,* nos *Estudos de Direito das Sociedades*[9], pp. 112 e ss., EIUSDEM, *Código das Sociedades Comerciais em Comentário,* vol. I, *sub* art. 6.º, pp. 114 e ss., OSÓRIO DE CASTRO, *Da prestação de garantias por sociedades a dívidas de outras entidades,* na *Revista...* (1996), pp. 565-593, EIUSDEM, *De novo sobre a prestação de garantias por sociedades a dívidas de outras entidades: luzes e sombras,* na *Revista...* (1998), pp. 859-873, LUÍS SERPA OLIVEIRA, *Prestação de garantias por sociedades a dívidas de terceiros,* na *Revista...* (1999), pp. 389-412, JOÃO LABAREDA, *Nota sobre a prestação de garantias por sociedades comerciais a dívidas de outras entidades,* em *Direito societário português,* 1998, pp. 167-195, JOSÉ HORTA OSÓRIO, *Das tomadas de controlo de sociedades (*takeovers*) por* leveraged buy-out *e a sua harmonização com o Direito português,* 2001, pp. 144 e ss, JOÃO ESPÍRITO SANTO, *Sociedades por quotas e anónimas – vinculação: objecto social e representação plural,* Almedina, Coimbra, 2000, pp. 99-320, LUÍS BRITO CORREIA/PAULO OLAVO CUNHA, *Assunção de dívida alheia – capacidade de gozo das sociedades anónimas – qualificação de negócio jurídico,* na *Revista...* (1997), pp. 693-719, HENRIQUE MESQUITA, *Parecer,* na *Revista...* (1997), pp. 721-737, LUÍS BRITO CORREIA, *Parecer sobre a capacidade de gozo das sociedades anónimas e os poderes dos seus administradores,* na *Revista...* (1997), pp. 739-776, M. JANUÁRIO DA COSTA GOMES, *Assunção fidejussória de dívida – sobre o sentido e o âmbito da vinculação como fiador,* Almedina, Coimbra, 2000, pp. 566-578, PINTO FURTADO, *Curso de Direito das Sociedades*[5], pp. 277 e ss., ROMANO MARTÍNEZ / FUZETA DA PONTE, *Garantias de cumprimento*[5], Almedina, Coimbra, 2006, pp. 105-110, ELVAS PINHEIRO,

desde já, notar-se que a lei civil consagra variados casos de preferências legais, que cinge à existência de um negócio oneroso, por exemplo, no arrendamento para comércio ou indústria (artigo 1117.º do CC: *"na venda, dação em cumprimento ou aforamento do prédio arrendado"*; cf. também a remissão do artigo 1119.º do CC para os arrendamentos para o exercício de profissões liberais), na alienação do direito de superfície (artigo 1535.º, n.º 1, do CC: *"na venda ou dação em cumprimento"*), na alienação de prédio encravado (artigo 1555.º, n.º 1, do CC: *"na venda, dação em cumprimento ou aforamento do prédio dominante"*), na alienação de quinhão hereditário a estranhos (artigo 2130.º, n.º 1, do CC: *"vendido ou dado em cumprimento"*). Por outro lado, ao contrário da venda ou dação em cumprimento – onde ao cedente apenas interessa a contrapartida, independentemente de quem a dê –, na doação há o propósito *intuitu personæ* de beneficiar o donatário[70].

Mas os n.ºs 1 e 5 do artigo 16.º da LAP nada dizem: referem-se apenas a *"transmissões"*, em geral, sem especificar. Por outro lado, a *ratio* do artigo 16.º assenta também em motivos de interesse público: visa-se que a exploração e extracção de recursos naturais angolanos se concentre nas mãos de empresas angolanas, promovendo, assim, o fomento do empresariado nacional. Por estes motivos, cremos valer também o direito de preferência da Sonangol – e, por consequência, o das empresas angolanas, nos termos do n.º 6 do artigo 16.º da LAP – na hipótese de alienações gratuitas[71].

O justificado interesse próprio do garante: sobre o art. 6.º, n.º 3, do Código das Sociedades Comerciais, Revista da Faculdade de Direito da Universidade de Lisboa, XXXVIII (1997), n.º 2, pp. 485-506, Tiago Soares da Fonseca, *O penhor de acções*[2], Almedina, Coimbra, 2007, pp. 34-37, Pereira de Almeida, *Sociedades comerciais*[6], Coimbra, 2011, pp. 39 e ss.

[70] Sic, M. Januário da Costa Gomes, *Cessão da posição do arrendatário e direito de preferência do senhorio*, nos *Estudos em Homenagem ao Professor Doutor Inocêncio Galvão Telles*, vol. III – *Direito do arrendamento urbano*, Almedina, Coimbra, 2002, pp. 533-534.

[71] O mesmo pode dizer-se da dação da participação social (se se tiver constituído sociedade) ou da posição contratual (se se tiver optado pelo consórcio, partilha de produção ou serviços com risco) para realização de capital social (como entrada ou aumento). No sentido contrário, à luz do Direito português, para a hipótese de preferência do senhorio no trespasse nos termos do artigo 1112.º, n.º 4, do CC (e do correspondente artigo do RAU: 116.º), Menezes Cordeiro, *Leis do arrendamento urbano anotadas*, coord. Menezes Cordeiro, Almedina, Coimbra, 2014, *sub* art. 1112.º, IV.22/23/24, pp. 381-382, e já antes Oliveira Ascensão, *Direito de preferência do arrendatário*, nos *Estudos em Homenagem ao Professor Doutor Inocêncio Galvão Telles*, vol. III – *Direito do arrendamento urbano*, Almedina,

IV. Quanto ao direito de preferência das empresas petrolíferas angolanas, no caso de a Sonangol não exercer, em primeira linha, a preferência que a lei lhe atribui, a mesma caberá indistintamente a cada uma das empresas petrolíferas nacionais[72]. Caso todas ou algumas prefiram em simultâneo, a

---

Coimbra, 2002, p. 252 (*"Questão análoga poderia suscitar-se em caso de entrada do local arrendado para o capital duma sociedade. Não há então a fungibilidade da contrapartida que permite o exercício da preferência. É verdade que assim se abre uma brecha na protecção do arrendatário. Também é verdade que o acto de entrada não deixa de estar sujeito aos princípios da fraude à lei"*), Pires de Lima / Antunes Varela, *Código Civil anotado*, vol. III, colab. Henrique Mesquita, *sub* art. 1409.º (*"não pode qualificar-se como venda, nem como dação em cumprimento, a realização, pelo sócio de uma sociedade, do valor da sua quota no capital social com uma coisa sujeita a prelação. Trata-se de um negócio diferente, que em caso algum possibilita o exercício do direito de preferência"*), Pinto Furtado, *Manual de arrendamento urbano*, vol. II, 5.ª ed., Almedina, Coimbra, 2011, pp. 781 (*"nessa hipótese, não podendo o preferente substituir-se na* posição de sócio, *seria a* entrada em espécie *substituída por* entrada em dinheiro, *não constituindo assim uma prestação em igualdade de circunstâncias com a prestação preferida"*), e, segundo cremos, Coutinho de Abreu, *Curso...*, I⁸, pp. 289-290⁽²¹⁰⁾; na jurisprudência, o Ac. STJ 22.I.2009 (Maria dos Prazeres Pizarro Beleza), proc. n.º 08B2918 (*"só deve ser imposto* [o direito de preferência] *em relação a negócios (translativos, naturalmente) onerosos em que o preferente, ao substituir-se ao terceiro adquirente, possa objectivamente colocar o alienante na situação em que estaria se a alienação ao terceiro se tivesse mantido"*); Ac. STJ 16.XI.2006 (Alberto Sobrinho), proc. n.º 06B3596, Ac. TRL 26.II.2002, na *Colectânea de Jurisprudência* (2002), t. I, p. 116.

Também o contrato de troca ou permuta da participação social ou da posição contratual parece accionar o direito de preferência da Sonangol e das empresas nacionais. No sentido contrário, também à luz do Direito português, no âmbito da preferência legal do senhorio no trespasse, Oliveira Ascensão, *Direito de preferência...*, nos *Estudos...*, III, p. 252 (*"A troca não é abrangida. A coisa que o senhorio pretende obter em troca do local arrendado e a aquisição do local por terceiro não têm equivalente em quantia em dinheiro que seja atribuída pelo preferência"*, mesmo que a troca em questão tenha por objecto coisas fungíveis, *"pois não se vê como superar a falta de previsão legal"*), e Pinto Furtado, *Manual...*, II⁵, pp. 780 e 793-796 (pois *"Só a* igualdade de circunstâncias em que a prestação d[o] adquirente é oferecida *constitui, pois, pressuposto indispensável à configuração do* direito de preferência *– e é nesta ordem de ideias que tem sido salientada, na doutrina, a inadmissibilidade da extensão de tal direito, para além das hipóteses de* venda *ou* dação em cumprimento, *p. ex., à do* escambo *ou* troca", mas entendendo possível o exercício da preferência no caso de o objecto da permuta consistir em coisas fungíveis).

[72] Pinto Furtado, *Manual...*, II⁵, pp. 790 e 795-796. Cf. também sobre o tema Oliveira Ascensão, *Direito de preferência...*, em *Estudos...*, III, p. 253, em crítica ao Assento n.º 2/95, de 1 de Fevereiro, publicado no *Diário da República*, n.º 93, de 20 de Abril de 1995.

participação social ou posição contratual encontra-se onerada em simultâneo com uma situação de contitularidade de direitos legais (absolutos) de preferência, a que, além do artigo 419.º, n.º 1, do CC, por força do artigo 1404.º do CC, são aplicáveis as regras constantes dos artigos 1403.º e 1405.º e ss. Por acordo, poderá ainda proceder-se a licitação entre os preferentes (cf. o artigo 419.º, n.º 2, do CC)[73].

6. A equiparação da transmissão de participações sociais à transmissão da posição contratual nos "contratos de associação" petrolífera, para efeitos do exercício do direito de preferência

I. Segundo o artigo 16.º, n.º 2, à cessão da posição contratual da associada é equiparada a cessão das suas quotas ou acções que representem mais de metade do capital social da empresa cedente. Esta equiparação vale também para efeitos do exercício do direito de preferência pela Concessionária Nacional e demais empresas angolanas, que se aplicará nas mesmas situações acima previstas para a preferência no caso de cessão da posição contratual nos "contratos de associação" petrolíferos.

Trata-se esta de uma gravosa e estranha situação de oneração das quotas ou acções, podendo a violação desse direito levar ao exercício da acção de preferência contra o adquirente daquelas.

Vemos com dificuldade a aplicação deste preceito a sociedades estrangeiras a operar em Angola. A sua aplicação visará, sobretudo, empresas estrangeiras que, com o propósito de operar no país, tenham aí constituído uma sociedade comercial *ad hoc*.

7. Conclusões

Chegados a este ponto, podemos formular as seguintes conclusões:

(i) é frequente na *praxis* petrolífera internacional a celebração de cessões das posições contratuais, que frequentemente seguem o

---

[73] Acompanhamos, neste particular, PINTO FURTADO, *Manual...*, II⁵, pp. 791-792.

figurino do *farm in farm out* norte-americano. O Direito angolano conhece, contudo, marcadas especificidades, devidas não apenas à sua matriz romano-germânica, como também à sua evolução particular no contexto do Direito petrolífero;

(ii) o artigo 16.º da LAP impõe um duplo consentimento: por parte do Ministério dos Petróleos, e por parte da contraparte no contrato, a Sonangol;

(iii) é necessário distinguir no artigo 16.º da LAP consoante estejamos perante associadas petrolíferas no contexto de uma sociedade comercial constituída *ad hoc*, de um consórcio, de uma partilha de produção ou de um serviço com riscos;

(iv) A equiparação da alienação de participações sociais das associadas à cessão da posição contratual vale quer para efeitos do necessário consentimento a prestar pela Sonangol e da autorização do Ministério dos Petróleos, bem como para efeitos do direito de preferência legal da Sonangol e das associadas nacionais;

(v) A referida equiparação deve estender-se, ainda, àqueles casos que, embora não traduzam transmissões de participações sociais *qua tale* levem a idêntico resultado, gorando o fim visado pela lei;

(vi) O direito de preferência legal atribuído à Sonangol e às associadas nacionais adquire uma considerável (e duvidosa) extensão: aplica-se não apenas a negócios onerosos, como também a negócios gratuitos.

O Regime Jurídico do Petróleo no Brasil, Industrialização e Desenvolvimento

Gilberto Bercovici*

O controle nacional sobre os recursos naturais estratégicos, particularmente os recursos minerais e o petróleo, também é decorrente da ideia de soberania econômica. A disputa sobre a manutenção da nacionalização do subsolo ou o favorecimento ao capital estrangeiro no setor de mineração foi intensa durante a Assembleia Nacional Constituinte[1]. A Constituição de 1988, ao determinar que a propriedade do subsolo e dos bens minerais é da União (artigos 20, IX e 176, *caput*), consagra o processo de nacionalização do subsolo iniciado em 1934[2].

A soberania energética é um componente essencial da soberania econômica nacional, pois abrange um setor chave da economia do país. O Estado

---

* Professor Titular de Direito Econômico e Economia Política da Faculdade de Direito da Universidade de São Paulo. Professor do Programa de Pós-Graduação em Direito Político e Econômico da Universidade Presbiteriana Mackenzie. Doutor em Direito do Estado e Livre-Docente em Direito Econômico pela Universidade de São Paulo.

[1] PEREIRA, Osny Duarte, "A Questão Mineral na Constituinte" in GUERREIRO, Gabriel et al., *Constituinte: A Nova Política Mineral*, Brasília, CNPq, 1988, pp. 99-169 e PILATTI, Adriano, *A Constituinte de 1987-1988: Progressistas, Conservadores, Ordem Econômica e Regras do Jogo*, Rio de Janeiro, Ed. PUC-Rio/Lumen Juris, 2008, pp. 246-249, 259-260 e 295-298.

[2] RIBEIRO, Nelson de F., "As Macroperspectivas do Direito Minerário a partir da Nova Constituição", *Revista de Informação Legislativa* n.º 102, 1989, p. 70 e SOUZA, Washington Peluso Albino de, *Teoria da Constituição Econômica*, Belo Horizonte, Del Rey, 2002, pp. 121-123, 465-466 e 500-501.

deve tomar decisões autônomas sobre a produção e destino dos seus recursos energéticos, planejando o seu desenvolvimento e evitando a dependência tecnológica e de fatores externos para a produção de energia. Deste modo, o controle estatal sobre as fontes de energia consiste em um eixo central de um projeto democrático em que a política macroeconômica esteja a serviço dos interesses nacionais, além de poder propiciar um planejamento energético de longo prazo[3].

Visando garantir esta soberania energética, a constitucionalização do monopólio do petróleo foi mantida e ampliada pela Assembleia Nacional Constituinte de 1987-1988. Durante os trabalhos da Assembleia, chegou--se, inclusive, a propor a monopolização da distribuição dos derivados de petróleo, permitindo-se, no entanto, a concessão a empresas privadas com maioria de capital nacional. No entanto, a articulação dos setores conservadores no chamado "Centrão" conseguiu retirar o monopólio estatal da distribuição dos derivados de petróleo do texto na votação em primeiro turno do projeto de constituição. Apesar da retirada da distribuição de derivados, todas as demais atividades componentes do monopólio estatal do petróleo foram mantidas, assim como o monopólio sobre o gás natural. Além disto, reagindo à política dos contratos de risco do regime militar, a Assembleia Nacional Constituinte proibiu expressamente a realização de novos contratos desta natureza[4].

---

[3] BERNAL, Federico, *Petróleo, Estado y Soberanía: Hacia la Empresa Multiestatal Latinoamericana de Hidrocarburos*, Buenos Aires, Editorial Biblos, 2005, p. 31 e FEROLLA, Sergio Xavier & METRI, Paulo, *Nem Todo Ø Petróleo É Nosso*, Rio de Janeiro, Paz e Terra, 2006, pp. 23-25 e 77-87.

[4] Artigo 177 da Constituição de 1988 (redação original): *"Constituem monopólio da União: I — a pesquisa e a lavra das jazidas de petróleo e gás natural e outros hidrocarbonetos fluidos; II — a refinação do petróleo nacional ou estrangeiro; III — a importação e exportação dos produtos e derivados básicos resultantes das atividades previstas nos incisos anteriores; IV — o transporte marítimo do petróleo bruto de origem nacional ou de derivados básicos de petróleo produzidos no País, bem assim o transporte, por meio de conduto, de petróleo bruto, seus derivados e gás natural de qualquer origem; V — a pesquisa, a lavra, o enriquecimento, o reprocessamento, a industrialização e o comércio de minérios e minerais nucleares e seus derivados. §1.º — O monopólio previsto neste artigo inclui os riscos e resultados decorrentes das atividades nele mencionadas, sendo vedado à União ceder ou conceder qualquer tipo de participação, em espécie ou em valor, na exploração de jazidas de petróleo ou gás natural, ressalvado o disposto no art. 20, § 1.º. §2.º — A lei disporá*

O monopólio da União na exploração e refino do petróleo estende, no entanto, seus efeitos aos derivados do petróleo. A autorização, regulação e controle da venda e da distribuição de combustíveis derivados do petróleo, inclusive o gás natural, álcool carburante e os combustíveis derivados de matérias-primas renováveis, segundo o artigo 238 da Constituição de 1988, seriam definidos por lei federal[5]. Até 1990, o órgão responsável era o Conselho Nacional do Petróleo, sucedido, a partir de então, pelo Departamento Nacional de Combustíveis (artigo 222 do Decreto n.º 99.244, de 10 de maio de 1990)[6]. Ainda em relação à exploração do petróleo, a Constituição de 1988 manteve a garantia de funcionamento das refinarias privadas existentes antes da aprovação da Lei n.º 2.004, de 03 de outubro de 1953[7], de acordo com o artigo 45 do Ato das Disposições Constitucionais Transitórias[8].

A Petrobrás seria combatida desde o Governo de Fernando Collor de Mello, com políticas visando reduzir sua dimensão econômica e, em última

---

sobre o transporte e a utilização de materiais radioativos no território nacional". Vide, ainda, PILATTI, Adriano, *A Constituinte de 1987-1988 cit.*, pp. 180-181, 261-263 e 298-299 e SOUZA, Washington Peluso Albino de, *Teoria da Constituição Econômica cit.*, pp. 464-465.

[5] Artigo 238 da Constituição de 1988: *"A lei ordenará a venda e revenda de combustíveis de petróleo, álcool carburante e outros combustíveis derivados de matérias-primas renováveis, respeitados os princípios desta Constituição"*.

[6] TÁCITO, Caio, "Regime Federativo. Lei Estadual. Gás Liquefeito de Petróleo" *in Temas de Direito Público (Estudos e Pareceres)*, Rio de Janeiro, Renovar, 1997, vol. 2, pp. 1128-1130; COMPARATO, Fábio Konder, "Monopólio Público e Domínio Público — Exploração Indireta da Atividade Monopolista" *in Direito Público: Estudos e Pareceres*, São Paulo, Saraiva, 1996, p. 152 e VALOIS, Paulo, *A Evolução do Monopólio Estatal do Petróleo*, Rio de Janeiro, Lumen Juris, 2000, pp. 137-139.

[7] A Lei n.º 2.004/1953 foi a lei que instituiu e regulou o monopólio estatal do petróleo no Brasil até 1997. Esta lei foi promulgada pelo Presidente Getúlio Vargas após uma intensa campanha popular de apoio ao monopólio estatal do petróleo, sob o mote "O Petróleo é Nosso". Sobre a luta popular em defesa do controle estatal dos recursos petrolíferos no Brasil, vide BERCOVICI, Gilberto, *Direito Econômico do Petróleo e dos Recursos Minerais*, São Paulo, Quartier Latin, 2011, pp. 134-165.

[8] Artigo 45 do Ato das Disposições Constitucionais Transitórias: *"Ficam excluídas do monopólio estabelecido pelo art. 177, II, da Constituição as refinarias em funcionamento no País amparadas pelo art. 43 e nas condições do art. 45 da Lei n.º 2.004, de 3 de outubro de 1953. Parágrafo único. Ficam ressalvados da vedação do art. 177, § 1.º, os contratos de risco feitos com a Petróleo Brasileiro S.A., para pesquisa de petróleo, que estejam em vigor na data da promulgação da Constituição"*.

análise, propondo o fim do monopólio estatal do petróleo e a própria privatização da empresa. Várias subsidiárias da Petrobrás foram privatizadas, como a Interbrás e a Petromisa, além da Fosfértil e outras subsidiárias do setor de fertilizantes, e da venda de participações da Petrobrás e da subsidiária Petroquisa em vários empreendimentos da indústria petroquímica[9].

O Conselho Nacional do Petróleo foi extinto em 1990, sendo substituído pelo Departamento Nacional de Combustíveis (DNC), vinculado ao Ministério das Minas e Energia. A política nacional de abastecimento de combustíveis, antes prevista pelo Decreto n.º 49.331, de 24 de novembro de 1960 (revogado pelo Decreto n.º 99.432, de 31 de julho de 1990), foi modificada no sentido de liberalizar os preços dos combustíveis e as margens de distribuição e revenda, encerrando a exigência de volumes mínimos de comercialização por distribuidora e a obrigatoriedade de comercialização no ponto de revenda dos produtos fornecidos pela distribuidora da mesma marca (esta última medida revista, posteriormente, pela Agência Nacional do Petróleo). Com o Plano Real, a importação de derivados do petróleo foi liberada, assim como foi garantido o livre acesso a oleodutos, tanques e terminais, além de ter sido extinto o mecanismo de equalização dos preços ao consumidor em todo o país. O resultado foi a ampliação das empresas distribuidoras, como pretendido, mas também a disseminação das práticas de adulteração de combustível e de evasão fiscal, além de ter sido preservada a estrutura concentrada do setor de distribuição de combustíveis em poucas grandes empresas, que controlam 80% da rede de postos, 66% do mercado de gasolina e 76% do mercado de óleo diesel[10].

Fernando Henrique Cardoso propôs a "flexibilização" do monopólio da União sobre o petróleo, com o argumento de que haveria carência de recursos para investir na exploração petrolífera. A ampliação das reservas do país seria uma tarefa que não poderia ser exercida mais somente pela Petrobrás. Além

---

[9] CONTRERAS, Edelmira del Carmen Alveal, *Os Desbravadores: A Petrobrás e a Construção do Brasil Industrial*, Rio de Janeiro, Relume-Dumará/ ANPOCS, 1994, pp. 149-151; VILLAS-BÔAS, Ana Lucia, *Mineração e Desenvolvimento Econômico: A Questão Nacional nas Estratégias de Desenvolvimento do Setor Mineral (1930-1964)*, Rio de Janeiro, CNPq/CETEM, 1995, vol. 2, pp. 82-83 e CAMPOS, Adriana Fiorotti, *Indústria do Petróleo: Reestruturação Sul-Americana nos Anos 90*, Rio de Janeiro, Interciência, 2007, pp. 191-195.

[10] CAMPOS, Adriana Fiorotti, *Indústria do Petróleo cit.*, pp. 187-189.

disto, o discurso em defesa da proposta de emenda enfatizava a necessidade da Petrobrás concorrer com outras empresas e, para tanto, a empresa estatal deveria perder a responsabilidade de prover o abastecimento de petróleo e derivados do mercado interno. As funções da Petrobrás precisariam ser separadas das funções da União, que deveria retomar o controle do setor e estabelecer a política nacional do petróleo. Em suma, a exclusividade da Petrobrás como executora do monopólio estatal seria quebrada[11].

A proposta de emenda constitucional obteve 364 votos a favor, 141 contra e 3 abstenções na votação em primeiro turno da Câmara dos Deputados, ocorrida em 7 de junho de 1995. Após a aprovação da proposta de emenda constitucional na Câmara dos Deputados, o Presidente Fernando Henrique Cardoso teve que se comprometer publicamente em excluir a Petrobrás do programa de privatizações, o que foi, posteriormente, assegurado pelo artigo 3.º da Lei n.º 9.491, de 09 de setembro de 1997. Após este compromisso, o Senado realizou as votações, em 18 de outubro e 08 de novembro de 1995, registrando 60 votos a favor e 15 contra a "flexibilização" do monopólio estatal do petróleo.

A Emenda Constitucional n.º 9, de 09 de novembro de 1995, extirpou do texto constitucional a Petrobrás como executora única do monopólio, mas manteve o monopólio da União sobre o petróleo, que pode explorá-lo diretamente ou por meio de concessões a empresas estatais ou privadas, inclusive de capital estrangeiro. O legislador ordinário modificou, assim, um dos princípios ideológicos originários estabelecidos pela Assembleia Nacional Constituinte, consagrando a vitória, pela via da emenda constitucional, dos derrotados na elaboração da Constituição de 1988[12].

---

[11] LIMA Neto, Procopio, "Parecer da Comissão Especial Destinada a Proferir Parecer à Proposta de Emenda à Constituição n.º 6, de 1995, que 'Altera o §1.º do Art. 177' (Monopólio do Petróleo)", *Diário do Congresso Nacional*, Seção I, Sábado, 20 de Maio de 1995, pp. 10640-10643; BRITO, Raimundo Mendes de, "Flexibilizar Significa Desenvolver" *in* IBP & FGV (orgs.), *A Nova Regulamentação da Indústria de Petróleo no Brasil*, Rio de Janeiro: FGV, 1996, pp. 8-10; VALOIS, Paulo, *A Evolução do Monopólio Estatal do Petróleo cit.*, pp. 116-121 e CAMPOS, Adriana Fiorotti, *Indústria do Petróleo cit.*, pp. 196-197.

[12] Artigo 177 da Constituição de 1988 (redação alterada pela Emenda n.º 9/1995): *"Constituem monopólio da União: I — a pesquisa e a lavra das jazidas de petróleo e gás natural e outros hidrocarbonetos fluidos; II — a refinação do petróleo nacional ou estrangeiro; III — a importação e exportação dos produtos e derivados básicos resultantes*

Após a aprovação da Emenda n.º 9/1995[13], o Poder Executivo encaminhou ao Congresso Nacional, em 05 de julho de 1996, a Mensagem n.º 639,

das atividades previstas nos incisos anteriores; IV — o transporte marítimo do petróleo bruto de origem nacional ou de derivados básicos de petróleo produzidos no País, bem assim o transporte, por meio de conduto, de petróleo bruto, seus derivados e gás natural de qualquer origem; V — a pesquisa, a lavra, o enriquecimento, o reprocessamento, a industrialização e o comércio de minérios e minerais nucleares e seus derivados. § 1.º A União poderá contratar com empresas estatais ou privadas a realização das atividades previstas nos incisos I a IV deste artigo observadas as condições estabelecidas em lei. § 2.º A lei a que se refere o § 1.º disporá sobre: I — a garantia do fornecimento dos derivados de petróleo em todo o território nacional; II — as condições de contratação; III — a estrutura e atribuições do órgão regulador do monopólio da União; § 3.º A lei disporá sobre o transporte e a utilização de materiais radioativos no território nacional". A Emenda Constitucional n.º 33, de 11 de dezembro de 2001, acrescentou o §4.º ao artigo 177 da Constituição: *"§ 4.º ¾ A lei que instituir contribuição de intervenção no domínio econômico relativa às atividades de importação ou comercialização de petróleo e seus derivados, gás natural e seus derivados e álcool combustível deverá atender aos seguintes requisitos: I ¾ a alíquota da contribuição poderá ser: a) diferenciada por produto ou uso; b) reduzida e restabelecida por ato do Poder Executivo, não se lhe aplicando o disposto no art. 150, III, b; II ¾ os recursos arrecadados serão destinados: a) ao pagamento de subsídios a preços ou transporte de álcool combustível, gás natural e seus derivados e derivados de petróleo; b) ao financiamento de projetos ambientais relacionados com a indústria do petróleo e do gás; c) ao financiamento de programas de infra-estrutura de transportes"*. O artigo 177 seria, ainda, modificado mais uma vez pela Emenda Constitucional n.º 49, de 8 de fevereiro de 2006, que alterou a redação do inciso V do *caput* deste artigo (assim como a do artigo 21, XXIII): *"V ¾ a pesquisa, lavra, o enriquecimento, o reprocessamento, a industrialização e o comércio de minérios e minerais nucleares e seus derivados, com exceção dos radioisótopos cuja produção, comercialização e utilização poderão ser autorizadas sob regime de permissão, conforme as alíneas b e c do inciso XXIII do **caput** do art. 21 desta Constituição Federal"*. Sobre esta discussão, vide, ainda, Souza, Washington Peluso Albino de, *Teoria da Constituição Econômica* cit., pp. 523-527 e 546-547; Clève, Clèmerson Merlin & Martins, Alessandra Ferreira, "Princípios Constitucionais da Atividade Econômica Petrolífera e Lei n.º 9.478 de 1997", *A & C — Revista de Direito Administrativo e Constitucional* n.º 18, 2004, pp, 45-46; Bernal, Federico, *Petróleo, Estado y Soberanía* cit., pp. 228-229 e Ferolla, Sergio Xavier & METRI, Paulo, *Nem Todo Ø Petróleo É Nosso* cit., pp. 221-222.

[13] Sobre os estudos das empresas de consultoria, nacionais e estrangeiras, que elaboraram as propostas de "abertura" do setor petrolífero brasileiro em 1995, chegando algumas a propor, inclusive, a privatização da Petrobrás, vide Ferreira, Antônio Luís de Miranda, "A Desmonopolização do Mercado" *in* Pires, Paulo Valois (org.), *Temas de Direito do Petróleo e do Gás Natural II*, Rio de Janeiro, Lumen Juris, 2005, pp. 32-43.

que se converteu no Projeto de Lei n.º 2.142/1996, propondo que a Petrobrás deixasse de ser a única executora do monopólio estatal do petróleo e criando a Agência Nacional do Petróleo (ANP), que seria a responsável pela gestão do monopólio. O Relator na Câmara, Deputado Eliseu Resende (PFL-MG), elaborou um Projeto Substitutivo a partir da proposta do Executivo, sendo este Substitutivo votado em regime de urgência constitucional na Câmara dos Deputados e no Senado e convertido na Lei n.º 9.478, de 06 de agosto de 1997[14]. Embora tenha se comprometido a não privatizar a Petrobrás, com a aprovação da Lei n.º 9.478/1997, o Governo Fernando Henrique Cardoso promoveu uma "privatização parcial" da empresa, vendendo cerca de 180 milhões de ações que estavam sob o controle da União. A participação da União caiu de 82% para cerca de 51% do total de ações com direito a voto. Deste montante, apenas 25% foram adquiridas no Brasil, por 310 mil optantes do FGTS (Fundo de Garantia por Tempo de Serviço). O restante das ações foi vendido para investidores internacionais. Com esta operação, a Petrobrás obteve a incorporação de uma série de acionistas minoritários vinculados ao capital estrangeiro, pagando, segundo Carlos Lessa, dividendos a acionistas residentes no exterior em volumes muitas vezes mais elevados do que os salários ou juros pagos pela empresa. Esta alteração societária tornou a atuação da Petrobrás muito mais voltada para interesses comerciais, não necessariamente estratégicos, do que já vinha sendo até então[15].

O abastecimento nacional de combustíveis é um serviço de utilidade pública (artigo 1.º, §1.º da Lei n.º 9.847, de 26 de outubro de 1999)[16]. No entanto, a Lei n.º 9.487/1997 não garante o suprimento de petróleo e derivados para o mercado interno a médio e longo prazos, pelo contrário.

---

[14] VALOIS, Paulo, *A Evolução do Monopólio Estatal do Petróleo cit.*, pp. 126-129; FERREIRA, Antônio Luís de Miranda, "A Desmonopolização do Mercado" *cit.*, pp. 45-48 e CAMPOS, Adriana Fiorotti, *Indústria do Petróleo cit.*, pp. 202-204.

[15] MCPHERSON, Charles, "National Oil Companies: Evolution, Issues, Outlook" *in* DAVIS, Jeffrey M.; OSSOWSKI, Rolando & FEDELINO, Annalisa (orgs.), *Fiscal Policy Formulation and Implementation in Oil-Producing Countries*, Washington, International Monetary Fund, 2003, pp. 195-196, 198 e 201-202 e LESSA, Carlos, "Infraestrutura e Logística no Brasil" *in* CARDOSO Jr., José Celso (org.), *Desafios ao Desenvolvimento Brasileiro: Contribuições do Conselho de Orientação do IPEA*, Brasília, IPEA, 2009, vol. 1, p. 92.

[16] BUCHEB, José Alberto, *Direito do Petróleo: A Regulação das Atividades de Exploração e Produção de Petróleo e Gás Natural no Brasil*, Rio de Janeiro, Lumen Juris, 2007, pp. 21-23.

Segundo Clèmerson Clève e Alessandra Martins, a lei trata o petróleo como se fosse um bem perecível, enfatizando a necessidade de aproveitamento rápido das reservas, dentro dos prazos estipulados pela Agência Nacional do Petróleo, não de acordo com a demanda do país. O artigo 23 da Lei n.º 9.478/1997, por exemplo, omite qualquer disposição sobre a preservação das reservas petrolíferas e dos direitos de exploração da União como critérios para as concessões, abrindo a possibilidade para que a Agência Nacional do Petróleo possa realizar concessões indiscriminadas e incentivar a exploração predatória. Já a determinação do artigo 60 libera a exportação de petróleo e derivados caso a produção seja superior à demanda interna, sem se preocupar com a constituição de reservas para a auto suficiência nacional ou o balanço de pagamentos. As diretrizes para importação e exportação de petróleo e derivados, visando atender às necessidades de consumo interno e o funcionamento adequado do Sistema Nacional de Estoques de Combustíveis, são matéria de competência expressa do CNPE (artigo 2.º, V da Lei n.º 9.478/1997). No entanto, apesar disto, o Decreto n.º 2.926, de 7 de janeiro de 1999, atribuiu a competência para decidir sobre a exportação de petróleo e derivados à Agência Nacional do Petróleo, violando a legislação. O petróleo e o gás natural precisam ser destinados preferencialmente ao mercado interno, a partir de parâmetros nacionais, não vinculados à volatilidade das cotações internacionais. O controle da balança de pagamentos e das contas externas do país, inclusive, necessita de um maior controle da exportação e importação de petróleo, gás natural e derivados, o que deveria ser feito exclusivamente pela Petrobrás. A atuação da Agência Nacional do Petróleo, portanto, deve ser restringida, com o reforço das competências, inclusive em termos de planejamento estratégico, do Ministério das Minas e Energia, do CNPE, da Petrobrás e da Eletrobrás. Neste sentido, foi extremamente oportuna a criação da Secretaria Nacional de Petróleo, Gás Natural e Combustíveis Renováveis, vinculada ao Ministério das Minas e Energia, pelo Decreto n.º 5.267, de 09 de novembro de 2004[17].

---

[17] TAVARES, Maria da Conceição, *Destruição Não Criadora: Memórias de um Mandato Popular contra a Recessão, o Desemprego e a Globalização Subordinada*, Rio de Janeiro, Record, 1999, pp. 152-154; VALOIS, Paulo, *A Evolução do Monopólio Estatal do Petróleo* cit., pp. 130-132; CLÈVE, Clèmerson Merlin & MARTINS, Alessandra Ferreira, "Princípios Constitucionais da Atividade Econômica Petrolífera e Lei n.º 9.478 de 1997" cit., pp. 47-50;

Os defensores da Lei n.º 9.478/1997 alegam que, a partir de sua promulgação, a Petrobrás passou a atuar em regime de livre competição com outras empresas petrolíferas, devendo celebrar os contratos de concessão sem quaisquer privilégios, como uma empresa qualquer[18]. No entanto, a Lei n.º 9.478/1997 tem uma série de dispositivos especialmente redigidos no sentido de serem prejudiciais à atuação da empresa estatal. O artigo 33 da lei estabelece o prazo de três anos para que a Petrobrás prossiga nos trabalhos de exploração e desenvolvimento nos campos em que tenha realizado descobertas comerciais ou investimentos na exploração. No entanto, ela só poderia prosseguir nas atividades de produção caso comprovasse sua capacidade de investimento. A comprovação financeira da capacidade de investimento não é exigida, nesta lei, para nenhuma outra empresa que pretenda atuar no setor petrolífero, só para a Petrobrás. Outra disposição discriminatória é a constante nos artigos 58 e 59, que facultam a qualquer interessado o uso dos dutos de transporte e dos terminais marítimos existentes ou a serem construídos. Ou seja, a Petrobrás deve compartilhar toda a sua infraestrutura, construída com recursos públicos, com seus concorrentes privados, sem que estes tenham que investir nada, bastando que "haja comprovado interesse de terceiros em sua utilização" (artigo 59)[19].

O petróleo e os recursos minerais são bens da União por determinação dos artigos 20, IX e 176, *caput* da Constituição de 1988. O debate se dá em torno da sua classificação como bens públicos de uso especial ou bens públicos dominicais. Para os defensores do petróleo e dos recursos minerais como bens dominicais, esta definição não impediria a possibilidade de serem afetados para usos específicos. Estes recursos seriam bens públicos exauríveis, afetados, porém alienáveis, pois teriam uma finalidade que implica em sua utilização, portanto, em sua alienação.

BERNAL, Federico, *Petróleo, Estado y Soberanía* cit., pp. 233-234 e FEROLLA, Sergio Xavier & METRI, Paulo, *Nem Todo Ø Petróleo É Nosso* cit., pp. 63-64, 117-118, 196-198 e 213-214.

[18] BRITO, Raimundo Mendes de, "Flexibilizar Significa Desenvolver" cit., pp. 11-12 e BARROSO, Luís Roberto, "Modalidades de Intervenção do Estado na Ordem Econômica. Regime Jurídico das Sociedades de Economia Mista. Inocorrência de Abuso de Poder Econômico" in *Temas de Direito Constitucional*, 2.ª ed, Rio de Janeiro, Renovar, 2002, tomo I, pp. 406-407 e 411.

[19] TAVARES, Maria da Conceição, *Destruição Não Criadora* cit., p. 153 e BERNAL, Federico, *Petróleo, Estado y Soberanía* cit., pp. 228-230.

Estas concepções, no entanto, estão equivocadas. O petróleo e os recursos minerais são bens públicos de uso especial, bens indisponíveis cuja destinação pública está definida constitucionalmente: a exploração e aproveitamento de seus potenciais. A exploração do petróleo e dos recursos minerais está vinculada aos objetivos fundamentais dos artigos 3.°, 170 e 219 da Constituição de 1988[20], ou seja, o desenvolvimento, a redução das desigualdades e a garantia da soberania econômica nacional. Trata-se de um patrimônio nacional irrenunciável[21].

Em decorrência disto, a natureza jurídica do contrato de concessão de exploração de petróleo, assim como o contrato de concessão de lavra mineral, é a de um contrato de concessão de uso de exploração de bens públicos indisponíveis, cujo regime jurídico é distinto em virtude da Constituição

---

[20] Artigo 3.°: *"Constituem objetivos fundamentais da República Federativa do Brasil: I — construir uma sociedade livre, justa e solidária; II — garantir o desenvolvimento nacional; III — erradicar a pobreza e a marginalização e reduzir as desigualdades sociais e regionais; IV — promover o bem de todos, sem preconceitos de origem, raça, sexo, cor, idade e quaisquer outras formas de discriminação".*

Artigo 170: *"A ordem econômica, fundada na valorização do trabalho humano e na livre iniciativa, tem por fim assegurar a todos existência digna, conforme os ditames da justiça social, observados os seguintes princípios: I – soberania nacional; II – propriedade privada; III – função social da propriedade; IV – livre concorrência; V – defesa do consumidor; VI – defesa do meio ambiente, inclusive mediante tratamento diferenciado conforme o impacto ambiental dos produtos e serviços e de seus processos de elaboração e prestação; VII – redução das desigualdades regionais e sociais; VIII – busca do pleno emprego; IX – tratamento favorecido para as empresas de pequeno porte constituídas sob as leis brasileiras e que tenham sua sede e administração no País. Parágrafo Único – É assegurado a todos o livre exercício de qualquer atividade econômica, independentemente de autorização de órgãos públicos, salvo nos casos previstos em lei".*

Artigo 219: *"O mercado interno integra o patrimônio nacional e será incentivado de modo a viabilizar o desenvolvimento cultural e sócio-econômico, o bem-estar da população e a autonomia tecnológica do País, nos termos de lei federal".*

[21] MORAES, Alexandre de, "Regime Jurídico da Concessão para Exploração de Petróleo e Gás Natural", *Revista de Direito Constitucional e Internacional* n.° 36, 2001, pp. 162-163; CLÈVE, Clèmerson Merlin & MARTINS, Alessandra Ferreira, "Princípios Constitucionais da Atividade Econômica Petrolífera e Lei n.° 9.478 de 1997" *cit.*, pp. 43-45; BARBOSA, Alfredo Ruy, "A Natureza Jurídica da Concessão para Exploração de Petróleo e Gás Natural" *in* PIRES, Paulo Valois (org.), *Temas de Direito do Petróleo e do Gás Natural II*, Rio de Janeiro, Lumen Juris, 2005, pp. 11-12 e BUCHEB, José Alberto, *Direito do Petróleo cit.*, pp. 5-7.

e da legislação ordinária, portanto, a de um contrato de direito público. Estas concessões são atos administrativos constitutivos pelos quais o poder concedente (a União) delega poderes aos concessionários para utilizar ou explorar um bem público[22].

Ainda em relação à natureza jurídica do petróleo como bem público, a questão da propriedade sobre o resultado da lavra do petróleo e gás natural foi debatida no Supremo Tribunal Federal no contexto da Ação Direta de Inconstitucionalidade n.º 3273-9/DF, impetrada pelo Governador do Paraná, Roberto Requião, alegando a inconstitucionalidade de uma série de dispositivos da Lei n.º 9.478/1997, especialmente o seu artigo 26, *caput*[23].

Para os defensores da constitucionalidade do artigo 26, *caput* da Lei n.º 9.478/1997, a Emenda Constitucional n.º 9/1995 teria equiparado o regime jurídico aplicável ao petróleo e gás ao dos demais bens minerais previstos no artigo 176 da Constituição. O concessionário teria o direito de propriedade sobre o produto da lavra, ao se aplicar o disposto no artigo 176, *caput* da Constituição ao petróleo, regido pelo artigo 177, com a interpretação de que o artigo 176 seria a "regra geral" para a exploração de todos os recursos minerais de titularidade da União, inclusive o petróleo[24].

Os que entendem a inconstitucionalidade da Lei n.º 9.478/1997 afirmam que as jazidas de petróleo são bens públicos indisponíveis da União. No entanto, o artigo 26 da Lei n.º 9.478/1997 atribui a propriedade do petróleo, quando extraído, ao concessionário. A Lei n.º 9.478/1997 teria migrado, assim, do monopólio estatal ao extremo oposto da titularidade

---

[22] DI PIETRO, Maria Sylvia Zanella, *Uso Privativo de Bem Público por Particular*, 2.ª ed, São Paulo, Atlas, 2010, pp. 39-41 e 108-109; MORAES, Alexandre de, "Regime Jurídico da Concessão para Exploração de Petróleo e Gás Natural" *cit.*, pp. 167-170; BARBOSA, Alfredo Ruy, "A Natureza Jurídica da Concessão para Exploração de Petróleo e Gás Natural" *cit.*, pp. 26-27 e BUCHEB, José Alberto, *Direito do Petróleo cit.*, pp. 50-55.

[23] Artigo 26, *caput* da Lei n.º 9.478/1997: *"A concessão implica, para o concessionário, a obrigação de explorar, por sua conta e risco e, em caso de êxito, produzir petróleo ou gás natural em determinado bloco,* **conferindo-lhe a propriedade desses bens, após extraídos,** *com os encargos relativos ao pagamento dos tributos incidentes e das participações legais ou contratuais correspondentes"* (grifos meus).

[24] ARAGÃO, Alexandre Santos de, "O Contrato de Concessão de Exploração de Petróleo e Gás", *Revista de Direito Administrativo* n.º 239, 2005, pp. 423-427 e BUCHEB, José Alberto, *Direito do Petróleo cit.*, pp. 9-11.

dos concessionários. Este artigo seria inconstitucional, pois a propriedade do petróleo e gás natural, mesmo após extraídos, de acordo com o artigo 20, IX da Constituição, é da União. A questão da inconstitucionalidade do artigo 26 da Lei n.º 9.478/1997 estaria ligada também à manutenção ou não do monopólio estatal do petróleo. Se o monopólio foi mantido pela Emenda Constitucional n.º 9/1995, a União não poderia transferir a propriedade do produto da lavra para o concessionário[25].

A maioria do Supremo Tribunal Federal acompanhou o voto elaborado, após novo pedido de vista, pelo Ministro Eros Grau, na sessão ocorrida em 16 de março de 2005, considerando improcedente a ação direta de inconstitucionalidade. Em seu voto, o Ministro Eros Grau discordou da natureza jurídica do petróleo como bem público de uso especial, entendendo-o como um bem público dominical. Embora tenha afirmado, corretamente, que o monopólio diz respeito à atividade econômica, não à propriedade dos bens, o Ministro Eros Grau defendeu a posição de que a transferência da propriedade do resultado da lavra das jazidas de petróleo e gás natural para terceiros seria constitucional, pois não afetaria o monopólio estatal da atividade, previsto no artigo 177. Deste modo, seria aplicável ao petróleo e ao gás natural o mesmo tratamento dado aos concessionários da exploração dos demais recursos minerais, conforme disposto no artigo 176, *caput* da Constituição. Além disto, a propriedade do concessionário sobre o produto da lavra seria relativa, pois sua comercialização continuaria a ser administrada pela União, por meio da Agência Nacional do Petróleo.

A decisão da maioria dos Ministros do Supremo Tribunal Federal foi, infelizmente, absolutamente equivocada. O artigo 26, *caput* da Lei n.º 9.478/1997 é inconstitucional, pois viola o disposto nos artigos 20, IX e 177 da Constituição. O petróleo e o gás natural são bens inalienáveis da União, bens de uso especial, como os demais recursos minerais. A diferença entre o regime jurídico dos recursos minerais em geral (artigo 176) e o

---

[25] TAVARES, Maria da Conceição, *Destruição Não Criadora* cit., p. 153; VALOIS, Paulo, *A Evolução do Monopólio Estatal do Petróleo* cit., pp. 129-130; CLÈVE, Clèmerson Merlin & MARTINS, Alessandra Ferreira, "Princípios Constitucionais da Atividade Econômica Petrolífera e Lei n.º 9.478 de 1997" cit., p. 49; FEROLLA, Sergio Xavier & METRI, Paulo, *Nem Todo Ø Petróleo É Nosso* cit., pp. 261-163 e 266 e BUCHEB, José Alberto, *Direito do Petróleo* cit., pp. 11-15 e 28-29.

regime jurídico do petróleo, gás natural e minérios nucleares (artigo 177) é, justamente, o fato destes últimos terem sido monopolizados pela União. A autorização constitucionalmente manifestada no artigo 176, *caput* de que o produto da lavra mineral é propriedade do concessionário é uma exceção de alienabilidade ao regime jurídico dos bens minerais, por isso é expressa constitucionalmente. A regra é a inalienabilidade dos recursos minerais. Nos casos de concessão, é estipulada a exceção do artigo 176, *caput*. Se, de fato, como entendeu a maioria do Supremo Tribunal Federal, a Emenda n.º 9/1995 e a Lei n.º 9.478/1997 tornaram aplicável à exploração do petróleo e do gás natural as mesmas regras gerais previstas no artigo 176, especialmente a atribuição da propriedade do produto da lavra ao concessionário, não resta mais nenhuma distinção entre uma concessão de exploração de minérios e uma concessão de exploração de petróleo ou gás natural. Ora, a propriedade da União sobre o produto da lavra do petróleo e gás natural é mantida pela Constituição justamente pelo fato de esta atividade ser monopolizada, ao contrário da lavra dos minérios em geral. Com a atribuição da propriedade do produto da lavra do petróleo e gás natural ao concessionário, o controle da atividade petrolífera deixa, concretamente, de ser monopólio da União, o que viola os artigos 20, IX e 177 da Constituição de 1988.

Em praticamente todos os países do mundo, o petróleo, o gás natural e os demais recursos minerais pertencem ao Estado. As principais exceções são os Estados Unidos e o Canadá. Os sistemas de contratos de exploração de petróleo mais utilizados são: contrato de concessão, contrato de partilha de produção e contrato de serviços[26].

O contrato de concessão (*concessionary system* ou *royalty/tax system – r/t system*) não envolve a propriedade estatal sobre o produto da lavra, permitindo a propriedade privada dos recursos minerais. O concessionário (seja uma empresa ou um consórcio) adquire o direito exclusivo de explorar naquela área determinada, por sua conta e risco, tornando-se proprietário do petróleo produzido, o que é, no Brasil, inconstitucional, conforme os artigos 20, IX e 177 da Constituição de 1988. A receita estatal geralmente é proveniente de *royalties*, impostos e bônus. De acordo com a análise de Juan Pablo Perez Alfonso, criticando o modelo venezuelano de concessões, a diferença jurídica básica dos tipos de contrato se manifesta na diferença

---

[26] JOHNSTON, David, "How to Evaluate the Fiscal Terms of Oil Contracts" *cit.*, pp. 65-67.

entre direitos reais e direitos contratuais. O titular da concessão tem direitos reais sobre o petróleo a ser explorado[27]. O contrato de concessão é o mais tradicional e é muito questionado, pois não permite a apropriação estatal de parte considerável da renda petrolífera gerada. Na Venezuela, por exemplo, desde 1946, a decisão dos governos democráticos foi a de não permitir mais nenhuma concessão (*"princípio de no más concesiones"*), tendo em vista a falta de investimentos e de desenvolvimento geradas pelo antigo sistema de concessões, finalmente abolido com a nacionalização da indústria petrolífera naquele país, em 1975[28].

Do mesmo modo, os países produtores de petróleo do Mar do Norte, notadamente Reino Unido e Noruega, decidiram não aceitar, ainda na década de 1960, o padrão tradicional de exploração por meio do sistema de concessões, impondo uma maior participação e direção da indústria petrolífera por parte de seus Estados. As alterações instituídas pelos dois países, ambos regimes democráticos consolidados, ampliaram o papel do Estado na exploração petrolífera e na apropriação das rendas geradas pelo setor. Ao enfrentarem os interesses das multinacionais petroleiras e as prescrições de política econômica neoclássica, o Reino Unido e a Noruega priorizaram sua própria política econômica nacional, não os interesses dos grupos econômicos privados. O chamado *"North Sea model"* concedia áreas menores do que o modelo de concessão tradicional. Embora as empresas privadas pudessem atuar diretamente na exploração e produção, foram implementadas uma série de taxações suplementares e imposições legais para reter boa parte da

---

[27] ALFONZO, Juan Pablo Perez, *El Pentágono Petrolero*, Caracas, Ediciones Revista Política, 1967, pp. 39-40; KLAPP, Merry Gilbert, *The Sovereign Entrepreneur: Oil Policies in Advanced and Less Developed Capitalist Countries*, Ithaca/London, Cornell University Press, 1987, p. 72; JOHNSTON, Daniel, *International Petroleum Fiscal Systems and Production Sharing Contracts*, Tulsa, PennWell Books, 1994, p. 21; MACHMUD, Tengko Nathan, *The Indonesian Production Sharing Contract: An Investor's Perspective*, Dordrecht/Cambridge (Ma.), Kluwer Law International, 2000, pp. 34-37; JOHNSTON, Daniel, *International Exploration Economics, Risk, and Contract Analysis*, Tulsa, PennWell Books, 2003, pp. 18-27; JOHNSTON, David, "How to Evaluate the Fiscal Terms of Oil Contracts" *cit.*, pp. 56-60 e CAMPOS, Adriana Fiorotti, *Indústria do Petróleo cit.*, pp. 71-72, 75-77 e 205.

[28] ALFONZO, Juan Pablo Perez, *El Pentágono Petrolero cit.*, pp. 47-58 e 87-88 e MUGHRABY, Muhamad A., *Permanent Sovereignty Over Oil Resources: A Study of Middle East Oil Concessions and Legal Change*, Beirut, The Middle East Research and Publishing Center, 1966, pp. 45-54.

renda gerada pelo petróleo, como a chamada "participação governamental", ampliou-se o controle estatal sobre os recursos produzidos, por meio do papel central das empresas estatais (*British National Oil Company* – BNOC, privatizada por Margaret Thatcher na década de 1980, e a *Statoil*, ainda hoje sob controle do Estado norueguês), buscando acomodar os interesses privados sob o controle direto estatal. O modelo implementado tornou, assim, o Estado o principal operador da indústria petrolífera e o líder na acumulação de capital, reforçando a supremacia do Poder Público em relação ao capital privado nas economias britânica e norueguesa[29].

No Brasil, pela legislação adotada em 1997, o contrato de concessão tem por partes contratantes a Agência Nacional do Petróleo (poder concedente) e a empresa (concessionária), que terá a propriedade do petróleo e gás efetivamente produzidos em virtude de um dispositivo flagrantemente inconstitucional (o artigo 26 da Lei n.º 9.478/1997). O período da concessão é de 27 anos para a produção, após a declaração de comercialidade da descoberta que deve ser feita pelo concessionário[30].

Além do contrato de concessão, há também os contratos de partilha de produção (*production-sharing contracts*), que garantem a propriedade estatal sobre os produtos petrolíferos antes de serem comercializados. São os contratos mais utilizados pelos Estados produtores de petróleo. O primeiro contrato deste tipo foi firmado na Indonésia, em 1966. Os riscos pelo investimento e desenvolvimento da produção são das empresas contratadas. Após o início da produção, as empresas podem recuperar seus gastos e custos de operação de uma parcela denominada *"cost oil"*. A parcela remanescente, o *"profit oil"*, é dividido entre a empresa e o governo, na proporção acertada no contrato. O Estado mantém total domínio sobre a propriedade dos recursos minerais, sobre os equipamentos e instalações e sobre o gerenciamento das operações de produção de petróleo. Nas palavras de Juan Pablo Perez Alfonso, os direitos reais sobre o petróleo não saem nunca do domínio do Estado[31].

---

[29] NORENG, Æysten, *The Oil Industry and Government Strategy in the North Sea*, London/Boulder, Croom Helm/The International Research Center for Energy and Economic Development, 1980, pp. 14-15, 29-35, 120-127, 144-151, 181-182, 211-212, 214-216 e 261-262.

[30] CAMPOS, Adriana Fiorotti, *Indústria do Petróleo cit.*, pp. 289-291.

[31] ALFONZO, Juan Pablo Perez, *El Pentágono Petrolero cit.*, pp. 39-40; KLAPP, Merry Gilbert, *The Sovereign Entrepreneur cit.*, pp. 73-74; JOHNSTON, Daniel, *International Petro-*

Os contratos de serviço (*service agreements*), por sua vez, são instituídos para a execução de serviços mediante pagamento, mantendo o Estado como proprietário de todos os ativos petrolíferos. No caso de não possuir a cláusula de risco, os riscos são do Estado contratante. Caso possua cláusula de risco, os riscos e custos são da empresa contratada[32]. Os defensores dos contratos de risco nos anos 1970 afirmavam que este tipo de contrato não feria o monopólio estatal, pois havia substituído, nos países que o adotaram, os "antigos regimes de concessão", nos quais a propriedade do petróleo era transferida aos concessionários, deixando em suas mãos a decisão sobre aumentar ou diminuir a produção, de acordo com seus interesses privados. A maior parte dos conflitos sobre petróleo, inclusive, teria sido gerada pelo modelo de exploração das jazidas, com base nos contratos de concessão[33].

O modelo dos contratos de concessão, criticado inclusive pelo regime militar, foi o adotado pelo Brasil em 1997, modelo este que não poderia ser mais inadequado, tendo em vista o interesse público na exploração e produção de petróleo e gás natural. Além dos seus problemas estruturais, mencionados acima, não se pode relegar o fato de que a Lei n.º 9.478/1997,

---

leum Fiscal Systems and Production Sharing Contracts cit., pp. 21-23 e 39-40; MACHMUD, Tengko Nathan, *The Indonesian Production Sharing Contract cit.*, pp. 37-39; JOHNSTON, Daniel, *International Exploration Economics, Risk, and Contract Analysis cit.*, pp. 28-39; JOHNSTON, David, "How to Evaluate the Fiscal Terms of Oil Contracts" *cit.*, pp. 56-58 e 60-62 e CAMPOS, Adriana Fiorotti, *Indústria do Petróleo cit.*, pp. 72-73, 78-79 e 301-304.

[32] JOHNSTON, Daniel, *International Petroleum Fiscal Systems and Production Sharing Contracts cit.*, pp. 23-24 e 87-88; MACHMUD, Tengko Nathan, *The Indonesian Production Sharing Contract cit.*, p. 39; JOHNSTON, Daniel, *International Exploration Economics, Risk, and Contract Analysis cit.*, pp. 41-44; JOHNSTON, David, "How to Evaluate the Fiscal Terms of Oil Contracts" *cit.*, pp. 62-64 e CAMPOS, Adriana Fiorotti, *Indústria do Petróleo cit.*, p. 78. Há, ainda, contratos de participação e associação que permitem associações entre a empresa petrolífera estatal e outras empresas petrolíferas, geralmente em contratos de concessão. Um exemplo é a *joint-venture* entre a empresa estatal e empresas privadas, nacionais ou internacionais. A maior parte dos contratos modernos possui uma cláusula de participação acionária do Estado ou da sua empresa estatal petrolífera. Cf. JOHNSTON, Daniel, *International Petroleum Fiscal Systems and Production Sharing Contracts cit.*, pp. 102-107; JOHNSTON, Daniel, *International Exploration Economics, Risk, and Contract Analysis cit.*, pp. 52-53 e CAMPOS, Adriana Fiorotti, *Indústria do Petróleo cit.*, pp. 79-80.

[33] CUPERTINO, Fausto, *Os Contratos de Risco e a Petrobrás (O Petróleo é Nosso, o Risco é Deles?)*, Rio de Janeiro, Civilização Brasileira, 1976, pp. 33-36.

que instituiu o modelo das concessões petrolíferas, é inconstitucional, pois o concessionário não pode ser proprietário do produto da lavra, sob pena de contrariar o fato de que o petróleo é um bem público de uso especial e é também monopolizado pelo Estado (artigos 20, IX e 177 da Constituição de 1988). Também há necessidade de revisão da Lei n.º 9.478/1997 para resgatar o papel da Petrobrás como executora da política nacional do petróleo[34].

O debate sobre a apropriação do excedente das atividades de exploração de petróleo e recursos minerais ganhou novo alento com as descoberta das jazidas do pré-sal. As reservas de petróleo e gás natural situadas na camada do pré-sal, ou seja, abaixo da camada de sal do subsolo da plataforma continental, foram anunciadas em 2006. As descobertas iniciais dizem respeito a jazidas situadas a cerca 300 quilômetros da costa, entre o Espírito Santo e Santa Catarina. A localização das reservas está abaixo de cerca de 2 mil metros de água e de uma camada de 5 mil metros de rochas e sal. As pesquisas geológicas podem ampliar estas descobertas, além de confirmar se seriam várias jazidas ou um único bloco. As estimativas falam em um potencial de mais de 70 bilhões de barris de petróleo, de boa qualidade (em princípio, trata-se de óleo leve), o que tornaria o Brasil um dos principais produtores do mundo. Para tanto, são necessários vultosos investimentos, que seriam compensados pela provável produtividade dos poços (estimada em 20 mil barris/dia), a depender dos preços do petróleo no mercado internacional[35].

A primeira e mais urgente medida tomada pelo Presidente Luís Inácio Lula da Silva foi propor a mudança de modelo de contrato de exploração de petróleo então vigente no Brasil, por meio do Projeto de Lei n.º 5.938/2009. Além deste projeto, foram encaminhados outros três projetos de lei ao Congresso Nacional buscando alterar a legislação petrolífera do país e propiciar melhores condições para o aproveitamento das jazidas do pré-sal: os Projetos de Lei n.º 5.939/2009, que autorizava a criação de uma empresa pública, gestora dos novos contratos de partilha de produção; n.º 5.940/2009, que estipulava a criação do Fundo Social, formado a partir dos recursos obtidos com a exploração das jazidas do pré-sal e n.º 5.941/2009, que propunha a autorização para a União ceder onerosamente à Petrobrás,

---

[34] FEROLLA, Sergio Xavier & METRI, Paulo, *Nem Todo Ø Petróleo É Nosso cit.*, pp. 116-118.
[35] LESSA, Carlos, "Infraestrutura e Logística no Brasil" *cit.*, pp. 93-95.

sem licitação, o exercício da pesquisa e lavra de petróleo e gás natural nas áreas não concedidas do pré-sal. Após uma série de debates intensos em todo o país e no Congresso Nacional, os projetos foram convertidos em lei no decorrer do ano de 2010.

O primeiro dos projetos a ser aprovado, o Projeto de Lei n.º 5.941/2009, tornou-se a Lei n.º 12.276, de 30 de junho de 2010, que autoriza a União a ceder onerosamente à Petrobrás o exercício das atividades de pesquisa e lavra de petróleo e gás natural nas áreas não concedidas do pré-sal. A cessão produz efeitos até a extração do valor equivalente a 5 bilhões de barris de petróleo (artigo 1.º, §2.º da Lei n.º 12.276/2010), autorizando a União a ampliar, assim, sua participação no capital da Petrobrás (artigo 9.º da Lei n.º 12.276/2010). O valor do barril de petróleo para a cessão onerosa foi fixado em 8,51 dólares pelo Presidente Lula, após análise dos estudos técnicos feitos a pedido da Agência Nacional do Petróleo. Com a cessão onerosa da União, promoveu-se uma operação de capitalização da Petrobrás, encerrada em 24 de setembro de 2010, que arrecadou cerca de 120 bilhões de reais, dos quais 74,8 bilhões foram provenientes da União[36]. Os recursos obtidos garantem o cumprimento do plano de investimentos da empresa para a exploração de petróleo nas jazidas do pré-sal até 2014. Além disso, a participação da União passou de cerca de 40% do capital e 55% das ações ordinárias para cerca de 47% do capital e 64% das ações ordinárias da Petrobrás, o que ainda está muito longe dos 82% de ações ordinárias que a União detinha antes da "privatização branca" do Governo Fernando Henrique Cardoso.

---

[36] Outro instrumento legal essencial para a capitalização da Petrobrás foi a edição da Medida Provisória n.º 500, de 30 de agosto de 2010, hoje convertida na Lei n.º 12.380, de 10 de janeiro de 2011, que autoriza a União, as entidades da administração pública federal e os fundos do qual o Tesouro seja o único acionista, como o Fundo Soberano do Brasil, a adquirirem, permutarem e cederem ações entre si. A Lei n.º 12.380/2011 permite que a União adquira ações excedentes para manter o controle acionário em sociedades de economia mista federais (artigo 1.º), o que viabilizou, entre outras medidas, o processo de capitalização da Petrobrás. Ainda sob o formato de medida provisória, esta autorização legal (artigo 1.º, III da Medida Provisória n.º 500/2010) permitiu ao Fundo Soberano do Brasil e ao BNDES adquirirem blocos de ações da Petrobrás cuja preferência de compra era da União, durante a operação de capitalização da empresa.

Ainda em relação a este ponto, creio que algumas considerações devam ser feitas. A sociedade de economia mista tem por características essenciais a não exclusividade de capital público, a necessidade de ter sua criação autorizada por lei e a forma de sociedade anônima. A sociedade de economia mista é um instrumento de atuação do Estado, não existe para atender a interesses privados. Como afirma Celso Antônio Bandeira de Mello, a personalidade jurídica de direito privado da sociedade de economia mista é um mero expediente técnico, pois ela maneja recursos majoritariamente públicos[37]. Não há, portanto, igualdade entre os acionistas minoritários e o Estado controlador da sociedade. O Estado possui uma série de prerrogativas e poderes exorbitantes na gestão das sociedades de economia mista. O Estado se relaciona com a estrutura societária da sociedade de economia mista não apenas como um acionista, mas como "Estado-poder". Se o Estado atua em igualdade com os demais acionistas, a empresa não é uma sociedade de economia mista, mas uma mera sociedade com participação estatal. A missão da Petrobrás não é "defender seus acionistas". E, mesmo se isso fosse verdade, não se pode esquecer que o proprietário do controle acionário da Petrobrás, assim como de qualquer empresa estatal, é o povo brasileiro.

A Lei n.º 12.304, de 2 de agosto de 2010, autoriza o Poder Executivo a criar a empresa pública Empresa Brasileira de Administração de Petróleo e Gás Natural S.A. – Pré-Sal Petróleo S.A. (PPSA)[38], vinculada ao Ministério das Minas e Energia. A PPSA está sendo criada para gerir os contratos de partilha de produção celebrados e os contratos de comercialização de petróleo e gás natural da União (artigo 2.º da Lei n.º 12.304/2010). Suas funções não são de execução, mas de gestão contratual, fiscalização e representação da União em relação a todos os contratos de partilha de produção celebrados pelo Ministério das Minas e Energia (artigos 2.º e 4.º da Lei n.º 12.304/2010). Como empresa pública, todo seu capital social pertence à União (artigo 6.º da Lei n.º 12.304/2010).

O Projeto de Lei n.º 5.938/2009, encaminhado pelo Presidente Lula ao Congresso Nacional, teve como eixo central a mudança do regime de explo-

---

[37] BANDEIRA DE MELLO, Celso Antônio, *Curso de Direito Administrativo*, 20.ª ed, São Paulo, Malheiros, 2006, pp. 178-183.

[38] A sigla proposta originariamente para a PPSA, PETRO-SAL, foi abandonada em razão de já haver outra empresa registrada com esta denominação.

ração das jazidas do pré-sal e áreas estratégicas. O texto deste projeto foi votado em conjunto com o do Projeto de Lei n.º 5.940/2009, que propunha a criação do Fundo Social, sendo ambos os projetos de lei consolidados em um texto único e aprovados como a Lei n.º 12.351, de 22 de dezembro de 2010. Com a nova lei, o regime de exploração e produção do petróleo e gás natural das jazidas do pré-sal e nas áreas consideradas estratégicas pelo Poder Executivo passam do inadequado e inconstitucional contrato de concessão para o contrato de partilha de produção (artigo 3.º da Lei n.º 12.351/2010). O modelo de partilha de produção é muito mais apropriado para a exploração do petróleo por concessionários ou contratados, cuja proposta é considerada mais vantajosa de acordo com o critério da oferta de maior excedente em óleo para a União, ou seja, da parcela da produção a ser repartida entre a União e o contratado, cujo percentual mínimo é proposto pelo Ministério das Minas e Energia ao Conselho Nacional de Política Energética (artigos 2.º, III, 10, III, 'b' e 18 da Lei n.º 12.351/2010). A propriedade do petróleo e do gás natural não é atribuída, de forma inconstitucional, ao contratado. O petróleo e o gás natural continuam sob o domínio da União, como determinam os artigos 20, IX e 177 da Constituição. O contratado assume todos os riscos (artigos 2.º, I, 5.º, 6.º e 29, II e X da Lei n.º 12.351/2010) e é remunerado por suas atividades (o "custo em óleo" do artigo 2.º, II da Lei n.º 12.351/2010). O prazo de vigência do contrato é limitado a 35 anos (artigo 29, XIX da Lei n.º 12.351/2010)

O Ministério das Minas e Energia readquire o controle sobre o planejamento do setor de petróleo e gás natural (artigo 10, I da Lei n.º 12.351/2010) e passa a celebrar os contratos em nome da União, cuja gestão cabe à PPSA (artigo 8.º da Lei n.º 12.351/2010). A PPSA é, também, integrante obrigatória de todos os consórcios de exploração, seja com a Petrobrás isoladamente seja em conjunto com a Petrobrás e outros licitantes (artigos 19, 20, *caput* e 21 da Lei n.º 12.351/2010) e deve indicar metade dos integrantes do comitê operacional (artigo 23, parágrafo único da Lei n.º 12.351/2010), responsável pela administração do consórcio (artigos 22 e 24 da Lei n.º 12.351/2010), inclusive seu presidente, que tem poder de veto e voto de qualidade (artigo 25 da Lei n.º 12.351/2010).

A Petrobrás será a operadora de todos os blocos contratados sob o regime de partilha de produção, com participação mínima assegurada de 30% nos consórcios de exploração, podendo ser esta participação mínima ser ampliada a partir de proposta do Ministério das Minas e Energia ao Conselho Nacional de Política Energética (artigos 4.º, 10, III, 'c', 19, 20 e 30 da Lei n.º 12.351/2010). A União, também pode contratar a estatal diretamente, sem licitação, para realizar estudos exploratórios (artigo 7.º, parágrafo único da Lei n.º 12.351/2010) ou para explorar e produzir em casos em que seja necessário preservar o interesse nacional e o atendimento dos objetivos da política energética (artigos 8.º, I e 12 da Lei n.º 12.351/2010). A comercialização do petróleo, gás natural e outros hidrocarbonetos destinados à União será realizada pelas normas de direito privado, sem licitação, de acordo com as diretrizes definidas pelo Conselho Nacional de Política Energética (artigos 9.º, VI e VII e 45, *caput* da Lei n.º 12.351/2010). A PPSA é a representante da União para a comercialização destes bens e pode contratar diretamente a Petrobrás, dispensada a licitação, como agente comercializador do petróleo, gás natural e hidrocarbonetos da União (artigo 45, parágrafo único da Lei n.º 12.351/2010). A previsão da Petrobrás como operadora única não é nenhuma inovação brasileira na legislação petrolífera. Este tipo de previsão existe em vários regimes de exploração petrolífera, na maior parte das regiões produtoras do mundo[39].

A mesma argumentação utilizada durante a "Campanha do Petróleo", na década de 1950, foi acionada novamente contra a presença do Estado no sctor pctrolífero[40]. Os críticos da proposta encaminhada de mudança de modelo exploratório alegaram que a Emenda Constitucional n.º 9, de 1995, teria instaurado o regime de livre competição no setor petrolífero. Para estes autores, a ideologia adotada pela Constituição de 1988 para o petróleo teria por objetivo a adoção da "regulação para a concorrência", isto é, a regulação da atividade monopolizada deveria ser efetuada de modo a introduzir a concorrência no setor. Ou seja, a abertura do setor petrolífero seria uma "exigência constitucional"[41]. Logicamente, esta "regulação para a concor-

---

[39] JOHNSTON, Daniel, *International Petroleum Fiscal Systems and Production Sharing Contracts* cit., pp. 66-67 e JOHNSTON, David, "How to Evaluate the Fiscal Terms of Oil Contracts" cit., pp. 77-80.

[40] LESSA, Carlos, *Auto-Estima e Desenvolvimento Social*, 2.ª ed, Rio de Janeiro, Garamond, 2004, pp. 22-25.

[41] BARROSO, Luís Roberto, "Modalidades de Intervenção do Estado na Ordem Econômica. Regime Jurídico das Sociedades de Economia Mista. Inocorrência de Abuso de Poder Econômico" cit., p. 411 e MARTINS, Daniela Couto, *A Regulação da Indústria do*

rência", que seria justificada pela globalização e pelos "benefícios trazidos à sociedade" (quaisquer que sejam estes), deveria, como todos os setores entregues à iniciativa privada no Brasil, proporcionar incentivos fiscais e financiamento público para os agentes econômicos privados[42]. O curioso é exigir concorrência em um setor que é monopolizado constitucionalmente pelo Estado.

A Emenda Constitucional n.º 9/1995 deu à União a opção de escolher entre a manutenção do sistema de atuação estatal direta ou a adoção de outro sistema, com a possibilidade de contratação de empresas estatais e privadas. A União, portanto, pode atuar diretamente no setor do petróleo, por meio de empresa estatal sob o seu controle acionário (artigo 62 da Lei n.º 9.478/1997, que garante o controle acionário da União sobre a Petrobrás). O monopólio estatal no exercício das atividades no setor petrolífero foi extinto, mas não o monopólio estatal destas atividades. O regime jurídico-constitucional do petróleo é um caso típico de exercício do monopólio estatal com "quebra de reserva" (*"Verwaltungsmonopol mit Durchbrechungsvorbehalt"*), por meio de concessões a particulares. A União é quem tem a competência constitucional de decidir quem pode exercer as atividades econômicas no setor de petróleo e gás natural, ou seja, de acordo com Alexandre de Moraes, há um "monopólio de escolha do Poder Público"[43].

O tratamento diferenciado concedido à Petrobrás não fere o artigo 173, §1.º, II da Constituição, que determina que as sociedades de economia mista que exploram atividade econômica em sentido estrito devem se sujeitar ao regime jurídico próprio das empresas privadas. Este artigo é, segundo Celso Antônio Bandeira de Mello, interpretado de forma exagerada, pois a própria Constituição diferencia os regimes jurídicos das empresas privadas e das

---

Petróleo segundo o Modelo Constitucional Brasileiro, Belo Horizonte, Fórum, 2006, pp. 62-63, 65-73, 157-169 e 171-235.

[42] MARTINS, Daniela Couto, *A Regulação da Indústria do Petróleo segundo o Modelo Constitucional Brasileiro cit.*, pp. 114-122, 136 e 220-225.

[43] BADURA, Peter, *Das Verwaltungsmonopol*, Berlin, Duncker & Humblot, 1963, pp. 258-259; MORAES, Alexandre de, "Regime Jurídico da Concessão para Exploração de Petróleo e Gás Natural" *cit.*, pp. 163-164 e 166-167; BARBOSA, Alfredo Ruy, "A Natureza Jurídica da Concessão para Exploração de Petróleo e Gás Natural" *cit.*, pp. 22-27 e BUCHEB, José Alberto, *Direito do Petróleo cit.*, pp. 123-124.

empresas estatais em várias passagens, não estabelecendo o mesmo regime das empresas privadas para as estatais em todas as situações[44].

Um dos problemas criados com a aprovação da Lei n.º 12.351/2010 é o da existência de um modelo dual de exploração do petróleo e do gás natural no país, com áreas submetidas ao regime jurídico do contrato de partilha de produção (Lei n.º 12.351/2010) e áreas submetidas ao regime jurídico do contrato de concessão (Lei n.º 9.478/1997). Esta sobreposição de regimes jurídicos, um deles, o da concessão, inclusive, inconstitucional, não traz nenhum benefício ao país. A melhor alternativa seria a unificação do modelo de exploração dos recursos petrolíferos, de preferência sob um regime adequado ao texto constitucional, como o modelo da partilha de produção, que mantém o domínio da União sobre bens públicos de uso especial, conforme determinam os artigos 20, IX e 177 da Constituição de 1988. A ampliação do controle estatal, socialização, reestatização ou renacionalização do petróleo e gás natural, qualquer que seja a denominação deste processo, é essencial para que possa ocorrer sua reapropriação popular, transformando bens comerciais em bens sociais. O petróleo e os recursos minerais constituem os elementos-chave para promover o desenvolvimento autônomo do país, portanto, redirecionar os recursos minerais para o desenvolvimento do mercado interno e para a industrialização significa também concretizar a nossa soberania econômica[45].

Na descrição de Adriana Fiorotti Campos, os principais instrumentos fiscais utilizados pelos países produtores de petróleo para arrecadar a maior renda petrolífera possível são: o bônus de assinatura (pago no momento da assinatura do contrato ou na outorga da concessão) e o bônus de produção (pago no momento da descoberta e durante o período de produção); o pagamento pela retenção da área, ou taxa de ocupação (paga anualmente para manter o Estado na administração das atividades petrolíferas); o *royalty* (proveniente do privilégio de utilização de um recurso não-renovável); o

---

[44] BANDEIRA DE MELLO, Celso Antônio, *Curso de Direito Administrativo* cit., pp. 183, 185-188 e 191-192.

[45] DIAS, José Luciano de Mattos & QUAGLINO, Maria Ana, *A Questão do Petróleo no Brasil: Uma História da Petrobrás*, Rio de Janeiro, Ed. FGV/Petrobrás, 1993, p. 200; BERNAL, Federico, *Petróleo, Estado y Soberanía* cit., pp. 24-25, 30-31, 192-193 e 206-209 e LESSA, Carlos, "Infraestrutura e Logística no Brasil" cit., pp. 92 e 98-100.

imposto de renda; a partilha de lucros extraordinários (quando há produção em campos com lucros extraordinários ou aumento dos preços do petróleo) e a participação governamental (pagamento progressivo nos casos de elevado volume de produção)[46].

O debate sobre os *royalties* provenientes da exploração de petróleo e gás natural é marcado pelos argumentos de cunho regionalista. Para garantir a aprovação da Lei n.º 9.478/1997 no Congresso Nacional, o Governo Fernando Henrique Cardoso concordou com o aumento da participação dos Estados e Municípios nos *royalties* do petróleo e gás natural, inclusive e especialmente da plataforma continental. Da mesma forma, a discussão mais intensa da proposta de alteração da legislação do regime de exploração das jazidas do pré-sal se deu em torno da distribuição dos *royalties*. Ao sancionar a Lei n.º 12.351/2010, o Presidente Lula vetou todo o texto do artigo 64 e seus parágrafos, e enviou novo projeto de lei, o Projeto de Lei n.º 8.051/2010, ao Congresso Nacional buscando dar novo tratamento à questão. Este projeto, após intensos debates no Congresso Nacional, resultou na Lei n.º 12.734, de 30 de novembro de 2012, que ampliou a participação na distribuição dos *royalties* do petróleo para todos os Estados e Municípios do país. Esta teve boa parte de seu texto vetado pela Presidente Dilma Roussef, mas o veto presidencial foi derrubado pelo Congresso Nacional no início de 2013. Ato contínuo à derrubada do veto, os Governadores do Estado do Espírito Santo e do Estado do Rio de Janeiro, a Assembleia Legislativa do Estado do Rio de Janeiro e o Governador do Estado de São Paulo ajuizaram, em 15 de março de 2013, ações diretas de inconstitucionalidade (ADI n.º 4.916, 4.917, 4.918 e 4.920) junto ao Supremo Tribunal Federal, questionando a repartição mais igualitária dos *royalties* entre todos os membros da Federação. A Ministra Cármen Lúcia Rocha deferiu, em 18 de março de 2013, pedido de liminar, suspendendo os efeitos da Lei n.º 12.734/2012, e não há, até o momento, nenhuma decisão do Supremo Tribunal Federal sobre a partilha dos *royalties* do petróleo.

Independentemente da posição que será tomada pelo Supremo Tribunal Federal, devo destacar que toda a justificativa e a defesa do pagamento de *royalties* aos Estados e Municípios é feita com base em disputas federativas e argumentos regionalistas. O critério de distribuição dos valores do

---

[46] CAMPOS, Adriana Fiorotti, *Indústria do Petróleo cit.*, pp. 66-68.

pagamento dos *royalties* do petróleo é exclusivamente territorial, fundado na proximidade física com o local da exploração. As regras estabelecidas dão direito ao recebimento de *royalties* aos Estados e Municípios confrontantes, ou seja, a distância física é o mais relevante, não a efetiva presença de capitais vinculados ao setor petrolífero. Além disto, não há teto para os repasses e o rateio é determinado por categorias de produção, dividindo-se os Municípios em zona de produção primária, zona de produção secundária e zona limítrofe. Os critérios legais levam em consideração também a presença de instalações de embarque e desembarque e de instalações industriais para o processamento, tratamento, armazenamento e escoamento do petróleo e gás, mas não são critérios estabelecidos para medir o impacto proporcional à população das áreas envolvidas. Não há, assim, qualquer avaliação sobre o efetivo impacto econômico e social das atividades petrolíferas sobre o território, muito menos qualquer preocupação com o futuro econômico da região de exploração petrolífera após o esgotamento das jazidas[47].

O resultado da lógica regionalista que impera na repartição dos *royalties* do petróleo é a concentração espacial destes recursos, notadamente no Estado do Rio de Janeiro. De acordo com os dados trazidos por Rodrigo Serra, a porcentagem de distribuição regional dos *royalties* do petróleo entre as várias regiões brasileiras, no ano de 2005, foi de 3,2% para a Região Norte, 11,4% para a Região Nordeste, 84,4% para a Região Sudeste, 1% para a Região Sul e 0% para a Região Centro-Oeste. O Estado do Rio de Janeiro sozinho recebeu 46,7% do total de recursos arrecadados como *royalties* do petróleo. Bruno de Oliveira Cruz e Márcio Bruno Ribeiro também comprovam a concentração espacial dos recursos petrolíferos e adicionam um dado, a partir da classificação adotada pela Política Nacional de Desenvolvimento Regional (PNDR) do Ministério da Integração Nacional: os Municípios situados em regiões consideradas de alta renda teriam recebido 57,3% do

---

[47] GUTMAN, José & LEITE, Getúlio, "Aspectos Legais da Distribuição Regional dos *Royalties*" in PIQUET, Rosélia (org.), *Petróleo, Royalties e Região*, Rio de Janeiro, Garamond, 2003, pp. 136-152; SERRA, Rodrigo & PATRÃO, Carla, "Impropriedades dos Critérios de Distribuição dos *Royalties* no Brasil" in PIQUET, Rosélia (org.), *Petróleo, Royalties e Região cit.*, pp. 193-195 e 201-205 e SERRA, Rodrigo, "Concentração Espacial das Rendas Petrolíferas e Sobrefinanciamento das Esferas de Governo Locais" in PIQUET, Rosélia & SERRA, Rodrigo (orgs.), *Petróleo e Região no Brasil: O Desafio da Abundância*, Rio de Janeiro, Garamond, 2007, pp. 85-96.

total dos *royalties* distribuídos em 2007. Os Municípios situados em regiões consideradas dinâmicas receberam 26,8% e os Municípios situados em regiões consideradas de baixa renda ou estagnadas, ou seja, considerados como prioritários para a Política Nacional de Desenvolvimento Regional, receberam apenas 15,9% do total de *royalties* em 2007[48].

Os *royalties* pagos aos Estados, Distrito Federal e Municípios como resultado da exploração de petróleo e gás natural ou compensação financeira por essa exploração podem ser, ainda, contestados em virtude desta exploração ocorrer, majoritariamente, na plataforma continental brasileira. A Convenção das Nações Unidas sobre o Direito do Mar, de 1982, garante o direito dos Estados costeiros sobre a plataforma continental contígua a seus territórios. O limite de 200 milhas pode ser ampliado para 350 milhas, sob o cumprimento de determinadas condições que atestem a efetiva exploração dos recursos da plataforma continental. A Convenção também assegurou o direito dos Estados costeiros à zona econômica exclusiva de 200 milhas, buscando atenuar a proclamação de vários Estados, como o Brasil, de soberania sobre o mar territorial de 200 milhas a partir da costa. Os direitos da zona econômica exclusiva e da plataforma continental asseguram a exploração econômica, o manejo e a conservação dos recursos naturais, seja na água, solo ou subsolo marítimo. De acordo com Vicente Marotta Rangel, a plataforma continental e a zona econômica exclusiva não se excluem, pois são complementares no mesmo espaço marítimo. A zona econômica exclusiva está vinculada à coluna d'água e aos recursos biológicos, enquanto que a plataforma continental diz respeito ao solo marítimo, subsolo e recursos minerais. Apesar da proclamação dos recursos naturais oceânicos como "herança comum da humanidade" (artigo 136 da Convenção, prevista também, anteriormente, no artigo 29 da Carta dos Direitos e Deveres Econômicos dos Estados), esta concepção, segundo Nico Schrijver, não é incompatível com a soberania permanente dos Estados sobre os recursos naturais. Na sua opinião, ambos os princípios fazem parte do mesmo movi-

---

[48] SERRA, Rodrigo, "Concentração Espacial das Rendas Petrolíferas e Sobrefinanciamento das Esferas de Governo Locais" *cit.*, pp. 79-85 e CRUZ, Bruno de Oliveira & RIBEIRO, Márcio Bruno, *Sobre Maldições e Bênçãos: É Possível Gerir Recursos Naturais de Forma Sustentável? Uma Análise sobre os Royalties e as Compensações Financeiras no Brasil*, Brasília, IPEA (Texto para Discussão n.º 1412), 2009, pp. 28-33 e 37.

mento de fortalecer a posição estratégica dos países periféricos pelo direito internacional, reagindo à exploração de seus recursos por outros Estados e por companhias multinacionais. Os dois princípios buscam promover a redistribuição da riqueza global de modo que sejam factíveis as estratégias nacionais de desenvolvimento[49].

No caso brasileiro, foi editado o Decreto n.º 28.840, de 8 de novembro de 1950, que declara a plataforma continental brasileira como domínio exclusivo da União. A soberania brasileira sobre o mar territorial foi, ainda, manifestada pelo Decreto-Lei n.º 553, de 25 de abril de 1969, que atribuía ao mar territorial brasileiro o limite de 12 milhas, logo ampliado para 200 milhas pelo Decreto-Lei n.º 1.098, de 25 de março de 1970[50]. A Constituição de 1988 incluiu expressamente os recursos naturais da plataforma continental e da zona econômica exclusiva e o mar territorial como bens da União (artigo 20, V e VI). Segundo Maria Inês Chaves de Andrade, a Constituição adotou os critérios da Convenção das Nações Unidas sobre o Direito do Mar, de 1982, ratificada em 22 de dezembro de 1988. A Lei n.º 8.617, de 04 de janeiro de 1993, revê a demarcação do limite de 200 milhas para o mar territorial brasileiro, mas reafirma a soberania nacional para a exploração e aproveitamento dos recursos naturais da plataforma continental e da zona econômica exclusiva[51].

Os *royalties* do petróleo, no entanto, não podem ser compreendidos como uma compensação pela exploração de recursos minerais nos territórios dos Estados, Distrito Federal e Municípios. Afinal, se forem compensação, a partilha dos recursos arrecadados não faria o menor sentido no caso da

---

[49] RANGEL, Vicente Marotta, *Le Plateau Continental dans la Convention de 1982 sur le Droit de la Mer in* Recueil des Cours de l'Académie de Droit International de La Haye, 1985, tomo 194, pp. 290-295, 308-311 e 320-324 e SCHRIJVER, Nico, *Sovereignty Over Natural Resources: Balancing Rights and Duties*, reimpr., Cambridge/New York, Cambridge University Press, 2008, pp. 202-229.

[50] MELLO, Celso D. Albuquerque, *Plataforma Continental: Principais Aspectos*, Rio de Janeiro, Livraria Freitas Bastos, 1965, p. 63; RANGEL, Vicente Marotta, *Natureza Jurídica e Delimitação do Mar Territorial*, 2.ª ed, São Paulo, RT, 1970, pp. 41 e 84-92; ANDRADE, Maria Inês Chaves de, *A Plataforma Continental Brasileira*, Belo Horizonte, Del Rey, 1965, pp. 110-117.

[51] ANDRADE, Maria Inês Chaves de, *A Plataforma Continental Brasileira cit.*, pp. 125-133.

exploração de petróleo e gás natural na plataforma continental, na zona econômica exclusiva ou no mar territorial, cujos recursos naturais pertencem à União (artigo 20, V e VI da Constituição)[52].

O texto do artigo 20, §1.º da Constituição busca garantir a participação no resultado da exploração de petróleo ou gás natural ou a compensação financeira por essa exploração. Os beneficiários são os Estados, o Distrito Federal, os Municípios e órgãos da Administração Direta da União. O texto, ainda, determina que os Estados, Distrito Federal e Municípios participem dos resultados ou sejam compensados pela exploração no seu respectivo território. A menção à exploração na plataforma continental, mar territorial ou zona econômica exclusiva refere-se à participação no resultado da exploração dos órgãos da Administração Direta da União. Os órgãos da Administração Direta da União não podem receber compensação financeira pela exploração de petróleo e gás natural porque não possuem território em virtude do qual necessitem ser compensados. Estes órgãos só podem participar dos resultados nas situações em que a exploração se realiza em domínio federal, como a plataforma continental, mar territorial e zona econômica exclusiva. Do mesmo modo, os Estados, Distrito Federal e Municípios participam da exploração ou recebem compensação financeira em virtude desta exploração se dar em seus respectivos territórios. Não há razão para que alguns Estados e Municípios recebam recursos em virtude da participação na exploração ou da compensação financeira pela exploração que ocorre em domínio que não é seu, mas da União. Se o artigo 20, §1.º da Constituição for interpretado no sentido de que os Estados, Distrito Federal e Municípios têm direito a receber recursos em virtude da participação na exploração ou da compensação financeira pela exploração de petróleo e gás natural em domínio da União, a única alternativa constitucionalmente adequada, em virtude dos artigos 3.º, III e 170, VII da Constituição de 1988, que determinam a redução das desigualdades regionais como objetivo da República e princípio conformador da ordem econômica[53], é a repartição

---

[52] CRUZ, Bruno de Oliveira & RIBEIRO, Márcio Bruno, *Sobre Maldições e Bênçãos cit.*, p. 36.

[53] BERCOVICI, Gilberto, *Desigualdades Regionais, Estado e Constituição*, São Paulo, Max Limonad, 2003, pp. 62-67, 156-159, 209-216 e 239-270.

destes recursos entre todos os entes da Federação, e não privilegiar apenas os que se situam geograficamente mais próximos das reservas petrolíferas. A chamada "Maldição dos Recursos" (*"Resource Curse"*) entende que os países ricos em recursos naturais, especialmente minerais, têm geralmente, um desempenho econômico pior do que os países sem tantos recursos. Ou seja, os recursos naturais abundantes podem aumentar a renda nacional, mas também podem causar retração em setores da economia, especialmente no setor industrial[54]. A "Maldição dos Recursos" sempre é associada à "Doença Holandesa" (*"Dutch Disease"*), cujo nome é proveniente dos efeitos adversos na indústria holandesa causados pelas descobertas de grandes depósitos de gás natural no Mar do Norte na década de 1960. A exploração destas descobertas levou à subsequente valorização da taxa de câmbio da moeda holandesa e prejudicou sua produção industrial em detrimento das importações, reduzindo a renda nacional e ampliando o desemprego[55].

Em um primeiro momento, a análise da "Doença Holandesa" teve uma preocupação exclusivamente cambial, mas acabou adquirindo contornos mais amplos, vinculados à desindustrialização[56]. O modelo econômico

---

[54] MIKESELL, Raymond F., "Explaining the Resource Curse, with Special Reference to Mineral-Exporting Countries", *Resources Policy*, vol. 23, n.º 4, 1997, pp. 191-192 e 198-199; SACHS, Jeffrey D. & WARNER, Andrew M., "Natural Resources and Economic Development: The Curse of Natural Resources", *European Economic Review*, vol. 45, 2001, pp. 827-833; HUMPHREYS, Macartan; SACHS, Jeffrey D. & STIGLITZ, Joseph E., "What Is the Problem with Natural Resource Wealth?" *in* HUMPHREYS, Macartan; SACHS, Jeffrey D. & STIGLITZ, Joseph E. (orgs.), *Escaping the Resource Curse cit.*, pp. 1-3 e PEREIRA, Edgard Antonio, "Doença Holandesa e Falha no Desenvolvimento Econômico" *in* PEREIRA, Luiz Carlos Bresser (org.), *Doença Holandesa e Indústria*, Rio de Janeiro, Ed. FGV, 2010, pp. 155-158.

[55] CORDEN, W. Max, "Booming Sector and Dutch Disease Economics: Survey and Consolidation", *Oxford Economic Papers*, vol. 36, n.º 3, Oxford University Press, novembro de 1984, p. 359; ELLMAN, Michael "Natural Gas, Restructuring and Re-Industrialisation: The Dutch Experience of Industrial Policy" *in* BARKER, Terry & BRAILOVSKY, Vladimir (orgs.), *Oil or Industry? Energy, Industrialisation and Economic Policy in Canada, Mexico, the Netherlands, Norway and the United Kingdom*, London/New York, Academic Press, 1981, pp. 153-160 e 163-164 e KREMERS, Jeroen J. M., "The Dutch Disease in the Netherlands" *in* NEARY, J. Peter & WIJNBERGEN, Sweder van (orgs.), *Natural Resources and the Macroeconomy*, Cambridge (Ms.), The MIT Press, 1986, pp. 96-136.

[56] Sobre a desindustrialização, vide PALMA, Gabriel, "Four Sources of 'De-Industrialization' and a New Concept of the 'Dutch Disease'" *in* OCAMPO, José Antonio (org.), *Beyond*

de referência foi estruturado por W. Max Corden e J. Peter Neary, para economias pequenas e abertas, ou seja, que dependem em grande medida do mercado internacional, formadas por três setores distintos: o setor de exploração de recursos naturais (em expansão), o setor industrial e o setor de serviços (setor de produtos não comercializáveis, *non tradeable goods*, na definição de Corden, em contraposição aos bens comercializáveis, *tradeable goods*, gerados pelos dois outros setores e cujos preços seriam definidos pelo mercado internacional)[57]. A expansão da exploração de recursos naturais geraria dois efeitos sobre a economia, o *"resource movement effect"* (atração de capital e demais fatores de produção para o setor de exploração de recursos naturais, em detrimento especialmente do setor industrial) e o *"spending effect"* (aumento de demanda por todos os bens comercializados no mercado em virtude do aumento da renda do setor de exploração dos recursos naturais)[58].

Reforms: Structural Dynamics and Macroeconomic Vulnerability, Palo Alto/Washington, Stanford University Press/United Nations Economic Commission for Latin America and the Caribbean/The World Bank, 2005, pp. 75-81 e 102-106.

[57] CORDEN, W. Max & NEARY, J. Peter, "Booming Sector and De-Industrialisation in a Small Open Economy", *The Economic Journal*, vol. 92, n.º 368, dezembro de 1982, pp. 826-828.

[58] CORDEN, W. Max & NEARY, J. Peter, "Booming Sector and De-Industrialisation in a Small Open Economy" *cit.*, pp. 827 e 841-842; CORDEN, W. Max, "Booming Sector and Dutch Disease Economics: Survey and Consolidation" *cit.*, pp. 360-363; AHMED, Abdelkader Sid, "Du 'Dutch Disease' à l'"OPEP Disease'. Quelques Considérations Théoriques autour de l'Industrialisation des Pays", *Revue Tiers-Monde*, vol. 28, n.º 112, outubro/dezembro de 1987, pp. 889-897; PEREIRA, Luiz Carlos Bresser, *Macroeconomia da Estagnação: Crítica da Ortodoxia Convencional no Brasil pós-1994*, São Paulo, Ed. 34, 2007, pp. 120-123; MIKESELL, Raymond F., "Explaining the Resource Curse, with Special Reference to Mineral-Exporting Countries" *cit.*, pp. 194 e 197-198; PALMA, Gabriel, "Four Sources of 'De-Industrialization' and a New Concept of the 'Dutch Disease'" *cit.*, pp. 81-85; HUMPHREYS, Macartan; SACHS, Jeffrey D. & STIGLITZ, Joseph E., "What Is the Problem with Natural Resource Wealth?" *cit.*, pp. 5-6; PEREIRA, Luiz Carlos Bresser, "Dutch Disease and Its Neutralization: A Ricardian Approach", *Revista de Economia Política*, vol. 28, n.º 1, janeiro/março de 2008, pp. 50-56 e PEREIRA, Luiz Carlos Bresser & MARCONI, Nelson, "Existe Doença Holandesa no Brasil?" *in* Luiz Carlos Bresser PEREIRA (org.), *Doença Holandesa e Indústria cit.*, pp. 214-216. Jahangir Amuzegar critica, além dos pressupostos neoclássicos dos estudos sobre a "Doença Holandesa", o fato de seu modelo descrever a situação de uma economia industrial e aberta, de um país pequeno, com pouca intervenção estatal em áreas não convencionais, situação

A "Doença Holandesa", no entanto, não é automática. As explicações puramente econômicas não percebem os processos institucionais e políticos que condicionam as forças econômicas e podem facilitar ou dificultar reajustes necessários. O insucesso econômico de um país exportador de produtos primários, como o petróleo, não pode ser compreendido sem o seu desenvolvimento institucional. As *commodities* não criam ou destroem nada sozinhas, mas tiram sua importância econômica das relações sociais e políticas que determinam sua utilização. Os ciclos de bonança gerados pela elevação do preço de determinados produtos primários significam rendas produzidas para que os responsáveis pelas decisões políticas e econômicas decidam sobre o que fazer com elas e como continuar mantendo essas rendas. As rendas provenientes da exportação de produtos exauríveis, como minérios, não são um dado exclusivo da economia, mas remetem ao controle da produção e são fruto da exploração de um privilégio jurídico, social e político, devendo ser investidas como parte de uma estratégia de desenvolvimento nacional. De acordo com Jeffrey D. Sachs, a "Doença Holandesa" deve ser uma preocupação especialmente nos casos em que as rendas obtidas são utilizadas no consumo, e não utilizadas como investimentos públicos[59].

A eliminação dos efeitos da "Doença Holandesa" necessita de uma política cambial e de balanço de pagamentos. A administração da taxa de câmbio é um dos principais instrumentos de política econômica. A teoria econômica neoclássica defende a flutuação da taxa de câmbio, o que a man-

---

muito distinta dos países exportadores de petróleo integrantes da OPEP. Vide AMUZEGAR, Jahangir, *Managing the Oil Wealth: OPEC's Windfalls and Pitfalls*, 2.ª ed, London/New York, I. B. Tauris Publishers, 2001, pp. 18-20 e 189-191. Em sentido contrário, entendendo que a "Doença Holandesa" também se manifesta nos países exportadores de petróleo e recursos minerais do Terceiro Mundo, vide AHMED, Abdelkader Sid, "Du 'Dutch Disease' à l'"OPEP Disease'. Quelques Considérations Théoriques autour de l'Industrialisation des Pays" *cit.*, pp. 898-904. Para outras críticas à concepção predominante de "Doença Holandesa", vide SACHS, Jeffrey D., "How to Handle the Macroeconomics of Oil Wealth" *in* HUMPHREYS, Macartan; SACHS, Jeffrey D. & STIGLITZ, Joseph E. (orgs.), *Escaping the Resource Curse cit.*, pp. 181-184 e BASTOS, Pedro Paulo Zahluth, "A Doença Holandesa e a Economia Brasileira: O Risco do Populismo Cambial Ontem e Hoje", *Economia & Tecnologia*, vol. 19, outubro/dezembro de 2009, pp. 5-7.

[59] KARL, Terry Lynn, *The Paradox of Plenty: Oil Booms and Petro-States*, reimpr., Berkeley/Los Angeles/London, University of California Press, 2008, pp. 5-6, 12-14, 40-43, 54-58, 223-227 e 236-238.

teria automaticamente equilibrada, pois acredita, ao contrário da experiência histórica da imensa maioria dos países, que é impossível administrá-la. Aos países do centro do sistema interessa uma taxa de câmbio relativamente apreciada nos países periféricos, para exportarem mais, importarem menos e garantirem mais lucros e uma maior quantidade de recursos a serem repatriados por suas empresas multinacionais atuantes na periferia. Nos casos de "Doença Holandesa", ou seja, a existência de recursos naturais abundantes, cujo custo de aproveitamento para exportação pelo país detentor é muito baixo, ocorre uma grande apreciação da taxa de câmbio, inviabilizando a produção de outros bens, especialmente no setor industrial. O principal meio de combate aos efeitos da "Doença Holandesa" é justamente a administração da taxa de câmbio, estabelecendo maiores taxações sobre as exportações e sobre as rendas provenientes dos recursos minerais. Além disto, a utilização dos recursos adquiridos com a exportação dos recursos minerais pode ser manejada por um fundo de investimentos, que atua geralmente no exterior, impedindo os desequilíbrios provenientes da entrada maciça de recursos em moeda estrangeira no país[60].

A dependência dos produtos minerais acaba ocasionando algumas características comuns aos Estados produtores, fruto da maneira pela qual a indústria mineral se organizou, geralmente por meio de decisões tomadas fora destes países. Além da dependência, em geral, de um único recurso exaurível, gerador de rendas elevadas, que são ampliadas no caso dos países exportadores de petróleo, os Estados produtores dependem de um setor, a indústria mineral voltada para a exportação, que tem necessidade de grandes investimentos e permaneceu, na maior parte dos casos, como um enclave, mais integrado à economia internacional do que à do país produtor. Um enclave de exploração mineral não gera, na terminologia consagrada de Albert Hirschman, nem os encadeamentos anteriores (abastecimento de insumos das atividades não primárias), nem os encadeamentos posteriores (a utilização da produção da atividade como insumo em atividades novas)

---

[60] PEREIRA, Luiz Carlos Bresser, *Macroeconomia da Estagnação* cit., pp. 113-117 e 125-127; SACHS, Jeffrey D., "How to Handle the Macroeconomics of Oil Wealth" cit., pp. 186-188; DUNNING, Thad, *Crude Democracy: Natural Resource Wealth and Political Regimes*, Cambridge/New York, Cambridge University Press, 2008, pp. 45-59 e PEREIRA, Luiz Carlos Bresser, "Dutch Disease and Its Neutralization: A Ricardian Approach" cit., pp. 56-60.

necessários para a geração de transformações econômicas que caracterizem o processo de desenvolvimento. O fato de permanecer a lógica do enclave acaba prejudicando o estabelecimento de uma indústria mineral adequada e economicamente integrada às necessidades do seu país. Um "pólo de extração" não se torna um "pólo de desenvolvimento", pelo contrário. Geralmente, sua influência no restante do sistema econômico nacional é desestruturadora[61].

A especialização em ser produtor primário é uma alternativa muito pobre, pois gera pouco emprego e acarreta a perda do dinamismo social e do desenvolvimento cultural e tecnológico associados a um setor industrial forte[62]. O petróleo pode ser uma benção, e não uma maldição, mas, para tanto, não pode ser deixado às forças de mercado. O país precisa planejar como utilizar as novas fontes de renda, particularmente a renda externa adicional, para que a descoberta de petróleo não impeça ou destrua sua industrialização e gere o desemprego. Isto não ocorrerá como resultado automático das forças de mercado, mas apenas com planejamento e atuação deliberada do Estado. As alternativas são o completo isolamento do restante da economia dos efeitos deletérios do petróleo, com políticas de investimentos fora do país e expansão doméstica, visando estabilizar ou baixar a taxa de câmbio; ou a utilização das rendas petrolíferas para promover o

---

[61] HIRSCHMAN, Albert O., *La Estrategia del Desarrollo Económico*, reimpr., México, Fondo de Cultura Económica, 1973, pp. 114-116; HIRSCHMAN, Albert O., "A Generalized Linkage Approach to Development, with Special Reference to Staples" in *Essays in Trespassing: Economics to Politics and Beyond*, reimpr., Cambridge/New York, Cambridge University Press, 2008, pp. 67-71; GIRVAN, Norman, *Corporate Imperialism: Conflict and Expropriation – Transnational Corporations and Economic Nationalism in the Third World*, New York/London, Monthly Review Press, 1976, pp. 11-12, 30-36, 43-46 e 194; TANZER, Michael, *The Race for Resources: Continuing Struggles over Minerals and Fuels*, New York/London, Monthly Review Press, 1980, pp. 25-26, 41-43, 48-55 e KARL, Terry Lynn, *The Paradox of Plenty cit.*, pp. 46-48.

[62] GIRVAN, Norman, *Corporate Imperialism cit.*, pp. 33-35 e KARL, Terry Lynn, *The Paradox of Plenty cit.*, pp. 52-54. Vide, ainda, AHMED, Abdelkader Sid, "Du 'Dutch Disease' à l'"OPEP Disease". Quelques Considérations Théoriques autour de l'Industrialisation des Pays" *cit.*, pp. 904-905. Em sentido contrário, para a crítica das políticas de industrialização desenvolvidas pelos membros da OPEP, vide AMUZEGAR, Jahangir, *Managing the Oil Wealth cit.*, pp. 211-213.

desenvolvimento industrial, fortalecendo o setor produtivo e mantendo o nível de emprego[63].

Para Luiz Carlos Bresser Pereira, o Brasil evitou a "Doença Holandesa" durante o seu período de industrialização acelerada, entre 1930 e 1980, ao manter um complexo sistema de proteção ao seu mercado interno e subsídios, depreciando, na prática, sua taxa de câmbio, subsidiando a exportação dos produtos manufaturados e mantendo a taxa de câmbio nominal para a exportação dos produtos primários. Em sua opinião, esta política impôs, de fato, um imposto sobre a exportação dos produtos que poderiam causar a "Doença Holandesa", como ferro, açúcar e café. Esta política de proteção ao mercado interno associada à política de industrialização teria impedido que o Brasil desenvolvesse a "Doença Holandesa", fazendo com que a economia brasileira se comportasse como se tivesse escassez de recursos naturais. No entanto, esta política foi abandonada na década de 1990, com a abertura comercial, a apreciação da taxa de câmbio e a renúncia da política econômica brasileira em manter a administração da sua taxa de câmbio a partir do programa de estabilização econômica implementado em 1994. O Brasil teria iniciado, assim, um processo de desindustrialização, que não configuraria, como nos países centrais, uma transferência de mão-de-obra do setor industrial para outros setores mais avançados tecnologicamente ou de serviços, mas seria um processo regressivo, que transfere mão-de-obra para os setores agrícolas, mineradores, agroindustriais e para as chamadas indústrias "maquiladoras", com baixo valor agregado, ampliando o desemprego e o baixo dinamismo econômico. A "Doença Holandesa", segundo Bresser Pereira, estaria preservando parte do setor industrial brasileiro, mas sob a forma de "maquiladoras", ou seja, dependente de insumos e bens importados e utilizando mão-de-obra barata e com baixa qualificação. Este seria, inclusive, o motivo do rebaixamento do conteúdo tecnológico das exportações de bens manufaturados brasileiros, especialmente se comparados com os bens que são importados pelo país[64].

---

[63] ELLMAN, Michael, "Natural Gas, Restructuring and Re-Industrialisation: The Dutch Experience of Industrial Policy" cit., pp. 160-163 e KARL, Terry Lynn, *The Paradox of Plenty* cit., pp. 220-221 e 241-242.

[64] PEREIRA, Luiz Carlos Bresser, *Macroeconomia da Estagnação* cit., pp. 127-131, 153-154 e 275-276; PEREIRA, Luiz Carlos Bresser, "Dutch Disease and Its Neutralization:

Gabriel Palma entende a "Doença Holandesa" como um processo de "desindustrialização" associado a um *boom* repentino na exportação de produtos primários ou serviços (especialmente em países que não haviam desenvolvido antes estes setores) ou, como no caso de alguns países latino-americanos, a uma mudança brusca na sua política econômica, resultado de um processo drástico de liberalização financeira e comercial, revertendo a sua estratégia de industrialização liderada pelo Estado. Na América Latina, esse fenômeno foi percebido, segundo Palma, no Brasil, Argentina, Uruguai e Chile. A "Doença Holandesa" nesses países latino-americanos, no entanto, teria um impacto pior do que em países como a Holanda, pois não houve o surgimento de novas atividades produtivas, sendo denominada por Palma *"downward Dutch disease"*. Haveria, assim, um "rebaixamento" dos países atingidos por este tipo de desindustrialização prematura, cujas consequências para o seu crescimento de longo prazo podem ser graves, apresentando, nas palavras de Gabriel Palma, aspectos de uma *"policy-induced 'uncreative destruction'"*[65].

A política de desenvolvimento e exploração econômica dos recursos minerais brasileiros deve estar voltada para o mercado interno, sendo fundamental para o próprio parque industrial instalado no país. A falta de tecnologia própria fez com que a indústria brasileira fosse construída a partir de projetos estruturados para utilizar recursos minerais cujas características não são encontradas nas reservas existentes no país, o que sempre foi um empecilho, quando não um elemento de inviabilização, para a extração nacional de recursos minerais. Além disto, o Brasil costuma receber indústrias altamente poluentes e que utilizam enormes quantidades de energia, praticamente expulsas de seus países de origem. Deste modo, a ideia de sustentabilidade no desenvolvimento da exploração de recursos minerais exige também o investimento em novos materiais e novas tecnologias.

A Ricardian Approach" *cit.*, pp. 47-50 e 60-67 e PEREIRA, Luiz Carlos Bresser & MARCONI, Nelson, "Existe Doença Holandesa no Brasil?" *cit.*, pp. 207-208 e 216-226. Vide, ainda, PEREIRA, Edgard Antonio, "Doença Holandesa e Falha no Desenvolvimento Econômico" *cit.*, pp. 158-159.

[65] PALMA, Gabriel, "Four Sources of 'De-Industrialization' and a New Concept of the 'Dutch Disease'" *cit.*, pp. 85-93 e 105-109. Vide, em sentido próximo, BASTOS, Pedro Paulo Zahluth, "A Doença Holandesa e a Economia Brasileira: O Risco do Populismo Cambial Ontem e Hoje" *cit.*, pp. 9-13.

A importância do desenvolvimento científico e tecnológico para a produção de fontes de energia alternativas, como biocombustíveis, é notória. A propósito, o caso do etanol (Proálcool) demonstrou que o Brasil possuiu a capacidade de criação de um complexo tecnológico e agroindustrial com a busca de fontes renováveis para a geração de energia. A política mineral do país deve ser elaborada em conjunto com a política nacional de desenvolvimento científico e tecnológico, para que seja possível aproveitar no parque industrial e no setor produtivo os minérios abundantes no Brasil, eliminando esta dependência de recursos minerais importados, que, na realidade, é uma faceta da dependência tecnológica[66]. A ampliação do peso do petróleo e de seus derivados na composição da riqueza nacional, como vem ocorrendo desde o ano de 2000[67], aumenta ainda mais a importância dos investimentos em ciência, tecnologia e inovação.

A crise do Estado brasileiro, segundo José Luís Fiori, não se deve à sua fraqueza, mas à sua força, pois, tendo consolidado a industrialização pesada, não apresenta complementariedades com os blocos econômicos regionais ou com as economias desenvolvidas, não admitindo saídas baseadas exclusivamente no dinamismo das exportações. O Brasil, dados o tamanho, volume e complexidade de sua economia, necessita de uma profunda reestruturação produtiva e tecnológica. A saída, portanto, implica em um Estado nacional forte, não autoritário, capaz de definir e comandar a estratégia de superação do impasse atual, retomando o processo de desenvolvimento e promovendo a integração social e política de toda a população[68]. Isto implica na possibilidade de alteração da política privatizante seguida desde os anos 1990.

---

[66] SCLIAR, Cláudio, *Geopolítica das Minas do Brasil: A Importância da Mineração para a Sociedade*, Rio de Janeiro, Revan, 1996, pp. 25-27, 150-151 e 156-158. Sobre a utilização do álcool como combustível no Brasil, vide BARZELAY, Michael, *The Politicized Market Economy: Alcohol in Brazil's Energy Strategy*, Berkeley/Los Angeles/London, University of California Press, 1986, pp. 129-245. Especificamente para a questão dos biocombustíveis, vide também FEROLLA, Sergio Xavier, "Biocombustíveis – A Saga de Muitos Pioneiros" in HAGE, José Alexandre (org.), *A Energia, a Política Internacional e o Brasil: Conflitos e Propostas no Século XXI*, Curitiba, Instituto Memória, 2008, pp. 327-346.

[67] Cf. PEREIRA, Edgard Antonio, "Doença Holandesa e Falha no Desenvolvimento Econômico" *cit.*, pp. 165-168.

[68] FIORI, José Luís, "Reforma ou Sucata? O Dilema Estratégico do Setor Público Brasileiro" in *Em Busca do Dissenso Perdido: Ensaios Críticos sobre a Festejada Crise do*

O Brasil, em seu processo de formação econômica, sempre oscilou entre duas grandes tendências e as descobertas do pré-sal podem conduzir o país tanto em uma, como em outra direção. Uma é a constituição de um sistema econômico nacional, autônomo, com os centros de decisão econômica internalizados e baseado na expansão do mercado interno, em um processo de desenvolvimento vinculado a reformas estruturais. A outra consiste no modelo dependente ou associado, com preponderância das empresas multinacionais e do sistema financeiro internacional, dependente financeira e tecnologicamente e vinculado às oscilações externas da economia mundial[69].

A constituição de um sistema econômico nacional autônomo, nacionalmente integrado e fundado na expansão do mercado interno por meio da industrialização não é uma via de desenvolvimento consolidada no Brasil. Interesses econômicos e políticos, internos e externos, extremamente poderosos, ainda sonham e lutam por transformar o país em uma grande plataforma de exportação de produtos primários, agrícolas e minerais, buscando de ciclo em ciclo uma melhor inserção no mercado internacional. A boa ou má utilização dos recursos petrolíferos descobertos na camada do pré-sal será decisiva neste embate e, se formos levar em consideração o resultado contrário ao interesse nacional do primeiro leilão realizado, em 21 de outubro de 2013, com a entrega da exploração do Campo de Libra para empresas multinacionais estrangeiras, como as petroleiras Shell, Total e as estatais chinesas CNPC (*China National Petroleum Corporation*) e CNOOC (*China National Offshore Oil Corporation*), o Brasil parece estar caminhando não para o rumo da superação do subdesenvolvimento e da soberania energética, mas para a repetição, no século XXI, da "procissão dos milagres", descrita por Sergio Buarque de Holanda: *"Tivemos também os nossos eldorados.*

Estado, Rio de Janeiro, Insight, 1995, pp. 116-118 e FIORI, José Luís, "Para uma Economia Política do Estado Brasileiro" in *Em Busca do Dissenso Perdido cit.*, pp. 157-159. Sobre os desafios da reestruturação da política industrial brasileira na atualidade, rebatendo também os defensores do futuro do Brasil como sendo o grande fornecedor de alimentos e produtos primários para a economia mundial, vide CASTRO, Antônio Barros de, "From Semi-Stagnation to Growth in a Sino-Centric Market", *Revista de Economia Política*, vol. 28, n.º 1, janeiro/março de 2008, pp. 9-27 e CASTRO, Antônio Barros de, "No Espelho da China" in PEREIRA, Luiz Carlos Bresser (org.), *Doença Holandesa e Indústria cit.*, pp. 333-338.

[69] IANNI, Octavio, *Estado e Capitalismo*, 2.ª ed, São Paulo, Brasiliense, 1989, pp. 255-256 e 258-259 e LESSA, Carlos, "Infraestrutura e Logística no Brasil" *cit.*, pp. 97-100.

Os das minas, certamente, mas ainda o do açúcar, o do tabaco, de tantos outros gêneros agrícolas, que se tiram da terra fértil, enquanto fértil, como o ouro se extrai, até esgotar-se, do cascalho, sem retribuição de benefícios. A procissão dos milagres há de continuar assim através de todo o período colonial, e não interromperá a Independência, sequer, ou a República" [70].

---

[70] HOLANDA, Sergio Buarque de, *Visão do Paraíso: Os Motivos Edênicos no Descobrimento e Colonização do Brasil*, 5.ª ed, São Paulo, Brasiliense, 1992, p. 334.

Os Contratos no Direito do Petróleo e do Gás

Luís Manuel Teles de Menezes Leitão[*]

> SUMÁRIO: 1. Generalidades; 2. Os contratos celebrados com o Estado detentor no sector *Upstream*; 3. Os contratos celebrados entre companhias petrolíferas no âmbito do sector *Upstream*; 4. Os contratos celebrados pelas companhias petrolíferas com terceiros no âmbito do sector *Upstream*; 5. Os contratos *Midstream*; 6. Os contratos *Downstream*.

1. Generalidades

O Direito do Petróleo e do Gás obedece a modelos contratuais muito específicos que procuraremos examinar neste trabalho. Infelizmente, no entanto, apesar da enorme importância que os recursos energéticos em geral e o petróleo em particular assumem na economia mundial verifica-se que existe muito pouca investigação jurídica realizada nesta matéria, especialmente na área da contratação[1].

O primeiro aspecto a salientar é o cariz predominantemente internacional da contratação nesta área. Efectivamente, verifica-se que a indústria

---

[*] Professor Catedrático da Faculdade de Direito da Universidade de Lisboa.

[1] São excepção entre nós os estudos de PAULO MARQUES, "Da natureza jurídica do *Production Sharing Agreement* (PSA) à luz do ordenamento jurídico português", em PEDRO MELO / JOÃO GARCIA PULIDO / PAULO MARQUES / ALEXANDRA BEATO, *Estudos sobre Energia: Petróleo e Gás Natural* , Coimbra, Almedina, 2004, pp. 9-68 e FRANCISCO BRIOSA E GALA, "A tipicidade das formas contratuais atípicas no comércio internacional de petróleo", em *O Direito* 141.º (2009), IV, pp. 999-1026.

do petróleo possui, em relação às outras actividades económicas, um cariz internacional muito maior, atento o facto de, devido à escassez dos recursos petrolíferos, ser necessária a prospecção e pesquisa do petróleo em todo o mundo. Esse cariz internacional é muito antigo, constituindo uma evidente característica da indústria petrolífera desde os seus primórdios, quando se deu a expansão das mais importantes companhias petrolíferas ao redor do mundo, como a *Standard Oil Company*, a *British Petroleum* (BP) e a *Royal--Shell*. A globalização da actividade económica contribuiu, no entanto, para acentuar esse cariz, na medida em que levantou as barreiras alfandegárias e contribuiu para a internacionalização dos contratos relativos ao petróleo. Em consequência, a maioria dos contratos celebrados no âmbito da indústria petrolífera possui quase sempre cariz internacional, em virtude de possuir elementos de conexão que remetem para leis diferentes, como a nacionalidade ou domicílio das partes, o lugar da celebração ou da execução ou a lei aplicável ao contrato[2].

Para além disso, os contratos internacionais sobre petróleo são contratos que envolvem um risco muito elevado e que por isso necessitam de um investimento financeiro assegurado por garantias especiais. Este tipo de riscos costumam ser divididos em riscos de avaliação ou riscos geológicos e riscos políticos, relacionados com a situação do país de acolhimento ou com a evolução da situação política internacional em torno do comércio petrolífero[3].

Os riscos de avaliação ou riscos geológicos correspondem à possibilidade de não ser encontrada uma reserva comercializável na zona do contrato, o que tem como consequência a perda de um investimento considerável[4].

---

[2] Cfr. Diogo Pignataro de Oliveira, "Os contratos internacionais e a indústria do petróleo" em *Jus Navigandi, Teresina*, ano 12, n. 1532, 11 set. 2007, disponível em http://jus.uol.com.br/revista/texto/10391 .

[3] Cfr. Briosa e Gala, *O Direito* 141.º (2009), IV, p. 1010.

[4] Conforme refere Paulo Marques, *op. cit.*, pp. 20-21: "O Petróleo, considerada a forma e estado em que se encontra na natureza, não se vê, sente ou cheira. A sua existência não é descortinada pelos sentidos. Qual objecto das mais delirantes histórias de piratas, é um tesouro enterrado; ao caso, com mais um senão, não há X no mapa que dê conta do lugar, que o aponte. Começa a levantar-se o véu. Se o petróleo está enterrado como o descobrir? É precisamente dessa questão que trata o *"Up-Stream"*. É precisamente o resultado daquela equação que faz a diferença entre o sucesso e o desastre. É precisamente a resposta àquela

Efectivamente, o investimento na exploração de petróleo é necessariamente um investimento a longo prazo, implicando a afectação durante décadas de recursos humanos, capital e tecnologia. Basta ver que implica a abertura de poços para a extracção do petróleo, o que é uma infra-estrutura de grande dimensão e muito custosa. Por outro lado, o constante declínio dos recursos petrolíferos – falando-se inclusivamente no facto de já se ter ultrapassado o pico do petróleo e poder haver um esgotamento do produto neste século – obriga cada vez mais as companhias petrolíferas a procurar petróleo em areas de acesso geográfico cada vez mais difícil, o que faz aumentar os custos da extracção, podendo chegar-se a um ponto em que os benefícios da exploração deixem de compensar esses custos.

Já em relação aos riscos políticos, estes resultam do facto de, em virtude da importância estratégica que normalmente os países dão aos seus recursos naturais, a gestão de recursos como o petróleo e o gás é sujeita a políticas governamentais muito instáveis, podendo igualmente ocorrer a todo o tempo alterações de regulação da actividade de prospecção e da sua tributação, crises políticas, mudanças de regime, revoluções seguidas de nacionalização das companhias petrolíferas, e até guerras motivadas por causa do petróleo. O petróleo pode ser aliás sujeito a condicionamentos geopolíticos internacionais de vária ordem como se verificou com os diversos choques petrolíferos causados por decisões da OPEP[5]. Por todos esses motivos, o preço da matéria prima é extremamente volátil nos mercados internacionais, podendo ocorrer grandes variações entre a data da celebração do contrato e a data da entrega do produto, as quais são influenciadas pela alterações da cotação da divisa na qual são feitos os pagamentos[6].

Tudo isto contribui para criar um enorme risco económico neste tipo de contratos, embora também possa potenciar os benefícios deles resultantes. Esses benefícios têm que ser naturalmente analisados pela indústria petro-

---

pergunta que permite afirmar estarmos em presença de um negócio de "álea", e portanto, de RISCO".

[5] WENDY NICOLE DUONG, "Partnerships with Monarchs – Two Case Studies: Case One – Partnerships with Monarchs in the Search for Oil: Unveiling and Re-Examining the Patterns of 'Third World' Economic Development in the Petroleum Sector" em *University of Pennsylvania Journal of International Economic Law*, vol. 25 (2004), pp. 1171-1296 (1204).

[6] Cfr. DIOGO PIGNATARO DE OLIVEIRA, *loc. cit.*

lífera em confronto com os riscos, sendo até muito comum as companhias petrolíferas estabeleceram remunerações bastante elevadas nuns contratos, em ordem a compensar que sofrem noutros contratos[7]. A análise risco--benefício é assim uma constante no âmbito da contratação internacional em torno do petróleo.

Para além disso, a utilização dos recursos petrolíferos é uma actividade que tem um ciclo de produção muito extenso, que vai desde a prospecção e descoberta do petróleo, passando pela sua transformação e refinação até à sua venda ao consumidor final num posto de abastecimento de combustível. Esse ciclo de produção tão extenso implica a celebração de uma série de contratos que abrangem toda o circuito comercial do petróleo. Normalmente, tendo em conta os diferentes tipos de transacções comerciais, a que dão origem, estes contratos podem ser qualificados como contratos *Upstream, Midstream e Downstream*. Os contratos *Upstream* são aqueles que têm por objecto a prospecção, descoberta e extracção do petróleo em estado bruto. Os contratos *Midstream* têm por objecto a transformação do petróleo em estado bruto num produto energético utilizável. Finalmente, os contratos *Downstream* têm por objecto a refinação, venda e distribuição ao consumidor do produto energético acabado[8]. Estes sectores são muito diversificados, e são regulados de forma muito distinta, pelo que naturalmente as regras que regulam as transacções *Upstream* são totalmente inaplicáveis às transacções *Downstream*.

Ao longo deste trabalho iremos então examinar os vários modelos de contratos existentes nestes vários sectores.

2. Os contratos celebrados com o Estado detentor no sector *Upstream*

2.1. Generalidades

Comecemos por examinar a primeira fase da contratação na indústria petrolífera, que é composta pelos contratos celebrados com o Estado deten-

---

[7] Cfr. WENDY NICOLE DUONG, *U. Pa. J. Int'l Econ. L.* 25 (2004), p. 1257 e BRIOSA E GALA, *O Direito* 141.º (2009), IV, p. 1010.

[8] Cfr. BRIOSA E GALA, *O Direito* 141.º (2009), IV, p. 1004.

tor de recursos petrolíferos no sector *Upstream*. Correspondem àqueles contratos pelos quais o país detentor de recursos petrolíferos garante a uma empresa multinacional o direito de explorar petróleo e gás natural no seu terrritório, tendo por objecto as matérias primas e os recursos naturais. O segmento *Upstream* encontra-se normalmente dividido em três fases: a *exploração* do petróleo; o *desenvolvimento* desse petróleo na fonte; e a *produção* desse petróleo previamente à sua distribuição para uma refinaria. Entre a exploração e o desenvolvimento do petróleo pode ainda existir uma sub-fase denominada *avaliação*, durante a qual a reserva descoberta é avaliada para efeitos de desenvolvimento técnico[9]. São fases muito demoradas o que os tornam em contratos de execução prolongada, uma vez que só a fase de exploração pode demorar à volta de cinco anos.

Historicamente, a exploração petrolífera obedecia a dois modelos de relações entre o Estado e as Companhias Petrolíferas: o modelo da concessão ou *royalty tax system* (anglo-americano) e o modelo contratual (francês), que se distinguem consoante admitam a propriedade privada dos recursos minerais existentes no subsolo ou excluam essa possibilidade. Analisemos separadamente estes dois modelos.

2.2. O modelo da concessão

O modelo da concessão ou *royal tax system* assenta num pressuposto jurídico, que é a possibilidade de existência de propriedade privada sobre os recursos minerais, mesmo que a actividade de produção e extracção de petróleo seja intensamente regulada pelo Estado. Efectivamente, normalmente o Estado exige uma licença antes do início de toda a actividade no sector *Upstream*, como a exploração, a avaliação, o desenvolvimento e a produção. O Estado tem assim direito a cobrar uma *royalty* por cada licença que concede bem como impostos em relação ao petróleo que é extraído pelos privados. Quando é o Estado a possuir a propriedade de recursos minerais (como sucede necessariamente nas águas territoriais) transfere a propriedade desses minerais para a companhia petrolífera, recebendo em contrapartida uma *royalty* por essa transferência e os impostos sobre o rendimento obtido

---

[9] Cfr. WENDY NICOLE DUONG, *U. Pa. J. Int'l Econ. L.* 25 (2004), p. 1216.

pela companhia petrolífera, no âmbito da sua soberania tributária sobre os rendimentos gerados no seu território. Em consequência, a companhia petrolífera após o pagamento das *royalties* e dos impostos pode reclamar a propriedade em relação ao petróleo e gás natural extraídos[10].

O modelo de concessão tem origem na famosa concessão outorgada em 1920 pelo Governo da Pérsia (hoje Irão) ao cidadão inglês William Knox D'Arcy, que ficou conhecida como a Concessão D'Arcy. Esse modelo espalhou-se então por todo o mundo, passando a ser utilizado pelas principais companhias petrolíferas para conduzir a sua actividade a nível mundial.

Tradicionalmente, o modelo da concessão – hoje denominado de concessão clássica – caracterizava-se pelos seguintes traços distintivos, muito desfavoráveis para os Estados detentores de recursos petrolíferos:

a) amplas áreas de concessão, sem direito de desistência, de parte a parte;
b) longa duração do contrato, sem possibilidade de revisão, podendo em certos casos ultrapassar 65 anos;
c) direitos exclusivos sobre todas as operações referentes ao petróleo extraído na área concedida (alguns contratos previam, inclusive, direitos sobre as operações de *Downstream);*
d) direito de propriedade sobre as reservas de petróleo em favor das companhias petrolíferas estrangeiras;
e) isenção de todos os impostos e taxas aduaneiras;
f) pagamento de um reduzido valor de *royalty* sobre o volume total de petróleo produzido;
g) transferência para o governo local da área concedida e dos equipamentos remanescentes ao final da concessão;
h) fixação arbitrária e unilateral do preço do petróleo extraído, sem qualquer participação do governo local[11].

---

[10] Cfr. WENDY NICOLE DUONG, *U. Pa. J. Int'l Econ. L.* 25 (2004), pp. 1217 e ss.

[11] Cfr. ALFREDO RUY BARBOSA, "Breve panorama dos contratos no setor de petróleo" em *Jus Navigandi, Teresina*, ano 7, n.º 55, 1 Mar. 2002. disponível em http://jus.uol.com.br/revista/texto/2794. e PAULO MARQUES, *op cit.*, pp. 23-24..

Naturalmente que estas cláusulas desequilibravam enormemente os contratos em prejuízo dos Estados detentores, o que levou a um grande fracasso do modelo clássico da concessão, hoje praticamente abandonado.

Hoje em dia, no entanto, ainda é possível encontrar modelos de concessão, ainda que expurgados deste regime. São as chamadas *concessões modernas,* ou *concessões do pós-guerra,* que se caracterizam por uma enorme redução da área e do prazo de duração da concessão, atribuírem o risco do investimento ao concessionário, estabelecendo variadíssimas obrigações a seu cargo, incluindo o pagamento de *royalties* e impostos, ainda que lhe garantam a propriedade do petróleo extraído. Assim, se a companhia petrolífera continua a manter o direito exclusivo de, por sua conta e risco, pesquisar, produzir e exportar o petróleo, podendo dispor dele como entender – pois como sua proprietária tem o livre uso, fruição e disposição do petróleo extraído – assume também uma série de novas obrigações. Essas obrigações envolvem habitualmente: a) destinar uma quota do petróleo produzido para abastecimento no mercado interno do país de acolhimento; b) pagar uma renda anual como contrapartida da área geográfica que lhe é atribuída na concessão; c) pagar *royalties* em dinheiro, em petróleo bruto, ou numa combinação de ambos, d) pagar impostos sobre os rendimentos. A concessão torna-se assim por esta via mais equilibrada em benefício do Estado detentor, mas continua a ter o defeito de não envolver esse Estado, ainda que indirectamente, na actividade da multinacional petrolífera, o que impede a transferência de tecnologia e a formação de mão de obra local[12].

O modelo da concessão voltou hoje a ser utilizado no Brasil[13]. Efectivamente, embora o art. 277.º, I, da Constituição estabeleça que as jazidas são da propriedade da União, a lei admite a sua concessão ao particulares, no âmbito da qual se estabelece que o petróleo explorado se torna da propriedade do

---

[12] Cfr. PAULO MARQUES, *op. cit.*, p. 24.

[13] Explica ALFREDO RUY BARBOSA, *loc. cit.,* que o Brasil passou por diversos modelos em relação à indústria petrolífera. O período da concessão foi iniciada em 1864 com a atribuição das primeiras concessões para a prospecção e extracção de minérios, incluindo petróleo. A partir de 1938 é instituído um monopólio estatal em resultado da campanha "o petróleo é nosso". Depois a partir de 1964 surge o modelo dos contratos de risco, pelos quais eram remunerados os investidores. A partir de 1988, e em resultado da Constituição regressa-se ao modelo da concessão, agora sob a forma da concessão moderna.

concessionário. Assim, o art. 23.º da Lei 9.478, de 6 de Agosto de 1997, estabelece que "as atividades de exploração, desenvolvimento e produção de petróleo e de gás natural serão exercidas mediante contratos de concessão, precedidos de licitação, na forma estabelecida nesta Lei", acrescentando o seu § único que "a ANP definirá os blocos a serem objeto de contratos de concessão". O art. 26.º da mesma Lei especifica que "a concessão implica, para o concessionário, a obrigação de explorar, por sua conta e risco e, em caso de êxito, produzir petróleo ou gás natural em determinado bloco, conferindo-lhe a propriedade desses bens, após extraídos, com os encargos relativos ao pagamento dos tributos incidentes e das participações legais ou contratuais correspondentes". Conforme se pode verificar o concessionário, torna-se proprietário do petróleo bruto e do gás natural extraídos, sendo a contrapartida do Estado detentor o recebimento das *royalties* pela exploração e dos impostos que cobra essa actividade. Efectivamente, o art, 46.º da mesma lei apenas prevê as seguintes contrapartidas para o Estado: a) bónus de assinatura; *b) royalties;* c) participação especial; d) pagamento pela ocupação ou retenção de área.

O art. 46.º da Lei 9.478 estabelece as cláusulas obrigatórias no contrato de concessão, determinando que ele deverá reflectir fielmente as condições do edital e da proposta vencedora e terá como cláusulas essenciais:

I – a definição do bloco objecto da concessão;
II – o prazo de duração da fase de exploração e as condições para sua prorrogação;
III – o programa de trabalho e o volume do investimento previsto;
IV – as obrigações do concessionário quanto às participações, conforme o disposto na Secção VI;
V – a indicação das garantias a serem prestadas pelo concessionário quanto ao cumprimento do contrato, inclusive quanto à realização dos investimentos ajustados para cada fase;
VI – a especificação das regras sobre devolução e desocupação de áreas, inclusive retirada de equipamentos e instalações, e reversão de bens;
VII – os procedimentos para acompanhamento e fiscalização das atividades de exploração, desenvolvimento e produção, e para auditoria do contrato;

VIII – a obrigatoriedade de o concessionário fornecer à ANP relatórios, dados e informações relativos às atividades desenvolvidas;
IX – os procedimentos relacionados com a transferência do contrato, conforme o disposto no art. 29;
X – as regras sobre solução de controvérsias, relacionadas com o contrato e sua execução, inclusive a conciliação e a arbitragem internacional;
XI – os casos de rescisão e extinção do contrato;
XII – as penalidades aplicáveis na hipótese de descumprimento pelo concessionário das obrigações contratuais.

O art. 44.º impõe ainda que o contrato de concessão estabeleça as seguintes obrigações para o concessionário:

I – adoptar, em todas as suas operações, as medidas necessárias para a conservação dos reservatórios e de outros recursos naturais, para a segurança das pessoas e dos equipamentos e para a protecção do meio ambiente:
II – comunicar à ANP, imediatamente, a descoberta de qualquer jazida de petróleo, gás natural ou outros hidrocarbonetos ou de outros minerais;
III – realizar a avaliação da descoberta nos termos do programa submetido à ANP, apresentando relatório de comercialidade e declarando seu interesse no desenvolvimento do campo;
IV – submeter à ANP o plano de desenvolvimento de campo declarado comercial, contendo o cronograma e a estimativa de investimento;
V – responsabilizar-se civilmente pelos actos de seus prepostos e indemnizar todos e quaisquer danos decorrentes das actividades de exploração, desenvolvimento e produção contratadas, devendo ressarcir à ANP ou à União os ónus que venham a suportar em consequência de eventuais demandas motivadas por actos de responsabilidade do concessionário;
VI – adoptar as melhores práticas da indústria internacional do petróleo e obedecer às normas e procedimentos técnicos e científicos pertinentes, inclusive quanto às técnicas apropriadas de recupe-

ração, objectivando a racionalização da produção e o controle do declínio das reservas.

O modelo da concessão, mesmo na sua vertente moderna, tem sido, no entanto, objecto de críticas pelo facto de, assentando essencialmente numa receita das *royalties e* impostos, necessitar que o Estado detentor possua um sistema fiscal e de controlo da receita muito eficaz, sem o que as companhias petrolíferas tenderão a evadir os pagamentos. Por outro lado, as companhias petrolíferas estão constantemente sujeitas às alterações no sistema fiscal, o que aumenta o risco político.

2.3. O modelo contratual

2.3.1. Generalidades

O modelo da concessão tem sido genericamente considerado como inadequado à promoção do desenvolvimento dos países detentores de petróleo, uma vez que não permitia uma repartição equitativa dos benefícios resultantes da exploração petrolífera. Acabou por isso por triunfar o modelo contratual, que se caracteriza por os recursos petrolíferos extraídos serem sempre da propriedade do Estado, tendo as companhias petrolíferas apenas direito a receber uma determinada contrapartida pela sua actividade, podendo essa contrapartida ser paga em dinheiro ou numa percentagem dos recursos energéticos produzidos. Esse modelo é chamado de francês, pelo facto de na tradição napoleónica francesa as minas serem consideradas bens do domínio público, que não poderia ser objecto de propriedade privada, sendo antes detidas pelo Estado em benefício de todos os cidadãos[14]. É esse o sistema adoptado por Angola. Efectivamente, a Lei 10/2004, de 12 de Novembro, é muito clara ao estabelecer no seu art. 3.º que "os jazigos petrolíferos existentes nas áreas referidas no art. 1.º fazem parte integrante

---

[14] Cfr. WENDY NICOLE DUONG, *U. Pa. J. Int'l Econ. L.* 25 (2004), p. 1219. Conforme salienta esta autora na nota (121), não deixa de ser irónico este qualificativo, já que o Code Civil francês de 1804, no seu art. 552 determina que a propriedade se estende ao subsolo. O mesmo tem origem na legislação de Napoleão sobre minas de 1810, que atribuiu a sua propriedade ao Estado, admitindo apenas a possibilidade de a sua exploração ser concessionada aos privados.

do domínio público do Estado". Os direitos mineiros sobre esses jazigos são atribuídos à concessionária nacional (SONANGOL), em exclusividade (art. 4.º), estado vedado a esta proceder à sua alienação total ou parcial, sendo nulos e ineficazes os actos praticados em contrário (art. 5.º). O art. 13.º estabelece finalmente o princípio da obrigatoriedade de associação, estabelecendo que toda a sociedade que pretenda exercer em território angolano operações petrolíferas fora do âmbito da licença de prospecção, apenas o pode fazer conjuntamente com a concessionária nacional (art. 13.º).

Há, porém, vários modelos de contratos conhecidos nesta área.

Um é o *contrato de prestação de serviços* em que as empresas multinacionais de produção petrolífera se comprometem perante o Estado a prestar o serviço de prospecção e extracção de petróleo. Estes por sua vez ainda compreendem dois modelos: o modelo clássico, em que a empresa multinacional recebe o pagamento, independentemente de ser ou não encontrado petróleo, e o modelo de contrato de risco (*Risk Service Contract*), em que a empresa multinacional apenas recebe o pagamento se o petróleo vier a ser efectivamente descoberto e produzido, sendo assim obrigada a assumir o risco relativa à prospecção petrolífera[15].

Outro é o *contrato de empreendimento comum* (*joint venture*), que assume na doutrina a distinção entre a *incorporated joint venture* e a *unincorporated joint venture*. No primeiro caso, é instituída uma sociedade para a realização da exploração petrolífera. Na segunda hipótese, é apenas celebrado um contrato de consórcio entre as partes[16].

O modelo mais conhecido é, porém, o dos PSC (*Production Sharing Contracts*), que poderemos designar como *contratos de partilha da produção petrolífera*. Trata-se de contratos que não se encontram regulados em legislação especial, mas que são objecto de uma tipicidade social, em virtude da frequência com que são utilizados na prática. Estes contratos vieram a tornar-se o modelo predominante, uma vez que o modelo da concessão e o modelo da prestação de serviços não permitiam um adequado controlo do Estado sobre as multinacionais e, uma vez terminados os contratos, não asseguravam que a propriedade dos meios tecnológicos necessários para a extracção acabasse por ser atribuída ao Estado nem instituíam obrigações

---

[15] Cfr. BRIOSA E GALA, *O Direito* 141.º (2009), IV, p. 1005.
[16] Cfr. BRIOSA E GALA, *O Direito* 141.º (2009), IV, p. 1005.

de formação profissional dos agentes locais[17]. Em consequência, a partir do fim da II Guerra Mundial os países exportadores de petróleo exigiram a revisão das antigas concessões concedidas às companhias petrolíferas, como forma de assumir o seu peso na escala internacional. Esta atitude implicou a busca de um novo modelo contratual, o qual foi aceite pelas companhias petrolíferas, em virtude do receio de que os Estados lhes cortassem o acesso à matéria prima. Inicialmente foi adoptado o modelo da prestação de serviços, mas em 1967 a Indonésia impôs pela primeira vez a uma companhia petrolífera o modelo PSC, modelo que se estendeu ao Egipto, Guiana e Malásia, passando a ser então este o modelo comum nos contratos relativos à produção de petróleo numa margem de 5 para 1 em relação aos contratos de prestação de serviços[18].

O art. 14.º da Lei Angolana 10/04 de 12 de Novembro admite a celebração de praticamente todos estes contratos entre as companhias petrolíferas. Efectivamente, o n.º 1 deste artigo estabelece que "a Concessionária Nacional pode associar-se com entidades nacionais ou estrangeiras de comprovada idoneidade e capacidade técnica e financeira, mediante prévia autorização do Governo". O n.º 2 esclarece que a associação pode revestir as seguintes formas: a) sociedade comercial; b) contrato de consórcio; c) contrato de partilha de produção, acrescentando ainda o n.º 3 que "é permitido também à Concessionária Nacional o exercício das operações petrolíferas através de contratos de serviços com risco". Daqui resulta, portanto, que o único modelo contratual vedado em Angola para o exercício das operações petrolíferas é o modelo da prestação de serviços clássica, sendo aceites todos os outros modelos.

Examinemos sucessivamente estes diversos modelos contratuais.

2.3.2. Os contratos de prestação de serviços

Um dos modelos contratuais existentes no sector *Upstream* é o do contrato de prestação de serviços. Corresponde este ao contrato em que não há

---

[17] Cfr. BRIOSA E GALA, *O Direito* 141.º (2009), IV, p. 1005, nota (13).
[18] Cfr. WENDY NICOLE DUONG, *U. Pa. J. Int'l Econ. L.* 25 (2004), p. 1222, e BRIOSA E GALA, *O Direito* 141.º (2009), IV, p. 1006.

qualquer transferência da propriedade do petróleo extraído para a companhia petrolífera, limitando-se esta a prestar serviços técnicos ao Estado detentor e a receber uma contrapartida pecuniária pela prestação desses serviços. Acessoriamente pode, no entanto, ser atribuído ao prestador de serviços um direito de opção ou de preferência em relação ao petróleo bruto comercializado pelo Estado detentor.

O contrato de prestação de serviços admite duas modalidades, podendo corresponder a um contrato de prestação de serviços clássico ou puro (*Classical or Pure Services Contract*) ou um contrato de prestação de serviços a risco (*Risk Services Contract*). No contrato de prestação de serviços clássico, a contrapartida pecuniária da prestação de serviços é paga independentemente do sucesso ou do fracasso da operação de prospecção e extracção do petróleo, pelo que o prestador de serviços tem sempre direito a ela. Já no contrato de prestação de serviços a risco, a contrapartida pecuniária apenas é paga se e quando se verificar a descoberta e a produção do petróleo. A distinção entre estas duas modalidades radica assim na existência ou não de uma assunção de risco do fracasso da actividade de prospecção ou exploração, traduzido na perda nesse caso da contraprestação por parte do prestador de serviços, o que leva a que o contrato de prestação de serviços clássico seja um contrato comutativo e a prestação de serviços a risco um contrato aleatório[19].

Os contratos de prestação de serviços mais comuns são os contratos de serviços a risco, uma vez que dificilmente os Estados detentores aceitam assumir sozinhos o risco do fracasso da operação, transferindo assim normalmente esse risco para uma companhia petrolífera, ainda que a actividade desta se reconduza à mera prestação de serviços.

Já os contratos de prestação de serviço clássicos são raros, podendo apenas encontrar-se nos países do Médio Oriente que, por serem detentores de uma riqueza petrolífera considerável e por ser muito provável a descoberta comercial, não se importam de assumir os riscos resultantes do fracasso da operação, estando mais interessados em obter o concurso da experiência e da tecnologia do prestador na sua actividade. É por isso normal esses Estados celebrarem contratos de assistência técnica, onde as empresas especializadas estrangeiras se limitam a transmitir os conhecimentos e a

---

[19] Cfr. WENDY NICOLE DUONG, *U. Pa. J. Int'l Econ. L.* 25 (2004), pp. 1218-1219.

tecnologia necessária para a extracção petrolífera, efectuando o Estado ou as suas companhias nacionais a realização da extracção[20].

Correspondem ainda ao modelo de prestação de serviços clássica os contratos pelos quais as companhias petrolíferas contratam a realização de tarefas acessórias ou instrumentais à actividade de prospecção e extracção, tais como os serviços de construção de plataformas petrolíferas, os serviços de perfuração, os serviços de helicóptero, os serviços de transporte do pessoal e os serviços médicos. O pagamento da contraprestação pela realização desses serviços nunca fica assim dependente da verificação de uma descoberta comercial[21].

Já o contrato de prestação de serviços a risco foi introduzido pelo Irão, tendo sido denominado *exploration purchase contract,* tendo correspondido ao modelo típico usado no Brasil entre 1976 e 1988, altura em que com a entrada em vigor da Constituição de 1988, passou a considerar-se os recursos naturais pertença do Estado, passando a proibir-se expressamente a celebração de contratos de prestação de serviços a risco, uma vez que neste o preço contratual estava indexado ao resultado das descobertas[22]. Através deste contrato, a companhia petrolífera obriga-se perante o Estado detentor a realizar as actividades de pesquisa e exploração do petróleo, mas a remuneração pela sua actividade está dependente da descoberta do petróleo, podendo eventualmente essa remuneração ser satisfeita através de um desconto na aquisição do petróleo no Estado detentor. Em consequência nos contratos de prestação de serviço, o Estado detentor conserva a propriedade sobre o petróleo descoberto, controlando e fiscalizando as actividades e exploração e desenvolvimento e executa directamente a fase da produção petrolífera[23].

2.3.3. Os contratos de empreendimento comum (*Joint Venture*)

Conforma acima se salientou os contratos de empreendimento comum podem revestir duas modalidades: os contratos de sociedade comercial

---

[20] Cfr. WENDY NICOLE DUONG, *U. Pa. J. Int'l Econ. L.* 25 (2004), p. 1219 e nota (120).
[21] Cfr. WENDY NICOLE DUONG, *U. Pa. J. Int'l Econ. L.* 25 (2004), pp. 1219 e nota (119).
[22] Cfr. PAULO MARQUES, *op. cit., p.* 27, e nota (30).
[23] Cfr. PAULO MARQUES, *op. cit.,* pp. 26-27.

(*incorporated joint venture*) e os contratos de consórcio (*unincorporated joint venture*).

No âmbito do sector *Upstream* é mais comum a modalidade da *incorporated jointe venture,* em ordem a tornar possível a participação directa do Estado detentor ou da sua concessionária de direito público na pesquisa e exploração dos seus recursos naturais. Através do estabelecimento de uma sociedade comercial, o Estado detentor vem a tornar-se sócio das companhias petrolíferas multinacionais, participando nas decisões de gestão e operacionais e nos ganhos e perdas da operação, partilhando com a multinacional petrolífera os proveitos e os riscos. No âmbito dessa sociedade, o Estado detentor impõe normalmente aos sócios obrigações de transferência de tecnologia e de formação da mão de obra local, e participa directamente na administração da sociedade, o que lhe permite controlar directamente a política financeira e o desenvolvimento do negócio. O prazo da sociedade pode ser previamente fixado, determinando o Estado detentor, após o seu termo, a transferência a seu favor de todos ou alguns dos bens, equipamentos e activos utilizados na exploração petrolífera[24]. A sociedade comercial assim constituída sujeita-se às leis do Estado onde tem sede, tendo o Estado detentor e a companhia petrolífera como titulares de participações sociais, sendo a lei desse Estado que irá regular as relações entre as partes.

Em alternativa à celebração de uma sociedade comercial, nos casos em que tal seja permitido pela lei local, podem as partes estipular uma *unincorporated joint venture,* a qual é qualificada como um consórcio nos direitos continentais ou como uma *partnership* no direito norte-americano. Neste caso, o Estado detentor associa-se à multinacional petrolífera na gestão da pesquisa e da produção, comparticipando nas despesas decorrentes dessa actividade na medida da participação estabelecida, incluindo o pagamento de *royalties* ao próprio Estado. Em caso de descoberta comercial, os lucros serão igualmente repartidos pelas partes na proporção estabelecida, após a dedução dos custos de exploração e das *royalties* pagas[25]. O consórcio caracteriza-se por ter um fim específico e uma duração limitada para determinado projecto, contendo ainda cláusulas a determinar a repartição da

---

[24] Cfr. WENDY NICOLE DUONG, *U. Pa. J. Int'l Econ. L.* 25 (2004), p. 1226 e PAULO MARQUES, *op. cit.*, p. 25.

[25] Cfr. PAULO MARQUES, *op. cit.*, pp. 25-26.

responsabilidade entre os seus membros. O consórcio não é, porém, necessariamente sujeito às leis do Estado detentor, podendo as partes efectuar a escolha de outra lei aplicável ao contrato[26]
Em Angola, o art. 15.º da Lei 10/04 estabelece que nas associações em que a Concessionária Nacional detenha uma participação associativa esta deve, por regra, ser superior a 50% (n.º 1), podendo, no entanto, o Governo em casos devidamente fundamentados, autorizar a Concessionária Nacional a deter uma participação inferior (n.º 2).

2.3.4. Os contratos de partilha da produção petrolífera (*Production Sharing Contract* ou PSC)

O contrato de partilha da produção petrolífera (*Production Sharing Contract* ou PSC) pode ser definido como o contrato celebrado entre um Estado detentor de recursos petrolíferos e uma ou várias empresas multinacionais pelo qual as partes acordam em participar na exploração e extracção do petróleo, repartindo entre si o petróleo extraído em determinada percentagem assim como os encargos resultantes desta actividade. O modelo do PSC foi estabelecido em virtude da crescente força negocial dos países produtores de petróleo, e do facto de a alteração de regimes nesses países, como sucedeu no Irão e na Líbia, colocar facilmente em riscos as concessões anteriormente estabelecidas. As companhias petrolíferas procuraram então estabelecer um modelo contratual que assegurasse o interesse do Estado na exploração petrolífera, através de uma constante partillha do petróleo extraído. Surge então o contrato de partilha da produção, que teve pela primeira vez aplicação na Indonésia em 1967[27]. Esse contrato teve no entanto ainda como precedentes a decisão da Venezuela em 1948 de estabelecer o princípio da repartição igualitária dos lucros do projecto (50-50), seguida pela Arábia Saudita em 1950.

---

[26] Cfr. WENDY NICOLE DUONG, *U. Pa. J. Int'l Econ. L.* 25 (2004), p. 1227.
[27] Cfr. WENDY NICOLE DUONG, *U. Pa. J. Int'l Econ. L.* 25 (2004), p. 1220. Sobre o enquadramento legislativo da actividade de produção de petróleo na Indonésia, cfr. KHONG CHO WON, *The Politics of Oil in Indonesia. Foreign Company-Host Government Relations*, Cambridge, University Press, 1986, pp. 28 e ss.

A repartição dos encargos consiste em o Estado efectuar a concessão à empresa multinacional do exclusivo da prospecção e exploração do petróleo em determinada área do seu território (*contract area*), assumindo esta o risco geológico, operacional e financeiro dessa actividade de prospecção, que deve realizar mediante um programa de trabalhos. Esse programa de trabalhos inclui a obrigação de estabelecer uma informação geológica detalhada sobre o terreno explorado e a definição de um número obrigatório de poços de petróleo a explorar (*obligatory wells*), que poderá ser complementado com um número adicional não obrigatório de poços que poderão ser explorados (*non obligatory wells*). Adicionalmente a multinacional petrolífera assumirá ainda outras obrigações relacionadas com o programa de trabalhos. Em contrapartida do programa de trabalhos assumido, a única coisa que a companhia petrolífera recebe do Estado é o direito de instalar e operar no seu território o equipamento destinado à perfuração do solo[28].

No caso de ser descoberto o petróleo, os custos suportados pela multinacional serão recuperados através da produção do *crude oil* e repartição com o Estado com base numa percentagem pré-definida, não lhe cabendo proceder à venda do petróleo. O PSC não produz consequentemente qualquer transmissão dos recursos geológicos, cuja propriedade continua a pertencer ao Estado detentor, sendo apenas parte do petróleo bruto (*Crude Oil*) que depois de extraído é atribuído à multinacional petrolífera. Essa parte do petróleo bruto atribuído destina-se a remunerar duas componentes: a recuperação dos custos de produção (*Cost Recovery Oil) e* o lucro contratual estipulado com a outra parte (*Profit Oil).* Os produtos da exploração são assim divididos após a dedução desses custos entre o Estado detentor e a multinacional petrolífera, de acordo com a percentagem estabelecida (*Profit Split).* A parte dessa produção atribuída à empresa multinacional é ainda sujeita a tributação no Estado e eventualmente ao pagamento de *royalties,* adquirindo o Estado ainda os equipamentos e instalações construídas no final do contrato[29].

---

[28] Cfr. WENDY NICOLE DUONG, *U. Pa. J. Int'l Econ. L.* 25 (2004), p. 1234 e BRIOSA E GALA, *O Direito* 141.º (2009), IV, p. 1008, nota (23).

[29] Cfr. WENDY NICOLE DUONG, *U. Pa. J. Int'l Econ. L.* 25 (2004), p. 1221 e BRIOSA E GALA, *O Direito* 141.º (2009), IV, p. 1007.

A repartição dos valores entre o Estado detentor e a multinacional petrolífera assenta numa definição prévia da *Economic Rent* ou *Excess Profit* com base na fórmula *Value of Petroleum – (Expenses + Other Party Profit) = Economic Rent = Excess Profit*. O valor que cada parte tem a receber corresponde assim ao resultado da exploração após a dedução dos custos, a qual abrange não apenas as despesas relacionadas com a extracção, mas também o valor que cabe ao outro contraente. Em relação ao país detentor a sua *Economic Rent* poderá ser incrementada, aumentando as despesas em que incorre a multinacional petrolífera, através do lançamento de taxas e impostos, pagamento de *royalties* sobre os direitos de exploração, percentagem da produção e cobrança de bónus. A multinacional petrolífera terá o lucro correspondente às receitas de exploração, depois de deduzidos esses custos[30].

O PSC apresenta assim os seguintes traços distintivos gerais:

a) A propriedade dos hidrocarbonetos permanece no Estado, não sendo admitida qualquer forma de propriedade privada sobre os mesmos, salvo em relação à quota atribuída como remuneração contratual na partilha da produção;

b) O Estado mantém controlo sobre a actividade, sendo a outra parte que assume a responsabilidade pela sua execução;

c) A companhia petrolífera submete anualmente os seus programas de trabalho e orçamentos à aprovação pelo Estado;

d) A companhia petrolífera assegura o financiamento e a transferência de tecnologia e assume todos os riscos dessa actividade;

e) A companhia petrolífera tem direito a uma parte do petróleo destinada a amortizar os seus custos (*Cost Recovery*). Após a recuperação dos custos, o excedente será repartido entre as partes na proporção pré-estabelecida (*Profit Split*);

f) Todo o equipamento importado para o Estado detentor ficará a ser pertença deste, salvo quanto ao equipado locado ou objecto de subcontratos de prestação de serviços, o que constitui o corolário da propriedade do Estado sobre os recursos petrolíferos e os activos destinados à exploração petrolífera[31].

---

[30] Cfr. BRIOSA E GALA, *O Direito* 141.º (2009), IV, pp. 1007-1008, nota (22).
[31] Cfr. WENDY NICOLE DUONG, *U. Pa. J. Int'l Econ. L.* 25 (2004), pp. 1223-1224.

2.4. Comparação entre os diversos modelos contratuais

Se analisarmos com alguma justiça, verificaremos que os diversos tipos de contratos entre os Estados e as companhias petrolíferas não são muito diferentes entre si[32]. Assim, verifica-se em primeiro lugar que a diferença principal entre o modelo da concessão e o modelo do PSC reside no momento em que é atribuída a propriedade sobre o petróleo extraído, que ocorre aquando da sua extracção da jazida no modelo da concessão, ou aquando do pagamento ou da exportação, no caso do PSC. Em ambos os modelos, no entanto, a companhia petrolífera acaba por receber petróleo bruto e a ter que pagar *royalties* e impostos ao Estado detentor.

Da mesma forma, o PSC não se distingue muito do contrato de prestação de serviços a risco, uma vez que em ambos os contratos a companhia petrolífera assume o risco de não receber qualquer remuneração pela sua actividade, a não ser se e quando se verificar a descoberta de petróleo. Na prática a distinção entre os dois contratos acabará por se resumir ao facto de a companhia petrolífera receber o pagamento em dinheiro (*in cash*) ou em espécie (*in kind*), mais precisamente em petróleo bruto (*crude oil*). No contrato de prestação de serviços a retribuição em dinheiro tende a corresponder a um valor fixo, enquanto que no PSC a mesma corresponde a uma parte da produção, o que permite ao contratante beneficiar do seu potencial. Já se tem afirmado por isso que o PSC não passa de uma derivação do contrato de prestação de serviços a risco, desenvolvido pelos negociantes americanos para corresponder às aspirações dos países produtores[33].

3. Os contratos celebrados entre companhias petrolíferas no âmbito do sector *Upstream*

3.1. Generalidades

Além dos contratos celebrados com o Estado detentor de recursos petrolíferos pode haver ainda contratos celebrados entre as companhias

---

[32] Cfr. WENDY NICOLE DUONG, *U. Pa. J. Int'l Econ. L.* 25 (2004), pp. 1221 e ss.
[33] Cfr. WENDY NICOLE DUONG, *U. Pa. J. Int'l Econ. L.* 25 (2004), pp. 1221-1222.

petrolíferas entre si, visando a divisão da actividade e dos benefícios resultantes do contrato principal e a partilha dos riscos deles resultantes. Neste âmbito temos os acordos de proposta conjunta (*Joint Bidding Agreements*), que correspondem a associações de empresas com o fim de participarem na licitação sobre uma área específica do território, cuja exploração o Estado colocou a concurso, formalizando entre si as regras dessa participação; os acordos de actividade conjunta (*Joint Operating Agreements*), celebrados entre empresas exploradoras e produtoras de petróleo que acordam entre si na forma como se deve desenvolver a sua actividade, dividindo as funções respectivas; e os acordos de cessão da posição contratual (*Farm in Farm out Agreements*), que envolvem a cessão de direitos de exploração e produção dos concessionários para terceiros[34]. Muito conhecidos na área petrolífera são também os acordos de individualização ou unitização (*Unitization Agreements*), através dos quais as companhias a quem foi concedida a exploração de determinadas áreas contratuais, no caso de encontrarem uma reserva petrolífera ou de gás natural que se expande por mais de uma área contratual, acordam entre si em estabelecer uma gestão única de todas as plataformas que se encontram nessa reserva, em ordem a maximizar os benefícios da exploração, reduzindo os seus custos.

Analisemos sucessivamente estes contratos.

3.2. Os acordos de proposta conjunta (*Joint Bidding Agreements*)

É extremamente comum as companhias petrolíferas, antes de entrarem em qualquer projecto, decidirem formar grupos destinados a fazer propostas conjuntas em relação a áreas que sejam postas a concurso. Esse tipo de acordos têm sido denominados de *Joint Bidding Agreements*, e permitem limitar a exposição das companhias a projectos de grande risco ou excessivamente caros. Normalmente, eles seguem o modelo da *Association of International Petroleum Negotiators*, deles constando uma obrigação segundo a qual as partes ou os seus afiliados se comprometem a a nunca realizar uma oferta isoladamente ou em associação com um terceiro, sem a participação de todo o grupo.

---

[34] Cfr. DIOGO PIGNATARO DE OLIVEIRA, *loc. cit.*

Os *Joint Bidding Agreements* regulam a forma como a área deverá ser avaliada, qual a parte ou partes que irão proceder a essa avaliação, e qual a forma de repartição das despesas entre eles, estabelecendo ainda que o avaliador não será responsável pela avaliação efectuada. Após a realização do estudo, o mesmo é apresentado às partes que decidirão quais serão as que participarão na oferta e quais a que ficarão de fora, e designarão apenas uma das partes a fazer uma oferta em nome de todas, abdicando as outras de fazer uma oferta concorrente. O acordo contém ainda cláusulas de confidencialidade só podendo a mesma ser quebrada perante autoridades, oficiais do governo, potenciais adquirentes e consultores[35].

3.3. Os acordos de actividade conjunta (*Joint Operating Agreements*)

Os acordos de actividade conjunta (*Joint Operating Agreements* ou JOA) são contratos celebrados entre uma companhia petrolífera, que assume a qualidade de operador de petróleo e gás em determinada área contratual e se responsabiliza pelo sucesso da operação, e outras entidades participantes no projecto de exploração petrolífera, as quais podem ser outras companhias petrolíferas, outros titulares de direitos de exploração, simples investidores nesse projecto, ou mesmo a própria entidade empresarial criada pelo Estado detentor para esta actividade, que pode associar-se como parceiro na operação de exploração petrolífera. Característica comum dos participantes no JOA é o facto de partilharem o risco do investimento com o operador. O JOA estabelece as relações internas entre as partes e define os procedimentos de gestão, controlo e questões operacionais, nomeadamente em relação à prospecção inicial, desenvolvimento posterior, operações a realizar, partilha de receitas e prestação de contas[36].

Normalmente, os *Joint Operating Agreements* encontram-se numa relação de união de contratos com os PSC, pelo que a relação para a partilha da

---

[35] Cfr. A TIMOTHY MARTIN, "Model Contracts: A Survey of the Global Petroleum Industry", disponível em http://www.timmartin.ca/fileadmin/user_upload/pdfs/Model_Contracts- -Survey_of_Global_Petroleum_Industry_Aug2004_.pdf , p. 8.

[36] Cfr. WENDY NICOLE DUONG, *U. Pa. J. Int'l Econ. L.* 25 (2004), p. 1226 e JOHN S. LOWE, *Oil and gas Law in a Nut Shell*, 5.ª ed., St. Paul MN, Thomson Reuters, 2009, p. 392.

produção petrolífera no sector *Upstream* caba por resultar do conjunto dos dois contratos, que por esse motivo são normalmente objecto de negociação conjunta. No entanto, ao contrário dos PSC, que correspondem habitualmente a um modelo comum, os JOC são muito variados entre si, dependendo das negociações estabelecidas entre os participantes no projecto[37]. Apesar disso existem vários modelos de contrato nesta área. A *American Association of Professional Landmen* (AAPL) desenvolveu o *AAPL Form 610 Model Form Operating Agreement* (AAPL 610), em 1956 para as operações *onshore* nos EUA, tendo-o revisto em inúmeras ocasiões, desenvolvendo posteriormente um outro modelo para as operações *offshore* no Golfo do México. Também a *Rocky Moutaind Mineral Law Foundation* publicou um acordo modelo para as Montanhas Rochosas Americanas e o *American Petroleum Institute* (API) designou um modelo para as operações no Golfo do México. A *Canadian Association of Petroleum Landmen* (CAPL) designou dois modelos para o Canadá. Existem igualmente modelos aprovados para o Mar do Norte do Reino Unido e Austrália. Nas restantes áreas do mundo a AIPN desenvolveu o seu *International Model Form Operating Agreement*[38].

Os JOA regulam no entanto obrigatoriamente três questões essenciais: a) os poderes do operador de petróleo e gás; b) a prospecção inicial e c) o desenvolvimento posterior[39].

A primeira questão regulada nos JOA diz respeito à designação do operador de petróleo e gás, que vem a ser responsável de forma contínua por todas as operações. Normalmente os modelos contratuais atribuem grande poderes ao operador, tipificando os casos em que o mesmo pode ser destituído e ainda limitando a sua responsabilidade aos casos de dolo e negligência grosseira (*"gross negligence or willful misconduct"*). A razão para estas limitações reside no facto de o operador ser o principal interessado na exploração petrolífera, pelo que se espera que a conduza de forma diligente, em ordem a obter o lucro esperado, cobrando dos outros participantes apenas uma remuneração pela sua actividade. O operador não é em consequência considerado como representante ou comissário dos outros participantes no

---

[37] Cfr. WENDY NICOLE DUONG, *U. Pa. J. Int'l Econ. L.* 25 (2004), pp. 1226.
[38] Cfr. A TIMOTHY MARTIN, *op. cit.*, p. 11.
[39] Cfr. JOHN S. LOWE, *Oil and Gas Law*, pp. 392 e ss.

JOA pelo que eles não respondem pelos contratos celebrados pelo operador ou pelos delitos por este praticados[40].

Os JOA não deixam, no entanto, de estabelecer certas obrigações e limitações aos poderes do operador. Em termos de obrigações, para além da obrigação de realizar a actividade, podem estabelecer-se obrigações relativas à contratação de seguros, manutenção de certas contas, contratação de assistência jurídica e contabilística. Já em termos de limitações, pode estabelecer-se que o operador não poderá, só por si, fechar poços petrolíferos ou suspender a produção, ou tomar decisões que envolvam custos financeiros acima de certos limites, salvo em caso de emergência[41].

Os JOA regulam também necessariamente a questão da prospecção inicial no terreno, dado que habitualmente apenas são celebrados quando as partes já decidiram efectuar pelo menos a perfuração de um primeiro poço. Normalmente os acordos estabelecem por isso os termos em que o operador irá realizar essa perfuração inicial, o tempo em que ela deverá ser iniciada e estar concluída, a profundidade que deve ser atingida e as formações que devem ser testadas. Normalmente é ainda estabelecido que o operador não poderá abandonar a perfuração do poço sem o consentimento de todas as partes[42].

Os JOA regulam ainda o desenvolvimento posterior da actividade após a perfuração inicial no terreno. Poderá ser convencionada a realização de operações de perfuração posterior em área diferente da inicial, eventualmente com redução do número de participantes interessados nesse desenvolvimento. Normalmente os modelos contratuais estabelecem um sistema de incentivos à continuação da participação na actividade, ainda que seja sempre reconhecido aos participantes o direito de não participar em operações de desenvolvimento posterior. Nesse caso, os participantes remanescentes terão que adiantar a parte dos custos que caberia aos participantes que se excluem, mas recebem em contrapartida o direito à produção petrolífera que caberia aos não participantes até à recuperação integral dos seus custos mais uma percentagem destinada a premiar a decisão de continuar no negócio[43].

---

[40] Cfr. JOHN S. LOWE, *Oil and Gas Law,* pp. 393-394.
[41] Cfr. JOHN S. LOWE, *Oil and Gas L aw,* pp. 394-395
[42] Cfr. JOHN S. LOWE, *Oil and Gas Law,* p. 395.
[43] Cfr. JOHN S. LOWE, *Oil and Gas Law,* p. 396.

3.4. Os contratos de cessão da posição contratual (*Farm in Farm Out Agreements*)

Em relação aos contratos de cessão da posição contratual (*Farm in Farm Out Agreements*), correspondem eles aos contratos pelos quais o titular do direito de exploração e produção petrolífera cede, normalmente mediante uma contrapartida, esses direitos a outras entidades que assumem igualmente a obrigação de realizar ou participar na exploração e na produção do petróleo[44]. São assim contratos de cessão da posição contratual sendo a cedente designada por *Farmor* e a cessionária por *Farmee*. Trata-se de uma solução interessante para as companhias petrolíferas que por vezes se vêem perante uma exploração que não conseguem conduzir de forma viável, pretendendo por isso a transmissão dos seus direitos para outros parceiros, mais capazes de levar a cabo essa exploração. A cessão pode ainda ocorrer a título parcial, como no caso de se pretender a associação de novas empresas na exploração petrolífera, normalmente em virtude de se pretender uma partilha dos encargos e o contributo de novas tecnologias ou técnicas de produção ou o intercâmbio da experiência adquirida no sector. Nesses casos, a cessão parcial dará origem a uma relação de empreendimento comum (*joint venture*). Mas pode não ocorrer qualquer relação desse tipo quando a cessão implique apenas uma divisão da área contratual, continuando cada companhia petrolífera a explorar apenas a sua parte[45].

As razões para a celebração de contratos *Farm in Farm out* são muito variadas. Em relação à cessão total, a mesma normalmente decorre de as características da jazida implicarem uma actividade de perfuração que a companhia petrolífera não está em condições de assegurar, o que justifica a transferência para outra entidade com essa capacidade técnica. Em rela-

---

[44] Cfr. KENDOR P. JONES, "Something Old, Something New: The Evolving Farmout Agreement", disponível em http://www.washburnlaw.edu/wlj/49-2/articles/jones-kendor.pdf e ANA CHRISTINA PISCO ROCHA DA SILVA / CARLOS ALBERTO GONÇALVES BRANDÃO JÚNIOR / OTACÍLIO DOS SANTOS SILVEIRA NETO / SHEYLA YUSK CUNHA / YGOR MEDEIROS BRANDÃO, "Transferência de direitos decorrentes da concessão: Os contratos de Farm-In/Fram-Out em face dos princípios da ordem jurídica brasileira", disponível em http://www.portalabpg.org.br/PDPetro/3/trabalhos/IBP0523_05.pdf .

[45] Cfr. ROCHA DA SILVA / BRANDÃO JÚNIOR / SILVEIRA NETO / YUSK CUNHA / YGOR MEDEIROS BRANDÃO, *op. cit.*, p. 3.

ção à cessão parcial, a principal razão para a sua celebração diz respeito à necessidade de divisão dos riscos, sabendo-se que são enormes os riscos financeiros, ambientais, laborais, e outros, que ocorrem no âmbito da indústria petrolífera, que provocam que haja interesse na sua dispersão por várias entidades. A outra razão prende-se com o facto de *a Farmee* poder ser uma empresa menos conhecida no meio, conseguindo assim com essa associação a sua primeira actividade neste terreno[46].

Na realidade, no entanto, os candidatos a um *Farm In* não surgem do nada, sendo normalmente outras multinacionais petrolíferas ou companhias estatais suportados por estados vizinhos e com interesses económicos e poder político na região. Estes candidatos ao *Farm in* têm assim que demonstrar possuir a mesma capacidade, recursos e posicionamento no sector da multinacional petrolífera que faz a exploração daquela área contraual, e de quem o Governo espera que complete o programa de trabalhos. Na verdade há que ter em consideração que a empresa que busca um *Farm Out* constitui normalmente uma multinacional petrolíferas ou um consórcio dessas companhias, uma vez que apenas estas podem assumir os riscos de um contrato no sector *Upstream*, sendo o seu nome no sector que lhe garante a aquisição do contrato. Por isso, ela procurará para a cessão parceiros *Farm in* que possuam a mesma filosofia negocial, e possam assegurar uma aliança a longo prazo, que assegure a partilha de custos e o fornecimento de capital. É por isso muito difícil aos pequenos empresários adquirir posição nestes contratos[47].

Os contratos *Farm in Farm out* são muito praticados na indústria petrolífera, fornecendo um enquadramento adequado para as alianças empresariais e para a distribuição do risco, dos custos e da informação. Os contratos variam habitualmente na sua estrutura, mas habitualmente assentam nas seguintes três características: 1) pressupõem a realização pelo cessionário de operações de exploração petrolífera; 2) em consequência da realização dessas operações e de outras contrapartidas, o cessionário adquire a posição contratual do cedente ou uma sua parte; 3) a aquisição dessa

---

[46] Cfr. ROCHA DA SILVA / BRANDÃO JÚNIOR / SILVEIRA NETO / YUSK CUNHA / YGOR MEDEIROS BRANDÃO, *op. cit.*, p. 3.

[47] Cfr. WENDY NICOLE DUONG, U. Pa. J. Int'l Econ. L. 25 (2004), p. 1229.

posição contratual permite ao cessionário obter direitos sobre a produção petrolífera[48].

A primeira característica dos contratos *Farm In Farm Out* é o facto de pressuporem a realização pelo cessionário de operações de prospecção petrolífera. Efectivamente, essa constitui uma das vantagens destes contratos, na medida em que permitem ao cedente libertar-se da tarefa de realizar a prospecção petrolífera numa determinada área, transferindo esse encargo para uma companhia petrolífera que disponha de uma tecnologia superior ou de maior experiência nessa tarefa. A realização da actividade de prospecção petrolífera por parte do cessionário pode ser configurada como uma condição ou como uma obrigação. No caso de ser configurada como uma condição, que é a solução mais comum no Direito Norte-Americano, a cessão da posição contratual fica dependente da realização das operações de prospecção, pelo que o cessionário nada adquirirá se essas operações não vierem a ser realizadas. Já no caso de ser configurada como uma obrigação, a cessionária responderá pelos danos causados ao cedente pelo facto de a prospecção não ter sido realizada. Podem ainda as partes configurar a situação como uma obrigação dependente de uma condição, como na hipótese de a cessionária se obrigar efectivamente a realizar a actividade de prospecção, mas condicionar a sua obrigação a certos pressupostos, como a existência de determinadas características do terreno, ou excluir essa obrigação, mediante a verificação de determinados eventos[49].

A segunda característica destes contratos é de que a realização desses operações permite adquirir a posição contratual da outra parte ou uma parte dela. Normalmente a aquisição dos direitos só se verifica quando o cessionário realiza à sua custa as operações previstas dentro do prazo contratualmente determinado. Essas operações envolvem normalmente realizar determinado número de furos a uma profundidade estabelecida, completar todos os testes e obter um volume de produção necessário para repor os custos e obter determinado lucro. As partes podem, porém, negociar a aquisição dos direitos apenas em caso de cumprimento parcial ou mesmo determinar a transferência dos direitos sem que se verifique qualquer produção comercial[50].

---

[48] Cfr. JOHN S. LOWE, *Oil and Gas Law*, pp. 388 e ss.
[49] Cfr. JOHN S. LOWE, *Oil and Gas Law*, pp. 389 e ss.
[50] Cfr. JOHN S. LOWE, *Oil and Gas Law* , p. 391.

A terceira característica destes contratos é de que permitem ao cessionário obter direitos sobre a produção petrolífera. Esses direitos variarão consoante a negociação das partes, podendo deles resultar uma aquisição total dos direitos ou uma aquisição parcial reservando o cedente alguma percentagem da produção para si.

O interesse nestes contratos levou a que os mesmos tenham vindo a ser reconhecidos pelas diversas leis petrolíferas. No entanto, a cessão da posição contratual envolve bastantes riscos para o Estado detentor, especialmente no caso de a transferência ser realizada *offshore*, fora da sua jurisdição, o que deixaria o Estado sem um parceiro local fiável a quem pudesse exigir o cumprimento das obrigações assumidas no contrato. Efectivamente, a cessão da posição contratual pode representar uma forma de a companhia petrolífera fugir ao cumprimento das suas obrigações contratuais, transferindo a sua posição contratual para um terceiro[51]. É por isso comum o Estado detentor pretender conservar o seu poder para aprovar ou vetar a cessão da posição contratual, ou impor certas condições para a mesma. É o que sucede com a legislação brasileira (art. 29.º da Lei 9.478/97) e com a legislação angolana (art. 16.º da Lei 10/04). Normalmente os governos dão facilmente a aprovação, exigindo apenas a avaliação e prova da capacidade técnica e financeira da *Farmee*. Em certos casos, no entanto, pode ser a aprovação motivada por decisões geopolíticas[52] ou económicas[53].

É de notar, porém, que nos contratos *Farm In Farm Out* é igualmente possível ocorrerem cessões ocultas, como sucede se o contrato for celebrado *offshore* sem intervenção do Estado detentor, sendo sujeito a um *confidentiality agreement*. Neste caso, o Estado detentor ignorará a existência de um contrato *Farm in Farm out*, pelo que continuará a considerar aquela multinacional petrolífera como seu único parceiro contratual.

---

[51] Cfr. WENDY NICOLE DUONG, *U. Pa. J. Int'l Econ. L.* 25 (2004), p. 1228.

[52] Assim, WENDY NICOLE DUONG, *U. Pa. J. Int'l Econ. L.* 25 (2004), p. 1229, sustenta que num contrato para exploração de petróleo no Vietname dificilmente o Governo aprovaria uma *Farmee* que possuísse interesses numa área contratual concedida pela China.

[53] Será este o caso de o Estado preferir favorecer como *Farmee* a empresa da área contratual adjacente em ordem a permitir economias de escala. Cfr. WENDY NICOLE DUONG, *U. Pa. J. Int'l Econ. L.* 25 (2004), p. 1230.

Os acordos *Farm in Farm out* têm sido ainda criticados por levarem à criação de cartéis de facto, uma vez que através dos mesmos um grupo de companhias petrolíferas assume o controlo da área contratual, o que restringe a concorrência, situação que é facilitada pelo facto de as condições para a aprovação da operação pelo Estado normalmente não se basearem em questões concorrenciais[54].

3.5. Os acordos de unitização (*Unitization Agreements*)

A expressão *unitization*, que seguindo a tendência comum poderemos aportuguesar para unitização, significa agregar contratos e poços petrolíferos numa formação de produção conjunta para desenvolver operações relativas a uma única área ampla. A unitização pode ser desencadeada por decisão dos participantes na exploração petrolífera (unitização voluntária) ou ser imposta por decisão da entidade reguladora (unitização forçada). A unitização permite assim às partes ou ao regulador proceder, por razões de racionalidade económica, à agregação ou unificação de diversas explorações petrolíferas, ajustando os direitos das partes face a essa situação[55].

A unitização ocorre normalmente em virtude da necessidade de manutenção da pressão ou no intuito de lançar operações de recuperação secundária ou terciária, que normalmente beneficiam a exploração a longo prazo, aumentando a quantidade de produção que pode ser retirada da propriedade. A necessidade de unitização ocorre com imensa frequência no sector petrolífero, quando uma jazida de petróleo ou gás tem vários titulares de direitos de exploração correspondentes a áreas geográficas diversas, mas relativas à mesma jazida. Nestes casos, os Governos ou as entidades reguladoras e as próprias companhias petrolíferas têm interesse em promover a unitização em ordem a promover a conservação ambiental e efectuar uma exploração racional da jazida, evitando custos desproporcionados. É, no entanto, um processo complexo e demorado, uma vez que exige uma

---

[54] Cfr. WENDY NICOLE DUONG, *U. Pa. J. Int'l Econ. L.* 25 (2004), p. 1231.
[55] Cfr. JOHN S. LOWE, *Oil and Gas Law*, pp. 240 e ss.

avaliação prévia de toda a jazida e a distribuição de volumes de produção e custos entre as várias empresas envolvidas[56].

A unitização é habitualmente prevista nos próprios contratos celebrados com o Estado detentor ou a sua companhia concessionária, através de uma cláusula de unitização (*unitization clause*). Essa cláusula atribui ao Estado, à sua concessionária ou às companhias petrolíferas a possibilidade de exigirem a exploração conjunta de áreas respeitantes a contratos diferentes, mas correspondentes à mesma jazida petrolífera, quando se verifique ser mais benéfica essa exploração conjunta.

O Estado ou a concessionária ficam consequentemente habilitados a constranger os diversos titulares de direitos de exploração petrolífera a acordar numa exploração conjunta de uma ampla área abrangida, unificando assim as diversas explorações.

A unitização pode ser, no entanto, desencadeada por vontade dos titulares por meio dos chamados acordos de unitização. Através destes acordos, as companhias a quem foi concedida a exploração de determinadas áreas contratuais, no caso de encontrarem uma reserva petrolífera ou de gás natural que se expande por mais de uma área contratual, acordam entre si no estabelecimento de uma gestão única de todas as plataformas que se encontram nessa reserva, o que lhes permite maximizar os benefícios da exploração, reduzindo os seus custos.

A celebração de acordos de unitização é do interesse de todas as companhias envolvidas, uma vez que estando em causa a mesma jazida, como o petróleo e o gás não são estáticos, a concorrência de várias extracções redundaria num benefício injustificado para quem se adiantasse na extracção. A unitização permite assim repartir adequadamente o petróleo e o gás com base nos direitos contratualmente reconhecidos às partes, e não com base na extracção que vier a ser realizada em cada área.

A nível internacional os acordos de unitização obedecem a um modelo, aprovado pela AIPN, o *Model Form International Unitization and Unit Operating Agreement 2006*. Este modelo regula os direitos e obrigações das partes relativamente à unitização e regula a forma de assegurar a produção e o tratamento da unidade que vier a ser formada. Trata-se de um modelo essencialmente concebido para as situações em que o direito de explorar o

---

[56] Cfr. A Timothy Martin, *op. cit.*, p. 14.

petróleo provém de um contrato de partilha da produção, ainda que o mesmo possa depois ser adaptado a outras situações[57].

Em Angola a unitização encontra-se mesmo prevista a nível legislativo no art. 64.º da Lei 10/04, subordinado à epígrafe "unitização e desenvolvimento conjunto". O n.º 1 desse art. 64.º determina que a concessionária nacional deve informar de imediato o Ministério da Tutela logo que: 1) descubra na área da concessão um jazigo de petróleo capaz de um desenvolvimento comercialmente viável e que se estenda para além da área da referida concessão; 2) descubra na área da concessão um jazigo de petróleo que apenas pode ser desenvolvido comercialmente em conjunto com um jazigo de petróleo existente numa área adjacente à área da referida concessão; 3) considere que uma descoberta comercial na concessão deve, por razões técnico-económicas, ser desenvolvida conjuntamente com uma descoberta comercial existente numa área adjacente à referida concessão. Uma vez realizada essa comunicação "no caso de as duas áreas se encontrarem sob o regime de concessão petrolífera, o Ministério de tutela pode, através de notificação escrita dirigida à Concessionária Nacional e suas associadas, determinar que o petróleo descoberto seja desenvolvido e produzido em conjunto" (art. 64.º, n.º 2). Caso o Ministério da Tutela exerça essa faculdade, "as entidades envolvidas devem cooperar com vista à elaboração de um plano geral de desenvolvimento e produção conjunto para o petróleo em questão" (art. 64.º, n.º 3). O referido plano "deve ser apresentado ao Ministério de tutela, para apreciação e decisão, no prazo de 180 dias contados a partir da data em que a Concessionária Nacional tenha recebido a notificação referida no número anterior ou num prazo mais longo se tal for concedido pelo Ministério de tutela" (art. 64.º, n.º 4). Não sendo apresentdo o plano dentro do prazo "o Ministério de tutela pode contratar um consultor independente para que, de acordo com a prática geralmente aceite na indústria petrolífera internacional e a expensas da Concessionária Nacional e/ou das suas associadas, elabore o citado plano" (art. 64.º, n.º 5). Para esse efeito, o consultor "deve realizar consultas e manter todas as partes permanentemente informadas sobre o seu trabalho" (art. 64.º,

---

[57] Cfr. A. TIMOTHY MARTIN / J. JAY PARK, "Global petroleum industry model contracts revisited: *Higher, faster, stronger*" no *Journal of World Energy Law & Business*, 2010, vol. 3, n.º 1, pp. 4-43 (22).

n.º 6). Uma vez elaborado o referido plano, deve o mesmo ser executado pela Concessionária Nacional e pelas suas associadas, sob pena de os jazigos em questão voltarem para a titularidade do Estado (art. 64.º, n.º 7). No caso de as situações que justificam a unitização "se verificarem relativamente a uma área que não se encontre sob o regime de concessão petrolífera ou a um país limítrofe, o Ministério de tutela, mediante proposta da Concessionária Nacional deve submeter à aprovação do Governo, a estratégia a ser adoptada com vista a possibilitar a produção do petróleo em questão" (art. 64.º, n.º 8).

4. Os contratos celebrados pelas companhias petrolíferas com terceiros no âmbito do sector *Upstream*

4.1. Generalidades

No âmbito do sector *Upstream* podem surgir ainda diversos tipos de contratos celebrados entre as companhias petrolíferas e terceiros, que permitem a estes desenvolver actividade no sector. Entre estes contratos encontram-se os contratos para a realização de estudos sísmicos (*Seismic Contracts*), os contratos para a perfuração de poços (*Drilling Contracts*), os contratos de apoio à prospecção e perfuração petrolífera (*Support or Contribution Agreements*), os contratos de prestação de serviços relativos a poços petrolíferos (*Well Services contracts*) e e os contratos relativos à concessão de *royalties* sobre a produção petrolífera.

Examinemos sucessivamente estes contratos.

4.2. Os contratos para a realização de estudos sísmicos (*Seismic Contracts*)

Os contratos para a realização de estudos sísmicos correspondem a contratos pelos quais o prestador se compromete a produzir vibrações no solo em ordem a avaliar a resposta sísmica e geológica do terreno a essas vibrações, descobrindo assim a sua composição geológica. Trata-se de contratos destinados assim a conduzir estudos geológicos em determinado terreno e fornecer os resultados desses estudos, em ordem a concluir se o terreno é adequado à prospecção e extracção de petróleo e gás. O prestador assume ainda uma obrigação de confidencialidade em relação ao resultado dos estudos. Para além da obrigação de pagar o estudo e as despesas contraídas pelo prestador, a companhia petrolífera costuma assumir a responsabilidade pelos danos causados em virtude da realização dos estudos sísmicos, até um certo limite[58].

4.3. Os contratos para a perfuração de poços (*Drilling Contracts*)

O contrato para a perfuração de poços (*Drilling Contract*) corresponde a um contrato de empreitada entre um construtor e uma companhia petrolífera, pelo qual o empreiteiro assume a obrigação de perfurar o terreno e construir poços contra o pagamento de uma remuneração por parte da companhia petrolífera. O empreiteiro assume assim a obrigação de realizar a perfuração do terreno em ordem à construção de um ou vários poços, assumindo a companhia petrolífera a obrigação de pagar a remuneração correspondente a essa actividade. Essa remuneração poderá ser estabelecida numa base temporal, ou tomar por referência a profundidade atingida, ou ainda estabelecer um preço global para toda a obra. Consoante o tipo de remuneração estipulada, fala-se respectivamente em três subtipos de *Drilling Contracts*: os contratos com pagamento por dia de trabalho (*Daywork Contracts*), os contratos com pagamento pela perfuração realizada (*Footage Contracts*), e os contratos chave-na-mão (*Turnkey Contracts*).

O contrato com pagamento por dia de trabalho (*Daywork Contract*) é um contrato de empreitada de construção de um poço em que o empreiteiro é pago com base no tempo de trabalho que despende na sua actividade. Nesse caso, normalmente a actividade é realizada sob a direcção do operador, a quem o empreiteiro disponibiliza os seus trabalhadores e o seu equipamento, comprometendo-se a aceitar as suas instruções em relação à actividade de perfuração. Em consequência, o operador assume a responsabilidade pelas consequências das instruções que dá.

---

[58] Encontra-se um modelo de *seismic contract* em http://oilandgastraining.org/data/gp21/P0725.asp?Code=6041

O contrato com pagamento pela perfuração realizada (*Footage Contract*) consiste igualmente num contrato de empreitada de construção de um poço, em que a remuneração é paga com base na profundidade de perfuração atingida. Nesse contrato, a companhia petrolífera já não tem idêntica possibilidade de dirigir as operações de perfuração e dar instruções ao empreiteiro, pelo que a sua responsabilidade será igualmente muito mais reduzida.

Finalmente o contrato chave-na-mão (*Turnkey Contract*) corresponde também a um contrato de empreitada de construção em que o empreiteiro se compromete a perfurar, completar, equipar e entregar à companhia petrolífera um poço pronto a utilizar, recebendo em contrapartida um preço globalmente estipulado. Nesse caso, a companhia petrolífera não tem qualquer possibilidade de dar instruções sobre a forma de construção do poço, pelo que também não será responsável pelo resultado dessa actividade[59].

Existem igualmente contratos-modelo nesta área. Um é o elaborado pela *International Association of Drilling Contractors*, uma associação de empreiteiros da indústria de perfuração. Outro é o elaborado pelo *American Petroleum Institute*, uma associação de companhias petrolíferas. Naturalmente que estes modelos contratuais se apresentam como mais favoráveis aos empreiteiros ou às companhias petrolíferas, consoante a organização que os elaborou. É, por isso, comum que, quer os empreiteiros, quer as companhias petrolíferas, procedam à elaboração das suas próprias cláusulas contratuais gerais, baseadas nalgum destes modelos contratuais[60].

4.4. Os contratos de apoio à prospecção e exploração petrolífera (*Support or Contribution Agreements*)

Os *Support Agreements,* por vezes também designados *Contribution Agreements* são contratos celebrados entre as companhias petrolíferas e terceiros pelos quais estes concedem determinado apoio às operações de prospecção e perfuração, em troca de informação geológica ou tecnológica relativa à actividade. Uma das partes aceita assim conceder dinheiro ou direitos relativos uma determinada área em apoio à actividade de prospecção

---

[59] Cfr. JOHN S. LOWE, *Oil and Gas Law,* pp. 397-398.
[60] Cfr. JOHN S. LOWE, *Oil and Gas Law,* pp. 398.

e exploração em troca da informação geológica ou tecnológica que vier a ser obtida sobre aquele terreno. A companhia petrolífera consegue por essa via diminuir o risco da actividade de prospecção e perfuração enquanto que a outra parte adquire informação geológica e tecnológica sobre a actividade.

Há normalmente três tipos de *Support Agreements*, que se distinguem consoante o facto que determina o pagamento da contribuição ou a forma como esta é realizada: o acordo de pagamento em caso de escavação de um poço vazio (*Dry-Hole Agreement*), o acordo de pagamento quando a escavação atinge certa profundidade (*Bottom-Hole Agreement*) e o acordo de concessão de novas áreas de exploração quando a escavação atinge certa profundidade (*Acreage-Contribution Agreement*).

No *Dry-Hole Agreement* a parte contribuidora aceita efectuar um pagamento em dinheiro à companhia petrolífera se vier a ser perfurado um poço vazio, enquanto que a companhia se compromete a fornecer informação geológica e técnica sobre a perfuração, independentemente de o poço escavado estar ou não vazio.

No *Bottom-Hole Agreement* a parte contribuidora aceita efectuar um pagamento em dinheiro à companhia petrolífera em troca de informação geológica e técnica relativa à perfuração, se a companhia petrolífera escavar um poço até determinada profundidade, independentemente de ocorrer ou não a descoberta de petróleo ou gás.

No *Acreage Contribution Agreement* a parte contribuidora aceita conceder direitos sobre uma área de prospecção vizinha em troca de informação técnica relativa à perfuração, desde que a companhia petrolífera escave um poço até determinada profundidade[61]. Trata-se de um acordo semelhante ao *Bottom-Hole Agreement*, mas que dele se distingue por a remuneração não consistir em dinheiro, mas antes em direitos de exploração sobre áreas de prospecção vizinhas.

---

[61] Cfr. JOHN S. LOWE, *Oil and Gas Law*, pp. 387-388.

4.5. Os contratos de prestação de serviços relativos a poços petrolíferos (*Well services contracts*)

Os contratos de prestação de serviços relativos a poços petrolíferos (*Well Services Contracts*) correspondem a todos os contratos de prestação de serviços destinados a assegurar o necessário para a gestão e o correcto funcionamento dos poços petrolíferos. Esses contratos podem incluir contratos relativos à instalação de tubos de perfuração (*Drilling Rig Contracts*) contratos relativos à construção de plataformas e oleodutos chave-na-mão (*Platform and Pipeline EPCI*[62]), contratos relativos à recolha e armazenagem de petróleo em navios (*FPO*[63] *Vessel*), podendo incluir a sua produção (*FPSO Vessel*[64]), estabelecimento de unidades de produção móvel *offshore* (MOPU[65]), contratos de aluguer de plataformas fixas (*Fixed Platform Hire Contracts*), e contratos relativos a operações e manutenção *(O&M*[66] *Contracts)*[67].

Existem igualmente modelos contratuais aprovados pelas associações representivas do sector. O mais conhecido é o da *Association of International Petroleum Negotiators*, que possui o *AIPN 2002 International Model Well Services Contract*.

Os contratos de prestação de serviços relativos a poços petrolíferos caracterizam-se por estabelecer rigorosamente o regime da responsabilidade civil das partes por todo o tipo de danos resultantes da sua actuação, incluindo danos pessoais, à propriedade, danos sofridos por terceiros, danos ao ambiente e prejuízos indirectos ou consequenciais. Normalmente as partes asseguram uma responsabilidade cruzada, estabelecendo no contrato que a outra parte será indemnizada por todos os danos que sofra em relação ao seu pessoal e à sua propriedade, bem como pelos danos económicos e consequenciais, não assumindo assim qualquer responsabilidade que resulte

---

[62] EPCI: *Engineering, Procurement, Construction and Instalation*.
[63] FPO: *Floating, Storage and Offtake*.
[64] FPSO: *Floating, Production, Storage and Offtake*.
[65] MOPU: *Mobile Offshore Production Unit*
[66] O&M: *Operation and Maintenance*
[67] Cfr. TOBY HEWITT, "Who is to Blame? Allocating Liability in Upstream Project Contracts" no *Journal of Energy & Natural Resources Law*, Vol 26 No 2 (2008), pp. 177--206 (180).

de actos da contraparte (*"mutual hold harmless" or "knock for knock" indemnities regime*). Por esse motivo estes contratos obrigam à contratação de seguros específicos contra todos estes danos, que incluam a outra parte e as suas filiais como beneficiários, renunciando a companhia de seguros ao seu direito de sub-rogação contra estes[68].

4.6. Os contratos relativos à concessão de *royalties* sobre a produção petrolífera

No Direito Norte-Americano é comum a atribuição de *royalties* sobre a produção petrolífera. A *royalty* corresponde à remuneração mais comum dada ao titular do solo como contrapartida da exploração dos recursos minerais. Ao contrário do que sucede em relação a outros minérios, em que *a royalty* tem um valor fixo, na indústria petrolífera *a royalty* corresponde a um percentagem da produção petrolífera ou ao valor dela, livre dos custos da mesma.

A *royalty* é normalmente paga ao titular do solo como contrapartida pela atribuição do direito de procurar e produzir petróleo, sendo então denominada de *land owner's royalty*. É possível, porém, os titulares dos direitos de exploração atribuírem a terceiros, como contrapartida dos contratos que com eles celebram, direito a outras *royalties* relativas à produção petrolífera. Nesse caso, a *royalty* é denominada por *overriding royalty*, sendo atribuída a partir dos direitos de exploração do titular do direito, consistindo numa participação sobre os seus próprios direitos de produção. Estas *royalties* são normalmente atribuídas a exploradores, advogados ou geólogos como contrapartida pelo seu contributo para a exploração petrolífera. Já *a non participating royalty* corresponde a uma *royalty* atribuída pela alienação de terrenos mineiros, mas que não está relacionada com nenhuma locação específica. Por exemplo, alguém pode alienar a terceiro o seu terreno onde suspeita existirem direitos mineiros, reservando o seu direito a receber metade das *royalties* que sejam pagas ao novo titular do terreno como contrapartida das locações que venham a ser concedidas nesse terreno.

---

[68] Cfr. TOBY HEWITT, *Journal of Energy & Natural Resources Law*, Vol. 26 No 2 (2008), pp. 180 e ss.

As *royalties* podem ser concedidas a termo (*term royalty*) ou perpétuas (*perpetual royalty*). As *royalties* a termo também podem ser a termo certo, por exemplo, por um período de 25 anos (*fixed*) ou *variável* (*defeasible*), por exemplo 25 anos ou enquanto houver produção. A *mineral royalty* da Lousiana, uma vez que admite a sua extinção pelo não uso constitui um exemplo de *defeasible royalty*[69].

Como direitos que incidem sobre a produção petrolífera, as *royalties* caracterizam-se por possuirem os seguintes traços distintivos:

a) não atribuem qualquer direito de uso do terreno; efectivamente as *royalties* correspondem a um direito a uma parte da produção e não a um direito de uso do terrreno, pelo que o titular da *royalty* não tem qualquer direito de explorar petróleo e só se pode dirigir ao terreno para reclamar e receber a sua quota na produção;
b) correspondem a uma partilha da produção, e não a uma partilha de lucros e perdas, pelo que a sua atribuição é independente de quaisquer lucros e perdas suportados pelo titular. A *royalty* tem que ser paga, mesmo que a produção não esteja a dar lucro e o seu pagamento é independente dos custos suportados;
c) uma vez que não atribuem direitos de uso e de exploração, também não podem conceder a outrem esses direitos. A sua participação na exploração resume-se a receber a sua quota da produção[70].

5. Os contratos *Midstream*

5.1. Generalidades

Diferentes dos contratos *Upstream* são os denominados contratos *Midstream*. Correspondem àqueles contratos pelos quais se convenciona a transformação do crude num produto energético utilizável, incluindo o desenvolvimento de infra-estruturas, o processamento e transporte da matéria

---

[69] Cfr. JOHN S. LOWE, *Oil and Gas Law*, pp. 45-46.
[70] Cfr. JOHN S. LOWE, *Oil and Gas Law*, pp. 46-47. A pp. 411-413 este autor transcreve uma minuta de uma *conveyance of non participating royalty interest*.

prima, a sua conversão num produto energético e todos os outros processos de conexão entre o sector *Upstream* e o sector *Downstream*.

Os contratos *Midstream* mais comuns correspondem aos contratos de venda de petróleo bruto e de gás natural, os *Crude Oil Sales Agreements* e os *Gas Sales Agreements*. Estes correspondem a contratos entre exportadores e importadores, produtores e outros agentes da cadeia económica ou entre participantes de uma mesma *joint venture*, que que têm por objecto a venda de crude e de gás natural[71]. Existem, no entanto, ainda outros contratos como os acordos de equilíbrio da produção do gás (*Gas Balancing Agreements*) e os acordos de agregação de vendas de petróleo e gás (*Common Stream Agreements*).

Examinemos estes diversos contratos:

5.2. Os contratos de compra e venda de petróleo bruto (*Crude Oil Sales Agreements*)

Os *Crude Oil Sales Agreements* correspondem aos contratos relativos à compra e venda de petróleo bruto. Trata-se de contratos simples que tanto podem ser celebrados a nível interno como a nível internacional. Os contratos de venda de petróleo bruto celebrados a nível internacional encontram-se habitualmente formulados em barris de petróleo, sendo que cada barril corresponde a 159 litros.

Não existem especificidades próprias da indústria petrolifera neste tipo de contratos, costumando ser adoptado o modelo contratual vigente nas diversas jurisdições para a compra e venda de mercadorias.

Os contratos de venda de petróleo bruto estabelecem especificações relativas à qualidade do petróleo que os vendedores asseguram ao comprador, se ele não preferir conduzir ele próprio uma análise da mercadoria. Tal deve-se ao facto de o petróleo bruto não constituir um produto que possa ser consumido enquanto tal, tendo que ser transformado nas refinarias petrolíferas em produtos que os consumidores e as empresas possam utilizar, tais como a gasolina, o gasóleo, o *jet fuel*, os óleos de queima, etc. Ora, como a qualidade do petróleo bruto varia muito consoante as jazidas de onde

---

[71] Cfr. DIOGO PIGNATARO DE OLIVEIRA, *loc. cit.*

provém, há que averiguar se a mesma é compatível com o tipo de refinação a que se destina, a qual pode exigir ainda refinarias específicas. Para além disso, no caso de o petróleo bruto ter de ser transportado por oleoduto, haverá ainda que determinar se a qualidade desse petróleo é compatível com os requisitos do oleoduto, em ordem a evitar problemas de fluxo ou de contaminação do restante petróleo que nele circula com componentes indesejáveis. Precisamente por esse motivo, é comum os vendedores de petróleo bruto estabelecerem especificações de qualidade, normalmente em relação à densidade e ao teor de enxofre existente no produto.

Os contratos de venda de petróleo contêm também habitualmente regras detalhadas relativamente à entrega e carga do produto, que têm que estar em conformidade com os procedimentos adoptados no terminal de carga.

Se os contratos respeitarem a petróleo transportado em navios, os contratos tendem a ser de muito curta duração (*spot contracts*), podendo mesmo ser celebradas vendas individuais relativas a cargas de navios, o que é muito comum na bacia atlântica. São também celebrados contratos de fornecimento continuado com duração de um a cinco anos. Se se tratar de petróleo fornecido através de oleodutos ou em quantidades muito avultadas, os contratos já serão de duração maior, porque o número de refinarias disponíveis diminui tendo que ser assegurada a sua disponibilidade por períodos prolongados.

Se os contratos de venda de petróleo forem de longa duração, o preço será calculado com base numa fórmula previamente estabelecida entre as partes no momento da celebração do contrato, que estabelecerá a sua variação. Se forem de curta duração, o preço será o praticado no mercado no momento em que o petróleo é carregado[72]. Embora historicamente os contratos de venda do petróleo tivessem estabelecido preços fixos, a actual volatilidade dos preços do produto leva ao estabelecimento de preços variáveis com base na actual cotação do preço do barril nos diversos mercados.

---

[72] Cfr. O. GUDMESTAD / A. ZOLOTUKHIN / E. T. JARLSBY, *Petroleum Resources with Emphasis on Offshore Fields*, Southampton, Wit Press, 2010, pp. 114-115.

5.3. Os contratos de venda de gás natural (*Gas Sales Agreements*)

O *Gas Sales Agreement* é um contrato para a venda de gás natural efectuado por um produtor de gás a uma empresa de gasodutos, uma companhia de distribuição local ou um utilizador final. Embora se trate de contratos muito variados, normalmente estes contratos possuem certos padrões comuns em relação ao prazo de duração, preço, quantidades de aquisição obrigatórias, áreas e instalações abrangidas[73].

Em relação ao prazo de duração, os contratos iniciais relativos à venda de gás natural surgidos nos EUA possuíam uma duração bastante prolongada, podendo abranger um período de 25 anos até à própria duração do poço. Tal sucedia devido ao facto de a legislação americana, o *Natural Gas Act* de 1938 exigir que os contratos relativos à venda de gás natural transportado entre os Estados fossem sujeitos a um período mínimo de 15 anos. Para além disso, os constrangimentos económicos do negócio exigiam igualmente uma duração muito prolongada, devido ao enorme financiamento necessário para construir as linhas de condução do gás e as condições de segurança exigidas para essa distribuição. Mais recentemente, no entanto, tornaram-se comuns os contratos de venda de gás com períodos de duração muito mais limitados, como sejam os de cinco anos um ano ou mesmo alguns meses. Por vezes surgem mesmo contratos de muito curto prazo, como seja de um mês, uma semana ou um dia, que são denominados de *spot market contracts*. Normalmente esse tipo de contratos é associado a uma cláusula que estende a sua duração até que a outra parte decida proceder ao seu termo com alguma antecedência (*evergreen provision*). No início as vendas de gás em *spot market* eram realizadas através de contratos redigidos pelas companhias petrolíferas. Actualmente, no entanto, os mesmos obedecem a um modelo comum da *North American Energy Standards Board* (NAESB), sendo o último modelo de 2006 (NAESB 2006)[74].

O preço de venda do gás natural apresenta-se como variável consoante o prazo de duração estipulado para o contrato. Em contratos de longa duração existem naturalmente cláusulas a estipular um ajustamento periódico dos preços (*price-adjustment clauses*). Essas cláusulas podem ser de natureza

---

[73] Cfr. JOHN S. LOWE, *Oil and Gas Law* , pp. 399 e ss.
[74] Cfr. JOHN S. LOWE, *Oil and Gas Law,* pp. 399-400.

variável. Em primeiro lugar, temos a cláusula de escalonamento fixo (*fixed--escalation clause*) a qual estabelece uma subida periódica do preço do gás, quer com base num valor pecuniário quer com base numa percentagem (ex. 4 cêntimos ou 1%). Depois temos a cláusula do preço mais elevado na zona (*area-rate clause*), a qual estabelece que o preço do gás será ajustado para o preço mais eleva do que seja permitido naquela zona por parte de uma entidade reguladora. Em seguida surge a cláusula de nação mais favorecida (*most-favored nations clause*) que estabelece o ajustamento do preço sempre que qualquer outro produtor estabelecido na área receba um preço superior por venda de gás em quantidade e qualidade similar. A *two-party most favored nations clause* estabelece o ajustamento do preço apenas se a outra parte contratual pagar um preço superior a outro produtor. A *three--party most favored nations clause* estabelece esse ajustamento se qualquer comprador pagar um preço superior pelo gás. A *price-renegotation clause* permite a renegociação do preço a todo o tempo, em ordem a que as partes possam tomar em consideração a evolução das condições do merca do. A *index-adjustment clause* estabelece uma evolução do preço com base na indexação em relação ao preço de outros produtos, que as partes consideram como adequados para determinar a valorização do preço do gás natural. A *net-back clause* estabelece que o preço que o vendedor recebe será determinado pelo *netting-back* da quantidade recebida, deduzindo as despesas do transporte e qualquer outros custos em que tenha incorrido.

Já em relação aos contratos de curta duração ou *spot-market* eles habitualmente assentam num preço fixo, sem cláusulas de ajustamento. Se a evolução do mercado tornar o preço irreal as partes procedem a uma renegociação do mesmo. Se um contrato de curta duração tem uma cláusula de extensão (*ever-green provision*) que o sujeita a uma renovação periódica, o preço de renovação resultará do preço praticado no *spot-market,* conforme referido nas publicações da indústria[75].

Os contratos de venda do gás natural a longo termo estipulam habitualmente quantidades de aquisição obrigatória do produto, uma vez que a sua procura é altamente cíclica, dependendo das condições atmosféricas e económicas, sendo por isso necessário assegurar que o vendedor possua um mínimo de fluxo de caixa. Normalmente essas cláusulas revestem a natureza

---

[75] Cfr. JOHN S. LOWE, *Oil and Gas Law* , pp. 401-402.

de uma obrigação alternativa, vinculando o comprador a adquirir uma determinada quantidade de gás ou a pagar pela quantidade de gás que não quis adquirir. Esta cláusula é por isso denominada de cláusula *take-or-pay*. No caso de optar apenas pelo pagamento, o comprador adquire posteriormente o direito de adquirir a quantidade de gás que não quis na altura, pagando apenas a diferença entre o preço pago na altura e o preço actual. Já pelo contrário os contratos de curta duração não possuem esse tipo de cláusulas, sendo antes comum no *spot market* as partes combinarem a todo o tempo a quantidade de gás que adquirem *(handshake deal)*[76].

Os contratos de aquisição do gás natural a longo prazo estabelecem ainda certas regras relativamente às áreas e instalações abrangidas, indicando assim ao comprador as terras, poços e instalações de onde o gás pode ser retirado. Normalmente a definição das áreas e instalações é estabelecida em termos mais ou menos amplos consoante se verifica escassez ou abundância de gás. Já os contratos de curto prazo não possuem habitualmente essa definição[77].

Os contratos de venda de gás natural incluem ainda por vezes reservas relativamente a certas quantidades de gás natural que o produtor se reserva o direito de conservar para utilização própria.

Finalmente, os contratos de venda de gás natural estabelecem ainda condições relativamente à qualidade do gás entregue e ao lugar da sua entrega. Trata-se de condições de grande relevância económica, uma vez que ao se assegurar certa qualidade do gás, assume-se o compromisso de dele retirar uma enorme quantidade de impurezas o que tem custos consideráveis embora aumente o valor do gás fornecido. Da mesma forma, o transporte de gás em gasoduto para determinada área é um factor decisivo em termos de custos negociais. É por isso muito comum as partes, nos contratos a longo prazo, desenvolverem negociações intensas em relação a estas cláusulas. Já nos contratos de curto prazo apenas se especifica que o gás deve ser de qualidade suficiente para ser transportado em gasoduto *(of pipeline quality)* e impõe apenas ao vendedor a obrigação de o entregar num mercado de recolha.

---

[76] Cfr. JOHN S. LOWE, *Oil and Gas Law*, pp. 402-403.
[77] Cfr. JOHN S. LOWE, *Oil and Gas Law*, p. 404.

5.4. Os acordos de equilíbrio da produção do gás (*Gas Balancing Agreements*)

Os acordos de equilíbrio na produção do gás (*Gas Balancing Agreements*) destinam-se a balancear a produção do gás perante a oferta e a procura. Efectivamente, sendo o mercado desregulado com muito produtores, vendedores, e negociantes, o tempo de produção do gás pelos produtores individuais pode variar de forma significativa e não corresponder às exigências do mercado, o que leva as partes a estabelecer acordos destinados a balancear a produção do gás em função da correspondente procura, o que no fundo corresponde a estabelecer acordos de diferimento da produção do gás[78]. Da mesma forma muitas vezes ocorre que os produtores de gás vendem o gás produzido aos compradores a preços diferentes e com regras diferentes, o que leva à existência de desequilíbrios nos diversos contratos. Como o gás é fungível e é distribuído através do mesmo gasoduto não é possível aos adquirentes distinguir qual o produtor cujo gás levantam e a que preço, pelo que quem adquirir o gás receberá não apenas aquele que pertence mas também a outros. É necessário por isso regular a produção e distribuição do gás pelos produtores aos compradores, o que é realizado através dos *Gas Balancing Agreements*[79].

Tradicionalmente existia um costume na indústria petrolífera, segundo o qual o acordo de equilíbrio na distribuição de gás é realizado em espécie (*balance in kind*). Nesses casos, o operador compromete-se a ajustar periodicamente as entregas aos compradores por parte dos diversos produtores em ordem a que a distribuição de gás efectuada por todos se encontre equilibrada. Surgiram, no entanto, litígios relativamente à periodicidade do ajuste e à eventual necessidade de pagamentos em dinheiro (*cash balancing*) para restabelecer o equilíbrio, tendo-se então discutido se nesse caso o pagamento deveria ser realizado tomando por referência o preço recebido pelo gás vendido, o valor do mesmo ou outra base. Precisamente por esse motivo, os *Gas Balancing Agreements* contêm disposições esclarecendo a periodiocidade em que o operador deve efectuar o balanceamento do gás, e obrigam-no a contabilizar em relação aos diversos produtores os casos de

---

[78] Cfr. A TIMOTHY MARTIN, *op. cit.*, *p. 17.*
[79] Cfr. JOHN S. LOWE, *Oil and Gas Law*, *p.* 406.

superprodução ou sub-produção desse gás. Quando se verifica uma situação de sub-produção, o produtor adquire o direito a entregar mais gás, ou no caso de tal não ser possível receber pagamentos em dinheiro com base no que os outros participantes receberam em excesso. Em tempos de produção excessiva, normalmente é preferido o pagamento em dinheiro[80].

5.5. Os acordos de agregação de vendas de petróteo ou de gás (*Common Stream Agreements*)

O acordo de agregação de vendas de petróleo ou de gás (*Common Stream Agreement*) corresponde a uma forma de unificar uma série de contratos de venda de petróleo ou gás, seja com um comprador, seja com um conjunto de compradores. O acordo designará uma entidade, normalmente o operador, para coordenar os diversos aspectos que tenham que ser tratados em comum pelos diversos vendedores por forma a satisfazer melhor o interesse dos compradores. Trata-se assim de um contrato celebrado entre os diversos vendedores entre si por um lado e entre os vendedores e o comprador, pelo outro lado, pelo qual serão tratadas em conjunto os requisitos necessários, verificação e testes, em lugar de serem realizados por cada vendedor individualmente.

6. Os contratos *Downstream*

Os contratos *Downstream* têm por objecto a refinação, comercialização, venda, distribuição e entrega ao consumidor dos produtos energéticos acabados. Sendo orientados em relação ao consumidor final, apresentam uma natureza diferente dos contratos *Upstream* e *Midstream*, pois não assentam necessariamente em relações duradouras entre Estados e multinacionais petrolíferas, nem envolvem sempre grandes investimentos de capital ou riscos elevados. São exemplos de contratos *Downstream*: a) os contratos celebrados com refinarias em ordem a refinar o crude; b) os contratos de distribuição e venda de produtos petrolíferos em determinado país celebrados

---

[80] Cfr. JOHN S. LOWE, *Oil and Gas Law*, pp. 406-407.

entre uma multinacional petrolífera e distribuidores locais; c) os contratos de franquia entre uma multinacional petrolífera e as estações de serviço[81].

Uma vez que estes contratos não revestem particularidades especiais em relação ao regime comum dos contratos de transformação de bens, distribuição e franquia, não os examinaremos neste trabalho.

BIBLIOGRAFIA

BARBOSA, Alfredo Ruy, "Breve panorama dos contratos no setor de petróleo" em *Jus Navigandi, Teresina*, ano 7, n.º 55, 1 Mar. 2002. disponível em http://jus.uol.com.br/revista/texto/2794.

DUONG, Wendy Nicole, "Partnerships with Monarchs – Two Case Studies: Case One – Partnerships with Monarchs in the Search for Oil: Unveiling and Re--Examining the Patterns of 'Third World' Economic Development in the Petroleum Sector" em *University of Pennsylvania Journal of International Economic Law*, vol. 25 (2004), pp. 1171-1296

GALA, Francisco Briosa e, "A tipicidade das formas contratuais atípicas no comércio internacional de petróleo", em *O Direito* 141.º (2009), IV, pp. 999-1026.

GUDMESTAD, O. / ZOLOTUKHIN, A. / JARLSBY, E. T., *Petroleum Resources with Emphasis on Offshore Fields*, Southampton, Wit Press, 2010

HEWITT, Toby, ''Who is to Blame? Allocating Liability in Upstream Project Contracts" no *Journal of Energy & Natural Resources Law*, Vol 26 No 2 (2008), pp. 177-206

JONES, Kendor P., "Something Old, Something New: The Evolving Farmout Agreement", disponível em http://www.washburnlaw.edu/wlj/49-2/articles/jones-kendor.pdf

LOWE, John S., *Oil and gas Law in a Nut Shell,* 5.ª ed., St. Paul MN, Thomson Reuters, 2009

MARQUES, Paulo, "Da natureza jurídica do *Production Sharing Agreement* (PSA) à luz do ordenamento jurídico português", em PEDRO MELO / JOÃO GARCIA PULIDO / PAULO MARQUES / ALEXANDRA BEATO, *Estudos sobre Energia: Petróleo e Gás Natural ,* Coimbra, Almedina, 2004, pp. 9-68

---

[81] Cfr. WENDY NICOLE DUONG, *U. Pa. J. Int'l Econ. L.* 25 (2004), p. 1214, nota (106).

MARTIN, A Timothy, "Model Contracts: A Survey of the Global Petroleum Industry", disponível em http://www.timmartin.ca/fileadmin/user_upload/pdfs/Model_Contracts-Survey_of_Global_Petroleum_Industry_Aug2004_.pdf

MARTIN, A. Timothy / PARK, J. Jay, "Global petroleum industry model contracts revisited: *Higher, faster, stronger*" no *Journal of World Energy Law & Business*, 2010, vol. 3, n.º 1, pp. 4-43

OLIVEIRA, Diogo Pignataro de, "Os contratos internacionais e a indústria do petróleo" em *Jus Navigandi, Teresina*, ano 12, n. 1532, 11 set. 2007, disponível em http://jus.uol.com.br/revista/texto/10391

SILVA, Ana Christina Pisco Rocha da / BRANDÃO JÚNIOR, Carlos Alberto Gonçalves / NETO, OTACÍLIO DOS SANTOS SILVEIRA / CUNHA , Sheyla Yusk / BRANDÃO, Ygor Medeiros, "Transferência de direitos decorrentes da concessão: Os contratos de Farm-In/Fram-Out em face dos princípios da ordem jurídica brasileira", disponível em http://www.portalabpg.org.br/PDPetro/3/trabalhos/IBP0523_05.pdf

WON, Khong Cho, *The Politics of Oil in Indonesia. Foreign Company-Host Government Relations*, Cambridge, University Press, 1986

Seguro Petrolífero:
Contributos para o Mercado Angolano

Manuel Gonçalves*
Lino Diamvutu**

Sumário: 1. Introdução; 1.1. O *petroleum*; 1.2. As actividades petrolíferas; 1.3. Delimitação do tema; 2. Direito do Petróleo e Direito dos Seguros; 3. O contrato do seguro de petróleo: especificações; 4. O contrato de resseguro petrolífero; 4.1. O Resseguro; 4.2. O resseguro petrolífero; 5. Riscos cobertos pelo seguro petrolífero; 5.1. Na fase *upstream*; 5.2. Na fase *midstream* e *downstream*; 6. Regime jurídico de contratação do seguro de petróleo; 7. Conclusão.

1. Introdução

1.1. O *petroleum*

O sector petrolífero constitui a alavanca da economia em Angola. O seu papel é inquestionável. Angola encontra-se entre os 20 maiores países produtores de petróleo a nível planetário. No plano continental, Angola ocupa hoje o segundo lugar, depois da Nigéria, com uma produção, estimada em 2014, em cerca de 1.750.000 barris por dia[1].

Abordar o tema do seguro de petróleo impõe a compreensão das condições excepcionais em que se desenrolam as operações petrolíferas. Etimolo-

---

* Presidente do Conselho de Administração da ENSA – Seguros de Angola, SA.
** Docente da Faculdade de Direito da Universidade Agostinho Neto.
[1] *www.eia.gov/countries/ cab.cfm?fips=AO*

gicamente, a palavra "petróleo" deriva do latim "petroleum", que significa "óleo de pedra". O petróleo é óleo encontrado dentro de uma pedra. Como é sabido, o petróleo é um combustível fóssil formado pela deposição milenar de matéria orgânica em rochas sedimentares. A sua formação depende de condições de temperatura, pressão e de ausência de metamorfismo (oxigénio). O seu processo formativo depende ainda da existência de uma rocha granular geradora que deve ser permeável e porosa, por forma a permitir posteriormente a migração do petróleo para a rocha impermeável. Quanto à sua composição, o petróleo é composto de água, óleo e gás. Tendo em conta a densidade de cada um desses elementos, sobrepõem-se o gás e o óleo à água. Hoje, os produtos derivados do petróleo invadem o nosso dia-a-dia. Alguns deles são: os combustíveis (gasolina, diesel, nafta), os lubrificantes e o asfalto. Derivados do petróleo são usados nos cosméticos, no fabrico de plásticos, da borracha sintética, de produtos de limpeza, de tecidos sintéticos e de alguns medicamentos. Grande parte das perfurações *offshore* dão-se dentro do chamado "Triângulo dourado", demarcado entre o Golfo do México, Brasil e África Ocidental[2].

1.2. As actividades petrolíferas

A cadeia de valor[3] da indústria petrolífera está compartimentada em *upstream*, *midstream* e *downstream*. O *upstream* engloba as operações de prospecção, perfuração e produção de hidrocarbonetos líquidos e gasosos (*E&P*). Tais operações de prospecção, perfuração e produção de petróleo e/ou gás podem decorrer em terra (*on shore*) ou no mar (*off shore*). A Lei n.º 10/04, de 12 de Novembro, Das Actividades Petrolíferas[4], regulamenta especialmente o *upstream*, ou seja, as operações de prospecção, pesquisa

---

[2] LEONE, Sidney, *Subscrição de riscos de petróleo: uma aplicação da matriz de relevância*, Dissertação de Mestrado, Escola Politécnica & Escola de Química, Universidade Federal do Rio de Janeiro, 2012, p. 14.

[3] A cadeia de valor é o conjunto de actividades desempenhadas por uma organização que tem início nas fontes da matéria-prima, passando pelos fornecedores, ciclos de produção e de venda, até à fase de distribuição ao consumidor. Veja-se NETO, Tiago, *Contratos petrolíferos – Introdução às operações petrolíferas*, Ordem dos Advogados de Angola, 2015, p. 4.

[4] DR I.ª Série – N.º 91

e avaliação[5], bem como as de desenvolvimento e produção de petróleo[6]. A prospecção, a pesquisa e a avaliação são actividades que se completam e antecedem a produção de petróleo. A prospecção e pesquisa consistem no conjunto de operações executadas mediante a utilização de métodos geológicos, geoquímicos ou geofísicos, com vista à localização de jazigos de petróleo. A avaliação é a actividade realizada após a descoberta de um jazigo de petróleo com vista a definir os parâmetros do reservatório, de forma a determinar a comercialidade do mesmo. Quando se conclui que existe um campo de petróleo economicamente viável, é elaborado um plano geral de trabalhos de desenvolvimento e produção (artigos 62.º e 63.º da Lei n.º 10/04, de 12 de Novembro, Das Actividades Petrolíferas)[7]. A propriedade do petróleo localizado no fundo do mar (*off shore*) dos oceanos está intimamente associada à delimitação territorial do conceito de soberania, tendo os Estados hospedeiros legitimidade para regular as actividades que venham a ser desenvolvidas nos subsolos marítimos até aos quais se estende a respectiva jurisdição[8].

O *midstream* respeita fundamentalmente ao armazenamento do petróleo e do gás após extracção, feito em campos de armazenamento, em regra próximos do transporte em oleoduto ou por via marítima até às refinarias, onde serão depois transformados em produtos de consumo generalizado[9]. Entre nós, no que respeita às actividades de *midstream*, o artigo 72.º da *supra* citada Lei remete para a prática petrolífera internacional os projectos relativos à instalação e ao funcionamento de oleodutos (*pipe-lines*), gasodutos e instalações de armazenamento de petróleo.

No *downstream*, temos as actividades de refinação, o transporte por oleodutos (*pipe*-lines) ou por via marítima, fluvial, rodoviária e ferroviária, o armazenamento em reservatórios para fins logísticos, de consumo ou de constituição de reservas de segurança, incluíndo instalações de venda a retalho, bem como a comercialização de produtos refinados[10].

---

[5] Artigos 58.º a 61.º.
[6] Artigos 62.º a 72.º.
[7] DR I.ª Série – N.º 91
[8] SILVA, Suzana Tavares, *Direito da Energia*, Coimbra editora, 2011, p. 47.
[9] SILVA, Suzana Tavares, *Direito da Energia* ..., p. 57.
[10] SILVA, Suzana Tavares, *Direito da Energia* ..., pp. 59 e ss.; NETO, Tiago, *Contratos petrolíferos – Introdução às operações petrolíferas*, Ordem dos Advogados de Angola, 2015, p. 4.

1.3. Delimitação do tema

No âmbito do presente estudo, interessa-nos analisar as especificações do contrato de seguro petrolífero, suas principais coberturas numa actividade de perfuração de poços de petróleo, bem como as coberturas necessárias nas fases de *midstream* e de *downstream*. Sendo a exploração petrolífera uma actividade de elevado risco, o recurso ao mecanismo de resseguro por parte das companhias de seguro directo envolvidas assume um papel imprescindível, razão pela qual abordaremos nas grandes linhas a actividade de resseguro dos contratos de seguro petrolífero. Daremos particular atenção ao regime jurídico da contratação do seguro petrolífero em Angola, uma vez que, por vontade do legislador, o mesmo realiza-se obrigatoriamente na modalidade de co-seguro. Sendo necessário analisar e propor soluções visando melhorar o funcionamento de tal regime. Por fim, teceremos algumas considerações conclusivas.

2. Direito do Petróleo e Direito dos Seguros

Importa aqui encontrar qual o ponto de contacto entre o direito do petróleo e o direito dos seguros. O direito do petróleo consiste, fundamentalmente, na regulamentação das fases de *upstream* e *downstream*[11]. Como refere Tavares da Silva[12], a primeira fase assume uma particular relevância nos Estados produtores de petróleo, e a segunda nos países que "sobrevivem" da importação daquele recurso. A disciplina do direito do petróleo enquadra-se no chamado direito da energia, o qual abrange também o direito mineiro. Por seu lado, o direito dos seguros sistematiza, no dizer de Menezes Cordeiro, as normas e os princípios conexionados com os contratos de seguro"[13].

A actividade de prospecção[14], perfuração e produção do petróleo é considerada como uma actividade essencialmente arriscada e de elevado

---

[11] SILVA, Suzana Tavares, *Direito da Energia* ..., p.43.
[12] SILVA, Suzana Tavares, *Direito da Energia* ..., p.43.
[13] CORDEIRO, António Menezes, *Direito dos seguros*, Almedina, 2013, p. 31.
[14] "As atividades de prospecção e pesquisa consistem na realização de trabalhos de gabinete, laboratório e campo, em áreas previamente delimitadas, cujo objetivo compreende

custo devido à necessidade de volumosos investimentos para financiar os levantamentos geológicos, estudos de geofísica, sismologia, modelagem, processamento de dados e a multiplicidade de tecnologias sofisticadas para identificar as jazidas e viabilizar as actividades de extracção do petróleo[15]. Os riscos da actividade de exploração petrolífera são inúmeros e iniciam com os erros de construção dos equipamentos de exploração petrolífera[16]. A mesma observação pode ser feita em relação às actividades desenvolvidas nas fases de *midstream* ou de *downstream*. Existem riscos próprios resultantes da transportação e armazenamento de produtos petrolíferos. Daí que a regulamentação das actividades petrolíferas não possa ignorar a necessidade de as empresas envolvidas nelas contratarem o seguro adequado para tais actividades.

3. O contrato do seguro de petróleo: especificações

3.1. Noção

O seguro de petróleo é o contrato celebrado entre uma seguradora e uma empresa envolvida em actividades de prospecção, perfuração e produção de petróleo e/ou gás, em terra (*on shore*) ou no mar (*off shore*), visando garantir a cobertura de bens, equipamentos e responsabilidade civil decorrente dos riscos ligados a tais actividades.

---

a descoberta e ou avaliação de acumulações de petróleo que não se encontrem abrangidas por um plano de desenvolvimento já aprovado". SILVA, Suzana Tavares, *Direito da Energia*, Coimbra Editora, 2011, p. 49.

[15] LEONE, Sidney, *Subscrição de riscos de petróleo: uma aplicação da matriz de relevância* ..., p. 14; Veja-se também SILVA, Suzana Tavares, *Direito da Energia* ..., pp. 43 e ss.

[16] Menezes Leitão enumera os seguintes contratos celebrados pelas companhias petrolíferas com terceiros no âmbito do sector *upstream*: (i) os contratos para a realização de estudos sísmicos (*Seismic Contracts*); os contratos para a perfuração de poços (*Drilling Contracts*); os contratos de apoio à prospecção e perfuração petrolífera (*Support or Contribution Agreements*); os contratos de prestação de serviços relativos a poços petrolíferos (*Well services contracts*) e os contratos relativos à concessão de royalties sobre a produção petrolífera ("Os Contratos no Direito do Petróleo e do Gás", in *Direito dos Petróleos – uma perspectiva lusófona*, Dário Moura Vicente (Coord.), Almedina, 2013, p. 157).

3.2. Caracterização: seguro de coisas

O seguro de petróleo enquadra-se no seguro de coisas. Na nomenclatura dos Ramos e Seguros em Angola, que constitui o Anexo II à Lei n.º 01/00, de 3 de Fevereiro, Lei Geral da Actividade Seguradora[17], o seguro de petróleo (petroquímica) integra os seguros referentes a bens e património.

As seguradoras usam várias denominações para cobrir diferentes riscos próprios das actividades de extracção e produção do petróleo. Para algumas seguradoras, a designação usada é a de "OEE (Operator's Extra Expenses) Package Policy"; para outras, refere-se à "Offshore Construction, Installation, Commissioning[18] and Maintenance Insurance". No entanto, observa-se que a cobertura básica fornecida é do tipo "All risks", com base no limite máximo garantido e declarado ou o valor da reposição da plataforma.

3.3. Documentos do seguro de petróleo

São documentos do seguro petrolífero: (i) a apólice de seguro[19] e seus anexos, (ii) as condições contratuais gerais, especiais e particulares[20], (iii) a proposta de seguro assinada pelo segurado, seu representante ou corretor de seguros.

3.4. Especificações da apólice de seguro de petróleo

É a apólice que titula o contrato de seguro[21]. A apólice de seguro petrolífero reúne o conjunto de informações sobre o seguro contratado, tais como:

---

[17] DR I.ª Série N.º 5

[18] O comissionamento é o conjunto de actividades, testes e ensaios, destinado à averiguação do funcionamento das máquinas, equipamentos e/ou sistemas.

[19] REGO, Margarida Lima, "O contrato e a apólice de seguro", in *Temas de Direito dos Seguros*, Margarida Lima Rego (Coord.), Almedina, 2012, p. 32.

[20] "As condições gerais são as que se aplicam a todos os contratos de seguro de um mesmo ramo ou modalidade. Condições especiais são as que, completando ou especificando as condições gerais, são de aplicação generalizada a determinados contratos de seguro do mesmo tipo. Condições particulares são as que se destinam a responder em cada caso às circunstâncias específicas do risco a cobrir". Veja-se VASQUES, José, *O contrato de seguro*, Coimbra Editora, 1999, p. 31.

[21] REGO, Margarida Lima, "O contrato e a apólice de seguro" ..., p. 32.

(i) a entidade seguradora, (ii) o tomador de seguro ou o seu beneficiário, (iii) os locais de risco [localização do projecto], (iv) a descrição dos itens seguros [idade e tipo da unidade de exploração, v.g., plataforma fixa, auto--elevável ou semi-submersível[22]], (v) os valores seguros [determinação da extensão da responsabilidade da seguradora], (vi) os prémios, (vii) as franquias, (viii) o período de vigência do seguro, (ix) o prazo da obra ou período de manutenção.

3.5. Condições de aceitação do risco

A aceitação do seguro de petróleo sujeita-se à prévia análise do risco por parte das seguradoras. As seguradoras, entre outras variáveis tidas em consideração para a aceitação dos riscos, analisam a capacidade financeira e técnica das companhias petrolíferas e demais empreiteiros envolvidos nas actividades de perfuração.

3.6. Clausulados tipo do Lloyd de Londres

O *Lloyd* de Londres apresenta clausulados tipo em matéria de seguro de petróleo. Os mais comuns utilizados são:

a) *London Offshore Construction and Installation*;
b) *London Standard Drilling Barge Form (All Risks)*;
c) *London Standard Plataform Drilling Rig Form*;
d) *London Standard Plataform Form*.

4. O Contrato de resseguro petrolífero

4.1. O Resseguro

Nos termos do artigo 1.º do Decreto n.º 06/01, de 2 de Março, que define o resseguro e o co-seguro, o resseguro é a operação pela qual uma

---

[22] http://segpetro.com.br/RiscoPetroleo.aspx

empresa de seguro faz, por sua vez, segurar parte dos riscos que assume. Para Menezes Cordeiro, o resseguro consiste numa cobertura do segurador directo visando descarregar parte do risco que assumiu[23]. Do ponto de vista das situações que originam, o seguro e o resseguro são instrumentos independentes, tendo partes distintas, riscos diversos e prémios diferentes[24]. Do contrato de resseguro não decorrem quaisquer relações entre os tomadores do seguro e o ressegurador, salvo disposição legal ou estipulação no contrato de resseguro[25].

Os contratos de resseguro podem ser estabelecidos de duas formas: o resseguro facultativo e os tratados de resseguro[26]. De igual modo, existem dois tipos básicos de tratados de resseguro: o resseguro proporcional e o resseguro não-proporcional[27].

No resseguro facultativo, a seguradora directa aceita ou negoceia a aceitação de um seguro de alto valor, em relação ao qual, por acumular com outros ou por ter características de maior periculosidade, quer limitar a sua responsabilidade (retenção líquida) a valores inferiores aos habituais. A seguradora contacta então um ressegurador que pode ser outra seguradora directa ou uma resseguradora profissional, directamente ou através de um *broker* de resseguros e oferece-lhe a parte do capital seguro ou limite de responsabilidade. Os resseguros faculatativos são geralmente negociados e colocados caso a caso[28].

Os tratados surgem como métodos contratuais para a cessão e aceitação automática e obrigatória de resseguro. Um tratado de resseguro é um acordo entre o ressegurado ou cedente e o ressegurador ou aceitante, onde o primeiro se obriga a ceder ao segundo e este se obriga a aceitar, em termos e condições estabelecidas, determinadas proporções dos valores seguros pela cedente ou excedentes desses valores acima de um certo limite ou, ainda, responsabilidades em excesso de uma quantia fixada e retida pela cedente em ramos de

---

[23] CORDEIRO, António Menezes, *Direito dos Seguros*, Almedina, 2013, p. 730; Veja-se também: GUERREIRO, Marcelo da Fonseca, *Seguros Privados*, 2.ª Edição, Forense Universitária, 2004, p. 114.

[24] CORDEIRO, António Menezes, *Direito dos Seguros* ..., p. 730.

[25] CORDEIRO, António Menezes, *Direito dos Seguros* ..., p. 730.

[26] Veja-se Cadernos de Seguros, *Resseguro*, FORENSA, 2001, p. 10.

[27] Veja-se Cadernos de Seguros, *Resseguro* ..., p. 12.

[28] Veja-se Cadernos de Seguros, *Resseguro* ..., pp. 11-12.

seguros, conjunto de ramos ou carteiras de seguro específicas, até valores máximos prefixados de sinistro e/ou ocorrência, acumulações de sinistros e/ou responsabilidades e mediante prémios de resseguro, calculados segundo métodos preestabelecidos no próprio tratado e de acordo com o seu tipo[29].

Há que distinguir entre contratos ou tratados proporcionais e contratos ou tratados não-proporcionais.

Nos tratados proporcionais, o cedente ou ressegurado repassa para o ressegurador uma proporção ou percentagem do valor total em risco, mediante um prémio de resseguro que é uma proporção ou percentagem equivalente do prémio total do risco cobrado pelo segurador cedente, não incluindo encargos como o custo de apólice, impostos e taxas. São exemplos de tratados proporcionais: o tratado de quota-parte (*Quota Share Treaty*) e o tratado de excedente de responsabilidade (*Surplus treaty*)[30].

Nos tratados não proporcionais, não existe tal equivalência proporcional entre valores de capitais ou de limites de responsabilidade e prémios do seguro e os valores e prémios de resseguro. São exemplo de tratados não--proporcionais: o tratado de excesso de perda ou excesso de sinistro (*Excess of Loss Treaty*) e as suas variações (Excesso de Perda Operativo, Excesso de Perda de Catástrofe, Excesso de Perda de Equalização de Sinistralidade ou Excedente de Perdas no Exercício). Refira-se que a modalidade de *Excess of Loss* pode ser negociada em tratado como em resseguro facultativo[31].

A actividade de resseguro do seguro petrolífero é feita através de intermediários, designados corretores ou *brokers*. O *broker* procede à pulverização do risco, viabilizando a sua subscrição por várias resseguradoras pelo mundo.[32] Existem mercados de resseguro especializados por ramos de seguro. Há, por conseguinte, um mercado de resseguro de riscos petrolíferos.

4.2. O resseguro petrolífero

Em matéria de resseguro petrolífero, o mercado de Londres, o mais importante, é formado pelo *Lloyd's*, por seguradoras e resseguradores espe-

---

[29] Veja-se Cadernos de Seguros, *Resseguro* ..., pp. 11-12.
[30] Veja-se Cadernos de Seguros, *Resseguro* ..., p. 12.
[31] Veja-se Cadernos de Seguros, *Resseguro* ..., p. 12.
[32] GUERREIRO, Marcelo da Fonseca, *Seguros Privados* ..., p. 114.

cialistas, não só britânicos, como também por representações de seguradores e resseguradores dos outros mais importantes mercados mundiais como americanos, franceses, etc.

A colocação do negócio é feita pelo *Broker* que usa um *slip* (formulário com os detalhes principais do negócio a colocar). O *Broker* procura primeiro um líder (*leader*), geralmente um *underwriter* conhecido como especialista no tipo de risco ou negócio de que se trata, que propõe as taxas e condições e subscreve uma participação, rubricando e carimbando o *slip*. Com o *slip* rubricado pelo *leader*, o *broker* procura então outros subscritores no mercado, oferecendo participações no negócio, às mesmas taxas e condições cotadas pelo *leader*, até completar 100% do *slip*[33].

5. Riscos cobertos pelo seguro petrolífero

5.1. Na fase *upstream*

5.1.1. As coberturas

Mais interessante nos parece abordar a problemática do seguro petrolífero através da análise dos riscos presentes na actividade de exploração e produção do petróleo, a fim de se determinar a seguir o tipo de cobertura apropriado. No essencial, os diversos tipos de riscos que a seguir descriminamos são cobertos pelo seguro petrolífero no âmbito da garantia de danos a (i) pessoas, (ii) à propriedade (*Physical damage on shore* or *off* shore) ou (iii) da garantia de responsabilidade civil contra terceiros (*Third party liability risk on shore* or *off shore*).

Assim, os seguros mais frequentes para a actividade petrolífera visam cobrir:

a) CAR – Construction All Risks ou Riscos de construção (plataformas, torres, unidades móveis, etc.), transporte de plataformas e outros equipamentos para os locais de perfuração

---

[33] Veja-se Cadernos de Seguros, *Resseguro* ..., p. 49.

Os riscos de construção da plataforma relacionam-se com os erros cometidos no desenho ou trabalhos deficientes que provoquem posteriormente danos à propriedade ou originem responsabilidade civil, sendo excluídos os erros dolosos ou negligência grosseira.

Os riscos de transporte de plataformas e outros equipamentos para os locais de perfuração são diversos. Dentre eles, podemos destacar os riscos de incêndio da plataforma, a perda de bens ou equipamentos transportados ou o naufrágio da plataforma (se a construção da plataforma não for feita no local de perfuração, sendo necessário a sua transportação até ao local da perfuração[34]) v.g. o caso do naufrágio da plataforma do "Nemba", em 1999, no mar da Indonésia, coberta pela ENSA[35] por um montante de 250 Milhões de Dólares Americanos.

A reparação e manutenção de torres, plataformas, navios, sondas[36] e seus equipamentos também são cobertas no âmbito deste seguro.

b) OEE – Operator's extra-expenses (Despesas extra do operador)[37]

As despesas extraordinárias na exploração petrolífera podem resultar de vários factores, a saber: o vazamento do petróleo, o combate a incêndio, a remoção de destroços, guerra ou risco político. O principal risco consiste na ocorrência do *blow-out*.

O custo de controlo de poços (Cost of Well Control[38])

A pressão é o elemento fundamental na perfuração de um poço de petróleo. Os *blow-out's* ocorrem quando exista um desequilíbrio entre a pressão exercida pela formação rochosa e a pressão exercida pela coluna de fluído de perfuração (ou lama). Esse desequilíbrio pode surgir de uma falha do pessoal de perfuração que não exerce um controlo adequado na circulação

---

[34] "La couverture des risques d'exploitation des gisements 'offshore'", in: *https://www.ffsa.fr/sites/jcms/fn_50092/fr/la-couverture-des-risques-d-exploitation-de*; "Seguros para riscos de petróleo", in: *http://cadernosdeseguro.funenseg.org.br/secao.php?materia=432*

[35] ENSA – Seguros de Angola, SA (Empresa Nacional de Seguros de Angola)

[36] As sondas são equipamentos utilizados para perfurar poços que permitam o acesso a reservatórios de petróleo ou gás natural.

[37] *http://segpetro.com.br/RiscoPetroleo.aspx*

[38] *On shore* or *off shore*

da lama, ou a partir de uma instalação incorrecta do invólucro no poço. Um dos meios de controlar essa situação pode ser através do aumento da densidade da lama. Quando se verifica um *blow-out*, enormes prejuízos são causados às sondas de perfurações e às pessoas presentes na plataforma[39].

O seguro de custo de controlo de poços visa cobrir os gastos necessários para controlar um poço que se tornou fora de controlo. Tal situação ocorre como consequência de um golpe de saída, consistindo numa libertação não intencional e não controlada de hidrocarbonetos a partir do poço (*blow-out*)[40].

A apólice de seguro OEE é concebida precisamente para cobrir o custo das operações de controlo, para além da reperfuração (*re-drilling*) posterior do poço e eventuais infiltrações e poluição resultantes do poço. Quando um poço é controlado, é preciso que seja reperfurado ou recuperado até à sua condição anterior ao *blow-out*. A seguradora será responsável pelos custos incorridos no *re-drilling* até à profundidade onde o poço sofreu o sinistro, mas a sua responsabilidade estará limitada com base em um percentual aplicável ao custo original do *drilling*.

Em Angola, ficou registado o *blow-out* ocorrido em 1981 numa das plataformas em Cabinda, orçado em 83 Milhões de Dólares Americanos.

Na cobertura de seguro OEE também se inclui a responsabilidade civil geral, incluindo a responsabilidade civil de poluição em excesso, da cobertura do custo de controlo de poços e responsabilidade civil de o empregador. De igual modo, inclui-se neste seguro a cobertura dos bens do segurado pelos quais o mesmo tem a responsabilidade de segurar ou bens ao seu cuidado, custódia ou controlo enquanto em trânsito (de qualquer parte do mundo para o local do risco), em armazenagem (no mar ou em terra) ou que estejam em uso.

c) Riscos operacionais e/ou fenómenos da natureza

Os riscos operacionais podem consistir numa colisão, abalroamento, naufrágio, encalhe, barataria, negligência, incêndio, explosão, colapso das fundações ou solo marinho, *blow-out*, escavações (*cratering*[41]), etc.

---

[39] LONDA, Emir Cláudio, *ABC da Indústria petrolífera*, Plural Editores, 2014, p. 128.
[40] LONDA, Emir Cláudio, *ABC da Indústria petrolífera* ..., p. 128.
[41] Depressão semelhante à bacia na superfície da terra ao redor de um poço, causada pela erosão e acção eruptiva do petróleo, gás ou água fluindo sem restrição.

Recorde-se, por exemplo, o incêndio da plataforma "Piper Alpha" operada pela Ocidental Petroleum Ltd e Texaco, ocorrido em 1988, no mar do Norte. No dia 6 de Julho de 1988, um vazamento de condensado de gás natural que se formou sobre a plataforma incendiou-se, causando uma enorme explosão. A explosão e o incêndio resultante a destruiu no mesmo dia, provocando a morte de 167 pessoas e somente 62 membros da tripulação sobreviveram.

Quer no desenvolvimento das próprias operações, quer por fenómenos da natureza (intempéries, condições climáticas, condições marítimas, manifestações sísmicas do solo marítimo), danos materiais podem ser causados a torres, plataformas, navios, sondas e seus equipamentos. O seguro petrolífero oferece uma cobertura dos riscos operacionais e de fenómenos naturais.

A cobertura desses riscos pode constar da modalidade da garantia de danos à propriedade e/ou de responsabilidade civil. O seguro de responsabilidade civil cobrirá a responsabilidade do segurado contra terceiros por dano material, pessoal ou moral decorrente dos seus bens, operações em andamento e operações concluídas[42].

Os danos provocados pela avaria de máquinas, interrupção de negócios, aumento do custo de trabalho, despesas não orçamentadas, perda de lucros podem, de igual modo, ser cobertos por uma das modalidades do seguro petrolífero.

d) LOPI – Loss of Production Income (Perda de receitas de produção)

A cobertura "Loss of Production Income" visa garantir que, em caso de sinistro, as receitas que a companhia petrolífera ou um determinado Governo espera receber das várias operações petrolíferas não sejam substancialmente diminuídas.

Esta cobertura garante um montante fixo diário, correspondente às receitas recebidas pela petrolífera ou pelo Governo, calculado em função do valor líquido que é pago pelos operadores, com um limite máximo de dias, calculado com base no tempo necessário para solucionar um sinistro e com uma franquia fixada normalmente com base no acordo estabelecido no início da apólice entre o segurado e as seguradoras. Esta franquia visa

---

[42] LEONE, Sidney, *Subscrição de riscos de petróleo: uma aplicação da matriz de relevância* ..., p. 29.

excluir os pequenos sinistros que demoram poucos dias a reparar. O que se pretende segurar são os sinistros que poderão demorar meses a solucionar.

Na fase inicial das operações petrolíferas em Angola, fazia todo o sentido comprar esta cobertura, pois somente havia uma área de produção – Cabinda – e as receitas desta produção poderiam ser altamente afectadas em caso de sinistro. Neste momento, como existem várias fontes de receitas para o Governo, não se verifica a necessidade de comprar esta cobertura, pois em caso de um sinistro numa das áreas de operações, o Governo poderá ordenar um aumento proporcional nas outras zonas de operação, as quais poderão colmatar a diminuição de produção causada pelo sinistro. Trata-se de uma cobertura muito cara.

e) Derrame de petróleo e Poluição

A actividade petrolífera apresenta riscos acrescidos de poluição do meio ambiente. Os derrames de petróleo no mar, quer durante a fase de extracção, quer de transportação constituem o principal factor de ameaça ao ambiente. As apólices de seguro petrolífero oferecem uma cobertura em caso de derrame de petróleo e poluição desde que surjam de forma inesperada e repentina.

Ainda está presente na nossa memória o maior desastre ecológico ocorrido no campo do Macondo, no Golfo do México, em 2010, com a explosão e o afundamento da plataforma *Deepwater Horizon* da British Petroleum (BP)[43]. O óleo derramado (mais de 5 milhões de barris) no vazamento da plataforma provocou consideráveis danos à vida marinha e às áreas circundantes ao local do acidente[44]. Inventariou-se a destruição de mais de 6 mil tartarugas, 26 mil mamíferos e 82 mil aves marinhas[45].

Em Angola, a protecção do ambiente tem respaldo na Constituição da República de 2010. Nos termos do seu artigo 39.º:

---

[43] Veja-se em *http://www.monitormercantil.com.br/index.php?pagina=Noticias&Noticia=80644*; *http://www.oceanica.ufrj.br/intranet/teses/2012_Mestrando_Marcus_Vinicius_Lisboa_Brandao.pdf?_sm_au_=ivsHR1ncJnN07F01*

[44] *http://www.ecoagencia.com.br/?open=noticias&id=VZlSXRVVONlYHZFTT1GdXJFbKVVVB1TP*

[45] *http://www.ecoagencia.com.br/?open=noticias&id=VZlSXRVVONlYHZFTT1GdXJFbKVVVB1TP*

" *1. Todos têm o direito de viver num ambiente sadio e não poluído, bem como o dever de o defender e preservar.*
2. O Estado adopta as medidas necessárias à protecção do ambiente e das espécies da flora e da fauna em todo o território nacional, à manutenção do equilíbrio ecológico, à correcta localização das actividades económicas e à exploração e utilização racional de todos os recursos naturais, no quadro de um desenvolvimento sustentável e do respeito pelos direitos das gerações futuras e da preservação das diferentes espécies.
3. A lei pune os actos que ponham em perigo ou lesem a preservação do ambiente."

A Lei n.º 5/98, de 19 de Junho, de Bases do Ambiente, determina no seu artigo 27.º a obrigatoriedade do seguro ambiental para "todas as pessoas singulares ou colectivas que exerçam actividades de degradação do ambiente ...".

Em relação às actividades petrolíferas[46], a Lei n.º 10/04, de 12 de Novembro[47] (LAP), dispõe no seu artigo 7.º, n.º 2, que *"As operações petrolíferas devem ser conduzidas de forma prudente e tendo em devida conta a segurança das pessoas e instalações, bem como a protecção do ambiente e a conservação da natureza"*.

Assim, o artigo 25.º, n.º 1 da referida Lei obriga as licenciadas, a concessionária[48] (SONANGOL) e seus associados a repararem os danos que venham a causar a terceiros no exercício de operações petrolíferas, excepto se provarem que agiram sem culpa.

---

[46] Veja-se a enumeração dos diplomas que abordam a questão da proteção ambiental citados por: GOMES, Carla Amado; OLIVEIRA, João Verne, "Actividades Petrolíferas e Protecção do Ambiente em Angola", in *Direito dos Petróleos – uma perspectiva lusófona*, Dário Moura Vicente (Coord.), Almedina, 2013, p. 49. Trata-se do Decreto n.º 39/00, de 10 de Outubro (Regulamento sobre Protecção do Ambiente no decurso de Actividades Petrolíferas); Decreto Executivo n.º 11/05, de 12 de Janeiro (Regulamento sobre os Procedimentos de Notificação de Ocorrência de Derrames); Decreto Executivo n.º 8/05, de 5 de Janeiro (Regulamento sobre Gestão, Remoção e Depósito de Desperdícios).

[47] Das Actividades petrolíferas

[48] Veja-se CORDEIRO, António Menezes, "As Empresas Petrolíferas em Angola", in *Direito dos Petróleos – Uma perspectiva lusófona*, Dário Moura Vicente (Coord.), Almedina, 2013, pp. 9 e ss.

Pode-se questionar se existe uma responsabilidade objectiva ou não das petrolíferas. Se tivermos em consideração a letra da norma legal, parece que a sua responsabilidade é subjectiva. No entanto, estas têm o ónus da prova quando pretendam ilibar-se de qualquer responsabilidade pela reparação de danos ambientais provocados. No ordenamento jurídico angolano, o dano ao ambiente é definido pela alínea g) do artigo 2.º do Decreto Presidencial n.º 194/11, de 7 de Julho, que regula a responsabilidade por danos ambientais. Por dano ao ambiente, entende-se "a alteração adversa das características do ambiente, e inclui, entre outras, a poluição, a desertificação, a erosão e o desflorestamento". Como bem referem Carla Amado Gomes e João Verne Oliveira, o artigo 6.º do referido Decreto Presidencial, prescrevendo uma responsabilidade objectiva quando exista uma ofensa de "direitos ou interesses alheios por via da lesão de um qualquer componente ambiental", esvazia por completo o artigo 25.º, n.º 1 *in fine* da Lei das Actividades Petrolíferas. Por conseguinte, "a superveniência do Decreto Presidencial *supra* mencionado, com a inscrição do princípio de responsabilização objectiva no artigo 6.º *supra* citado, deve entender-se como revogatória da LAP, desde logo por força da afirmação preambular de *"revogação de toda a legislação que (o) contraria"*. Assim sendo, (...) deve entender-se que vigora o princípio da responsabilidade objectiva no âmbito das operações petrolíferas"[49].

f) Riscos de guerra (*War Risks*), de terrorismo (*Terrorism risks*) e greves[50]

A responsabilidade do segurado por danos, prejuízos ou despesas oriundas de uma guerra, revolução, rebelião, insurreicção por forças militares, actos de terrorismo ou greves durante a vigência da apólice de seguro pode ser especialmente coberta, desde que os montantes assegurados sejam claramente estipulados e convencionados entre a Seguradora e o segurado.

g) P&I – Protection and Indemnity Insurance (Seguro de Protecção e Indemnização[51])

---

[49] GOMES, Carla Amado; OLIVEIRA, João Verne, "Actividades Petrolíferas e Protecção do Ambiente em Angola" ..., pp. 66-67
[50] *http://www.bradescoautore.com.br/grandes-riscos/produtos/riscos-petroleo.asp*
[51] *http://www.pintobasto.com/index.php*; *http://www.sckseguros.com.br/index.php?id=71010101.html*; *http://www.galcorr.com.br/ramos-elementares/riscos-de-petroleo*

Os clubes de P&I são associações mútuas sem fins lucrativos que oferecem seguro de protecção e indemnização aos seus membros. O âmbito e cobertura de serviços prestados por estes clubes contempla a protecção de armadores em situações diversas, designadamente em casos de responsabilidade civil perante terceiros, tais como avarias e faltas de carga, danos pessoais ou materiais, avarias resultantes de colisões, aguagem ou abalroamento, remoção de cargas ou navios, encargos com as operações de salvamento e apoios a náufragos, perda de haveres bem como multas e indemnizações resultantes de poluição.

As coberturas P&I são subscritas quando as seguradoras não ofereçam determinadas coberturas. Tais coberturas P&I podem aplicar-se a todas as plataformas do tipo FPSO (Floating, Production, Storage and Offloading), plataformas flutuantes de produção ou armazenagem de descargas.

Os equipamentos de FPSO são antigos petroleiros que foram convertidos ou novas construções utilizadas para as operações em águas profundas. Dado que se trata de um barco, apesar de estar a operar de uma forma diferente, pode continuar a estar abrangido pelas coberturas dos clubes de P&I.

Para este tipo de seguros, existem clausulados próprios que são adaptados para satisfazerem as necessidades específicas de cada segurado. São normalmente apólices que são "taylor made", i.e., feitas à medida, para que possam atender às necessidades de cada operador.

5.1.2. As Franquias

As seguradoras aplicam uma franquia nos contratos de seguro petrolífero que consiste num valor percentual do montante do sinistro ou num valor monetário. De acordo com o n.º 1 do artigo 20.º do Decreto n.º 2/02, de 11 de Fevereiro, as partes contratantes podem estipular uma quantia certa ou percentagem de valor que, em caso de sinistro, fica a cargo do segurado e cujo montante deve estar discriminado nas condições particulares.

A franquia deverá ser suportada pelo tomador de seguro, como forma de tornar o segurado mais cuidadoso com os bens que está a segurar, e esta franquia aplicar-se-á sempre em caso de sinistro. No caso da franquia se exprimir em quantia certa, as seguradoras não se envolverão no pagamento de qualquer sinistro até que o montante da franquia seja ultrapassado.

No seguro petrolífero, as franquias são elevadas, podendo ser negociadas caso a caso. Por exemplo, a franquia máxima ao abrigo de uma apólice de OEE, CAR e OIP (riscos operacionais) pode ser fixada em Usd 20 Milhões para qualquer acidente ou ocorrência. Tal significa que as seguradoras e os resseguradores não serão responsáveis por qualquer sinistro abaixo daquele montante.

Antes de vigorar o regime de co-seguro petrolífero que analisaremos *infra*, em 2001, as franquias aplicadas nas apólices petrolíferas em Angola, apresentavam-se como segue:

a) OEE: Usd 1 milhão, por todo e qualquer sinistro ou ocorrência;
b) CAR: Usd 1 milhão, por todo e qualquer sinistro ou ocorrência;
c) OIP[52]: Usd 250 mil, por todo e qualquer sinistro ou ocorrência;
d) RC[53]: Usd 100 mil, por todo e qualquer sinistro ou ocorrência;
e) Carga: Usd 100 mil, por todo e qualquer sinistro ou ocorrência.

Uma política de fixação de franquias elevadas acaba por não favorecer o Estado, uma vez que os valores suportados pelas petrolíferas como franquias são recuperados ao abrigo das provisões de recuperação de custos dos contratos de Divisão de Produção. As franquias irão sempre baixar as receitas do Estado angolano. Por exemplo, uma franquia de Usd 20 milhões equivale a 166.667 barris de petróleo, se o preço do barril for de Usd 120. Se se considerar o preço do barril a Usd 45, o número de barris aumenta para 444.445. Tal significa que a companhia operadora terá de produzir esse número de barris para recuperar o valor da franquia, os quais não serão divididos com o Estado angolano.

5.2. Na fase *midstream e downstream*[54]

Nas fases de *midstream* e *downstream*, os seguros contratados visam dar coberturas para os riscos de exposições *on shore*, de obras de construção

---

[52] Riscos operacionais
[53] Responsabilidade civil
[54] http://www.aig.com/Chartis/internet/US/en/AIG_Product%20List-LAR-ONLINE-Por-v3_tcm3171-602782.pdf

civil (OCC) e todos os riscos de instalação e montagem (IM)[55]. Os seguros de propriedade oferecidos podem aliar a cobertura básica de construção e a cobertura contra catástrofe com outras coberturas especiais, tais como para a Perda de Lucro Esperado[56].

Pode-se considerar as seguintes principais coberturas:

a) Danos causados às pessoas e à propriedade;
b) Responsabilidade civil por danos causados a terceiros;
c) Cargas; e,
d) *Business Interruption* (BI) para as situações de interrupção de negócios.

Quanto às franquias, há que considerar *mutatis mutandis* as observações feitas *supra*.

6. Regime jurídico de contratação do seguro de petróleo

6.1. Regime especial de co-seguro vigente: caracterização

O Decreto n.º 06/01, de 2 de Março, do Conselho de Ministros[57], estabelece no seu artigo 16.º um regime especial de co-seguro das operações petrolíferas entre todas as companhias seguradoras do país. Nos termos do referido artigo, esse co-seguro deve contribuir para o desenvolvimento equilibrado e harmonioso do sector segurador.

Nos termos do artigo 40.º, n.º 4 da Lei n.º 01/00, de 3 de Fevereiro, Lei Geral da Actividade Seguradora, os seguros especiais devem ser efectuados pela sociedade seguradora com participação de capitais públicos, a qual se obriga a co-segurar junto das restantes seguradoras nos termos da legislação em vigor.

---

[55] *http://www.aig.com/Chartis/internet/US/en/AIG_Product%20List-LAR-ONLINE-Por-v3_tcm3171-602782.pdf*
[56] *http://www.aig.com/Chartis/internet/US/en/AIG_Product%20List-LAR-ONLINE-Por-v3_tcm3171-602782.pdf*
[57] DR I.ª Série N.º 10

A sociedade líder do co-seguro assume a responsabilidade de colocar o resseguro no exterior do país, devendo a mesma no interesse nacional, do seu próprio e dos segurados garantir os melhores termos contratuais para os riscos seguros. Uma política exclusiva de *fronting* que consistiria em ceder a totalidade dos prémios às resseguradoras no exterior do país, sem qualquer retenção, é prejudicial à economia do país, e não estaria a defender os seus interesses.

A líder do co-seguro tem ainda, nos termos da alínea b), n.º 5 do artigo 15.º do Decreto n.º 6/01, de 2 de Março, a obrigação de prestação de contas a cada uma das co-seguradoras. De igual modo, o n.º 5 do artigo 16.º do referido Decreto impõe à líder o dever de, na colocação do resseguro, garantir os melhores termos contratuais para os riscos seguros no *interesse nacional, do seu próprio* e dos *segurados*.

O mesmo Decreto atribui ao Ministro das Finanças competências para rever as percentagens das responsabilidades a serem assumidas pelas co--seguradoras. A ele também compete orientar sobre as condições técnicas e de funcionamento para correcção dos factores impeditivos do bom desempenho do co-seguro petrolífero (n.º 7, artigo 16.º)[58].

6.2. Relação entre a líder do co-seguro petrolífero e a concessionária de direitos mineiros para a pesquisa e produção de hidrocarbonetos líquidos e gasosos (Sonangol)

Nos termos do artigo 2.º do Decreto n.º 39/01, de 22 de Junho, o controlo das actividades de gestão de riscos a que estão expostas as pessoas, os activos e os rendimentos inerentes às operações petrolíferas nas áreas de concessão e seu financiamento, pela via do seguro ou de outro modo, é exercido pela concessionária, Sonangol.

---

[58] O Decreto n.º 48/06, de 1 de Setembro que aprova as Regras e os Procedimentos dos Concursos Públicos no Sector dos Petróleos consagra de forma genérica o princípio do concurso público na contratação de serviços e aquisição de bens necessários à execução das operações petrolíferas (artigo 15.º). Porém, essa regulação genérica, decorrente de norma legal geral, não afasta as normas especiais sobre a obrigatoriedade do co-seguro, segundo o princípio de que as normas especiais não são derrogadas pelas normas gerais. Assim sendo, a contratação dos seguros necessários para salvaguardar os riscos inerentes à actividade petrolífera não deve ser, obrigatoriamente, submetida a concurso público nos termos do Decreto n.º 48/06, acima referido.

O n.º 1 do artigo 5.º do referido Decreto vem determinar que todos os seguros e resseguros relativos aos associados às Operações Petrolíferas deverão ser contratados pela concessionária nos termos da Lei Geral da Actividade Seguradora – Lei n.º 1/00, de 3 de Fevereiro, e do Decreto n.º 6/01, de 2 de Março.

A concessionária Sonangol celebrou um acordo com a líder do co--seguro, designado Contrato relativo às Operações Petrolíferas e os Seguros Obrigatórios a estas Associados (*Agreement Concerning Petroleum Operations and Associated Compulsory Insurances*) no qual a líder assume a responsabilidade de prestar serviços de gestão e transferência de riscos, seguro e resseguro para a concessionária, às suas subsidiárias e as suas associadas nos Contratos de Partilha de Produção.

6.3. Linhas de força para a evolução do co-seguro petrolífero

Volvidos cerca de 15 anos depois da sua implementação, urge a necessidade de se fazer um balanço em torno das vantagens e desvantagens do regime de co-seguro petrolífero, com vista à implementação de soluções inovadoras para o bom funcionamento do seguro petrolífero em Angola.

Algumas questões devem ser equacionadas nesse âmbito: (a) os critérios a ter em conta para a atribuição da liderança do co-seguro petrolífero, (b) os critérios de subscrição dos riscos petrolíferos, (c) as condições do resseguro das actividades petrolíferas e (d) a transparência na prestação de contas pela líder do co-seguro a cada uma das co-seguradoras.

Um dos maiores problemas do co-seguro petrolífero reside na questão da transparência na partilha de documentos e informações necessários para que as co-seguradoras possam efectivamente participar no referido co-seguro petrolífero. A opacidade implica que as mesmas não consigam retirar o maior proveito da política de resseguro praticada até à data de hoje.

Tendo em conta os montantes de prémio que gera o seguro das actividades petrolíferas, a conclusão dos trabalhos da Comissão Instaladora da ANGO-RE, Sociedade Angolana de Resseguro[59], criada por Despacho do Ministério das Finanças, n.º 359/08, de 24 de Setembro, revela-se de suma

---

[59] Decreto n.º 2/03, de 10 de Janeiro, do Conselho de Ministros

importância. Conforme vem claramente espelhado no preâmbulo do referido Despacho, a existência de uma sociedade angolana especializada em resseguro é de interesse nacional e de natureza a contribuir com mais eficácia para uma maior retenção e aplicação de activos no país. Uma política de resseguro idónea não pode basear-se no *fronting*, sendo certo que tal prática acarreta enormes prejuízos para a economia nacional.

7. Conclusão

O seguro petrolífero é um seguro de grandes riscos que é também susceptível de proporcionar grandes receitas para o sector financeiro nacional. Alguns aspectos importantes devem reter a atenção dos actores envolvidos na elaboração da política dos seguros em Angola. O desafio do sector segurador angolano em matéria de seguro petrolífero consiste na refundação do modo de funcionamento do co-seguro petrolífero, por forma a potenciar o seu desenvolvimento. Quem pode ser o líder do co-seguro petrolífero? Que nível de transparência se deve exigir dele? Que política de resseguro adoptar para o bem-estar da economia nacional? Que franquias aplicar? O futuro do mercado segurador depende muito das respostas a dar a essas interrogações.

O Transporte Marítimo de Hidrocarbonetos e o Regime de Limitação de Responsabilidade Previsto na Convenção Internacional sobre Responsabilidade Civil pelos Prejuízos Devidos à Poluição por Hidrocarbonetos, 1992 (CLC 92)[*]

Manuel Januário da Costa Gomes[**]

SUMÁRIO: 1. O sistema CLC/Fundos. Introdução. Do *Torrey Canyon* ao sistema CLC-Fundo/92 e ao Fundo Complementar; 2. O princípio da responsabilidade do proprietário do navio; 2.1. Os parâmetros da responsabilidade do proprietário do navio; 2.2. O proprietário do navio como sujeito passivo da canalização de responsabilidade; 2.3. Recorte negativo da imputação da responsabilidade ao proprietário do navio; 2.4. Conclusão pela natureza objectiva da responsabilidade do proprietário do navio; 2.5. A imputação plural e solidária; 2.6. A canalização da responsabilidade para o proprietário do navio; 2.7. Brechas na canalização?; 3. Danos cobertos pela CLC/92; 4. A limitação da responsabilidade do proprietário do navio; 4.1. A faculdade de promoção da limitação da responsabilidade; 4.2. Comportamento preclusivo da limitação de responsabilidade; 4.3. O fundo de limitação; 4.3.1. Requerimento e constituição do fundo de limitação; 4.3.2. Efeitos da constituição do fundo de limitação; 4.3.3. Distribuição do fundo de limitação; 4.3.4. Processo aplicável ao fundo de limitação; 4.3.5. Sobre a natureza jurídica do fundo de limitação; 5. O *plus* de tutela dos lesados para além da CLC; 5.1. Introdução. A conjugação CLC/FIPOL/Fundo Complementar; 5.2. As compensações supletivas ou

---

[*] Texto correspondente a parte do Capítulo V (n.º 36) do nosso *Limitação de responsabilidade por créditos marítimos*, Almedina, Coimbra, 2010. Procedeu-se à alteração da numeração sequencial, bem como das remissões. Em virtude de algumas remissões serem feitas para outras partes do livro de que este texto é parte, o mesmo foi inserido na bibliografia final.

[**] Professor da Faculdade de Direito da Universidade de Lisboa.

complementares; 5.2.1. A compensação pelo Fundo; 5.2.2. A compensação pelo Fundo Complementar; 6. Considerações conclusivas sobre o sistema CLC/Fundos; 6.1. CLC / Fundo / Fundo Complementar: um modelo à deriva?; 6.2. Sobre a natureza da responsabilidade do proprietário do navio.

1. O sistema CLC/Fundos. Introdução. Do *Torrey Canyon* ao sistema CLC-Fundo/92 e ao Fundo Complementar

I. A poluição marítima decorrente de óleos transportados por navios ou utilizados como combustível dos mesmos passou a ser objecto da atenção dos Estados, sobretudo após a segunda guerra mundial[1], sendo tal atenção e preocupação manifestadas, em 1954, com a assinatura da Convenção de Londres para a prevenção das águas do mar pelos óleos[2]. Contudo, a

---

[1] Sobre alguns antecedentes (século XX) da Convenção no plano internacional, cf. o Parecer da Comissão Permanente de Direito Marítimo Internacional, de 15 de Junho de 1961 (relatado por SERRA BRANDÃO), in *Pareceres*, p. 31. Refira-se, no entanto, que são identificadas preocupações com a poluição das águas do mar em documentos remotos. A *Ordonnance* da Marinha de Colbert, de 1681, estabelecia o seguinte (artigo I do Título I do Livro IV): "Os portos e bahias serão conservados na sua profundidade e limpeza: prohibimos o lançar nelles immundicies algumas (...)". COSTA DIOGO / RUI JANUÁRIO, *A Convenção das Nações Unidas sobre o Direito do Mar*, p. 261 e ss., dão nota da Lei do Visconde de Sá da Bandeira, de 7 de Maio de 1838, cujo artigo 2 proibia a todos os capitães e mestres dos navios "lançar o lastro que tiverem a bordo nos rios, portos ou enseadas, em que fundearem"; contudo, uma proibição nesse sentido já resultava da citada *Ordonnance*, vigente em Portugal por força da Lei da Boa Razão (cf. o nosso *O ensino do Direito Marítimo*, p. 44 e ss.), cujo artigo VI do Título IV do Livro IV dispunha: "Prohibimos a todos os Capitães e Mestres de Navios lançar o seu Lastro nos portos, canaes, tanques e enseadas, pena de quinhentas libras de multa pela primeira vez, e de apprehensão e confisco de suas Embarcações no caso de reincidencia; e os descarregadores do Lastro o lançallos em outro lugar que não seja nos destinados a esse effeito, pena de castigo corporal".

[2] Trata-se de uma Convenção (reproduzida por ALCIDES DE ALMEIDA / MIRANDA DUARTE, *Legislação marítima anotada*, II, p. 183 e ss. e por FONSECA CAXARIA / VIEIRA MILLER, *Regulamento Geral das Capitanias anotado*, p. 80 e ss.) que estabelece proibições de descarga de óleos ou misturas oleosas por navios (artigo III), mas não cura da responsabilidade civil associada à infracção das respectivas disposições – o que constituía uma das suas (várias) limitações; cf., v. g., HWANG, *Die Reederhaftung für Ölverschmutzungsschäden*, p. 13.

entrada das convenções internacionais sobre a matéria na constelação da responsabilidade civil só acontece em 1969, através da CLC ("International Convention on Civil Liability for Oil Pollution Damage"). Foi o desastre do *Torrey Canyon*, em 1967, nas costas da Cornualha, com a catastrófica dimensão dos danos de variada natureza que provocou[3], a impor uma abordagem da responsabilidade dos navios-tanque em termos totalmente inovatórios face ao regime da Convenção de Bruxelas de 1957, relativa à limitação da responsabilidade dos proprietários de navios de mar. O desastre do *Torrey Canyon* pôs a nu, não só a insuficiência mas também a inadequação do quadro normativo existente face à nova realidade das marés negras provocadas ou originadas em navios petroleiros[4].

A Convenção impõe também aos Estados, nos termos do artigo VIII, deveres de tomar todas as medidas necessárias em ordem a promover instalações adequadas para receber resíduos e misturas oleosas. A nível interno, o Decreto-Lei 90/71, de 22 de Março, veio regular a protecção contra a poluição das águas, praias e margens, sendo mais tarde revogado e substituído pelo Decreto-Lei 235/2001, de 26 de Setembro, que (artigo 1) estabelece o regime das contra-ordenações no âmbito da poluição do meio marinho nos espaços marítimos sob jurisdição nacional, regime esse que é complementado por previsões de natureza criminal. A responsabilidade civil está ausente das preocupações directas, quer do revogado Decreto-Lei 90/71, quer do Decreto-Lei 235/2001; contudo, o artigo 8 do primeiro diploma ressalvava as normas em vigor sobre a responsabilidade civil e disciplinar emergente de infracções ao diploma.

A Convenção de 1954 viria, entretanto, a ser "absorvida" pela Convenção Internacional para a Prevenção da Poluição por Navios (Marpol 73/78), no que tange às relações entre os Estados que sejam partes nas duas Convenções (artigo 6/1). Sobre a Convenção de 1954, bem como sobre a Convenção MARPOL e a necessidade da sua articulação com a Convenção SOLAS, cf., entre nós, Vasconcelos Esteves, *Introdução. Armamento*, p. 91 e ss..

[3] Cf., sobre os danos das marés negras em geral, Rodière / Remond-Gouilloud, *La mer*, p. 107 e ss.; com referências às características do *Torrey Canyon*, carga e circunstâncias do desastre, cf., v. g., Kappet, *Tankerunfälle und der Ersatz ökologischer Schäden*, p. 41 e ss. e Hwang, *Die Reederhaftung für Ölverschmutzungsschäden*, pp. 3-4.

[4] Cf., v. g., Vialard, *La responsabilité des propriétaires de navires de mer*, p. 253, com referência às dimensões quantitativa e qualitativa dos danos. Lê-se, sugestivamente, em Lucchini, *Le procès de l'Amoco Cadiz*, p. 764: "Le naufrage du Torrey Canyon en 1967 est survenu dans un contexte de non-droit ou du moins d'absence de règles juridiques approprieés". Lê-se, por sua vez, em Hodges / Hill, *Principles of maritime law*, p. 137: "Indeed it was the *Torrey Canyon* disaster of 1967 which awaked the world to a new and potentially catastrophic type of third part liability"; contendo ricas informações sobre as querelas judiciais

Tornava-se, por outro lado, impossível lidar satisfatoriamente com tais situações, sem uma convenção internacional sobre responsabilidade, convenção essa que não fosse de mera limitação, como a Convenção de Bruxelas de 1957[5], mas de *imputação* de responsabilidade. Ademais, as soluções de imputação e limitação existentes ao nível interno, nos diversos países, revelavam-se claramente insuficientes para acudir à enormidade dos danos[6].

Nasce assim, em 1969, a CLC[7], Convenção organizada ou pensada para funcionar complementada pelo Fundo 1971 ("International Convention on the Establishment of an International Fund for Oil Pollution Damage")[8]. O conjunto CLC/Fundo torna-se particularmente relevante, não só por constituir o reconhecimento da insuficiência das *regras de prevenção*, quando desacompanhadas de regras de responsabilidade[9], mas também

---

após o desastre do *Torrey Canyon*, cf. DUNCAN, *Limitation of shipowners' liability*, p. 1055 e ss.. Sobre as repercussões imediatas do desastre do *Torrey Canyon* no Direito Internacional do Mar, cf. KOULOURIS, *Les aspects récents du Droit International*, p. 50 e ss..

[5] Cf., v. g., HWANG, *Die Reederhaftung für Ölverschmutzungsschäden*, p. 22 e ss.; sobre a Convenção de 1957 como simples convenção de limitação de responsabilidade, cf. o nosso *Limitação de responsabilidade por créditos marítimos*, p. 222 e ss..

[6] Conforme se pode ver em LAGONI, *The liability of classification societies*, pp. 271--272, de acordo com o sistema americano de limitação de responsabilidade, a responsabilidade do proprietário do *Torrey Canyon* cifrava-se em ... 48 USD, valor do salva-vidas que sobrou do navio.

[7] Sobre os trabalhos preparatórios da CLC e respectiva assinatura, cf., v. g., BERLINGIERI, *Progetto di convenzione internazionale*, p. 520 e ss., KAPPET, *Tankerunfälle und der Ersatz ökologischer Schäden*, p. 43 e ss. e HWANG, *Die Reederhaftung für Ölverschmutzungsschäden*, pp. 26-27; cf. ainda HERBER, *Seehandelsrecht*, pp. 190-191, *Das internationale Übereinkommen über die Haftung für Schäden durch Ölverschmutzung auf See*, p. 223 e ss. e GANTEN, *Internationales Übereinkommen über die Errichtung eines Internationales Fonds zur Entschädihung für Ölverschmutzungsschäden*, p. 3 e ss..

[8] Com referências gerais ao conjunto articulado das duas convenções, cf., v. g., RODIÈRE / REMOND-GOUILLOUD, *La mer*, p. 109 e ss., LUCCHINI, *Le procès de l'Amoco Cadiz*, p. 764 e ss., CHAO WU, *La pollution du fait du transport maritime des hydrocarbures*, p. 95 e ss., KAPPET, *Tankerunfälle und der Ersatz ökologischer Schäden*, p. 43 e ss. e MÁRIO RAPOSO, *Segunda (e última) reflexão*, pp. 684-685; cf. ainda, recentemente, LE COUVIOUR, *La responsabilité civile à l'épreuve des pollutions majeures*, pp. 36-37.

[9] Cf., por todos, CARBONE, *Diritto internazionale e protezione dell'ambiente marino dall'inquinamneto*, p. 956: "In altre parole, come è stato del resto fondatamente sostenuto,

por ter passado a ser objecto de duas disciplinas ou subáreas com zonas de preocupações comuns: a do Direito Marítimo Internacional e a do Direito Internacional do Ambiente[10].

Como notas de regime mais salientes da CLC/69, quando cotejada, na sua arquitectura geral, com o regime da Convenção de Bruxelas de 1957, destacamos: (*i*) a CLC apresenta-se como uma convenção de imputação de responsabilidade e de limitação e não apenas como uma convenção de limitação; (*ii*) a CLC tem um fim delimitado, desde logo, pelo seu título: regular convencionalmente a responsabilidade civil por prejuízos devidos à poluição por hidrocarbonetos; (*iii*) a CLC imputa, de princípio, a responsabilidade por prejuízos devidos à poluição por hidrocarbonetos ao proprietário do navio, fazendo, simultaneamente, uma série de "desimputações" de imputações externas que resultariam da aplicação do regime geral da responsabilidade civil; (*iv*) a CLC admite, de algum modo como contraponto dos termos da imputação ao proprietário do navio, que este possa limitar a sua responsabilidade, excepto em situações em que o específico comportamento deste preclude tal limitação; (*v*) a imputação da responsabilidade ao proprietário do navio é dobrada ou complementada pelo estabelecimento de um seguro obrigatório; e, finalmente, (*vi*) a previsão da responsabilidade limitada do proprietário do navio é complementada por um sistema de compensação a cargo de um Fundo, em benefício dos lesados, por prejuízos devidos à poluição que não recebam indemnização através da CLC ou que recebam uma indemnização insuficiente.

Estas soluções – às quais, à partida, "ne manque pas de séduction"[11] – eram complementadas, mas já não num quadro de direito uniforme, pelas iniciativas dos profissionais do sector marítimo-petrolífero, conhecidas por TOVALOP ("Tank Owners Voluntary Agreement Concerning Liability for Oil Pollution") e CRISTAL ("Contract Regarding an Interim Supplement to

---

né prevenzione senza responsabilità né responsabilità senza prevenzione potranno mai consentire di assicurare l'esercizio della navigazione marittima internazionale in regime di sicurezza ambientale".

[10] Cf., por todos, CARBONE, *Diritto internazionale e protezione dell'ambiente marino dall'inquinamento*, p. 957.

[11] Assim LUCCHINI, *Le procès de l'Amoco Cadiz*, p. 765, mas logo acrescentando que "cet ordonnancement novateur et satisfaisant, du moins en apparence, revèle malheureusement de graves fragilités"; cf. também *infra*, ponto 6.1.

Tanker Liability for Oil Pollution"), destinadas a criar mecanismos voluntários de indemnização por danos causados pela poluição[12]: nascidos com o propósito de assegurar tal indemnização, até que as Convenções de 1969 e 1971 entrassem em vigor, os acordos citados acabaram por se manter para além desses momentos[13]. Na mesma linha do TOVALOP e do CRISTAL surgem, mais tarde, o STOPIA 2006 ("Small Tanker Oil Pollution Indemnification Agreement") e o TOPIA 2006 ("Tanker Oil Pollution Indemnification Agreement 2006")[14].

II. Novos acidentes com navios petroleiros tornaram, entretanto, evidentes as fragilidades do sistema CLC/FIPOL, designadamente, mas não só, em função da insuficiência dos limites de indemnização e compensação previstos nas convenções em referência.

Os desastres com o *Amoco Cadiz*, nas costas da Bretanha, em 1978, e com o *Tanio*, em 1980, provocou uma reacção semelhante à gerada, poucos anos antes, pelo *Torrey Canyon*: tratava-se, agora, de alterar o regime CLC/FIPOL, actualizando-o face às novas situações, já que os Protocolos de 1976, entretanto aprovados, não se mostravam suficientes.

Nascem, assim, os Protocolos de 1984, através dos quais se pretendeu alterar a CLC/69 e o Fundo/71[15]. Contudo, em grande parte devido às

---

[12] Cf., v. g., Rodière / Remond-Gouilloud, *La mer*, pp. 110-113, Remond-Gouilloud, *Droit Maritime*², pp. 269-270, Chao Wu, *La pollution du fait du transport maritime des hydrocarbures*, pp. 130 e ss. e 145 e ss., Hwang, *Die Reederhaftung für Ölverschmutzungsschäden*, p. 28 e ss., Altfuldisch, *Haftung und Entschädigung nach Tankerunfällen auf See*, p. 4 e Vincenzini, *Profili assicurativi della responsabilità civile per inquinamento da idrocarburi*, pp. 979 e 985 e ss.; cf. também Grimaldi, *Oil pollution e coperture assicurative P&I*, p. 99 e ss. e Vasconcelos Esteves, *Introdução. Armamento*, p. 108 e ss..

[13] Cf., v. g., Chao Wu, *La pollution du fait du transport maritime des hydrocarbures*, pp. 133 e ss., 147 e ss. e 241 e ss..

[14] Cf., v. g., Jacobsson, *The international liability and compensation regime for oil pollution from ships*, pp. 17-18 e Nesterowicz, *An economic analysis of compensation for oil pollution damage*, p. 561 e ss..

[15] Sobre as insuficiências da CLC e do Fundo e sobre as alterações previstas nos Protocolos de 1984, cf., por todos, Lucchini, *Le procès de l'Amoco Cadiz*, p. 777 e ss. e Chao Wu, *La pollution du fait du transport maritime des hydrocarbures*, pp. 167 e ss. e 179 e ss.; cf. também Trotz, *Die Revision der Konventionen über die zivilrechtliche Haftung für Schäden aus der Ölverschmutzung des Meeres*, passim, Kim, *Ten years after the enactment*

reticências dos Estados Unidos da América, tais Protocolos não singraram, tendo ficado condenados, em definitivo, ao fracasso após o desastre do *Exxon Valdez*, em 1989, nas costas do Alasca, após o qual os EUA aprovaram legislação própria – o *Oil Pollution Act* (OPA)[16]: a magnitude dos danos provocados pelo *Exxon Valdez* tornava já insuficientes, aos olhos americanos, os limites de indemnização previstos nos Protocolos de 1984[17].

III. Uma nova tentativa de reformar o sistema CLC/69 – Fundo/71 é, entretanto, promovida, sob pressão de novos desastres como os ocorridos com os navios *Agip Abruzza* e *Haven*[18] e agora também sob a própria pressão da existência do *Oil Pollution Act*, iniciativa essa que segue, no essencial,

---

of the Oil Pollution Act of 1990, p. 265 e ss. e FAURE / HUI, *Financial caps for oil pollution damage*, p. 592 e ss..

[16] A nível mais amplo, impõe-se, no caso dos EUA, a consideração, não apenas do *Oil Pollution Act*, mas também do *Federal Water Pollution Control Act*, do *Clean Water Act* e ainda, no que concerne à poluição por substâncias nocivas diversas de hidrocarbonetos, o CERCLA (*Comprehensive Environmental Response, Compensation and Liability Act*); para uma breve referência a estes diplomas, com particular atenção ao OPA, cf., v. g., CHAO WU, *La pollution du fait du transport maritime des hydrocarbures*, p. 293 e ss., KIERN, *Liability, compensation and financial responsability under the Oil Pollution Act*, p. 490 e ss., LAGONI, *The liability of classification societies*, p. 293 e ss., MORRIS, *Oil, Money and the environment*, passim, MASON, *Civil liability for oil pollution damage*, p. 3, KIM, *Ten years after the enactement of the Oil Pollution Act of 1990*, passim e LETOURNEAU / WELMAKER, *The Oil Pollution Act of 1990*, passim; para um breve confronto entre as soluções dos sistemas CLC/Fundo e os do OPA americano, cf. JACOBSSON, *The international liability and compensation regime for oil pollution from ships*, p. 19 e ss. e KIM, *A comparaison between the international and US regimes regulating oil pollution liability and compensation*, passim.

[17] Conforme informa JACOBSSON, *The international liability and compensationr regime for oil pollution from ships*, p. 11, os Estados Unidos eram "a driving force behind the revision"; conquanto o incidente com o *Exxon Valdez* se revelasse a razão mais importante para a não ratificação, por aquele país, dos Protocolos de 1984, o autor (*op. cit.*, p. 12) aponta ainda as reticências da indústria petrolífera americana, bem como o facto de os Protocolos terem um âmbito de aplicação restrito, por estarem limitados aos hidrocarbonetos persistentes.

[18] Cf., v. g., SEIBT, *Zivilrechtlicher Ausgleich ökologischer Schäden*, p. 140 e ALTFULDISCH, *Haftung und Entschädigung nach Tankerunfällen auf See*, p. 5.

os trilhos dos Protocolos de 1984[19]: surgem assim os Protocolos de 1992 quer à CLC quer ao Fundo.

Como principais traços inovadores do Protocolo CLC de 1992[20], podemos destacar os seguintes[21]: (*i*) previsão limitativa de indemnização por danos ambientais, incluídos nos "prejuízos devidos à poluição" (artigo I/6); (*ii*) reforço da canalização da responsabilidade para o proprietário do navio, sendo elencadas (artigo III/4) várias pessoas, em princípio (externamente) imunes a um responsabilização pelos lesados; (*iii*) aumento dos limites de indemnização a cargo do proprietário do navio, quando possa limitar a sua responsabilidade – aumento esse "acompanhado" no Protocolo de 1992 ao FIPOL; e (*iv*) alargamento do campo de aplicação da CLC, o que é conseguido, designadamente, através de novas noções de "navio" e de "evento".

Entretanto, poucos anos volvidos, tornava-se evidente – de novo – a insuficiência dos limites indemnizatórios do sistema CLC/FIPOL: o resultado é um novo Protocolo – Protocolo de 2003 à Convenção Internacional para a Constituição de um Fundo Internacional para Compensação pelos Prejuízos devidos à Poluição por Hidrocarbonetos, de 1992[22].

---

[19] Cf., v. g., KAPPET, *Tankerunfälle und der Ersatz ökologischer Schäden*, p. 45 e ss..

[20] De acordo com o artigo 11 do Protocolo de 1992, os artigos I a XII-ter, incluindo o modelo de certificado, da CLC 1969, emendada pelo Protocolo de 1992, passaram a constituir a CLC 1992. Paralelamente, foi aprovado o Protocolo de 1992 ao Fundo 1971: de acordo com o artigo 27 deste Protocolo, os artigos 1 a 36-quinto da Convenção de 1971, emendada pelo mesmo Protocolo, passaram a constituir a Convenção sobre o Fundo 1992 ou FIPOL 1992. Interpretando em termos não coincidentes (conquanto, no nosso entender, sem assintonias *substanciais*) a relação entre a CLC/92 e a CLC/69, cf. MÁRIO RAPOSO, *A nova lei marítima de Macau e os seus trabalhos preparatórios*, p. 1168, Id., *Segunda (e última) reflexão*, pp. 686-687 e LIMA PINHEIRO, *O Direito Comercial Marítimo de Macau revisitado*, p. 284.

[21] Cf., v. g., SICCARDI, *Pollution liability and classification societies*, p. 693 e ss.; cf. também, conquanto com referência ao Protocolo de 1984, LUCCHINI, *Le procès de l'Amoco Cadiz*, p. 779 e ss..

[22] Cf., v. g., JACOBSSON, *The international liability and compensation regime for oil pollution from ships*, p. 14 e ss. e KAPPET, *Tankerunfälle und der Ersatz ökologischer Schäden*, p. 46 e ss.; cf. *infra*, pontos 5.1 e 5.2.2.

IV. Não curamos aqui, conquanto se não ignore, do "ambiente convencional" em que se situa o sistema das Convenções CLC/FIPOL, a começar pela Convenção de Montego Bay[23], cujo artigo 192 estabelece que os Estados têm a obrigação de proteger e preservar o meio marinho, impondo, depois, o artigo 194/1 aos Estados o dever de tomar, individual ou conjuntamente, conforme seja mais apropriado, todas as medidas compatíveis com a mesma Convenção que sejam necessárias para prevenir, reduzir e controlar a poluição do meio marinho, qualquer que seja a sua fonte, utilizando para este fim os meios mais viáveis de que disponham e de conformidade com as suas possibilidades, devendo esforçar-se por harmonizar as suas políticas a esse respeito.

Por sua vez, de acordo com o artigo 194/2 da mesma Convenção, os Estados devem tomar todas as medidas necessárias para garantir que as actividades sob sua jurisdição ou controlo se efectuem de modo a não causar prejuízos por poluição a outros Estados e ao seu meio ambiente, e que a poluição causada por incidentes ou actividades sob sua jurisdição ou controlo não se estenda além das áreas onde exerçam direitos de soberania.

Dentre as convenções internacionais relativas a matéria de poluição marítima que "rodeiam" a CLC e a Convenção sobre o Fundo, sem, no entanto, assumirem (directa ou principalmente) preocupações com a ressarcibilidade dos danos, destaque-se, entre outras[24], a Convenção de Bruxelas de 1969 sobre Intervenção no Alto Mar em caso de acidente causado ou podendo vir a causar poluição por hidrocarbonetos[25] e a Convenção MARPOL 73/78[26], para a prevenção da poluição por navios, a Convenção

---

[23] Desta Convenção diremos que a mesma ilustra, de forma eloquente, a "indivisibilidade" do Direito do Mar e do Direito Marítimo, a que se referem PONTAVICE / CORDIER, *La mer et le droit*, p. 8.

[24] Cf., v. g., ARROYO, *Curso de Derecho Marítimo*², p. 745 e ss., GABALDÓN GARCÍA / RUIZ SOROA, *Manual de Derecho de la Navegación Marítima*³, p. 92 e ss., ELIANE OCTAVIANO MARTINS, FERREIRA DA SILVA *Da responsabilidade internacional e a poluição do meio ambiente marinho*, p. 1512 e ss. e, *Resposta à poluição marinha*, passim.

[25] Cf., v. g., REMOND-GOUILLOUD, *Droit Maritime*², p. 241 e, entre nós, VASCONCELOS ESTEVES, *Introdução. Armamento*, p. 97 e ss..

[26] Lê-se, sugestivamente, nos considerandos da Convenção: "Desejando alcançar a eliminação completa da poluição intencional do meio marinho por hidrocarbonetos e outras

OPRC, para a prevenção e actuação face a um incidente de poluição por hidrocarbonetos[27] e o Protocolo OPRC/HNS[28], já não em relação a hidrocarbonetos mas a substâncias nocivas e potencialmente perigosas.

A nível da União Europeia, foi sobretudo o acidente com o *Erika*, em 1999, nas costas francesas da Bretanha a despoletar um conjunto de medidas (pacotes *Erika I* e *Erika II*), dentre as quais avulta[29] a criação da Agência Europeia de Segurança Marítima, através do Regulamento 1406/2002[30], o Regulamento 417/2002[31], sobre a introdução acelerada dos requisitos de construção de casco duplo nos navios petroleiros e a Directiva 2002/59,

---

substâncias prejudiciais, bem como a minimização de descargas acidentais de tais substâncias (...)". Sobre a Convenção MARPOL, cf., v. g., Arroyo, *Curso de Derecho Marítimo*², p. 746 e Gabaldón García / Ruiz Soroa, *Manual de Derecho de la Navegación Marítima*³, p. 94 e ss.; sobre a articulação Marpol / Solas, cf., entre nós, v. g., Vasconcelos Esteves, *Introdução. Armamento*, p. 93.

[27] Em Portugal, a OPRC foi aprovada pelo Decreto 8/2006, de 10 de Janeiro. O artigo 2/2 da OPRC define "incidente de poluição por hidrocarbonetos" como "um acontecimento ou uma série de acontecimentos com a mesma origem tendo como consequência uma descarga real ou presumível de hidrocarbonetos e constituindo ou sendo susceptível de constituir uma ameaça para o meio marinho, para o litoral ou para os interesses conexos de um ou mais Estados, impondo-se uma acção urgente ou uma actuação imediata". Por sua vez, a palavra "hidrocarbonetos" vem definida (artigo 2/1) como significando "petróleo sob qualquer forma, incluindo petróleo bruto, fuelóleo, lamas, resíduos e produtos refinados". Os artigos 3 a 10 curam das medidas de prevenção e da cooperação entre os Estados, no âmbito dos objectivos da Convenção. Sobre a OPRC, no quadro dos instrumentos normativos de fonte internacional de prevenção e luta contra a poluição marítima, cf., v. g., Arroyo, *Curso de Derecho Marítimo*², p. 745 e ss..

[28] Cf. o nosso *Limitação de responsabilidade por créditos marítimos*, p. 454 e ss..

[29] Para uma panorâmica de conjunto, cf., por todos, Nesterowicz, *European Union legal measures in response to the oil polllution of the sea*, passim, Arroyo, *Curso de Derecho Marítimo*², p. 749 e ss. e Adele Marino, *L'Agenzia europea per la sicurezza marittima*, p. 277 e ss..

[30] De acordo com o artigo 1/1, a Agência visa "garantir um nível elevado, uniforme e eficaz de segurança marítima, dentro dos limites das atribuições definidas na subalínea *iv*) da alínea *b*) do artigo 2.º, de protecção do transporte marítimo e de prevenção e combate à poluição por navios na Comunidade"; em geral sobre as atribuições da Agência, pode ver-se, v. g., Adele Marino, *L'Agenzia europea per la sicurezza marittima*, passim.

[31] Cf., v. g., Adele Marino, *L'Agenzia europea per la sicurezza marittima*, p. 280.

relativa à instituição de um sistema comunitário de acompanhamento e de informação de tráfego de navios[32].

2. O princípio da responsabilidade do proprietário do navio

2.1. Os parâmetros da responsabilidade do proprietário do navio

I. O artigo III/1 da CLC responsabiliza aquele que seja proprietário do *navio*[33] no momento em que se verifique um *evento* – ou, consistindo o evento numa sucessão de factos, no momento em que se verifique o primeiro – por qualquer prejuízo devido à poluição causada pelo navio, resultante do evento, ressalvando, porém, os casos previstos nos números 2 e 3 do mesmo artigo.

Tendo em vista delimitar, com a maior precisão possível, o âmbito de aplicação da Convenção[34] e, especificamente, do artigo III/1, importa

---

[32] Entre os objectivos desse sistema, está previsto (artigo 1/1) "contribuir para uma melhor prevenção e detecção da poluição causada pelos navios". Entre as matérias reguladas na Directiva está a dos *locais de refúgio*: cf., v. g., BRIGNARDELLO, *I luoghi di rifugio per le navi in pericolo*, passim, VAN HOOYDONK, *The obligation to offer place of refuge to a ship in distress*, passim e o nosso *Direito Marítimo*, IV, p. 121 e ss..

[33] A CLC/92 define, no seu artigo I/1 (cf. *infra*, ponto 36.2.2/I) o que é um *navio*, para efeitos de delimitação do seu âmbito de aplicação. Permanecem várias dúvidas, como aquela, que já se fazia sentir no domínio da definição de *navio* constante da CLC/69 (cf., v. g., CHAO WU, *La pollution du fait du transport maritime des hydrocarbures*, p. 53), sobre se tal conceito permitia incluir os *destroços* de navios, conforme sustenta, v. g., ALTFULDISCH, *Haftung und Entschädigung nach Tankerunfällen auf See*, pp. 8-9.

Fora do âmbito de aplicação da CLC, estão (artigo XI/1) os navios de guerra e outros navios que pertençam a um Estado ou que sejam por ele explorados e afectados exclusivamente, no momento considerado, a um serviço não comercial do Estado.

[34] A inserção de definições delimitadoras do âmbito de aplicação normativa – correspondendo, de resto, à técnica legislativa de tipo anglo-saxónico – encontra-se de modo bem evidente no *Oil Pollution Act* norte-americano, cuja Sec. 1001 contém 37 definições, algumas das quais com sub-definições; cf., por todos, KIERN, *Liability, compensation, and financial responsability under the Oil Pollution Act*, p. 507 e ss.. Sobre a utilização de definições, respectivas vantagens e riscos, cf., entre nós, centrado nas cláusulas contratuais, mas em termos que valerão também para os diplomas legais, SANTOS JÚNIOR, *Especialização e mobilidade temática do Direito Comercial Internacional*, pp. 93-94.

salientar que, para aquela, *evento* significa (artigo I/8) "qualquer facto ou série de factos com a mesma origem, dos quais resulte uma poluição[35] ou que constituam uma grave e iminente ameaça de a causar"[36].

Por sua vez, com a alusão a *prejuízos devidos à poluição*, entende-se (artigo I/6): (*i*) "qualquer perda ou dano exterior ao navio causado por uma contaminação resultante da fuga ou descarga de hidrocarbonetos provenientes do navio, qualquer que seja o local onde possam ter ocorrido, desde que a compensação pelos danos causados ao ambiente, excluindo os lucros cessantes motivados por tal dano, seja limitada aos custos das medidas necessárias tomadas ou a tomar para a reposição das condições ambientais" [alínea *a*)]; e (*ii*) "o custo das medidas de salvaguarda bem como quaisquer perdas ou danos causados pelas referidas medidas" [alínea *b*)][37].

Conforme se pode facilmente constatar pela simples leitura da alínea *a*) do artigo I/6, a palavra *contaminação* assume aqui uma função delimitadora essencial[38]: ela é uma chave para a entrada na CLC e no respectivo regime de responsabilidade civil. A expressão, cuja fonte inspiradora terá sido o desastre do *Torrey Canyon*, tem sido tratada na jurisprudência de vários países, destacando-se os casos do *Amoco Cadiz* e do *Exxon Valdez*, na jurisprudência norte-americana, do *Braer* e do *Sea Empress*, na jurisprudência

---

[35] Reproduzimos a tradução portuguesa, que, neste segmento, contém uma imprecisão: a expressão "dos quais resulte uma poluição" deve ser lida como "dos quais resultem prejuízos devidos à poluição" (expressão correspondente ao original em língua inglesa "which causes pollution damages"). A relevância desta precisão resulta, como é óbvio, do facto de a expressão "prejuízos devidos à poluição" ("pollution damage") ter, na CLC/92, um significado específico (artigo I/6).

[36] Discute-se se o *evento* ("incident") deve corresponder necessariamente a um *acidente*, a um *sinistro*. A questão é relevante, designadamente para as situações de poluição causadas pela lavagem de tanques, já que tal lavagem, em si, não constituirá um *acidente*. No sentido, que acompanhamos, de uma interpretação do *evento* não circunscrita ao acidente, cf., por todos, ALTFULDISCH, *Haftung und Entschädigung nach Tankerunfällen auf See*, pp. 14-15.

[37] Sobre as medidas de salvaguarda e a dimensão do respectivo relevo na CLC, cf., v. g., CHAO WU, *La pollution du fait du transport maritime des hydrocarbures*, pp. 60-61.

[38] Cf., v. g., HWANG, *Die Reederhaftung für Ölverschmutzungsschäden*, pp. 44-45 e, entre nós, OLIVEIRA COELHO, *Poluição marítima por hidrocarbonetos e responsabilidade civil*, p. 61 e ss..

do Reino Unido, do *Erika*, na jurisprudência francesa e o caso *Marão*[39], na jurisprudência portuguesa. Face a esta exigência de *contaminação*, excluídos estão do âmbito de aplicação da CLC os danos causados em virtude, por exemplo, de uma explosão ou de um incêndio[40].

II. Não é só o conceito de *contaminação* que, no quadro da definição do artigo I/6, assume relevância delimitadora; atente-se, ainda, no facto de (*i*) a perda ou dano dever ser "exterior ao navio"[41]; ou ainda no facto (*ii*) de a contaminação dever resultar de "fuga ou descarga de hidrocarbonetos"[42].

---

[39] No caso do navio *Marão*, a Relação de Lisboa, no seu Acórdão de 20 de Outubro de 1994, CJ, ano XIX (1994), IV, p. 125 e ss., não reconheceu direito a indemnização com base na CLC, a um comerciante por grosso de bebidas, cujo volume de negócios decrescera significativamente em decorrência da poluição por hidrocarbonetos de praias da costa alentejana. Para a Relação, tais prejuízos não podiam ser considerados relevantes face à CLC, já que esta Convenção só cobria os danos que fossem consequência de *contaminação*. A Relação dá como exemplos de danos relevantes, face à CLC, (*i*) os das pessoas que sofressem lesões por virtude do contacto físico com as águas contaminadas por hidrocarbonetos, (*ii*) os dos pescadores que, porventura, tivessem sofrido danos nos seus barcos e apetrechos de pesca, em termos de ficarem impedidos de trabalhar na sua actividade piscatória, (*iii*) os concessionários das praias afectadas, prejudicados nos seus negócios e (*iv*) os proprietários de viveiros de determinadas espécies marinhas; e conclui: "Estes sim são prejuízos que resultam directa e necessariamente das referidas poluição e contaminação e protegidos pela referida Convenção de 1969 que se limitou a proteger determinados danos produzidos no ambiente bem como a repercussão que estes possam ter nas esferas privadas das pessoas singulares". A não ser assim, remata a Relação, seria "redondamente inútil" a expressão "causados por contaminação". Sobre este acórdão, pode ver-se OLIVEIRA COELHO, *Poluição marítima por hidrocarbonetos e responsabilidade civil*, p. 61 e ss..

[40] Cf., v. g., CHAO WU, *La pollution du fait du transport maritime des hydrocarbures*, p. 57, ALTFULDISCH, *Haftung und Entschädigung nach Tankerunfällen auf See*, p. 23 e HWANG, *Die Reederhaftung für Ölverschmutzungsschäden*, p. 45. Tratando-se de prejuízos devidos à poluição provocados por derramamentos de hidrocarbonetos, na sequência de uma explosão que abra um rombo no casco do navio, é defensável que os mesmos entram no âmbito de aplicação da CLC.

[41] Cf., v. g., CHAO WU, *La pollution du fait du transport maritime des hydrocarbures*, p. 57.

[42] Cf., v. g., CHAO WU, *La pollution du fait du transport maritime des hydrocarbures*, p. 58 e ss..

Dentre os conceitos definidos na Convenção, conceitos-parametrizadores do respectivo âmbito de aplicação, assume ainda particular relevo o de *hidrocarbonetos* (artigo I/5): "quaisquer hidrocarbonetos minerais persistentes, nomeadamente petróleo bruto, fuelóleo, óleo diesel pesado e óleo de lubrificação, quer sejam transportados a bordo de um navio, quer como carga, quer como combustível do navio"[43]. A razão da circunscrição da CLC aos hidrocarbonetos minerais *persistentes*[44] – e não a todos os hidrocarbonetos ou, mais amplamente, a todas as matérias perigosas – resulta, segundo Chao Wu[45], por um lado, do facto de ter sido entendido que só os hidrocarbonetos persistentes são susceptíveis de provocar poluição em larga escala, e, por outro, do facto de as demais matérias perigosas não serem tipicamente transportadas em cargas homogéneas, circunstância que justificaria a criação, para as mesmas, de um regime de responsabilidade específico.

---

[43] Era diferente a redacção do artigo I/5 da CLC/69, na qual relevavam os "hidrocarbonetos persistentes", conceito que veio a ser restringido, na CLC/92, para "hidrocarbonetos minerais persistentes". Na verdade, segundo o artigo I/5 da CLC/69, *hidrocarbonetos* significava "quaisquer hidrocarbonetos persistentes, nomeadamente petróleo em bruto, fuelóleo, óleo diesel pesado, óleo de lubrificação e óleo de baleia, quer sejam transportados a bordo de um navio como carga, quer nos tanques de serviço do mesmo navio". A eliminação dos óleos que não fossem nem hidrocarbonetos nem minerais foi, depois, introduzida pelo não sucedido Protocolo de 1984 (cf., v. g., COMENALE PINTO, *La responsabilità per inquinamento da idrocarburi*, p. 40), influenciando, depois, a CLC/92. Já a noção de *oil* no "Oil Pollution Act" norte-americano é mais ampla (Sec. 1001, n.º 23), abrangendo substâncias perigosas ou nocivas, desde que não incluídas no CERCLA: "*oil* means oil of any kind or in any form (...)"; cf., v. g., KIERN, *Liability, compensation, and financial responsibility under the Oil Pollution Act*, p. 509.

[44] Sobre as dificuldades, em concreto, de determinação do carácter persistente ou não persistente dos hidrocarbonetos, bem como sobre a relevância dessa distinção no campo dos seguros, cf., v. g., ALTFULDISCH, *Haftung und Entschädigung nach Tankerunfällen auf See*, p. 10.

[45] Cf. CHAO WU, *La pollution du fait du transport maritime des hydrocarbures*, p. 48 e ss..

Dentro do âmbito de aplicação da CLC[46], para cuja delimitação e recorte é essencial, repete-se, a precisa consideração das definições do artigo I[47], o artigo III responsabiliza, como dissemos, o *proprietário do navio*.

2.2. O proprietário do navio como sujeito passivo da canalização de responsabilidade

I. Conforme já referimos, a CLC é uma Convenção que, diversamente do que vimos acontecer na Convenção de Bruxelas de 1957, não se limita a estabelecer os termos em que alguém – no caso, o proprietário do navio – pode limitar a sua responsabilidade: ela vai bem mais longe, começando por centrar-se, a montante da limitação, na *imputação* de responsabilidade. O artigo III/1 da CLC é, de resto, a este propósito, eloquente: "O proprietário do navio (…) é responsável por qualquer prejuízo (…)".

---

[46] Assume também particular relevo a *delimitação espacial* do âmbito de aplicação da CLC/92, distinguindo o artigo II conforme se trate de "prejuízos devidos à poluição" ou "medidas de salvaguarda". Quanto aos primeiros, a CLC é aplicável quer aos prejuízos que sejam causados no território, incluindo o mar territorial, quer aos prejuízos que ocorram na zona económica exclusiva de um Estado contratante, em conformidade com o direito internacional; já no que concerne às medidas de salvaguarda, a Convenção é aplicável "onde quer que sejam tomadas, para prevenir ou reduzir tais prejuízos". Conforme destaca ALTFULDISCH, *Haftung und Entschädigung nach Tankerunfällen auf See*, p. 11, determinante para a CLC é o *local dos danos* e não o local da fuga ou descarga dos hidrocarbonetos. Em geral, sobre o regime do artigo II da CLC (cujo texto de 1969 se manteve incólume em 1992), cf. COMENALE PINTO, *La responsabilità per inquinamento da idrocarburi*, p. 41 e ss. e HWANG, *Die Reederhaftung für Ölverschmutzungsschäden*, pp. 57-58.

[47] Nessas definições não se encontra, pelo menos de forma clara, a definição do *arco temporal* de ocorrência dos prejuízos devidos à poluição, com relevo para a Convenção, questão que assume relevo significativo quando tais prejuízos sejam causados por derramamento no carregamento ou na descarga. Sendo, embora, certo que a redacção do artigo I/6 ("perda ou dano exterior ao navio causado por uma contaminação resultante de fuga ou descarga"), bem como a do artigo III/1 ("causado pelo navio") sugerem que os hidrocarbonetos já devem estar *a bordo* do navio, têm sido, no entanto, adiantadas interpretações diversas, das quais dá nota, v. g., ALTFULDISCH, *Haftung und Entschädigung nach Tankerunfällen auf See*, pp. 13-14.

Não haverá, assim, dúvidas de que, diversamente daquela Convenção de 1957, a CLC constitui uma convenção de responsabilidade civil[48] ou, mais precisamente – uma vez que a CLC não se limita a imputar, curando também da limitação – uma convenção mista de imputação e de limitação de responsabilidade civil. Sendo tal imputação feita ao *proprietário do navio*, importa saber, porque de tal depende a possibilidade de imputação, quem é *proprietário* e o que é *navio* para a CLC[49].

A CLC/69 definia *navio* (artigo I/1) como sendo "qualquer embarcação marítima ou engenho marinho, qualquer que seja, que transporte efectivamente, como carga, hidrocarbonetos a granel"[50]. A noção de *navio* tornou-se, entretanto, bem mais complexa, se não mesmo confusa, na CLC/92: "significa qualquer embarcação marítima ou engenho marítimo seja de que tipo for, construído ou adaptado para o transporte de hidrocarbonetos a granel como carga, desde que se trate de um navio com capacidade para o transporte de hidrocarbonetos e outros tipos de carga só deve ser considerado como um navio quando transporte, efectivamente, como carga, hidrocarbonetos a granel assim como durante qualquer viagem que se siga àquele transporte, a menos que se prove que não existem quaisquer resíduos de hidrocarbonetos a bordo originados por aquele transporte a granel". Tornou-se, agora, patente que a noção relevante de navio abarca também a viagem subsequente àquela em que se processou o transporte de hidrocarbonetos, extensão que abre caminho à inclusão, no âmbito da Convenção, de situações de lavagem de tanques[51].

Fora do âmbito de aplicação da CLC estão (artigo XI/1) os navios de guerra e outros navios que pertençam a um Estado ou que sejam por ele

---

[48] Cf., v. g., BERLINGIERI, *Il regime uniforme dela responsabilità per danni*, pp. 272-274 e HWANG, *Die Reederhaftung für Ölverschmutzungsschäden*, p. 36.

[49] Com referência às paralelas tarefas de identificação e de precisão, reportadas à Convenção de Bruxelas de 1957, cf. o nosso *Limitação de responsabilidade por créditos marítimos*, p. 228 e ss..

[50] Cf., sobre esta noção, por todos, HWANG, *Die Reederhaftung für Ölverschmutzungsschäden*, p. 38 e ss. e CHAO WU, *La pollution du fait du transport maritime des hydrocarbures*, p. 52. Salientando e ilustrando (com referência ao caso *Olympic Bravery*) as insuficiências da noção de *navio* constante da CLC/69, cf. LUCCHINI, *Le procès de l'Amoco Cadiz*, p. 767.

[51] Cf., v. g., ALTFULDISCH, *Haftung und Entschädigung nach Tankerunfällen auf See*, p. 7.

explorados e afectados exclusivamente, no momento considerado, a um serviço não comercial do Estado[52].

O *proprietário* do navio é, por força da noção do artigo I/3 da Convenção, aquele em cujo nome o navio está registado. Sabendo-se da dificuldade continental em traduzir *owner* ou *shipower*[53], podemos dizer que, ao indicar como proprietário aquele que, como tal, está registado, a definição da Convenção introduziu uma maior certeza na identificação do sujeito a quem a responsabilidade é imputada[54]. Naturalmente que as dúvidas ressurgirão quando não haja registo, caso em que, nos termos do mesmo artigo I/3, o proprietário é "a pessoa ou as pessoas das quais o navio é propriedade".

II. O enfoque no proprietário do navio como sujeito responsável pelos *prejuízos devidos à poluição*, no sentido que esta expressão tem no artigo I/6 da Convenção, resulta, depois, mais nítido no artigo III/4, do qual resulta que: (*i*) o proprietário do navio só pode ser responsabilizado por prejuízos devidos à poluição (sempre no sentido do artigo I/6) com base na CLC[55] e que (*ii*) os lesados[56] não podem formular pedidos de indemnização por

---

[52] Cf., por todos, COMENALE PINTO, *La responsabilità per inquinamento da idrocarburi*, p. 71 e CHAO WU, *La pollution du fait du transport maritime des hydrocarbures*, pp. 52-53. A previsão do artigo XI/1 é complementada pela do artigo XII/2, de acordo com o qual, tratando-se de navios que pertençam a um Estado contratante e que sejam utilizados para fins comerciais, o referido Estado fica sujeito ao regime da Convenção.

[53] Cf., por todos, COMENALE PINTO, *La responsabilità per inquinamento da idrocarburi*, p. 62 e ss. e HWANG, *Die Reederhaftung für Ölverschmutzungsschäden*, p. 81 e ss..

[54] No entanto, o 2.º parágrafo do artigo I/3, introduzido na CLC/69 por iniciativa da URSS, prevê que, no caso de navios que sejam propriedade de um Estado e explorados por uma companhia que, nesse Estado, esteja registada como sendo a exploradora dos navios, a palavra "proprietário" designe essa companhia.

[55] Diz, sugestivamente, CHAO WU, *La pollution du fait du transport maritime des hydrocarbures*, p. 69, que "le propriétaire de navire bénéficie d'une immunité en dehors de la Convention". Chamando, justamente, a atenção para a redacção pouco feliz da tradução portuguesa do artigo III/4 da CLC/92, neste particular, cf. OLIVEIRA COELHO, *Poluição marítima por hidrocarbonetos e responsabilidade civil*, p. 100.

[56] O artigo III/4 não se reporta aos *lesados*, estabelecendo, em geral, a proibição de formulação de pedidos de indemnização contra as pessoas que refere nas suas alíneas; contudo, na prática, são os lesados que estão aqui em causa, já que o proprietário do navio responsabilizado sempre poderá agir contra as pessoas identificadas, conforme ressalva e remissão

prejuízos devidos à poluição, com base na CLC ou noutra fonte[57], contra as seguintes pessoas identificadas nas diversas alíneas:

a) funcionários ou agentes do proprietário ou membro da tripulação; *b*) piloto ou qualquer outra pessoa que, não sendo membro da tripulação, preste serviços ao navio; *c*) qualquer afretador (seja qual for o seu estatuto, incluindo o afretador de navio em casco nu), gestor ou operador do navio; *d*) qualquer pessoa que desenvolva operações de salvamento com o consentimento do proprietário ou de acordo com instruções de uma autoridade pública competente; *e*) qualquer pessoa que esteja a executar medidas de salvaguarda; e *f*) todos os funcionários ou agentes das pessoas mencionadas nas alíneas *c*), *d*) e *e*).

São, porém, ressalvadas as situações em que o prejuízo resulte de *acção* ou *omissão* destas pessoas com a *intenção* de causar tal prejuízo ou por imprudência e com o conhecimento de que tal prejuízo poderia vir a ocorrer: trata-se de situações em que é possível identificar *dolo – directo, necessário* ou *eventual –* ou *culpa grave* das pessoas referidas[58], não sendo, porém, de afastar a hipótese de atribuição de relevo a modalidadse menos

---

feitas no próprio artigo III/4 para o artigo III/5: "Nenhuma disposição da presente Convenção prejudicará os direitos de recurso do proprietário contra terceiros". É, assim, concebível a responsabilização *indirecta*, v. g., do afretador, que não goza, assim, propriamente, de uma verdadeira imunidade; cf., a propósito, GARCÍA-PITA Y LASTRES, *Responsabilidad civil por daños en el siniestro del Prestige*, pp. 448-449 e GARCÍA CACHAFEIRO, *Las empresas petroleras frente a los daños causados por las mareas negras*, p. 471 e ss..

[57] Para CHAO WU, *La pollution du fait du transport maritime des hydrocarbures*, p. 69, estas pessoas "bénéficient d'une immunité absolue dans la Convention ou en dehors de celle-ci"; cf. também Oliveira Coelho, *Poluição marítima por hidrocarbonetos e responsabilidade civil*, p. 106 e FOLEY / NOLAN, *The Erika judgement*, p. 50: "certain individuals or entities specified in CLC article III/4 who are affiliated with the shipowner in same way in connection with an oil pollution incident have immunity against compensation claims except in case of recklessness".

[58] Cf., v. g., GARCÍA CACHAFEIRO, *Las empresas petroleras frente a los daños causados por las mareas negras*, p. 468. Sobre os conceitos e modalidades de dolo, cf., na civilística portuguesa, por todos, ANTUNES VARELA, *Das obrigações em geral*, I[10], p. 569 e ss. e SINDE MONTEIRO, *Rudimentos da responsabilidade civil*, p. 369 e ss..

graves de culpa, à semelhança do que ocorre face à redacção do artigo 4 da Convenção de Londres de 1976[59].

Ora, ao estabelecer a responsabilidade do proprietário do navio e ao proibir, salvas as excepcionais situações em ressalva identificadas, o accionamento das pessoas que identifica no seu número 4[60], o artigo III da CLC consagra aquilo a que se convencionou chamar a *canalização* (*channelling*) da responsabilidade civil, a que nos referiremos especificamente *infra*[61].

Pode legitimamente questionar-se o porquê de a CLC responsabilizar o proprietário do navio quando, na grande maioria dos casos, os prejuízos por contaminação decorrem da carga transportada: pareceria, *ictu oculi*, lógico responsabilizar o dono da carga ou, então, o explorador do navio[62]. Porquê esta canalização para o proprietário do navio?

Foram, fundamentalmente, razões de ordem prática a presidir a esta opção[63]. Por um lado, foi entendido que a responsabilização dos carrega-

---

[59] Cf. o nosso *Limitação de responsabilidade por créditos marítimos*, p. 253 e ss. e *infra*, ponto 4.2.

[60] Proibição essa que, conforme bem refere ALTFULDISCH, *Haftung und Entschädigung nach Tankerunfällen auf See*, p. 21, não tem o propósito, pelo menos directo, de beneficiar tais pessoas. Essa proibição não atinge as pessoas que não se possam aí enquadrar, como é o caso do proprietário da carga transportada (cf. também *infra*, ponto 36.2.7); contudo, como bem salienta GARCÍA CACHAFEIRO, *Las empresas petroleras frente a los daños causados por las mareas negras*, p. 476, os casos de acção contra tais pessoas são muito raros, uma vez que os lesados terão de fazer a prova, nos termos gerais, da verificação dos requisitos da responsabilidade civil aquiliana, prova essa que não será fácil, já que os lesados terão de provar o nexo de causalidade entre a carga, *qua tale*, e o dano. Refira-se, porém, que, no domínio dos trabalhos preparatórios da CLC, foi equacionada – e afastada – a consagração da responsabilidade do proprietário da carga, conforme se pode ver, v. g., em HWANG, *Die Reederhaftung für Ölverschmutzungsschäden*, p. 78 e ss..

[61] Cf. *infra*, ponto 2.6.

[62] Cf., sobre a diversidade de opções colocadas no domínio dos trabalhos preparatórios, VIALARD, *La responsabilité des propriétaires de navires de mer*, p. 265 e ss.. Refira-se, a propósito, que a canalização em sede de danos pela utilização de energia nuclear é feita para o *explorador* da central; cf. *infra*, ponto 2.6/I.

[63] Cf., por todos, CHAO WU, *La pollution du fait du transport maritime des hydrocarbures*, pp. 64-65, ARROYO, *Problemas jurídicos relativos a la seguridad de la navegación marítima*, p. 50, CARBONE / CELLE / LOPEZ DE GONZALO, *Il Diritto Marittimo*[3], p. 162, GARCÍA-PITA Y LASTRES, *Responsabilidad civil por daños en el siniestro del Prestige*, pp. 445-446 e BRIGNARDELLO, *I luoghi di rifugio per le navi in pericolo*, pp. 424-425. Para uma referência

dores traria dificuldades relevantes às vítimas da poluição, desde logo por nem sempre ser fácil a respectiva identificação, tratando-se, para mais, de mercadoria normalmente transportada com base em conhecimentos de carga negociáveis[64]; por outro lado, no que respeita ao explorador do navio, como seja o afretador, foi determinante a circunstância de ser mais fácil a identificação do proprietário do navio do que a daquele que o explora; finalmente, foi também atribuída relevância ao facto de ser mais fácil a feitura de um seguro pelo proprietário do navio do que uma multiplicidade de seguros a fazer pelo armador para as várias expedições[65]. Não obstante, a polémica sobre este ponto, no domínio dos trabalhos da Convenção, acabaria por ser, se não responsável, pelo menos co-responsável, numa solução de compromisso[66], pela criação dos fundos de indemnização alimentados pelas companhias petrolíferas[67].

Cremos resultar claro do exposto que a solução da canalização da responsabilidade para o proprietário do navio é uma solução da CLC que só tem, portanto, vigência no domínio de aplicação desta Convenção: fora dele, qualquer canalização para qualquer sujeito necessitará de uma outra previsão normativa específica. Assim, se os danos de poluição não forem enquadráveis na definição do artigo I/6 da CLC/92, *maxime* por não decorrerem de *contaminação*, aberto estará o caminho para a responsabilização, nos termos gerais, verificados os pressupostos da responsabilidade civil

---

aos trabalhos preparatórios que dariam lugar à solução acolhida na CLC, cf., v. g., COMENALE PINTO, *La responsabilità per inquinamento da idrocarburi*, p. 62 e ss., BERLINGIERI, *Progetto di convenzione internazionale*, pp. 525-526, Id., *La conferenza di Bruxelles sui danni da polluzione da idrocarburi*, p. 507 e ss., PANNATIER, *La protection du milieu marin*, p. 53 e HWANG, *Die Reederhaftung für Ölverschmutzungsschäden*, p. 76 e ss..

[64] Refere-se VIALARD, *La responsabilité des propriétaires de navires de mer*, p. 266, a "difficultés inextrincables", *maxime* no caso em que, sendo conhecida a data do evento, não fosse possível determinar, com rigor, a propriedade da mercadoria; salienta também o autor (*op. cit.*, p. 269) o interesse das vítimas "qui doit d'abord être considéré".

[65] Cf., v. g., COMENALE PINTO, *La responsabilità per inquinamento da idrocarburi*, p. 66.

[66] Cf. CHAO WU, *La pollution du fait du transport maritime des hydrocarbures*, p. 67 e GARCÍA CACHAFEIRO, *Las empresas petroleras frente a los daños causados por las mareas negras*, p. 461.

[67] Cf. *infra*, ponto 5.

aquiliana, de qualquer das pessoas excluídas – nas relações externas – pelo artigo III/4 da CLC/92[68].

III. Conforme dissemos, o artigo III/1 da CLC/92 responsabiliza, de princípio, o proprietário do navio, à data do evento, por qualquer *prejuízo devido à poluição* causado pelo navio e resultante do evento.

A priori, o artigo III/1 da CLC, analisado sem considerar ainda a ressalva que faz dos números 2 e 3 do mesmo artigo, aponta para uma *responsabilidade objectiva* do proprietário do navio[69], não sendo exigida qualquer culpa do proprietário, em qualquer das suas modalidades. À primeira vista, temos, assim, que o proprietário do navio responde pelos prejuízos devidos à poluição – quaisquer – em consequência do evento, ainda que tenha actuado com mera culpa ou mesmo sem culpa alguma. A *canalização* da responsabilidade – consagrada, depois, no artigo III/4 – reforça, de resto, a ideia do carácter objectivo da responsabilidade[70].

Esclareça-se que não estamos, nesta sede, condicionados por qualquer obediência a um qualquer princípio de responsabilidade civil objectiva ambiental[71], desde logo porque a CLC não obedece, pelo menos puramente,

---

[68] Cf., sobre este ponto, GARCÍA CACHAFEIRO, *Las empresas petroleras frente a los daños causados por las mareas negras*, p. 468 e ss..

[69] A definição da natureza da responsabilidade foi uma das mais discutidas no âmbito dos trabalhos preparatórios da CLC, conforme dão nota, v. g., BERLINGIERI, *Progetto di convenzione internazionale*, p. 525, Id., *La conferenza di Bruxelles sui danni da polluzione da idrocarburi*, p. 504 e ss. e HWANG, *Die Reederhaftung für Ölverschmutzungsschäden*, p. 58 e ss..

[70] Cf., v. g., COMENALE PINTO, *La responsabilità per inquinamento da idrocarburi*, p. 65: "in un regime di imputazione dell'obbligazione risarcitoria che segua *sic et simpliciter* lo schema dell'imputazione in base alla sussistenza di una condotta colposa dell'agente, la previsione di una canalizzazione sembra priva di giustificazione"; cf. também BRIGNARDELLO, *I luoghi di rifugio per le navi in pericolo*, p. 425.

[71] Cf., em geral, JOÃO MENEZES LEITÃO, *Instrumentos de direito privado para protecção do ambiente*, p. 50 e ss., PEDRO SILVA LOPES, *Dano ambiental*, p. 48 e ss., Id., *Condicionantes da responsabilidade civil por danos causados ao ambiente*, p. 179 e ss., NEVES ANTUNES, *A responsabilidade internacional objectiva dos Estados por danos ambientais*, p. 157 e ss. e MARTIN, *Direito do ambiente*, p. 118 e ss.. Sobre os riscos de diluição da responsabilidade individual, que associa ao "salto para a responsabilidade objectiva", cf., recentemente, CARLA AMADO GOMES, *Risco e modificação do acto autorizativo*, p. 373 e ss..

ao figurino de convenções de Direito do Ambiente, sendo, antes, uma convenção de Direito Marítimo[72] que, no entanto, carrega em si manifestas preocupações ambientais.

É certo que a aparente "generosidade" do legislador a favor dos lesados (note-se o "qualquer prejuízo") está, *ab ovo*, fortemente restringida em virtude de a expressão "prejuízos devidos à poluição" estar, em si, limitada ao sentido definido no artigo I/6, sentido esse que, como vimos, está "cativo" do conceito de *contaminação*[73]; no entanto, dentro desses limites ou condicionalismos, não parece haver dúvidas de que o sentido que flui do artigo III/1 da CLC – ainda não considerando, repete-se, as suas ressalvas – é o de estarmos face a uma responsabilidade objectiva, um pouco numa lógica "polui-paga"[74]. A questão está, depois, em saber se o regime ressalvado, ou seja, o recorte negativo estabelecido na CLC, tem, a final, o efeito de alterar a qualificação da responsabilidade do proprietário do navio.

2.3. Recorte negativo da imputação da responsabilidade ao proprietário do navio

I. Consagrando a responsabilidade do proprietário do navio por prejuízos devidos à poluição, a CLC vem, depois, nos números 2 e 3 do artigo III, introduzir situações que recortam negativamente essa responsabilidade, atenuando, assim, os efeitos que uma responsabilidade objectiva absoluta carregaria[75].

---

[72] Cf., neste sentido, entre nós, OLIVEIRA COELHO, *Poluição marítima por hidrocarbonetos e responsabilidade civil*, p. 29 e ss.. Nesta "contraposição" entre "Direito do Ambiente" e "Direito Marítimo", não perdemos de vista o facto de o primeiro ser um direito transversal, "partilhado", assim, também pelo Direito Marítimo. Sobre a multidisciplinaridade do Direito do Ambiente, cf. VASCO PEREIRA DA SILVA, *Verde cor de Direito*, p, 44 e ss., Id., *Direito salpicado de azul e verde*, p. 863 e ss., Id., *Ensinar verde a Direito*, pp. 114-115; acentuando a transversalidade do Direito do Ambiente, cf. também CARLA AMADO GOMES, *O ambiente como objecto*, p. 27 e ss..

[73] Cf. *supra*, ponto 2.1/I.

[74] Cf., v. g., VASCO PEREIRA DA SILVA, *Verde cor de Direito*, p, 7 e ss. e ALEXANDRA ARAGÃO, *O princípio do poluidor-pagador, passim*.

[75] Esta situação é justificada por HWANG, *Die Reederhaftung für Ölverschmutzungsschäden*, p. 67, desta forma: "Um die scharfe Gefährdungshaftung zu mildern (...)".

O artigo III/2 da CLC elenca situações nas quais "o proprietário não será responsável" se provar que o prejuízo por poluição resultou de qualquer delas. Deixe-se, no entanto, desde já o alerta para o facto de a circunstância de o proprietário do navio se poder exonerar de responsabilidade não determinar que os lesados não possam ser compensados pelo Fundo e pelo Fundo Complementar, conforme veremos[76].

II. A *primeira situação* referida no artigo III/2 é [alínea *a*)] o facto de o prejuízo por poluição resultar "de um acto de guerra, de hostilidades, de uma guerra civil, de uma insurreição ou de um fenómeno natural de carácter excepcional, inevitável e irresistível". Estamos aqui, claramente[77], perante as clássicas situações de *caso fortuito* ou de *força maior*, cujo relevo, em sede de responsabilidade civil, tem sido destacado na doutrina[78]. A dúvida que se pode suscitar, provocada pelo confronto entre a redacção da alínea *a*) do artigo III/2, por um lado, e a das alíneas *b*) e *c*), por outro, está em saber se, por exemplo, na situação em que o prejuízo por poluição resultar directamente de "um fenómeno natural de carácter excepcional, inevitável e irresistível", mas havendo, a montante, um erro de navegação do capitão que desviou o navio de uma rota segura, poderá o proprietário do navio exonerar-se de responsabilidade.

Alguma doutrina mostra-se, neste domínio, impressionada pelo facto de, na alínea *a*) do artigo III/2 não existir, diversamente do que ocorre nas

---

[76] Cf. *infra*, ponto 5.2.

[77] Não podemos deixar de acompanhar COMENALE PINTO, *La responsabilità per inquinamento da idrocarburi*, p. 129, na referência que faz à "sostanziale ambiguità" da expressão "fenómeno natural de carácter excepcional, inevitável e irresistível", já que "tali fenomeni, se pur non probabili, si presentano come una possibilità da tenere in conto nella navigazione marittima in generale, e quindi anche nel trasporto di idrocarburi via mare". Contudo, conforme bem destaca o autor, essa "anomalia" acaba por ser suprida pelo FIPOL, ao admitir a compensação nestes casos, em que o proprietário do navio se exonera; cf. *infra*, ponto 36.5. Interpretando a alínea *a*) do artigo III/2 da CLC, cf. também HWANG, *Die Reederhaftung für Ölverschmutzungsschäden*, p. 67 e ss., destacando o carácter fortemente restrito do fenómeno natural relevante, por ter de ser "excepcional", "inevitável" e "irresistível".

[78] Cf., desde logo, em geral e em termos de enquadramento, BRANDÃO PROENÇA, *A conduta do lesado*, p. 89 e ss., sobre a relação entre o *dano fortuito* e o princípio *casum sentit dominus*.

alíneas *b*) e *c*), a expressão "na totalidade" ("wholly caused"), concluindo, em conformidade, que a exoneração de responsabilidade do proprietário do navio acontece ainda que o exemplificado "acto de Deus" não tenha sido causa exclusiva[79]. Temos, contudo, reservas a este entendimento, que pode deixar os lesados sem qualquer indemnização, numa situação em que a exposição à "ira de Deus" tenha tido na sua base um acto culposo do capitão. Parece-nos, assim, que haverá que retirar todo o potencial do facto de a lei exigir, quanto ao fenómeno natural, que o mesmo seja "inevitável e irresistível"; ora, se o capitão de um navio, que tem (ou deveria ter) conhecimento de uma grande tempestade, ainda assim, sai do porto, afrontando-a, não nos parece que a sujeição à tempestade tenha o carácter de inevitabilidade e irresistibilidade exigidos na Convenção[80].

A *segunda situação* referida no artigo III/2 é [alínea *b*)] um *facto de terceiro* deliberadamente praticado ou omitido com a intenção de causar um prejuízo, em termos de o prejuízo por poluição resultar *na totalidade*[81] desse facto: não sendo o facto de terceiro "responsável" na totalidade, não funciona a ressalva da alínea *b*), aplicando-se a regra do número 1 do artigo[82].

---

[79] Assim CHAO WU, *La pollution du fait du transport maritime des hydrocarbures*, p. 75, manifestando, embora, algumas reticências, e, entre nós, OLIVEIRA COELHO, *Poluição marítima por hidrocarbonetos e responsabilidade civil*, pp. 81-82.

[80] Refira-se, a propósito, o facto de a noção de *act of God*, constante do *Oil Pollution Act* norte-americano (Sec. 1001, n.º 1), postular que o mesmo seja não só "unanticipated" mas também imprevisível e inevitável: "*act of God* means an unanticipated grave natural disaster or other natural phenomenon of an exceptional, inevitable, and irresistible character the effects of which could not have been prevented or avoided by the exercise of due care or foresight".

[81] Realçando este requisito – que, como já dissemos, consta também da alínea *c*) do artigo III/2 – cf. CHAO WU, *La pollution du fait du transport maritime des hydrocarbures*, pp. 74-75; entre nós, cf. OLIVEIRA COELHO, *Poluição marítima por hidrocarbonetos e responsabilidade civil*, p. 80 e ss..

[82] Como refere CHAO WU, *La pollution du fait du transport maritime des hydrocarbures*, p. 75, esta causa de exclusão supõe, tal como a da alínea *c*), uma *causalidade exclusiva*; cf. também OLIVEIRA COELHO, *Poluição marítima por hidrocarbonetos e responsabilidade civil*, pp. 93-94.

É mister que o terceiro tenha *intenção* ("intent") de causar um prejuízo[83]: face a esta redacção, cremos poder afirmar que, tratando-se de pessoa imputável, terá de haver dolo, se não directo, pelo menos necessário; contudo, se se tratar de pessoa não imputável, bastará a estrita *intenção*, numa lógica finalista, que, como é sabido, não depende da imputabilidade[84]. De resto, o que é aqui equacionado não é a responsabilidade do terceiro[85] mas, antes, a eventual exclusão de responsabilidade do proprietário do navio por facto (intencional) de terceiro.

A *terceira situação* cuja verificação permite afirmar a não responsabilidade do proprietário do navio é, também ela, um *facto de terceiro*. Não se trata, porém, de um terceiro qualquer: o prejuízo por poluição deve resultar [alínea c)] – e, também ele, *na totalidade* – "da negligência ou de qualquer outra acção prejudicial de um Governo ou de outra autoridade responsável pelo bom funcionamento dos faróis ou de outros auxiliares da navegação praticada no exercício destas funções"[86].

---

[83] O *prejuízo* relevante não tem de ser um "prejuízo devido à poluição"; cf. também BONASSIES, *Après l'Erika: les quatre niveaux de réparation des dommages*, p. 1572, ilustrando com o exemplo de um ataque de piratas a um petroleiro.

[84] Acentuando a necessidade de *intent*, mas sem deixar de realçar a dificuldade de delimitação das situações que tal conceito abrange ("was der Schuldbegriff *intent* umfasst, lässt sich nicht leicht beantworten"), cf. HWANG, *Die Reederhaftung für Ölverschmutzungsschäden*, p. 69. Desconsiderando o facto de a Convenção exigir *intenção* ("deliberadamente"), cf. OLIVEIRA COELHO, *Poluição marítima por hidrocarbonetos e responsabilidade civil*, p. 93, para quem a circunstância de a lei falar em *facto* demonstraria que a exclusão não depende da culpa de terceiro – conclusão intercalar esta que acompanhamos – mas, antes, como *facto de terceiro*, "relevando assim, para efeitos deste artigo, um simples facto mesmo não intencional".

[85] Mais pragmático e eficaz é o *Oil Pollution Act* norte-americano, que trata da responsabilidade de "third parties" [Sec. 1002, alínea d)], podendo uma "third party" ser considerada "responsible party"; cf., v. g., KIERN, *Liability, compensation, and financial responsibility under the Oil Pollution Act*, p. 525 e ss..

[86] Sobre o conceito de "outros auxiliares da navegação", cf., v. g., BERLINGIERI, *La conferenza di Bruxelles sui danni da polluzione da idrocarburi*, p. 509, Id., *La nozione di "maintenance" e di "other navigational aids"*, *passim*. No caso do navio *Tsesis*, esteve em causa decidir se as cartas náuticas podiam constituir um "auxiliar da navegação", para efeitos da alínea *c*) do artigo III/2 da CLC, tendo o Supremo Tribunal sueco decidido nesse sentido (Sentença de 13 de Maio de 1983, in DM 1984, p. 381 e ss.); cf., em apoio, v. g., BONASSIES, *Après l'Erika: les quatre niveaux de réparation des dommages*, p. 1572.

2.4. Conclusão pela natureza objectiva da responsabilidade do proprietário do navio

I. As situações enumeradas no artigo III/2, que afastam a responsabilidade do proprietário do navio por prejuízos devidos à poluição, descaracterizam a natureza objectiva da sua responsabilidade, em termos de, a final, esta dever ser considerada como responsabilidade subjectiva presumida, à semelhança da responsabilidade por actividades perigosas consagrada no artigo 493/2 do Código Civil[87]?

Não nos parece que uma tal conclusão seja possível. Na verdade, nenhuma das citadas alíneas altera o fundamento da responsabilidade do proprietário do navio, em termos de a mesma passar a estar dependente de culpa ou em termos de o mesmo proprietário ter de ilidir uma presunção de culpa. Estamos, antes, perante situações que recortam os termos e o âmbito da responsabilidade objectiva firmada no artigo III/1[88].

---

[87] É neste último sentido que parece, *ictu oculi*, pronunciar-se, entre nós, OLIVEIRA COELHO, *Poluição marítima por hidrocarbonetos e responsabilidade civil*, p. 128 e ss.. A posição do autor revela-se, porém, em rigor, imprecisa e quiçá contraditória: se, por um lado, sustenta que a CLC/92 não previu "qualquer tipo de responsabilidade objectiva" e que o regime se "aproxima do conteúdo do artigo 493/2 CC, embora algo distante do rigor deste último" (*op. cit.*, p. 129), noutro passo (ainda *op. cit.*, p. 129) considera que a circunstância de o artigo III/2, alínea *a*) da CLC se bastar com a prova de a poluição ter resultado, ainda que só parcialmente, do condicionalismo dessa alínea, seria demonstrativo de que estamos "bem longe do condicionalismo do citado artigo 493/2 do CC". Se bem interpretamos, pese embora a invocação do regime do artigo 493/2 do CC, o autor partilha, a final, o entendimento de que estaremos perante uma presunção de responsabilidade (que não de culpa).

O problema é também abordado por BRANDÃO PROENÇA, *A conduta do lesado*, p. 241, onde nos parece ver sustentada a existência de uma responsabilidade *objectiva* associada a actividades perigosas. Na doutrina estrangeira, destaque-se o facto de RODIÈRE, *Introduction. L'armement*, p. 660, se referir a uma "presunção de responsabilidade", o que é, naturalmente, diferente de uma presunção de culpa; de resto, nesta linha, o autor esclarece (*op. cit.*, p. 661) que "ce n'est pas non plus une présomption de faute". Em escrito posterior (RODIÈRE / REMOND-GOUILLOUD, *La mer*, p. 109), o autor partilha da ideia de que se trata de uma responsabilidade objectiva. Seguindo a primeira posição de Rodière, pode ver-se, entre nós, VASCONCELOS ESTEVES, *Introdução. Armamento*, p. 101.

[88] A caracterização da responsabilidade do proprietário do navio como *objectiva* é partilhada por larga doutrina; cf., v. g., VIALARD, *La responsabilité des propriétaires de navires de mer*, p. 273 e ss., HERBER, *Seehandelsrecht*, p. 193, CARBONE / CELLE / LOPEZ DE GONZALO,

II. Mas importa ainda testar, em definitivo, a afirmada responsabilidade objectiva do proprietário do navio com o regime do artigo III/3 da CLC, o qual atribui relevância, em determinados termos, ao *facto do lesado*, para efeitos da não responsabilização do proprietário do navio. Mais concretamente, o artigo III/3 prevê que o proprietário do navio possa ser isento, total ou parcialmente, de responsabilidade relativamente ao lesado se demonstrar que o prejuízo por poluição resultou, no todo ou em parte, de uma acção ou de uma omissão dessa pessoa lesada, quer com intenção de causar um prejuízo quer negligentemente. Trata-se, seguramente, quer em si, quer recorrendo à dogmática geral da responsabilidade civil (artigo 570 CC)[89], de uma situação que não se confunde com a da alínea *b)* do artigo III/2, acima referida, sendo, justificadamente, autonomizada[90].

De resto, são patentes as seguintes diferenças: (*i*) o facto de terceiro da alínea *b)* do artigo III/2 só releva se o prejuízo por poluição dele resultar *na totalidade*; ao invés, o facto do lesado releva ainda que o prejuízo por poluição dele resulte *em parte*; (*ii*) o facto de terceiro da alínea *b)* do artigo III/2 tem de ser intencional, em ordem à verificação do prejuízo, o que quer dizer que, tratando-se de terceiro imputável, terá de ser doloso; ao invés,

---

*Il Diritto Marittimo*³, p. 162, BONELLI, La *limitazione della responsabilità armatoriale*, p. 139 e ss., VINCENZINI, *Profili assicurativi della responsabilità civile*, p. 979, BERLINGIERI, *Il sistema internazionale di risarcimento dei danni causati da inquinamento da idrocarburi*, p. 4, LUCCHINI, *Le procès de l'Amoco Cadiz*, p. 764, CHAO WU, *La pollution du fait du transport maritime des hydrocarbures*, p. 72 e ss., VIALARD, *Faut-il réformer le régime d'indemnisation des dommages de pollution par hydtrocarbures?*, p. 437, ARROYO, *Problemas jurídicos relativos a la seguridad de la navegación marítima*, p. 50, Id., *Curso de derecho marítimo*², p. 758 e ss., GARCÍA CACHAFEIRO, *Las empresas petroleras frente a los daños causados por las mareas negras*, p. 463, MÁRIO RAPOSO, *Direito Marítimo – Uma perspectiva*, p. 372, HWANG, *Die Reederhaftung für Ölverschmutzungsschäden*, p. 58 e ss., MASON, *Civil liability for oil pollution damage*, p. 2, JACOBSSON, *The international regime on liability and compensation for oil pollution damage revisited*, p. 275, FOLEY / NOLAN, *The Erika judgement*, p. 49, SABRINA ROBERT, *L'Érika*, p. 31 e PANNATIER, *La protection du milieu marin*, p. 52.

[89] Cf., por todos, BRANDÃO PROENÇA, *A conduta do lesado*, pp. 19 e ss. e 30 e ss. e também SANTOS JÚNIOR, *Especialização e mobilidade temática do Direito Comercial Internacional*, p. 163 e ss., Id., "*Mitigation of damages*", redução de danos pela parte lesada e "culpa do lesado", *passim*.

[90] Cf. também OLIVEIRA COELHO, *Poluição marítima por hidrocarbonetos e responsabilidade civil*, pp. 95-96.

o facto do lesado não tem de ser necessariamente intencional, bastando a mera negligência, mesmo a inconsciente; (*iii*) o facto de terceiro da alínea *b*) do artigo III/2 determina – diríamos *ipso iure* – a isenção (total) de responsabilidade do proprietário do navio; ao invés, o facto do lesado apenas pode determinar essa isenção, total ou parcialmente.

Pergunta-se, agora, se esta relevância do comportamento do lesado[91] permite inverter a afirmação, acima feita, da responsabilidade objectiva do proprietário do navio. No nosso entender, uma tal inversão não tem lugar: tal como em relação às situações do artigo III/2, o *facto relevante* do lesado não subjectiviza a responsabilidade do proprietário do navio, colocando-se a nível da obrigação de indemnização[92] e tendo o efeito de poder diminuir – ou até excluir – o dever de indemnizar relativamente àquela pessoa concreta.

Concluímos, assim, que a responsabilidade do proprietário do navio consagrada no artigo III/1 da CLC tem a natureza de *responsabilidade objectiva*, não podendo militar em sentido diverso o facto[93] de o proprietário do navio se poder exonerar provando [alínea *a*) do artigo III/2] a ocorrência de "um fenómeno natural de carácter excepcional, inevitável e irresistível", ou qualquer das situações elencadas nas demais alíneas do artigo III/2. Na verdade, independentemente do que tenha ocorrido no domínio dos trabalhos preparatórios da CLC[94], a verdade é que nenhuma das alíneas do artigo III/2, ou mesmo o artigo III/3, permite afirmar que o proprietário do navio tem o ónus de demonstrar que não teve culpa – ou, na terminologia do artigo 493/2 do Código Civil, de demonstrar "que empregou todas as providências

---

[91] À "responsabilização do lesado" refere-se, nesta sede, OLIVEIRA COELHO, *Poluição marítima por hidrocarbonetos e responsabilidade civil*, pp. 98-99, mas fá-lo, em nosso entender, com menos propriedade, já que não se trata de responsabilizar o lesado mas de erigir um comportamento deste em circunstância que desresponsabiliza o proprietário do navio.

[92] Cf., por todos, BRANDÃO PROENÇA, *A conduta do lesado*, p. 20: "Mais concretamente, a questão fundamental, que aqui se coloca, é a de saber se o lesado tem direito a ser ressarcido nos casos em que tenha *concorrido*, com a conduta do lesante, para o seu dano, bem como nas hipóteses em que, apesar de uma certa "interferência do agente material, o dano é de imputar *exclusivamente* ao mesmo lesado".

[93] Assim OLIVEIRA COELHO, *Poluição marítima por hidrocarbonetos e responsabilidade civil*, pp. 120 e 121 e ss..

[94] Cf. OLIVEIRA COELHO, *Poluição marítima por hidrocarbonetos e responsabilidade civil*, p. 121.

exigidas pelas circunstâncias com o fim de os prevenir" – ónus esse cuja identificação seria essencial para afirmar a existência de uma situação de culpa presumida[95].

O exposto não desconsidera o facto de a situação do citado artigo 493/2[96] constituir, no quadro das presunções de culpa, uma situação especial, por se tratar, digamos, da situação mais objectiva dentro das subjectivas. Contudo, essa especificidade do artigo 493/2 não permite descaracterizar a culpa presumida e a matriz da responsabilidade subjectiva, presentes no artigo 493/2, como não permite, por outro lado, que se tome a nuvem por Juno e que, à revelia do regime plasmado no artigo III da CLC, se conclua haver responsabilidade subjectiva pela circunstância de o transporte de hidrocarbonetos constituir uma actividade perigosa.

Remata-se, assim, com a nota de que não é difícil encontrar no elenco de situações excepcionais[97] de responsabilidade objectiva actividades perigosas, mas não é por esta circunstância que a responsabilidade com a mesma conexa se converte em objectiva.

III. Olhando para a opção tomada pela CLC, volvidos alguns anos, não se vê que outra pudesse ser a solução gizada para a responsabilidade do proprietário do navio, que não a da *responsabilidade objectiva*.

Substancialmente, está em causa o risco do transporte de hidrocarbonetos, altamente potenciador de danos vultuosos, quadro esse de risco-tragédia, claramente incompatível com uma lógica de responsabilidade subjectiva, ainda que presumida. Em alternativa ao sistema de responsabilidade objectiva, poderiam ser instituídas, em alternativa ou cumulativamente, as

---

[95] Culpa presumida que – tal qual, de resto, a responsabilidade objectiva – tem, reconhecidamente, cariz excepcional; cf., por todos, CALVÃO DA SILVA, *Responsabilidade civil do produtor*, p. 366 e ss..

[96] Uma enunciação de actividades caracterizáveis como perigosas, para efeitos do disposto no artigo 493/2 do Código Civil, pode ser vista em BRANDÃO PROENÇA, *A conduta do lesado*, p. 480, nota 1588 e em MENEZES LEITÃO, *Direito das obrigações*, I[8], p. 328, nota 696; articulando o regime do artigo 493/2 com as normas fundadas no risco, cf. SOUSA RIBEIRO, *O ónus da prova da culpa na responsabilidade civil por acidente de viação*, pp. 418 e ss. e 456 e ss.. Dando nota da dificuldade na identificação de um "critério de perigosidade", cf. ÁLVARO DIAS, *Dano corporal*, p. 71 e ss..

[97] Cf., por todos, MENEZES LEITÃO, *Direito das obrigações*, I[8], p 366 e ss..

seguintes soluções: (*i*) suportação do risco pela comunidade de profissionais do sector, envolvendo proprietários e carregadores, numa lógica de "pool", sendo depois, eventualmente, repercutidas sobre o membro causador do acidente as consequências – ou, pelo menos, algumas consequências – a nível de encargos; ou (*ii*) transferência e suportação integral do risco com recurso a soluções seguradoras.

Qualquer das soluções referidas teria a vantagem de assegurar – importaria definir até que ponto – aos lesados o ressarcimento de danos mas teria a desvantagem objectiva de desagravar a posição do causador do risco perante os lesados, para além de, a final, o peso económico da suportação recair sobre os consumidores finais.

2.5. A imputação plural e solidária

I. O artigo IV da CLC refere-se à situação em que o evento envolva dois ou mais navios, resultando do mesmo prejuízos devidos à poluição: nesse caso, os proprietários dos navios envolvidos serão *solidariamente responsáveis* pela totalidade do prejuízo que não for razoavelmente divisível, sem prejuízo de qualquer deles se poder exonerar[98], tendo fundamento para tal, nos termos do artigo III.

Este regime reveste um interesse especial para os casos de abalroação, parecendo seguro que as fugas ou descargas de hidrocarbonetos que provoquem os prejuízos devidos à poluição não têm que resultar de todos os navios envolvidos[99]. Ora, isto tem por efeito a introdução, em sede de

---

[98] A remissão para o artigo III é apenas, conforme é lógico – e resulta da letra do artigo IV, na sua versão em língua inglesa ("unless exonerated under Article III"), mas não na portuguesa ("sob reserva do disposto no artigo III") – para as *causas de exoneração*. Tratando-se de situações que envolvem vários proprietários de navios, os quais mantêm, face aos lesados, posições autónomas, pese embora a consagração, à partida, do regime da solidariedade, parece igualmente lógico que a exoneração possa beneficiar apenas um (ou alguns) dos proprietários em causa.

[99] Diverso era o regime face ao artigo IV da CLC/69, de cuja redacção o correspondente artigo da CLC/92 se pretendeu afastar. No regime de 1969, a responsabilidade solidária dos proprietários dos navios pressuponha que as fugas ou descargas se tivessem produzido em mais do que um navio; cf., a propósito, Hwang, *Die Reederhaftung für Ölverschmut-*

abalroação[100], de um regime de responsabilidade específico das situações em que haja "prejuízos devidos à poluição" (artigo I/6 da CLC/92): assim, se o navio *A* abalroa o navio *B*, em consequência do que este último derrama hidrocarbonetos provocando prejuízos relevantes face à CLC, numa situação em que é identificada *simples negligência* do primeiro navio, de acordo com o regime geral da abalroação de navios, os prejuízos decorrentes do evento seriam integralmente suportados pelo navio abalroador[101]; porém, se se tratar de *navios* como tal caracterizados face à CLC/92 (artigo I/1)[102], havendo "prejuízos devidos à poluição" os proprietários dos dois navios são solidariamente responsáveis, face aos lesados, por tais prejuízos[103], uma vez que o proprietário do navio *B* não logrará exonerar-se de responsabilidade, atento o facto de a situação não se enquadrar na causa de exoneração da alínea *b*) do artigo III/2, por não ter havido *intenção*, por parte do terceiro (no caso, o proprietário do navio *A*) de causar um prejuízo.

Porém, havendo dolo de um dos proprietários dos navios envolvidos, o segundo navio poderá exonerar-se de responsabilidade, nos termos do próprio artigo IV, quando remete para as causas de exoneração do artigo III.

---

zungsschäden, p. 72 e ss. e OLIVEIRA COELHO, *Poluição marítima por hidrocarbonetos e responsabilidade civil*, pp. 87-88.

[100] Em geral, sobre o regime de responsabilidade nas situações de abalroação de navios, cf. o nosso *Direito Marítimo*, IV, p. 140 e ss..

[101] Cf. o nosso *Direito Marítimo*, IV, p. 143 e ss..

[102] Este é, naturalmente, um pressuposto do regime plasmado no artigo IV; cf., com referência a idêntico pressuposto no artigo IV da CLC/69, CHAO WU, *La pollution du fait du transport maritime des hydrocarbures*, p. 75 e HWANG, *Die Reederhaftung für Ölverschmutzungsschäden*, p. 72.

[103] Naturalmente que esse regime especial vale nos seus estritos limites: assim, quanto aos danos que não devam ser qualificados como *prejuízos devidos à poluição*, nos termos do artigo I/6 da CLC, valerá o regime geral da abalroação. De qualquer modo, quanto aos prejuízos devidos à poluição, sendo a indemnização satisfeita pelo proprietário do navio A, o mesmo terá, logicamente, direito de regresso face ao navio B, nos termos gerais da solidariedade passiva; cf., a propósito, o nosso *Assunção fidejussória de dívida*, p. 247 e ss.. Especificamente centrado no artigo IV da CLC, cf. HWANG, *Die Reederhaftung für Ölverschmutzungsschäden*, p. 73.

II. O artigo IV não se refere à situação em que o prejuízo devido à poluição seja provocado por um único navio pertença de vários proprietários, hipótese esta que está prevista na noção de *proprietário* de navio, constante do artigo I/3 ("pessoa ou pessoas responsáveis"). Não parece, no entanto, haver dúvidas, face à Convenção – dúvidas essa que, de resto, também não aconteceriam no direito interno português, atento o regime plasmado no artigo 497/1 do Código Civil[104] – de que, nesse caso, os vários proprietários respondem também em termos solidários. É essa a única conclusão compatível, a um tempo, com a lógica da imputação da CLC e com o regime plasmado no seu artigo IV.

2.6. A canalização da responsabilidade para o proprietário do navio

I. O berço da teorização da canalização da responsabilidade, tal como se apresenta na CLC/92, terá sido o campo da responsabilidade civil em matéria de danos nucleares, tendo obtido expressa consagração, desde logo, no artigo 6 da Convenção de Paris de 1960 (ou Convenção Paris-Bruxelas, a partir do Protocolo de 1963), bem como no artigo IV da Convenção de Viena de 1963, ambas relativas à responsabilidade civil em matéria de danos nucleares[105]: nestas convenções, a responsabilidade é canalizada para o *explorador*[106]. Trata-se, nas duas situações, da chamada *canalização*

---

[104] Sobre este, cf., por todos, ALMEIDA COSTA, *Direito das obrigações*[10], pp. 590 e ss. e 606 e ss..

[105] Para uma panorâmica geral das convenções internacionais em matéria de responsabilidade civil por danos nucleares, cf., v. g., AYLLÓN DÌAZ-GONZÁLEZ, *Derecho nuclear*, p. 721 e ss..

[106] Cf., v. g., PELZER, *Begrenzte und unbegrenzte Haftung im deutschen Atomrecht*, p. 11, que enuncia os seguintes "Haftungsprinzipien", em sede de direito nuclear: (*i*) Responsabilidade objectiva, (*ii*) canalização da responsabilidade para o "operator", (*iii*) estabelecimento de limites de responsabilidade, (*iv*) limitação temporal de responsabilidade, (*v*) necessidade de cobertura de risco por uma garantia financeira e (vi) intervenção prestacional do Estado em casos de danos vultuosos; cf. também AYLLÓN DÌAZ-GONZÁLEZ, *Derecho nuclear*, p. 753 e ss., apresentando a canalização da responsabilidade para o explorador da actividade como uma das características do regime especial de responsabilidade por danos nucleares, ao lado da limitação de responsabilidade, da objectivação da responsabilidade, da responsabilidade solidária no caso de concorrência de causas e da obrigação de garantir a responsabilidade.

jurídica[107], ou seja daquela que determina a exclusão da responsabilidade de outras pessoas relativamente às quais poderia verificar-se uma imputação de responsabilidade nos termos gerais do instituto da responsabilidade civil, *maxime* da aquiliana. Damos a palavra a Isabel Magalhães Collaço[108]: "A consagração desse princípio [o princípio da canalização da responsabilidade], na sua fórmula pura, faz com que o lesado por um acidente nuclear só possa invocar o direito a ser indemnizado, com base no regime especial de responsabilidade própria do risco nuclear, contra a pessoa que a lei expressamente designar responsável pelo acidente e que será em regra o titular da licença de exploração da instalação nuclear". Na sua fórmula pura, a canalização jurídica – que anda tipicamente associada à *responsabilização objectiva* daquele para quem é feita a canalização[109] – determina

---

[107] Cf., v. g., Kanno, *Gefährdungshaftung und rechtliche Kanalisierung im Atomrecht*, p. 9 e, com referência específica à CLC/69, Herber, *Das internationale Übereinkommen über die Haftung für Schäden durch Ölverschmutzung auf See*, p. 240. A doutrina da especialidade tem identificado outros tipos de canalização, com destaque para a *canalização económica*; cf., v. g., Kanno, *op. cit.*, pp. 10-11, Mohr, *Die Kanalisierung der Haftung unter besonderer Berücksichtigung des Atomrechts*, p. 39 e ss. e Blomeyer, *Die Kanalisierung der Haftung aus Versicherungsrechtlicher Sicht*, p. 1 e ss.; cf. ainda o clássico estudo de Weitnauer, *Die Kanalisierung der Haftung im Versicherungsrecht*, p. 666 e ss. e o recente de Lagoni, *The liability of classification societies*, p. 260, detacando a diferença entre *legal channeling* e *economic channelling*.

[108] Isabel Magalhães Collaço, *Problemas jurídicos no domínio do risco nuclear*, p. 39.

[109] Não tinha, porém, que ser necessariamente assim, podendo, facilmente conceber-se uma responsabilidade objectiva do *operator* sem canalização, assim como seria imaginável uma canalização (não pura) para alguém sobre quem recairia uma presunção de culpa, no quadro da responsabilidade subjectiva pelo exercício de actividades perigosas. Refira-se, aliás, o facto de, nos anos 50-60 do século passado, antes da Convenção de Paris e da sua divulgação, a discussão, nos países latinos, à volta da responsabilidade civil em matéria de danos nucleares desconhecer praticamente a canalização, estando centrada na alternativa entre a responsabilização objectiva e a presunção de culpa por exercício de actividades perigosas: cf., v. g., Grassetti, *Il regime giuridico della responsabilità civile*, p. 429 e ss. (mas referindo-se já, a pp. 436, à "mal detta" canalização da responsabilidade); cf., entre nós, Vaz Serra, *Responsabilidade pelos danos causados por instalações de energia eléctrica ou gás*, p. 149 e ss.. Nos estudos posteriores, destacamos De Martino, *La responsabilità civile nelle attività pericolose e nucleari*, passim.

que aquele em cuja esfera se concentra a responsabilidade só em situações excepcionais tenha um direito de regresso em relação a outros sujeitos[110].

Analiticamente, falar de canalização da responsabilidade corresponde a uma situação na qual é identificável uma *imputação específica* – no caso, ao proprietário do navio – e uma ou mais *desimputações externas*[111], traduzidas na consagração, *ex lege*, da *ineficácia*, face aos lesados, de imputações operadas ou operáveis nos termos gerais de direito, *maxime* nos termos do artigo 483 do Código Civil. Nas situações puras, acima referidas, as desimputações não serão apenas externas – ou seja, nas relações directas com os lesados – sê-lo-ão também face àquele que seja destinatário da imputação específica; nesses casos, a desimputação não opera a mera ineficácia das imputações gerais face aos lesados titulares de direitos de indemnização, mas, antes, a radical paralisação dessas imputações, que não funcionarão, sequer, a nível das relações internas.

II. A canalização para o proprietário do navio da responsabilidade por prejuízos devidos à poluição carrega, em si, diversas dificuldades, quando encaramos a situação pelo prisma da garantia do crédito: *a priori*, a canalização para o proprietário do navio – isolando-o[112] face aos demais responsáveis – se não for acompanhada de medidas de garantia de satisfação do crédito, corre o risco de se revelar prejudicial ao lesado, conforme se torna evidente se pensarmos na situação em que o prejuízo resulta de um acto ou omissão do capitão, numa situação de fretamento em casco nu. Ora, neste caso, a aplicar-se o regime comum do Decreto-Lei 202/98, o lesado teria a garantia de poder responsabilizar o capitão, o armador e até mesmo o proprietário do navio, tudo conforme resulta claramente dos artigos 4 e 6 do citado diploma[113]. Na verdade, é a solidariedade passiva, que não a imputação canalizada, que dá ao credor a posição de "pachá jurídico" de

---

[110] Cf., por todos, DÄUBLER, *Haftung für gefährliche Technologien*, pp. 12-13 e SABRINA ROBERT, *L'Érika*, p. 35 e ss..

[111] Essas desimputações exoneram os sujeitos diversos do proprietário do navio mas exoneram também – de novo externamente – esse mesmo proprietário, no que respeita aos prejuízos devidos à poluição cuja imputação pudesse operar por via diversa da CLC.

[112] A expressão é de RODIÈRE, *Responsabilité civile et risque atomique*, p. 11, no quadro da canalização da responsabilidade civil por danos nucleares.

[113] Cf. o nosso *Limitação de responsabilidade por créditos marítimos*, p. 147 e ss..

que falava Heck[114], realçando, assim, a função de segurança e garantia do crédito conseguida pela existência de vários devedores solidários[115].

Neste quadro, a apresentação da canalização da responsabilidade para o proprietário do navio, com a consequente e aparente liberação – ainda que apenas externa[116] – do capitão e do armador não proprietário como uma vantagem para os lesados, não se nos mostra, sempre numa abordagem apriorística, plenamente convincente[117], uma vez que retira ao lesado, titular do crédito de indemnização, as garantias constituídas pelos patrimónios dos sobreditos capitão e armador.

A resposta da CLC[118] a esta perplexidade está na instituição de um *seguro* obrigatório[119], conforme resulta do artigo VII, seguro esse que se destina "a cobrir a sua [do proprietário] responsabilidade por prejuízos causados por poluição, em conformidade com as disposições da presente Convenção" (artigo VII/1)[120].

---

[114] Heck, *Gründiss des Schuldrechts*, p. 234.

[115] Cf., a propósito, o nosso *Assunção fidejussória de dívida*, p. 100 e ss..

[116] Sobre a necessidade de distinguir os planos das relações *externas* das *internas*, na solidariedade passiva, cf. o nosso *Assunção fidejussória de dívida*, p. 213 e ss. e 232 e ss..

[117] De resto, esta fragilidade do sistema de canalização era destacada por Isabel Magalhães Collaço, *Problemas jurídicos no domínio do risco nuclear*, p. 39, no domínio específico da responsabilidade civil por danos nucleares: "O princípio da canalização da responsabilidade, fazendo desaparecer a pluralidade de responsáveis e o concurso de direitos ou acções do lesado, envolve, por isso um sacrifício dos interesses da pessoa prejudicada, que importa justificar".

[118] Referimo-nos, frise-se, estritamente à CLC, que não ao conjunto formado pela CLC/FIPOL ou ao conjunto formado pela CLC/FIPOL/Fundo Complementar; cf. *infra*, ponto 5.

[119] Refere-se Mário Raposo, *Segunda (e última) reflexão*, p. 687, ao seguro obrigatório como "elemento central do sistema CLC". Em alternativa ao seguro, o artigo VII/1 da CLC admite uma *garantia financeira*, dando como exemplo uma garantia bancária ("a guarantee of a bank") ou um certificado emitido por um fundo internacional de indemnização. Normalmente, os seguros são feitos por *P&I Clubs* (*Protection and Indemnity Clubs*) constituídos por proprietários de navios-tanque com o fim de dar cobertura seguradora aos seus membros: cf., v. g., García Cachafeiro, *Las empresas petroleras frente a los daños causados por las mareas negras*, p. 463; cf. também Carballo-Calero / Torres Pérez, *Aseguramiento de la responsabilidad civil por contaminación marina*, p. 510 e ss. e, em geral, Alves de Brito, *Seguro marítimo de mercadorias*, p. 30 e ss..

[120] Sobre as razões desta opção e vicissitudes da sua aprovação, pode ver-se Chao Wu, *La pollution du fait du transport maritime des hydrocarbures*, p. 80 e ss. e Hwang, *Die Ree-*

Saliente-se, porém, que o seguro obrigatório não cobre, à partida, a totalidade dos prejuízos, mas apenas até aos limites de responsabilidade previstos no artigo V/1 da Convenção[121]. Saliente-se, ainda, que tal seguro só é obrigatório em relação aos navios matriculados num Estado contratante que transportem mais de 2.000 toneladas de hidrocarbonetos a granel como carga[122].

---

derhaftung für Ölverschmutzungsschäden, p. 110 e ss.; cf. também BERLINGIERI, *La conferenza di Bruxelles sui danni da polluzione da idrocarburi*, pp. 512-513, dando, designadamente, nota da proposta, entretanto abandonada, da suficiência de uma prova de solvabilidade.

[121] Cf., a propósito, as observações de VIALARD, *Faut-il réformer le régime d'indemnisation des dommages de pollution par hydrocarbures?*, p. 440, relativamente à questão da transformação do seguro obrigatório naquilo a que chama uma espécie de serpente marinha ou de monstro de Loch Ness: "L'indemnisation doit être limitée car une réparation illimitée conduirait à la disparition du transport maritime des hydrocarbures, pas un seul assureur n'acceptant de couvrir un risque devenu illimité. Quelle imposture! Si ce postulat était exact, il ne devrait plus se transporter un seul centilitre de pétrole vers les Etats-Unis d'Amérique, puisque l'indemnisation y est, là-bas, illimitée". Em confirmação do desabafo de Vialard, refere KIERN, *Liability, compensation, and financial responsability under the Oil Pollution Act*, p. 509, que a questão dos limites do seguro constituíra já, no domínio dos trabalhos preparatórios da CLC, um ponto de discordância por parte do representante dos Estados Unidos.

[122] Quanto se trate de navios com idênticas características não matriculados num Estado contratante, a Convenção limita-se a prever, no artigo VII/11 (de cuja redacção pouco feliz, aqui nos afastamos), que os Estados contratantes tomarão as devidas diligências para que, por força da sua legislação nacional, qualquer navio que, transportando efectivamente mais de 2.000 toneladas de hidrocarbonetos a granel como carga, entre nos seus portos, tenha a responsabilidade do respectivo proprietário coberta por um seguro ou outra garantia financeira que corresponda às exigências do artigo VII/1. Idêntico regime é aplicável quando o navio abandone os portos ou chegue (ou abandone) a instalações terminais situadas ao longo das costas do mar territorial de cada Estado contratante. A solução lógica para estas situações seria impor aos Estados contratantes a proibição de entrada nos seus portos aos navios que não cumprissem os requisitos exigidos; contudo, a CLC optou por uma solução mais *soft*, tendo em vista garantir um maior número de ratificações; cf. CHAO WU, *La pollution du fait du transport maritime des hydrocarbures*, p. 85. Essa solução *soft* é bem visível na versão francesa, onde se lê que o Estado deve "veiller" no sentido de que a responsabilidade do proprietário do navio esteja coberta por um seguro, enquanto que a versão inglesa é mais firme: "each Contracting State shall ensure"; a versão portuguesa ("devidas diligências") segue a "souple" rota francesa.

Em conformidade com a previsão do artigo VII/11, o artigo VII/2 refere-se à emissão ou visto de certificado relativamente a navio não registado num Estado contratante.

No sentido de assegurar o cumprimento do dever de segurar, o artigo VII/10 impõe aos Estados contratantes o dever de não autorizar o tráfico a um navio sujeito ao regime do artigo VII e arvorando o seu pavilhão, se o mesmo navio não estiver munido de um *certificado* emitido em aplicação do número 2[123] ou do número 12[124] do mesmo artigo VII, certificado esse que acompanha o navio[125]. Refira-se, de resto, que os certificados emitidos ou visados por um Estado contratante, nos termos da Convenção, devem ser reconhecidos pelos demais[126].

---

[123] O artigo VII/2 cura, efectivamente, da emissão do certificado e do respectivo conteúdo, remetendo, de resto, para um modelo anexo à Convenção, mas sem prejuízo de o Estado de matrícula poder, sob reserva das disposições da Convenção, determinar as condições de emissão e de validade do certificado (artigo VII/6). Os elementos que devem constar do certificado são: (*i*) nome do navio e porto de matrícula; (*ii*) nome e local do principal estabelecimento do proprietário; (*iii*) tipo de garantia; (*iv*) nome e local do principal estabelecimento do segurador ou de outra pessoa que concede a garantia e, se for caso disso, do local do estabelecimento no qual o seguro ou a garantia foram subscritos e (*v*) o período de validade do certificado, que não deverá exceder o do seguro ou o da garantia. No seu artigo VII/5, a CLC contém exigências, em sede de perenidade do seguro e da garantia, destinadas a evitar que a indicação de um prazo de vigência possa ser esvaziada por uma iniciativa, unilateral ou não, de cessação do seguro ou da garantia, sem uma antecedência mínima de três meses, devendo o pré-aviso ser feito à autoridade referida no artigo VII/4; similares exigências valem, *grosso modo*, para as modificações do seguro ou da garantia financeira.

[124] O artigo VII/12 da CLC reporta-se aos navios "propriedade do Estado" – *rectius*, propriedade de um Estado contratante – que não estejam cobertos por um seguro ou por outra garantia financeira: nesse caso, as disposições da Convenção não são aplicáveis a esse navio. Contudo, o mesmo navio deverá estar munido de um certificado emitido pelas autoridades competentes do Estado de matrícula, atestando a propriedade do navio e, ainda, que a respectiva responsabilidade está assegurada no âmbito dos limites previstos no artigo V/1. Substancialmente, esse certificado – que deve, de resto, ser o mais possível conforme ao modelo prescrito no artigo VII/2 – incorpora uma verdadeira garantia.

[125] Para além de impor que o certificado esteja a bordo do navio, o artigo VII/4 estabelece que uma cópia do mesmo deve ser depositada junto dos serviços responsáveis pelo registo da matrícula do navio ou, se o navio não se encontrar registado num Estado Contratante, a cópia deve ser depositada junto das autoridades do Estado que emitiu ou visou o certificado.

[126] De acordo com o artigo VII/7, os certificados emitidos ou visados por um Estado Contratante devem ser reconhecidos pelos demais "como tendo o mesmo valor que os certificados emitidos ou visados por eles próprios, mesmo quando digam respeito a um navio não registado num Estado Contratante". Tendo em vista facilitar o reconhecimento pelos demais Estados contratantes, e, em geral, a inteligibilidade dos certificados, o artigo VII/3 impõe

Numa medida de tutela dos lesados, a CLC permite (artigo VII/8) que os mesmos accionem *directamente* o segurador ou a entidade prestadora da garantia financeira, em vez de demandarem directamente o proprietário do navio, que, no entanto, pode ser chamado à demanda[127]. Naturalmente que a entidade seguradora ou garante[128] não responde para além das responsabilidades que assumiu, podendo invocar esse limite, ainda que o proprietário do navio o não possa fazer, pelo facto de ter sido feita prova de alguma das situações previstas no artigo V/2[129]: esse limite, no que respeita ao segurador ou garante, decorre directamente dos próprios termos do seguro ou da garantia (artigo VII/1), sendo, assim, um meio de defesa próprio[130] e não do devedor.

Já quanto aos *meios de defesa do devedor*, os mesmos aproveitam ao segurador ou garante, numa clara lógica de *acessoriedade*[131], podendo, assim, afirmar-se a natureza fidejussória da garantia, natureza que não é desmentida pelo facto de o garante não poder invocar a insolvência do proprietário do navio, já que a "cobertura" dessa situação faz, naturalmente, parte do fim de garantia da fiança[132].

O artigo VII/8 (no seu 4.º período) permite ao segurador ou garante invocar o facto de os prejuízos por poluição terem resultado de uma falta intencional do proprietário do navio ("wilful misconduct"). Tal previsão é susceptível de causar uma primeira perplexidade, já que parece colocar-se em contradição com o facto de o mesmo artigo (mas no seu 2.º período) reconhecer que o segurador ou garante deve responder perante os lesados

---

que os mesmos devam comportar uma tradução para francês ou inglês, quando a língua do Estado emitente não for qualquer dessas.

[127] Sobre este regime de acção directa, aplicável ainda que se trate de um P&I Club, cf., v. g., GRIMALDI, *Oil pollution e coperture assicurative P&I*, p. 98 e HWANG, *Die Reederhaftung für Ölverschmutzungsschäden*, p. 114 e ss.; entre nós, cf. OLIVEIRA COELHO, *Poluição marítima por hidrocarbonetos e responsabilidade civil*, p. 167 e ss..

[128] Que estará, então, na posição de demandada (de "defendant"), posição esta que a tradução lusitana ilustrou com a palavra "arguido".

[129] Cf., v. g., VINCENZINI, *Profili assicurativi della responsabilità civile*, p. 982.

[130] Cf., no quadro das garantias em geral e da fiança em particular, o nosso *Assunção fidejussória de dívida*, p. 996 e ss..

[131] Cf. o nosso *Assunção fidejussória de dívida*, p. 1011 e ss..

[132] Cf. o nosso *Assunção fidejussória de dívida*, p. 1021 e ss..

dentro dos limites resultantes do artigo V/1, ainda que ocorra alguma das situações, previstas no artigo V/2, que determinam a perda do direito de limitação de responsabilidade.

A compreensão do regime plasmado no artigo VII/8 da CLC pressupõe que se recue ao regime da CLC/69, cujo artigo VII/8 tinha idêntica redacção. No entanto, a aparente contradição com o segundo período do mesmo artigo VII/8 não existia, uma vez que o regime da conduta impeditiva de limitação de responsabilidade consagrado no artigo V/2 era diferente. Na verdade, conforme veremos[133], o proprietário do navio não podia, então, prevalecer-se da limitação quando houvesse "culpa pessoal" sua. Neste quadro, a previsão do quarto período do artigo VII/8 fazia todo o sentido, sendo, assim, perfeitamente coerente com o artigo V/2, considerando também o segundo período do artigo VII/8: havendo simples culpa pessoal do proprietário do navio, o segurador ou garante não podia recusar-se a satisfazer a indemnização; porém, havendo intenção ("wilful misconduct"), a recusa era legítima.

Ora, tendo a CLC/92 alterado os termos em que a conduta do proprietário do navio (não) pode limitar a responsabilidade[134], fica substancialmente limitado o campo de aplicação do quarto período do artigo VII/8. Assim, já não é possível continuar a sustentar que, tratando-se de culpa pessoal do proprietário do navio, o segurador ou garante responde, deixando de responder quando haja intenção – sustentação essa baseada no quadro normativo da CLC/69[135]: o que parece possível agora sustentar é que o segurador ou garante pode recusar-se a satisfazer a indemnização no caso de haver intenção, mas já não o poderá fazer na segunda situação prevista no artigo V/2: aquela em que o proprietário do navio tenha agido com (mera) "imprudência e o conhecimento de que tal prejuízo se poderia vir a verificar".

III. O exposto em II demonstra, *ad evidentiam*, que a canalização da responsabilidade para o proprietário do navio, mesmo quando haja seguro,

---

[133] Cf. *infra*, ponto 4.2.
[134] Cf. *infra*, ponto 4.2.
[135] Cf., por todos, HWANG, *Die Reederhaftung für Ölverschmutzungsschäden*, pp. 116-117.

nos termos do artigo VII, é uma solução que pode deixar os lesados sem qualquer indemnização.

Mesmo admitindo que a companhia de seguros é solvente (!), os lesados não têm qualquer garantia de que o proprietário do navio o seja. Tal situação de insolvência, podendo, é certo, ser minorada pela intervenção do Fundo[136], poderá deixar os lesados com enormes danos a descoberto em virtude da situação, resumida por Vialard[137], em que "le véritable responsable est un véritable insolvable".

Bem mais realista é a solução do *Oil Pollution Act* norte-americano que, para o caso de poluição provocada ou oriunda de navio, define (Sec. 1101, n.º 32A)[138] "responsible party" como "any person owning, operating, or demise chartering the vessel"[139].

2.7. Brechas na canalização?

I. A canalização da responsabilidade para o proprietário do navio é absoluta, no sentido de que este concentra em si todas as possíveis situações de imputação por prejuízos devidos à poluição[140]?

---

[136] Cf. *infra*, ponto 5.
[137] Cf. VIALARD, *Faut-il réformer le régime d'indemnisation des dommages de pollution par hydrocarbures?*, pp. 438-439, referindo-se a esta situação como um caso de "canalisation bouchée", situação que coloca ao lado da "canalisation détournée" – na qual o verdadeiro peso financeiro da responsabilidade recai sobre o P&I ou sobre a seguradora, em virtude de o proprietário registado "real" ser, de facto, "irresponsável".
[138] O *Oil Pollution Act* define também a "responsible party", com referência a "onshore facilities" (Sec. 1101, n.º 32B), "offshore facilities" (Sec. 1101, n.º 32C), "deepwater ports" (Sec. 1101, n.º 32D), "pipelines" (Sec. 1101, n.º 32E) e "abandonment" (Sec. 1101, n.º 32F).
[139] Pode bem dizer-se, assim, com KIERN, *Liability, compensation, and financial responsability under the Oil Pollution Act*, p. 516: "OPA defines the universe of responsible parties broadly".
[140] Estamos, naturalmente, a pressupor que não ocorreram, relativamente às pessoas identificadas no artigo III/4 da CLC, os requisitos que permitem a "reimputação", com a consequência da sua responsabilização directa: mais concretamente, que os prejuízos devidos à poluição não tenham resultado de acção ou omissão dessas pessoas com a intenção de causar tal prejuízo ou por imprudência e com o conhecimento de que tal prejuízo poderia ocorrer;

Se for esse o caso, as "desimputações" de que falámos *supra*[141] operariam não apenas relativamente ao círculo de pessoas referidas no artigo III/4 da CLC, mas também face a quaisquer outros sujeitos que, a montante do evento, pudessem, a qualquer título, ser responsabilizados.

A questão coloca-se com particular incidência quanto aos construtores dos navios e às sociedades de classificação, mas também, entre outros, relativamente aos Estados costeiros que tenham agido tardia ou deficientemente no combate à poluição. Estamos perante aquilo que Bonassies[142] designa por "quarto nível de reparação", no qual coloca também o próprio proprietário do navio (e as pessoas identificadas no artigo III/4 da CLC) mas num quadro de imputação por danos que não correspondam aos prejuízos devidos à poluição, tal como definidos na CLC (artigo I/6), bem como a própria seguradora (*P&I Club*) que tenha entregado ao proprietário do navio um certificado de seguro sem se ter certificado sobre a navegabilidade deste.

Como princípio, inviabilizada que foi, no domínio dos trabalhos preparatórios[143], a tentativa de estabelecer um regime de canalização absoluta ou pura, diremos que a CLC não impede outras imputações que possam ter lugar nos termos da responsabilidade civil, como, por exemplo, a imputação de responsabilidade ao construtor do navio[144]. Bem mais polémico tem-se

---

cf., a propósito, GARCÍA-PITA Y LASTRES, *Responsabilidad civil por daños en el siniestro Prestige*, pp. 448-449; cf. também *supra*, ponto 2.2./II.

[141] Cf. *supra*, ponto 2.6.

[142] BONASSIES, *Après l'Erika: les quatre niveaux de réparation des dommages*, p. 1578 e ss.. O autor (*op. cit.*, p. 1571 e ss.) faz corresponder o primeiro nível à reparação dos danos pelo proprietário do navio, o segundo à garantia complementar assumida pelo FIPOL e o terceiro à "faute inexcusable".

[143] Cf., v. g., CHAO WU, *La pollution du fait du transport maritime des hydrocarbures*, p. 217, sobre a tentativa "de faire des Conventions le lieu exclusif pour régler les dommages par pollution par les hydrocarbures"; cf. também BONASSIES, *Sociétés de classification et Convention de 1969/1992*, p. 693.

[144] Cf., v. g., CHAO WU, *La pollution du fait du transport maritime des hydrocarbures*, p. 218, realçando que a canalização é parcial, LUCCHINI, *Le Procès de l'Amoco Cadiz*, p. 780, nota 74, ARROYO, *Curso de Derecho marítimo*², p. 758, GARCÍA-PITA Y LASTRES, *Responsabilidad civil por daños en el siniestro Prestige*, pp. 450-451 ou LAGONI, *The liability of classification societies*, p. 290, referindo-se também à empresa reparadora do navio e ao proprietário ou armador do navio abalroador; entre nós, o assunto é abordado por MÁRIO

revestido o caso das imputações a sociedades de classificação[145]. Os casos *Erika* e *Prestige* trouxeram ao de cima a importância do tema, sendo patentes as divergências existentes a este propósito[146], centradas na interpretação do âmbito das alíneas *a*) e *b*) do artigo III/4 da CLC/92: pode a sociedade de classificação ser tida como um "empregado ou agente"[147] do proprietário do navio ou como um "membro da tripulação"?; pode a sociedade de classificação ser tida como uma "pessoa que (...) preste serviços no navio"?

Não estará aqui tanto em causa a alínea *a*) do artigo III/4, já que não será fácilmente defensável que a sociedade de classificação de navios é um "servant" ou um "agent" do proprietário do navio[148], nem é, seguramente,

---

RAPOSO, *Segunda (e última) reflexão*, p. 689 e por OLIVEIRA COELHO, *Poluição marítima por hidrocarbonetos e responsabilidade civil*, p. 106 e ss..

[145] Em geral, sobre as sociedades de classificação de navios e sua responsabilidade, cf., v. g., BASEDOW / WURMNEST, *Die Dritthaftung von Klassifikationsgesellschaften*, passim, *Responsabilidad de las sociedades de clasificación frente a terceros*, passim, HERBER, *Zur Haftung von Klassifikationsgesellschaften*, passim, HOLTAPPELS, *Haftung von Klassifikationsgesellschaften in der Handelsschiffahrt*, passim, LAGONI, *The liability of classification societies*, passim, BOISSON, *Le rôle des sociétés de classification dans le transport maritime*, passim, PULIDO BEGINES, *La responsabilidad frente a terceros de las sociedades de clasificación de buques*, passim, MÁRIO RAPOSO, *Responsabilidade extracontratual das sociedades de classificação de navios*, passim, lendo-se a pp. 610, que "a sua [das sociedades de classificação] intocabilidade era uma recordação do passado", Id., *Perspectiva actual sobre as sociedades de classificação de navios*, passim, VASCONCELOS ESTEVES, *Introdução. Armamento*, p. 55 e ss. e o já vetusto AMZALAK, *Armamentos marítimos*, p. 151 e ss.; cf. ainda MILLER, *Liability of classification societies from the perspective of United States Law*, passim e, DANIEL, *Potential liability of marine classification societies*, passim.

[146] Cf., v. g., BONASSIES, *Sociétés de classification et Convention de 1969/1992*, passim e BOISSON, *La société de classification bénéficie-t-elle de l'exclusion prévue par l'article III(4) de la Convention CLC?*, passim.

[147] A tradução portuguesa refere-se a "funcionários ou agentes", em tradução directa de "préposés ou mandataires" e de "servants or agents"; dando nota, com referência a várias convenções internacionais, da dificuldade na identificação de quem seja "servant", "agent" ou "independent contractor", cf. LAGONI, *The liability of classification societies*, p. 277 e ss..

[148] Cf., por todos, BONASSIES, *Sociétés de classification et Convention de 1969/1992*, p. 694, para quem as sociedades de classificação de navios não são "ni des préposés ou mandataires du propriétaire, ni des affréteurs ou armateur-gérant, ni des assistants, ou toutes autres personnes visées par l'article III, dans son alinéa 4"; em sentido diverso, cf., porém, BOISSON, *La société de classification bénéficie-t-elle de l'exclusion prévue par l'article III(4) de la Convention CLC?*, p. 699: "la CLC (...) laisse place à une telle interprétation".

"membro da tripulação". A dúvida centra-se, sobretudo, na alínea *b*), tudo estando em saber se a referida sociedade *presta serviços ao navio*[149].

O Tribunal de Paris, na sentença de 16 de Janeiro de 2008, relativamente ao caso *Erika*, recusou à sociedade de classificação de navios a imunidade (externa) prevista ao abrigo da alínea *b*) do artigo III/4 da CLC, entendendo que tal exclusão "ne peut s'entendre que de celle relative aux personnes, qui, sans être membres de l'équipage, s'acquittent de prestations pour le navire en participant directement à l'opération maritime"[150]. Para Bonassies[151], tal interpretação é inteiramente correcta, considerando que a contrária – que apelida de "laxista" – não é "nem razoável nem justificada", mais entendendo que a mesma abre "perspectivas sem limites", designadamente no que concerne ao construtor naval. Já para Boisson[152], a interpretação feita na sentença de Paris, ao admitir a responsabilidade extra-contratual das sociedades de classificação fora do quadro da CLC, corre o risco de destruir o sistema de repartição de riscos da CLC no seu conjunto, não encontrando qualquer dificuldade na consideração da sociedade de classificação como pessoa que presta serviços ao navio, no sentido da alínea *b*) do artigo III/4 da CLC ("s'acquitte de services pour le navire").

Neste confronto de posições, sem perder de vista as chamadas de atenção para o delicado equilíbrio de distribuição de riscos que encontramos na Convenção[153], parece-nos particularmente relevante o facto de a CLC[154] ter optado por, no seu artigo III/4, referir uma "lista" de pessoas que, em

---

[149] Corrigimos aqui a tradução portuguesa, que se refere a serviços *no navio*, que não a serviços *ao navio*, já que nem a versão inglesa ("performs services for the ship") nem a francesa ("services pour le navire") permite uma tal deturpação da Convenção.

[150] Cf. BONASSIES, *Sociétés de classification et Convention de 1969/1992*, p. 692, dando também nota da posição exactamente contrária tomada pelo juíza Laura Swain, do tribunal distrital federal de Nova Iorque, na sentença de 2 de Janeiro de 2008, relativamente ao caso *Prestige*.

[151] Cf. BONASSIES, *Sociétés de classification et Convention de 1969/1992*, pp. 695-696.

[152] Cf. BOISSON, *La société de classification bénéficie-t-elle de l'exclusion prévue par l'article III(4) de la Convention CLC?*, pp. 698 e ss., revendo-se, antes, na sentença americana sobre o caso *Prestige*.

[153] Cf., v. g., BASEDOW / WURMNEST, *Responsabilidad de las sociedades de clasificación frente a terceros*, p. 419 e ss..

[154] A CLC/92, por ser dessa que falamos: face ao artigo III/4 da CLC/69 – que apenas "imunizava" (2.º período do artigo III/4) os "funcionários ou agentes do proprietário" – a

princípio, estão imunes de acção por prejuízos devidos à poluição, sendo, assim, forçado pretender interpretar tal disposição como se a CLC tivesse consagrado o critério da canalização absoluta para o proprietário do navio. A esta luz, importa, por interpretação, determinar se a sociedade de classificação de navios pode ou não considerar-se integrada na sobredita alínea *b*) do artigo III/4 – única alínea que, *a priori*, tem virtualidades para integrar tal figura.

Neste quadro, parece-nos convincente o argumento, que vemos, por exemplo, em Lagoni[155], segundo o qual a citada alínea deve ser interpretada tomando como principal referência e ponto de partida a figura do *piloto*, com a qual a mesma se inicia: assim, as pessoas[156] incluídas na alínea são aquelas que, tal como o piloto, prestam serviços ao navio respeitantes à "navigation of the ship", o que não acontece com as sociedades em apreço, cujos serviços respeitam directamente à "safety of the ship": pode mesmo dizer-se que, mais do que prestar serviços ao navio, as sociedades de classificação certificam, no interesse do tráfego marítimo e dos diversos utilizadores, que o navio está em condições de segurança para prestar serviços.

Questão diversa é, a partir daqui, a de saber se o sistema faz sentido sem a previsão de uma limitação de responsabilidade das sociedades de classificação de navios, problema relativamente ao qual existem algumas circunscritas directrizes na Directiva 94/57/CE[157] e, a nível mais amplo e

---

CLC/92 inovou ao consagrar aquilo que CHAO WU (*La pollution du fait du transport maritime des hydrocarbures*, p. 215) designa como um "élargissement substantiel des immunités".

[155] Cf. LAGONI, *The liability of classification societies*, pp. 289-290.

[156] As pessoas em causa serão, em princípio, pessoas singulares, mas não vemos impedimento a que sejam pessoas colectivas, *maxime* sociedades comerciais, conforme resulta, de resto, do artigo I/2 da CLC. De per si, a admissibilidade de estarem aí integradas pessoas colectivas não é relevante, no que respeita à discussão sobre se as sociedades de classificação de navios estarão também incluídas na alínea *b*) do artigo III/4 da CLC; em sentido aparentemente diferente, cf. SICCARDI, *Pollution liability and classification societies*, pp. 704-705.

[157] Cf. LAGONI, *The liability of classification societies*, p. 291. O artigo 6/2 da Directiva 94/57/CE do Conselho, de 22 de Novembro de 1994, relativa às regras comuns para as organizações de vistorias e inspecção dos navios e para as actividades relevantes das administrações marítimas (com as alterações da Directiva 2001/105/CE do Parlamento Europeu e do Conselho, de 19 de Dezembro de 2001 e da Directiva 2002/84/CE do Parlamento Europeu e do Conselho, de 5 de Novembro de 2002) e, em transposição, o artigo 11 do Decreto--Lei 321/2003, de 23 de Dezembro, prevêem que, no âmbito do acordo a celebrar entre

directo, propostas no sentido de aprovação de uma convenção internacional com esse objecto[158].

II. As possíveis situações acabadas de referir não paralisam a canalização da responsabilidade para o proprietário do navio: elas operam em zonas em que a CLC não instituiu qualquer "desimputação", o que demonstra o carácter não absoluto ou limitado da canalização[159]. Assim, a efectiva responsabilização dos sujeitos em causa dependerá da verificação, em relação aos mesmos, dos requisitos da responsabilidade civil, à luz dos diversos ordenamentos nacionais[160]. Não obstante, elas consubstanciam verdadeiras

---

organizações reconhecidas (nas quais se incluem as sociedades de classificação de navios) e o Estado de bandeira (no caso, o Estado português) seja incluída a previsão do direito de regresso do Estado contra tais organizações nas situações (identificadas) em que o Estado tenha de pagar indemnizações aos lesados. De acordo com a alínea *b*) do citado artigo 11, o ministro com a tutela da segurança marítima pode limitar o montante máximo a pagar pela organização reconhecida, montante esse que não deverá ser inferior a 4 milhões de euros, no caso previsto na subalínea *ii*) da alínea *a*), nem inferior a 2 milhões de euros, no caso previsto na subalínea *iii*) da mesma alínea. Como é óbvio, as situações de responsabilidade das sociedades de classificação de navios previstas na Directiva e no Decreto-Lei 321/2003, circunscritas que estão às acções por parte das administrações do Estado de bandeira, não esgotam as situações em que tais sociedades podem ser accionadas; cf., a propósito, SICCARDI, *Pollution liability and classification societies*, pp. 697-698 e 708.

[158] Cf. LAGONI, *The liability of classification societies*, p. 260 e ss., lendo-se a pp. 303: "If classification societies are liable to an amount in contrast to the shipowner, who may limit his liability, the system is not in balance"; cf. também SICCARDI, *Pollution liability and classification societies*, p. 710, autor que, sustentando, embora, que as sociedades de classificação de navios são beneficiadas pela canalização, em virtude de estarem incluídas na alínea *b*) do artigo III/4, considera que, face às dúvidas existentes, faz todo o sentido a limitação: "If doubts may exist whether classification societies are exempted, these doubts should be removed by the legislator or at least their liability subject to a reasonable limit".

[159] Cf. também ALTFULDISCH, *Haftung und Entschädigung nach Tankerunfällen auf See*, pp. 21-22 e, entre nós, MÁRIO PAPOSO, *Segunda (e última) reflexão*, p. 689, considerando que a canalização da responsabilidade consagrada no artigo III da CLC não é total.

[160] Cf., v. g., GARCÍA CACHAFEIRO, *Las empresas petroleras frente a los daños causados por las mareas negras*, p. 469. O problema não se apresenta fácil, porém, no que concerne à responsabilidade das sociedades de classificação por parte de terceiros lesados, sendo imperativo trazer à colação quer a segunda variante de ilicitude consagrada no artigo 483/1 do Código Civil, quer, correlativamente, o problema da determinação da indemnizabilidade de danos puramente patrimoniais. Dando nota da equiparação feita, por alguma doutrina,

"brechas" na canalização, já que deixam a nu o facto de o artigo III/4 da CLC, em função da opção tomada de designar ou elencar os sujeitos imunes à responsabilidade (externa) por prejuízos devidos à poluição, salvas as situações previstas *in fine*, propiciar uma verdadeira "caça à indemnização" contra sujeitos não imunes, postura essa que, como diz Siccardi[161], se traduz em "finding deep pocket targets".

Desta forma, é todo o sistema CLC que se apresenta distorcido, podendo, a final, acontecer que, em acidentes de grande dimensão, a indemnização de parte substancial dos danos venha a ser assegurada por "side players"[162].

A outro nível, importa dar nota de situações que, dentro do sistema CLC, podem conduzir ao esvaziamento da canalização da responsabilidade, sendo, então, mister, reforçá-la. Referimo-nos, fundamentalmente, aos casos em que o proprietário real do navio se esconde atrás do proprietário aparente[163] – podendo, então, suscitar-se a hipótese do levantamento da personalidade jurídica[164], v. g., de uma *single ship company* – bem como à especificidade das situações, também elas propícias às *single ship companies*[165], em que a

---

ao problema da responsabilidade dos auditores, cf. SICCARDI, *Pollution liability and classification societies*, p. 699.

[161] Cf. SICCARDI, *Pollution liability and classification societies*, pp. 696-697.

[162] Cf. SICCARDI, *Pollution liability and classification societies*, p. 697. Para este autor (*op. cit.*, pp. 704 e 707 e ss.), a inclusão das sociedades de classificação de navios na alínea *b*) do artigo III/4 da CLC surge como segura, recorrendo, para o efeito, designadamente, à Convenção de Viena sobre interpretação dos tratados, cujo artigo 31/1 impõe a ponderação do "objecto e fim" da Convenção: o fim da CLC seria assegurado através da canalização (absoluta) da responsabilidade para um único sujeito (o *owner*). Lê-se, por sua vez, a pp. 709: "A different construction of the rule of art. III.4 would go against those principles and would carry potentially disrupting consequences to the system".

[163] Cf., v. g., WU, *La pollution du fait du transport maritime des hydrocarbures*, p. 68.

[164] Cf., por todos, MENEZES CORDEIRO, *O levantamento da personalidade colectiva*, *passim*, Id., *Manual de Direito das Sociedades*, I², p. 375 e ss., CARVALHO FERNANDES, *Teoria geral*, I⁵, p. 528 e ss. e MORAIS ANTUNES, *O abuso da personalidade jurídica colectiva no Direito das Sociedades Comerciais*, *passim*; cf., especificamente, GARCÍA-PITA Y LASTRES, *Responsabilidad civil por daños en el siniestro Prestige*, p. 446 e ss..

[165] Cf., v. g., ENGRÁCIA ANTUNES, *Os grupos de sociedades*², p. 808, nota 1580, referindo-se aos grupos da indústria petrolífera, "usualmente estruturados sob a forma de numerosas filiais cujo único activo patrimonial se resume, não raro, a pouco mais do que um petroleiro".

sociedade proprietária do navio está integrada num grupo, equacionando-se, então, a responsabilidade da sociedade-mãe[166].

Estamos, então, perante casos, em que o Direito fornece instrumentos tendentes ao *reforço da canalização*.

3. Danos cobertos pela CLC/92

I. Pese embora o facto de a CLC curar da definição-delimitação dos danos abrangidos pela Convenção – o que tem claros reflexos em todo o sistema CLC/Fundo/Fundo Complementar – a verdade é que a caracterização de "prejuízos devidos à poluição" que encontramos no artigo I/6 tem suscitado enormes dúvidas na doutrina e na jurisprudência de vários países; de "question délicate entre toutes" falam Rodière / Remond-Gouilloud[167].

---

[166] Cf., por todos, MENEZES CORDEIRO, *O levantamento da personalidade colectiva*, p. 131 e ss., FERNANDO ARAÚJO, *O problema económico do contrato*, p. 248, ENGRÁCIA ANTUNES, *Os grupos de sociedades*², pp. 264, nota 342 e 808, nota 1580 e PEREIRA DUARTE, *Aspectos do levantamento da personalidade colectiva nas sociedades em relação de domínio*, pp. 22, 174 e ss. e 277 e ss.. Na jurisprudência, avulta o caso *Amoco Cadiz*. A sentença de 18 de Abril de 1984, do "United States District Court, Northern District of Illinois, Eastern Division", sobre o caso Amoco Cadiz, considerou responsável não apenas a sociedade "Transport", proprietária nominal do navio, mas também a sociedade "Standard", lendo-se, a certo passo (in DM, XCII, 1985, p. 917): "As an integrated multinational corporation which is engaged through a system of subsidiaries in the exploration, production, refining, transportation and sale of petroleum products throughout the world, Standard is responsible for the tortious acts of its wholly owned subsidiaries and instrumentalities AIOC and Transport"; e ainda: "Standard exercised such control over its subsidiaries AIOC and Transport, that those entities would be considered to be mere instrumentalities of Standard"; e mais: "Furthermore, Standard itself was initially involved in and controlled the design, construction, operation and management of the Amoco Cadiz and treated that vessel as if it were its own"; cf., em comentário, BONELLI, *La responsabilità della società controllante per gli illeciti delle proprie controllate*, *passim* e LUCCHINI, *Le procès de l'Amoco Cadiz*, p. 768 e ss.; lê-se a pp. 773: "En visant la responsabilité du groupe Amoco, le juge Mac Gregor entend saisir la vie juridique réelle. Il combat la fiction, l'apparence d'entités distinctes pour mieux appréhender l'unité du groupe. La démarche du juge consiste donc à assurer la transparence de l'ensemble sans se laisser troubler par les cloisonnements artificiels. AIOC et Amoco Transport ne sont, à ses yeux, que de *simples instruments* au service de Standard".

[167] Cf. RODIÈRE / REMOND-GOUILLOUD, *La mer*, p. 122.

Centramos a nossa atenção apenas na CLC/92, não podendo, porém, deixarmos de salientar o facto de a correspondente e antecedente noção do artigo I/6 da CLC/69 ter originado grandes dúvidas de interpretação, pretendendo a nova noção dar resposta a situações como as que, no domínio da CLC/69, ocorreram com diversos navios[168]. A noção de 1992, quando confrontada com a de 1969, tem, entre outras, a novidade de introduzir uma referência expressa a *danos ao ambiente*, expressão esta que, no entanto, não surge precisada ou definida[169].

Na determinação dos danos enquadráveis na algo nebulosa noção de "prejuízos devidos à poluição", há que considerar a posição do FIPOL 1992 – divulgada através dos seus "Criteria"[170] – mas apenas como referência, já que, conforme é pacífico, o IOPCF não vincula, sob o ponto de vista jurídico,

---

[168] Cf. KAPPET, *Tankerunfälle und der Ersatz ökologischer Schäden*, p. 68 e ss. e, entre nós, OLIVEIRA COELHO, *Poluição marítima por hidrocarbonetos e responsabilidade civil*, p. 61 e ss.. A noção de "prejuízos devidos à poluição", constante da CLC/69 (artigo I/6), corresponde, na sua primeira parte, à noção da primeira parte da alínea *a*) do artigo I/6 da CLC/92, realçando-se, porém, que a segunda parte das noções citadas respeita a "matérias" diferentes: a segunda parte da noção de 1969 respeita às *medidas de salvaguarda*, que, na CLC/92, constam da alínea *b*) do artigo I/6; por sua vez, a segunda parte da noção de 1992 constitui matéria nova, relativa a *danos ao ambiente*. Centrando-nos na primeira parte das noções referidas, constatamos que a diferença mais relevante está na eliminação (na noção de 1992) da necessidade de o navio *transportar* hidrocarbonetos: onde se lia "qualquer perda ou dano exterior ao navio que transporte hidrocarbonetos", lê-se, agora, "qualquer perda ou dano exterior ao navio", alteração de redacção que é explicável à luz das diferentes noções de *navio* na CLC/69 e na CLC/92 (artigo I/1).

[169] Cf., a propósito, HERBER, *Seehandelsrecht*, p. 194 e KAPPET, *Tankerunfälle und der Ersatz ökologischer Schäden*, p. 76 e ss.. É bem diversa a solução do *Oil Pollution Act* norte-americano, que cobre [Sec. 1001, (b) (2) (A)] "damages for injury to, destruction of, loss of, or loss of use of, natural resources (...)"; a expressão "natural resources" é definida [Sec. 1001 (20)] como incluindo "land, fish, wildlife, biota, air, water, ground water, drinking water supplies, and other such resources belonging to, managed by, held in trust by, appertaining to, or otherwise controlled by the United States (including the resources of the exclusive economic zone), any State or local government or Indian tribe, or any foreign government"; cf., v. g., KIERN, *Liability, compensation and financial responsability under the Oil Pollution Act*, p. 538 e ss..

[170] Cf. o "Claims Manual" do "International Oil Pollution Compensation Fund 1992", disponível no sítio do IOPCF.

no que concerne à interpretação da CLC/92[171], sem prejuízo, naturalmente, de os "criteria" constituírem um importante elemento a considerar, tendo em conta o complexo sistema CLC/Fundo/Fundo Complementar.

O grupo de situações que, *a priori*, suscita menos dúvidas[172] corresponde ao das *medidas de salvaguarda* [alínea *b*) do artigo I/6], as quais surgem definidas no artigo I/7 como constituindo quaisquer medidas razoáveis tomadas por qualquer pessoa, após a ocorrência de um evento, para prevenir ou limitar prejuízos devidos à poluição[173].

Conforme é claro, face à definição, as medidas de salvaguarda só entram no âmbito dos prejuízos devidos à poluição se forem *posteriores* ao evento e se forem *razoáveis*. Sendo medidas posteriores ao *evento*, as mesmas tanto podem ser anteriores, quanto concomitantes ou posteriores aos *danos*, desde que, neste último caso, os possam minimizar[174]. Por outro lado, o facto de se tratar de medidas posteriores ao evento reduz o campo de aplicação das

---

[171] Cf., por todos, KAPPET, *Tankerunfälle und der Ersatz ökologischer Schäden*, p. 84 e ss., autor que vinca o facto de as decisões judiciais existentes terem reduzido impacto, dada a sua pouca expressão na interpretação do conceito de "prejuízos devidos à poluição"; cf. também ALTFULDISCH, *Haftung und Entschädigung nach Tankerunfällen auf See*, pp. 24-25.

[172] Mas que delas não está isento; cf., v. g., CARBONE / CELLE / LOPEZ DE GONZALO, *Il Diritto Marittimo*³, p. 164.

[173] Em consideração à fé que é dada pela versão inglesa, a expressão "para prevenir ou limitar a poluição", deve ler-se como "prevenir ou limitar prejuízos devidos à poluição" ("to prevent or minimize pollution damage") – cuidado que não é de menos, em virtude de a Convenção definir "prejuízos devidos à poluição" (artigo I/6), que não "poluição". Já a alínea *b*) do artigo II encontra-se "sintonizada" com a versão original, quando se refere (em sede de âmbito espacial de aplicação da CLC/92) "às medidas de salvaguarda, onde quer que sejam tomadas, para prevenir ou reduzir tais prejuízos".

[174] O facto de a redacção de 1992 ter acrescentado na noção de "evento" (artigo I/8), quando confrontada com a correspondente noção da CLC/69, a expressão "ou que constituam uma grave e iminente ameaça de a causar" permite ter por ultrapassada a dificuldade (se não mesmo a contradição) de que dava nota CHAO WU, *La pollution du fait du transport maritime des hydrocarbures*, pp. 60-61, de as "medidas de salvaguarda" dependerem do "evento" e de este pressupor, então, "prejuízos devidos à poluição" – efectivos, portanto – mas incluindo, por sua vez, esta última noção as próprias "medidas de salvaguarda". Digamos, porém, que a contradição foi minorada mas não ultrapassada, já que a alínea *a*) do artigo I/6 continua a reportar-se, na noção de "prejuízos devidos à poluição", a "qualquer perda ou dano exterior ao navio *causado* (…)".

medidas de salvaguarda relativamente a situações de *salvação marítima*, conquanto esse não constitua um critério único ou decisivo[175].

A conclusão pelo carácter *razoável* das medidas suscita, por seu lado, naturais dificuldades, já que a CLC não aponta um critério de razoabilidade, sendo que, bem vendo, não seria razoável que o fizesse: vigorarão aqui as regras da experiência e do conhecimento profissional nas situações, valendo – a final – a conclusão que resultar de um juízo de prognose póstuma[176].

II. Considerando, agora, a alínea *a*) do artigo I/6 da CLC/92, importa saber que danos são passíveis de serem indemnizados no âmbito da Convenção.

Já salientámos que os danos – qualquer perda ou dano ("loss or damage") – devem ser *exteriores* ao navio e devem ser causados por *contaminação* resultante de fuga ou derramamento de hidrocarbonetos provenientes do navio, independentemente do local onde tais perda ou dano possam ter

---

[175] A questão das fronteiras entre as *medidas de salvaguarda* e as situações de *salvação marítima* colocou-se, por exemplo, no caso do navio *Patmos*, no âmbito do qual foi decidido, numa determinada instância (cf. ALTFULDISCH, *Haftung und Entschädigung nach Tankerunfällen auf See*, p. 33), que seria relevante o "primary pourpose" da salvação do navio e da carga, ainda que haja, simultaneamente, o propósito de evitar prejuízos devidos à poluição. Dando nota das dificuldades de delimitação em várias situações, cf., v. g., KAPPET, *Tankerunfälle und der Ersatz ökologischer Schäden*, p. 110 e ss., ALTFULDISCH, *op. cit.*, p. 34, CARBONE / CELLE / LOPEZ DE GONZALO, *Il Diritto Marittimo*³, pp. 164-165 e COMENALE PINTO, *La responsabilità per inquinamento da idrocarburi*, p. 170 e ss.; cf. também, referindo-se à distinção "selon le but", CHAO WU, *La pollution du fait du transport maritime des hydrocarbures*, p. 350 e ss..

[176] Assim também, aparentemente, ALTFULDISCH, *Haftung und Entschädigung nach Tankerunfällen auf See*, p. 32: "Sinnvoller ist darum, für die Angemessenheitprüfung auf eine objektive ex-ante Sicht abzustellen und unter Würdigung der besonderen Umstände des Einzelfalls zu prüfen, ob die Massnahmen zu dem Zeitpunkt, zu dem sie ergriffen wurden, richtig erschienen".

O "Claims Manual" do IOPCF 1992, na secção "Claims for cost of measures to prevent pure economic loss", dá nota (p. 30) da dificuldade de concretização da razoabilidade (*reasonableness*): "The criterion of *reasonableness* is assessed in the light of the particular circumstances of the case, taking into account the interests involved and the facts known as the measures were taken"; sobre os critérios de razoabililidade do Fundo 1992, cf., por todos, KAPPET, *Tankerunfälle und der Ersatz ökologischer Schäden*, p. 98 e ss..

ocorrido. Saliente-se também que a segunda parte da alínea *a*) do artigo I/6 se refere especificamente aos danos ambientais.

Assume particular relevo, conforme já frisámos, a necessidade de os prejuízos resultarem de *contaminação*. Fica, no entanto, por apurar se os bens atingidos devem ser, eles próprios, contaminados – directamente, infere-se – pelos hidrocarbonetos ou se, ao invés, a circunstância de a lei se referir à contaminação como causa permite incluir (mas, nesse caso, até onde?) os demais danos que sejam identificados na esfera de quem quer que seja no desenvolvimento da contaminação, numa espécie de efeito-dominó jurídico.

No elenco de danos ressarcíveis caberão, sem dúvida, as coisas imediatamente atingidas pela contaminação, como navios de pesca, redes ou outros apetrechos de pesca, culturas piscícolas, obras de portos, etc., tudo isto independentemente da natureza da pessoa que as sofra[177].

Também são, naturalmente, ressarcíveis os *danos pessoais*: não sendo frequentes os danos pessoais de contaminação directa ou imediata, caberão aqui os danos que constituam uma típica consequência da contaminação por hidrocarbonetos, ainda que não se trate de danos especificamente corporais[178].

III. Bem mais problemática é a determinação dos *danos puramente patrimoniais* cobertos pelo sistema de indemnização da CLC/92 e, por arrastamento, do FIPOL e do Fundo Complementar: "où s'arrêter?", questionam Rodière / Remond-Gouilloud[179].

Neste particular, à tradicional dificuldade do tema da indemnização por danos ao património – já que a lei não reconhece um direito ao património, *qua tale*[180] – junta-se a dificuldade de interpretação da própria CLC. De afastar é a interpretação estrita – e, digamos, avara – do artigo I/6 da CLC/92 que limitasse os danos atendíveis à identificação real, *química*, de contami-

---

[177] Aliás, o artigo I/2 da CLC define amplamente *pessoa* como "qualquer pessoa física ou pessoa moral de direito público ou de direito privado, incluindo o Estado e as suas subdivisões políticas"; cf., a propósito, ALTFULDISCH, *Haftung und Entschädigung nach Tankerunfällen auf See*, p. 26.

[178] Cf., a propósito, ALTFULDISCH, *Haftung und Entschädigung nach Tankerunfällen auf See*, p. 27.

[179] RODIÈRE / REMOND-GOUILLOUD, *La mer*, p. 123.

[180] Cf., por todos, SINDE MONTEIRO, *Rudimentos da responsabilidade civil*, pp. 363-364.

nação, negando aos lesados qualquer tutela relativamente aos danos que não correspondessem ao figurino de um *quid* contaminado. Essa interpretação estrita da alínea *a*) do artigo I/6 conduziria a que, por exemplo, um pescador cujo barco de pesca é inutilizado pela contaminação por hidrocarbonetos minerais persistentes teria direito a exigir a substituição do barco ou o valor respectivo, mas já não poderia exigir qualquer indemnização pelo facto de ter ficado impedido de pescar enquanto a substituição do barco não teve lugar.

Nestas situações, em que, na sequência de bens contaminados, os lesados sofrem outros danos que daquela contaminação são consequência, digamos, adequada, não parece minimamente razoável excluir a indemnização ao abrigo da CLC, parecendo-nos, antes, seguro que tais situações estão cobertas pela expressão "qualquer perda ou dano (...) causado por uma contaminação": trata-se de *consequential losses* sofridos pelas pessoas cujos bens foram contaminados, como é o caso dos pescadores impossibilitados de pescar em consequência da inutilização das redes[181].

Particularmente difíceis[182] são as situações, que envolvem danos puramente patrimoniais (*pure economic loss*)[183], em que, na sequência da con-

---

[181] Para a distinção entre *danos puramente patrimoniais* e *danos patrimoniais indirectos (consequential economic loss)*, cf., por último, entre nós, FERNANDO ARAÚJO, *Teoria económica do contrato*, p. 863 e ss. e ADELAIDE MENEZES LEITÃO, *Normas de protecção e danos puramente patrimoniais*, p. 35. Refira-se que o próprio *Claims Manual* do IOPCF 1992 admite a cobertura do "consequential loss" e não apenas do "property damage". Noutro passo, o mesmo manual coloca o "consequential loss" no âmbito do "economic loss", mas destacando-o do "pure economic loss"; lê-se a pp. 25: "Compensation is payable in the fisheries, mariculture and fish processing sectors for loss of earnings by the owners of property contaminated by oil (consequential loss)" (...) However, losses can also be suffered by persons whose property has not been contaminated by oil (pure economic loss)".

[182] Cf., v. g., ALTFULDISCH, *Haftung und Entschädigung nach Tankerunfällen auf See*, p. 29 e ss..

[183] Cf. sobre estes, por todos, SINDE MONTEIRO, *Responsabilidade por conselhos, recomendações e informações*, p. 187 e ss., *Rudimentos da responsabilidade civil*, pp. 363 e ss., CARNEIRO DA FRADA, *Teoria da confiança e responsabilidade civil*, p. 238 e ss., Id., *Contrato e deveres de protecção*, p. 143 e ss., Id., *Uma "terceira via" no direito da responsabilidade civil?*, p. 36 e ss., PEDRO ALBUQUERQUE / LURDES PEREIRA, *A responsabilidade civil das autoridades reguladoras e de supervisão*, p. 228 e ss., RITA AMARAL CABRAL, *A tutela delitual do direito de crédito*, p. 1028 e ss., MARIA JOÃO PESTANA DE VASCONCELOS, *Algumas questões sobre a ressarcibilidade delitual dos danos patrimoniais puros, passim*, MARGARIDA ALMEIDA,

taminação, se identificam sujeitos que, não tendo sofrido danos directos de contaminação, são lesados no seu património, em termos que permitem identificar uma relação causa-efeito entre tais danos e a ocorrida contaminação. As situações mais frequentes que têm sido identificadas são as que atingem actividades pesqueiras, hoteleiras, de restauração e de turismo. Questiona-se, assim, se um pescador que faz a sua faina nas águas contaminadas e cujo barco não é atingido pela contaminação, pode, ainda assim, exigir indemnização pelo tempo correspondente àquele em que ficou impedido de pescar ou então – hipótese que se apresenta, de resto, mais complexa – pelo facto de a contaminação das águas ter dizimado as espécies piscícolas.

Similar questão pode ser colocada em relação a um restaurante ou a um hotel situado na praia cujo areal é contaminado e que, em consequência da poluição, perde a clientela.

Quanto a este último grupo de situações tem sido observado[184] que, infelizmente, a interpretação que tem sido feita do artigo I/6 da CLC tem estado mais dependente do modo como os juízes nacionais perspectivam o enquadramento dos *pure economic losses* nos respectivos sistemas jurídicos do que de uma preocupação de interpretação da própria CLC.

Neste particular, reconhecendo-se a preocupação delimitadora da definição do artigo I/6 da CLC/92, parece-nos avisada a exigência de uma *ligação estreita* entre a contaminação e os danos sofridos[185]. Assim, a

---

A responsabilidade civil do banqueiro, p. 29 e ss., MAFALDA BARBOSA, *Liberdade vs. Responsabilidade*, p. 214 e ss. e, com um análise de fôlego, ADELAIDE MENEZES LEITÃO, *Normas de protecção e danos puramente patrimoniais, passim*. A linguagem dos autores nacionais tem, neste domínio, oscilado. A preferência pela expressão "danos puramente patrimoniais", agora bem visível na dissertação de ADELAIDE MENEZES LEITÃO, *op. cit., passim*, foi, desde o desbravar do caminho nesta matéria, no quadro da doutrina nacional, manifestada por SINDE MONTEIRO, *Responsabilidade por conselhos, recomendações e informações*, p. 187.

[184] Cf. ALTFULDISCH, *Haftung und Entschädigung nach Tankerunfällen auf See*, p. 29; lê-se, a pp. 31, que os resultados obtidos, em sede de harmonização de soluções, não são satisfatórios para uma convenção internacional.

[185] O *Claims Manual* do IOPCF 1992 refere-se (p. 28) à necessidade de existir "a sufficiently close link of causation between the contamination and the loss or damage". Os factores a considerar para a identificação desse "close link" são, segundo o mesmo documento, com referência ao sector do turismo, os seguintes: (*i*) a proximidade geográfica do estabelecimento do lesado, (*ii*) o grau de dependência do negócio do lesado relativamente à costa afectada, (*iii*) o nível das possibilidades alternativas que tem o lesado de mudar de

referida situação do hotel ou do restaurante da praia poluída enquadrar-se-
-ia no âmbito de previsão do artigo I/6, mas já não o caso do fornecedor
indirecto de géneros a esses estabelecimentos, por faltar, em relação a ele,
a "sufficiently close link"[186].

IV. Quanto aos *danos ambientais*, já vimos que a respectiva previsão não
constava, literalmente, do artigo I/6 da CLC/69. A redacção de 1992 acusa
a influência do rescaldo de casos como o *Antonio Gramsci*[187], o *Patmos*[188]
ou o *Haven*[189]. Face à nova redacção, os danos ao ambiente passaram a ser
ressarcíveis ao abrigo da CLC[190], mas apenas quando associados aos custos

---

ramo ou oportunidades de negócios e (*iv*) a dimensão em que o negócio do lesado faz parte
integrante da actividade económica da zona afectada pela poluição. Na doutrina, ALTFULDISCH,
Haftung und Entschädigung nach Tankerunfällen auf See, p. 30, refere-se, na linha dos *criteria*
do IOPCF, à necessidade de um "hinreichend enger Zusammenhang"; para uma análise de
maior fôlego, cf. KAPPET, *Tankerunfälle und der Ersatz ökologischer Schäden*, p. 133 e ss..

[186] Nesta lógica, bem terá andado a Relação de Lisboa, no caso Marão (cf. *supra*,
ponto 2.1/I), quando não reconheceu a um comerciante grossista de bebidas, com uma área
de negócios superior à afectada, direito a indemnização com base na CLC, pese embora
ter sido demonstrado que a poluição de praias causada por um derrame desse navio tinha
provocado um forte decréscimo do volume de vendas; cf., a propósito, OLIVEIRA COELHO,
Poluição marítima por hidrocarbonetos e responsabilidade civil, p. 61 e ss..

[187] Cf., v. g., SEIBT, *Zivilrechtlicher Ausgleich ökologischer Schäden*, p. 141 e ss.,
KAPPET, *Tankerunfälle und der Ersatz ökologischer Schäden*, p. 171 e ss., RENGER, *Haftung
und Entschädigung für Ölverschmutzungsschäden auf See*, p. 133, ALTFULDISCH, *Haftung und
Entschädigung nach Tankerunfällen auf See*, p. 34 e ss. e CHAO WU, *La pollution du fait du
transport maritime des hydrocarbures*, p. 443 e ss..

[188] Cf., sobre este, v. g., KAPPET, *Tankerunfälle und der Ersatz ökologischer Schäden*,
p. 168 e ss., SEIBT, *Zivilrechtlicher Ausgleich ökologischer Schäden*, p. 143 e ss., ALTFULDISCH,
Haftung und Entschädigung nach Tankerunfällen auf See, p. 36, CHAO WU, *La pollution
du fait du transport maritime des hydrocarbures*, p. 444 e ss. e OLIVEIRA COELHO, *Poluição
marítima por hidrocarbonetos e responsabilidade civil*, p. 73 e ss..

[189] Cf., v. g., SEIBT, *Zivilrechtlicher Ausgleich ökologischer Schäden*, p. 145, KAPPET,
Tankerunfälle und der Ersatz ökologischer Schäden, p. 172 e ss., CHAO WU, *La pollution
du fait du transport maritime des hydrocarbures*, p. 446 e ss., ALTFULDISCH, *Haftung und
Entschädigung nach Tankerunfällen auf See*, p. 37 e OLIVEIRA COELHO, *Poluição marítima
por hidrocarbonetos e responsabilidade civil*, p. 76 e ss..

[190] Entretanto, a nível interno, o Decreto-Lei 147/2008, de 29 de Julho, diploma que
transpôs a Directiva 2004/35/CE, do Parlamento Europeu e do Conselho, de 21 de Abril de
2004 e estabelece o regime jurídico da responsabilidade por danos ambientais, consagra,

das medidas razoáveis tomadas ou a tomar para a reposição das condições ambientais[191]. Vinca ainda a Convenção que estão excluídos os lucros cessantes motivados pelo dano ambiental.

Esta limitação aos "custos das medidas" está, porém, longe de resolver todas as dúvidas. Destaque-se o facto de a Convenção exigir que as medidas de reposição das condições ambientais sejam *razoáveis*[192]: suscita-se, naturalmente, a questão da concretização da razoabilidade, questão que se colocará com particular delicadeza nas situações em que o efeito catastrófico seja mais intenso.

Outra dúvida que, neste particular, se pode suscitar é a da interpretação de "reposição das condições ambientais", dúvida essa que traz à colação

---

no seu artigo 7, a responsabilidade objectiva de quem, em virtude de uma actividade económica enumerada no anexo III ao diploma, "ofender direitos ou interesses alheios por via da lesão de um qualquer componente ambiental". Esse sujeito é "obrigado a reparar os danos resultantes dessa ofensa, independentemente da existência de culpa ou dolo"; para uma visão introdutória ao regime plasmado no Decreto-Lei 147/2008, cf. CARLA AMADO GOMES, *A responsabilidade civil por dano ecológico, passim*.

Pese embora o facto de o anexo III ao Decreto-Lei 147/2008 integrar (ponto 8), entre outros, o transporte marítimo de mercadorias perigosas ou poluentes definidas nas Directivas aí mencionadas, parece claro (considerando, desde logo, o artigo 8 da CRP) que o diploma interno não contende com a CLC, no seu âmbito normativo de aplicação. Não obstante, são muitas as incógnitas associadas ao novo regime.

[191] Referimo-nos apenas à CLC e ao respectivo âmbito de aplicação, que, neste particular, parece acusar a influência do caso *Colocotroni*, no qual a jurisprudência norte-americana (cf., v. g., CARBONE / CELLE / LOPEZ DE GONZALO, *Il Diritto Marittimo*³, pp. 168-169) só considerou ressarcível o dano ambiental na medida correspondente ao montante das despesas necessárias para a realização, segundo critérios de razoabilidade, de um plano de reposição ecológica. Não se desconhece, contudo, que grandes sinistros com hidrocarbonetos têm dado azo à sustentação, com base noutras fontes normativas, de um direito a indemnização pelo prejuízo ecológico; cf., com referência ao caso *Erika*, v. g., MEMLOUK, *L'indemnisation du préjudice écologique à la suite du jugement Erika, passim* e KELIDJIAN, *L'indemnisation du préjudice écologique à la suite du jugement Erika, passim*.

[192] Sobre a difícil medida da razoabilidade, cf., v. g., SEIBT, *Zivilrechtlicher Ausgleich ökologischer Schäden*, p. 141 e ss.. A tradução portuguesa opta por traduzir "reasonable measures" por "medidas necessárias". Tal tradução é, *a priori*, mais "amiga do ambiente" do que a versão inglesa, mas a verdade é que a mesma deturpa a Convenção e é susceptível de perturbar a sua economia: pode não ser impossível repor as condições ambientais mas os custos de tal reposição podem ser, em concreto, irrazoáveis.

a dimensão e a complexidade do princípio da restauração em Direito do Ambiente[193] e que ganha particular relevo nos casos em que a dimensão da catástrofe tenha prejudicado uma reposição, *qua tale*, por exemplo das mesmas espécies animais ou vegetais. A interpretação mais lata – e que tem também a vantagem de não premiar o infractor – é aquela que admite que a reposição seja feita com *componentes equivalentes*[194].

4. A limitação da responsabilidade do proprietário do navio

4.1. A faculdade de promoção da limitação da responsabilidade

I. O ponto de partida, quando falamos de limitação da responsabilidade do proprietário do navio por prejuízos devidos à poluição é a responsabilidade plena, nos termos gerais, pautando-se o montante da indemnização, tendencialmente, pela dimensão ou volume dos danos[195].

---

[193] Cf., v. g., KAPPET, *Tankerunfälle und der Ersatz ökologischer Schäden*, pp. 19 e 118 e ss. e CUNHAL SENDIM, *Responsabilidade civil por danos ecológicos*, p. 153 e ss..

[194] Cf., neste sentido, por todos, KAPPET, *Tankerunfälle und der Ersatz ökologischer Schäden*, p. 19: "Deshalb ist bei ökologischen Schäden als Zielzustand nicht der *status quo ante* zu fordern. Vielmehr genügt es, dass die Wiederherstellungsmassnahmen dem geschädigten Naturgut seine ökologischen Funktionen zurückgibt, so dass die Natur selbst einen dem *status quao ante* zumindest *gleichwertigen* Zustand erreichen kann"; cf., ainda, ALTFULDISCH, *Haftung und Entschädigung nach Tankerunfällen auf See*, pp. 38-39, admitindo estarem incluídos os custos dos estudos necessários para o efeito, desde que, também eles, passem o crivo da "razoabilidade". Lê-se, a propósito, no *Claims Manual* do IOPCF 1992: "In view of the fact that it is virtually impossible to bring a damaged site back to the same ecological state that would have existed had the oil spill not occurred, the aim of any reasonable measures of reinstatement should be to re-establish a biological community in which the organisms characteristic of that community at the time of the incident are present and are functioning normally". Em geral, sobre a diferença entre a "restauração ecológica" e a "compensação ecológica", como modo de concretização da restauração natural – sendo a última destinada às situações em que a restauração ecológica dos bens materiais não é total ou parcialmente possível ou seja desproporcional – cf. CUNHAL SENDIM, *Responsabilidade civil por danos ecológicos*, p. 153 e ss. e 215 e ss..

[195] Sobre este princípio geral, cf., por todos, por todos, LARENZ, *Lehrbuch des Schuldrechts*, I[14], p. 431 e ss., MEDICUS, S*chuldrecht*, I[17], pp. 213-214, PESSOA JORGE, *Ensaio sobre os pressupostos da responsabilidade civil*, p. 385 e ss. e ALMEIDA COSTA, *Direito das*

É a partir daqui que se equaciona a limitação de tal responsabilidade, no pressuposto, claro está, de que nos estamos sempre a referir aos "prejuízos devidos à poluição" (artigo I/6). Fora deste quadro, quando, por exemplo, haja prejuízos que não resultem de *contaminação*, a equacionação da limitação da responsabilidade, a ser possível, não é feita no quadro da CLC.

A CLC adopta o sistema de limitação de responsabilidade consagrado na Convenção de Bruxelas de 1957, dependente da *arqueação* do navio, sistema esse que, reconhecidamente, assegura, na maior parte das situações, uma maior tutela da posição dos lesados[196]. Assim, o artigo V/1 da CLC/92[197] estabelece que o proprietário de um navio tem o direito de limitar a sua responsabilidade, nos termos da convenção, a um montante calculado da seguinte forma: (*i*) 4,510,000 unidades de conta[198] para um navio cuja arqueação[199] não exceda as 5.000 unidades; e (*ii*) para um navio com arqueação superior a 5.000 unidades, acrescem às 4,510,000 unidades de conta 631 unidades de conta por cada unidade de arqueação adicional, sendo que, em qualquer dos casos, o montante global não pode exceder 89,770,00 unidades de conta.

Importa ainda vincar que, tal como na Convenção de Bruxelas de 1957 ou na Convenção de Londres de 1976, o limite de responsabilidade do proprietário do navio funciona por *evento*[200]: isso é claro, desde logo, no artigo V/1, mas também, por exemplo, no artigo VI/1.

---

obrigações[10], p. 760 e ss.. No campo específico da CLC/92, lê-se em ALTFULDISCH, *Haftung und Entschädigung nach Tankerunfällen auf See*, p. 16: "Nach der Systematic des ÖlhÜ haftet der Eigentümer theoretisch zunächst unbeschränkt".

[196] Cf., v. g., HWANG, *Die Reederhaftung für Ölverschmutzungsschäden*, p. 155.

[197] Na redacção das emendas adoptadas na 82.ª sessão do Comité Legal da OMI, conforme aprovação feita pelo Decreto n.º 42/2006, de 6 de Janeiro. Sobre a evolução dos limites aplicáveis, até à CLC/92, cf., v. g., BERLINGIERI, *Il sistema internazionale di risarcimento dei danni causati da inquinamento da idrocarburi*, p. 5 e ss..

[198] Conforme resulta do artigo V/9 da CLC, cujos termos não descrevemos aqui, a unidade de conta é o *direito de saque especial*, tal como definido pelo Fundo Monetário Internacional.

[199] Conforme resulta do artigo V/10 da CLC, a *arqueação do navio* é a arqueação bruta, calculada de acordo com as disposições relativas à medição da arqueação contidas no Anexo I da Convenção Internacional sobre a Arqueação de Navios, 1969.

[200] Cf., por todos, HWANG, *Die Reederhaftung für Ölverschmutzungsschäden*, pp. 96-97; quanto aos regimes das Convenções de Bruxelas e de Londres, cf. *supra*, ponto 12.

II. Tal como a Convenção de Bruxelas de 1957, a CLC não consagra um sistema automático de limitação de responsabilidade, não funcionando tal limitação *ope legis*[201].

O artigo V/1 da CLC, na sua tradução portuguesa, coloca a questão em termos de a limitação ser um *direito* do proprietário do navio ("tem o direito de limitar"). Contudo, a versão inglesa é bem mais discreta, dispondo que o proprietário do navio *pode limitar* a sua responsabilidade – tem "título" para o fazer ("shall be entitled").

Mais de acordo com a análise da posição do proprietário do navio e com a versão em língua inglesa, parece-nos que o proprietário do navio tem o *poder potestativo* ou a *faculdade* de promover a limitação da sua responsabilidade. Tratando-se de um poder potestivo[202], o efeito do seu exercício não é, contudo, imediato, uma vez que não lhe corresponde, do lado dos credores-lesados, em termos imediatos, uma situação de sujeição: será, assim, mais rigoroso, de acordo com o figurino de um *Gestaltungsklagerecht*[203], falar de um poder potestativo de sujeição dos lesados a um processo tendente à limitação.

Na verdade, estabelecendo o artigo V/3 uma dependência entre a limitação de responsabilidade e a constituição de um fundo de limitação[204] – fundo esse que, conquanto requerido, pode, a final, não ser declarado como efectivamente constituído – a posição do proprietário do navio em relação à limitação será de *faculdade de promoção do processo de limitação*, que não, em rigor, de direito ou de poder de limitação.

4.2. Comportamento preclusivo da limitação de responsabilidade

Tal como nos sistemas uniformes gerais de limitação da responsabilidade do proprietário do navio, a CLC contempla uma situação de "conduct barring limitation", para usarmos a expressão do artigo 4 da Convenção de Londres

---

[201] Cf., especificamente, o nosso *Limitação de responsabilidade por créditos marítimos*, p. 481 e ss..

[202] Cf. o nosso *Limitação de responsabilidade por créditos marítimos*, p. 484 e ss..

[203] Cf. o nosso *Limitação de responsabilidade por créditos marítimos*, p. 484 e ss..

[204] Cf. *infra*, ponto 4.3.1.

de 1976²⁰⁵: o proprietário do navio perde o direito de limitar a sua responsabilidade nos termos da CLC, se se provar (artigo V/2) que o prejuízo devido à poluição resultou de acção ou omissão que lhe seja imputada, cometida com a intenção de causar tal prejuízo ou com imprudência e o conhecimento de que tal prejuízo se poderia vir a verificar. A redacção do artigo V/2 da CLC/69 – com a referência a "culpa pessoal" – era, ao invés, mais próxima da fórmula exigida no artigo 1/1 da Convenção de Bruxelas de 1957, para caracterizar o comportamento preclusivo da limitação de responsabilidade.

Uma vez que a evolução da "culpa pessoal" para a "faute inexcusable" já foi objecto de análise, a propósito da Convenção de Bruxelas de 1957, para aí remetemos²⁰⁶.

4.3. O fundo de limitação

4.3.1. Requerimento e constituição do fundo de limitação

I. Querendo beneficiar do fundo de limitação de responsabilidade, o proprietário do navio tem, aparentemente, o ónus de *constituir um fundo de limitação*. O artigo V/3 da CLC/92²⁰⁷ parece impor a constituição de um fundo como requisito essencial para que o proprietário do navio beneficie da limitação. A questão não é, contudo, líquida, tendo-se suscitado dúvidas já no domínio da CLC/69²⁰⁸. Numa situação em que do evento resulte um circunscrito e identificado número de lesados, pode ser perfeitamente "gerível" para o proprietário do navio, nas suas relações com os diversos credores, a efectivação da limitação sem a constituição de um fundo de

---

[205] Cf. o nosso *Limitação de responsabilidade por créditos marítimos*, p. 253 e ss..

[206] Cf. o nosso *Limitação de responsabilidade por créditos marítimos*, p. 253 e ss.; cf. também, especificamente, BONASSIES, *Après l'Erika: les quatre niveaux de réparation des dommages*, p. 1576 e ss., HERBER, *Seehandelsrecht*, p. 195, ALTFULDISCH, *Haftung und Entschädigung nach Tankerunfällen auf See*, p. 18 e ss., HWANG, *Die Reederhaftung für Ölverschmutzungsschäden*, p. 97 e ss. e CHAO WU, *La pollution du fait du transport maritime des hydrocarbures*, p. 76 e ss. e 226 e ss..

[207] Já assim era no domínio da CLC/69; cf., por todos, CHAO WU, *La pollution du fait du transport maritime des hydrocarbures*, p. 78.

[208] Cf., v. g., HWANG, *Die Reederhaftung für Ölverschmutzungsschäden*, p. 132.

limitação, *maxime* quando os lesados aceitem ou reconheçam que não se verificou a situação impeditiva da limitação, prevista no artigo V/2 da CLC.

Não vemos, de facto, nenhuma razão de ordem pública que justifique que a limitação de responsabilidade do proprietário do navio tenha de passar, necessariamente, pela constituição de um fundo de limitação. Na prática, se o proprietário do navio quiser obter o efeito de limitação da sua responsabilidade sem ter de convencer todos os credores sobre a desnecessidade do fundo, ver-se-á forçado a requerer a sua constituição.

Na realidade, as circunstâncias tenderão a impor ao proprietário do navio que requeira a constituição de um fundo; tal requerimento surgirá na sequência de acções intentadas pelos lesados ou como forma de, face ao desconhecimento do *quantum* dos danos e do número de credores, obter a definição precisa dos termos da sua responsabilidade.

É, de resto, inegável que a CLC – *rectius*, o sistema CLC/Fundo/Fundo Complementar – está gizado em função da constituição de um fundo pelo proprietário do navio ou pela entidade que prestou o seguro ou a garantia financeira[209]. Na verdade, a CLC como que pressupõe a existência de um significativo volume de danos e um significativo número de lesados, alguns deles desconhecidos – quadro este que se mostra bem mais compatível com a constituição de um fundo de limitação.

II. A figura do fundo de limitação foi, como vimos, introduzida no direito uniforme na Convenção de Bruxelas de 1957[210], não sendo, portanto, uma figura desconhecida no panorama jurídico nacional, sobretudo a partir do Decreto 49.029, de 26 de Maio de 1969.

O artigo V/3 da CLC dispõe sobre três aspectos essenciais do regime do fundo: (*i*) *Montante* – o fundo deve ser constituído no montante do limite de responsabilidade; (*ii*) *Entidade* perante quem o fundo deve ser constituído

---

[209] De acordo com o artigo V/11 da CLC/92, a constituição do fundo de limitação pode ser feita pelo segurador ou pelo garante financeiro, "nas mesmas condições e com os mesmos efeitos como se o fundo fosse constituído pelo proprietário". Uma vez que a responsabilidade do segurador ou garante é limitada (artigo VII/1 e VII/8; cf. *supra*, ponto 2.6/II), a constituição do fundo pode ser requerida mesmo que o proprietário não tenha o direito de limitar a sua responsabilidade por prejuízos devidos à poluição, em conformidade com a CLC, não podendo, naturalmente, o proprietário valer-se da limitação do segurador.

[210] Cf. o nosso *Limitação de responsabilidade por créditos marítimos*, p. 299 e ss..

– junto do tribunal ou de qualquer outra autoridade competente de um dos Estados contratantes; e (*iii*) *Modo de constituição* do fundo – depósito da soma correspondente ou apresentação de garantia bancária ou de qualquer outra garantia aceitável pela legislação do Estado Contratante no território do qual o fundo for constituído e julgada satisfatória pelo tribunal ou qualquer outra autoridade competente.

No caso português, a entidade perante a qual o fundo deve ser constituído é, inquestionavelmente, *o tribunal*, já que não existe legislação específica que atribua essas funções a outra entidade. Assim sendo, parece que o fundo só deve ter-se por constituído – com o inerente reconhecimento do direito do proprietário do navio à limitação de responsabilidade – após o trânsito em julgado da sentença que o declarar[211]. Neste sentido, podem invocar-se os lugares paralelos constituídos, a nível interno, pelo artigo 3/2 do Decreto 49.029, que se reporta à declaração, pelo juiz, de constituição da modalidade do fundo de limitação, requerido ao abrigo do regime da Convenção de Bruxelas de 1957, bem como o artigo 15 do Decreto-Lei 202/98, de 10 de Julho, que se refere à declaração judicial de constituição do fundo de limitação de responsabilidade previsto nesse mesmo diploma.

III. Importa ainda destacar, neste domínio, o regime do artigo IX da Convenção. O artigo IX/1 consagra uma, digamos, "canalização" dos litígios para os tribunais do ou dos Estados Contratantes em cujo território (incluindo o mar territorial ou a zona económica exclusiva relevante, nos termos do artigo II) tenham ocorrido prejuízos devidos à poluição causados por um evento. Os Estados Contratantes devem, de resto (artigo IX/2), providenciar para que os seus tribunais tenham competência para conhecer dos pedidos de indemnização[212].

---

[211] Assim OLIVEIRA COELHO, *Poluição marítima por hidrocarbonetos e responsabilidade civil*, p. 154.

[212] No caso português, importa considerar o facto de a alínea *o*) do artigo 4 da Lei 35/86, de 4 de Setembro, atribuir aos tribunais marítimos competência para conhecer das questões relativas a "responsabilidade civil emergente de poluição do mar e outras águas sob a sua jurisdição". Idêntica deficiente redacção (fica, em termos literais, o mistério da entidade a que se refere o "sua") consta das sucessivas LOTJ: cf. a alínea *o*) do artigo 90 da Lei 3/99, de 13 de Janeiro e, agora, a alínea *o*) do artigo 123/1 da Lei 52/2008, de 28 de Agosto.

Uma vez constituído o fundo de limitação, a competência para resolver as questões relativas à repartição e distribuição do fundo pertence ao tribunal onde o mesmo foi constituído (artigo IX/3)[213].

4.3.2. Efeitos da constituição do fundo de limitação

I. Como vimos, o proprietário do navio que pretenda beneficiar da limitação da responsabilidade, pode, nos termos do artigo V/3 da CLC, requerer a constituição de um fundo de limitação. Para a CLC, esse acto de requerer a constituição do fundo[214] – sendo o requerimento necessariamente acompanhado de documento comprovativo do depósito (ou medida equivalente, nos termos do artigo V/3) de quantia coincidente com o montante máximo do limite da responsabilidade do proprietário do navio – parece, *ictu oculi*, corresponder à *constituição* do fundo de limitação.

Contudo, pode não haver fundamento para a constituição do fundo: pode, na verdade, o tribunal entender que o proprietário do navio não tem o direito de limitar a sua responsabilidade, nos termos da CLC, pelo facto de a situação se enquadrar no âmbito da previsão do artigo V/2 ou pode mesmo entender que os danos provocados pela poluição não estão abrangidos pelo regime da CLC, por exemplo, pelo facto de a poluição não ter sido provocada por hidrocarbonetos minerais persistentes (artigo I/5) ou pelo facto de os mesmos não resultarem de *contaminação* (artigo I/6). A requerida constituição do fundo necessita, pois, de um acto posterior, através do qual o tribunal reconhece ao proprietário do navio o direito de limitar a sua responsabilidade e, em conformidade, *declara* constituído o fundo: a partir daí é que o proprietário tem título ("is entitled", diz-se na versão inglesa) para limitar a sua responsabilidade.

O artigo VI/1 da CLC associa à constituição do fundo de limitação – constituição efectiva, entenda-se, com o inerente reconhecimento do direito

---

[213] Cf., a propósito, HWANG, *Die Reederhaftung für Ölverschmutzungsschäden*, p. 107.

[214] Trata-se, de facto, em termos processuais, de um *requerimento*; cf., a propósito, o artigo 2/1 do Decreto 49.029, de 26 de Maio de 1969, que se refere ao requerimento do proprietário do navio que pretenda limitar a sua responsabilidade ao abrigo da Convenção de Bruxelas de 1957; cf. o nosso *Limitação de responsabilidade por créditos marítimos*, p. 324 e ss..

à limitação de responsabilidade – duas importantes consequências[215]. A primeira consequência é a de que "nenhum direito a indemnização por prejuízos devidos à poluição resultante do evento, poderá ser exercido sobre outros bens do proprietário" [alínea *a*)]; a segunda consequência [alínea *b*)] é a de que o tribunal ordenará a libertação do navio ou de qualquer outro bem do proprietário, apreendido devido a um pedido de reparação por prejuízos devidos à poluição causados pelo evento, sendo o mesmo regime aplicável a qualquer caução ou garantia prestada com o fim de evitar tal apreensão[216].

Face a estas consequências, fica assegurada a "canalização" dos créditos de indemnização para o fundo de limitação de responsabilidade[217], ficando o restante património do proprietário do navio imune aos correspondentes credores por tais créditos.

O artigo VI/1 não enuncia entre as suas consequências a imunidade do próprio fundo aos demais credores do proprietário do navio, sejam eles credores de terra ou credores de mar: trata-se de um aspecto que, pela sua importância, abordaremos adiante, em sede de natureza jurídica do fundo de limitação[218].

II. Uma dúvida importa ainda, nesta sede, esclarecer: a de saber se o proprietário do navio pode, após o *requerimento* de constituição do fundo, mas antes da declaração da sua *efectiva constituição*, paralisar qualquer acção contra o seu património com base em *prejuízos devidos à poluição* ou

---

[215] Contudo, de acordo com o artigo VI/2, estas consequências só se aplicarão se o autor do pedido tiver acesso ao tribunal que controla o fundo e se o fundo puder, efectivamente, ser utilizado para cobrir o seu pedido; sobre o regime do artigo VI da CLC, cf., v. g., HWANG, *Die Reederhaftung für Ölverschmutzungsschäden*, p. 104 e ss..

[216] A versão inglesa refere-se a "arrest", o que, em princípio, apontaria para o arresto; contudo, parece-nos correcta a tradução portuguesa ("apreensão"), que abrange um universo de figuras mais amplo. Confrontando com o lugar paralelo constituído pelo artigo 5/1 da Convenção de Bruxelas de 1957 (cf. *supra*, ponto 32), a redacção do dispositivo da CLC mostra-se mais rigorosa. Já nos parece claramente errada a tradução, que encontramos no final da alínea *b*) do artigo VI/1 da CLC, da expressão "any bail or other security *furnished* to avoid such arrest" por "qualquer caução ou garantia *depositada* com o fim de evitar tal apreensão" (itálicos nossos), devendo a palavra "depositada" ser lida como "prestada".

[217] Cf. OLIVEIRA COELHO, *Poluição marítima por hidrocarbonetos e responsabilidade civil*, p. 155, refere-se, a propósito, a uma "segunda canalização", desta feita para o fundo.

[218] Cf. *infra*, ponto 4.3.5.

se tal paralisação só é possível após a declaração judicial de constituição do fundo. Se considerarmos que os efeitos estabelecidos nas alíneas do artigo VI/1 estão dependentes do "título" de limitação de responsabilidade, então o proprietário do navio não se pode opor a qualquer arresto, penhora ou mesmo venda do seu património, antes da referida declaração judicial; se, ao invés, entendermos que os efeitos das citadas alíneas resultam do estrito requerimento de constituição, o proprietário, não tendo, embora – ainda – título de limitação de responsabilidade, estaria legitimado para paralisar as pretensões dos credores relativamente a outros bens do devedor.

Parece-nos que os efeitos enunciados no artigo VI/1 estão pensados para a situação em que o tribunal já terá reconhecido ao proprietário do navio o direito de limitar a sua responsabilidade. Isso é particularmente claro em relação ao efeito da alínea *b*) do artigo VI/1: não faria sentido que o tribunal ou qualquer autoridade pudesse libertar um navio arrestado pelo simples facto de ser feita prova de um requerimento de constituição do fundo, numa fase, portanto, em que não é certo que o proprietário do navio obtenha "título" para limitar a sua responsabilidade ou mesmo que o evento e os danos do mesmo derivados estejam abrangidos pelo âmbito de aplicação da CLC.

Daqui resulta que enquanto o fundo não está constituído, com reconhecimento da limitação de responsabilidade, os credores do proprietário do navio não estão impedidos de exercer direitos contra os bens ["outros bens", diz a alínea *a*) do artigo VI/1] contra tal devedor, o qual poderá, mais tarde, tendo havido uma situação de arresto ou penhora, obter a respectiva libertação, nos termos da alínea *b*) do artigo VI/1. Não inimaginável é a hipótese de o credor pretender arrestar bens do proprietário do navio, nos termos gerais de direito, em ordem a impedir que este frustre a satisfação dos respectivos créditos, na hipótese de não ser reconhecida limitação[219].

4.3.3. Distribuição do fundo de limitação

Como beneficiários do fundo de limitação, os credores por prejuízos devidos à poluição beneficiam, naturalmente, das respectivas forças: resulta,

---

[219] Cf., numa situação paralela, no domínio da Convenção de Bruxelas de 1957, o nosso *Limitação de responsabilidade por créditos marítimos*, p. 308 e ss.

de facto, do artigo V/4 da CLC que a *distribuição do fundo pelos credores será efectuada proporcionalmente aos montantes dos créditos reconhecidos*[220].

Se antes da distribuição do fundo, o crédito de um dos credores tiver sido satisfeito pelo proprietário do navio, pelo segurador ou pelo garante, esta pessoa ficará subrogada na posição do credor satisfeito, não podendo, naturalmente, receber para além do que a este cabe pelas regras da repartição do fundo[221]. Esta sub-rogação, prevista no artigo V/5 da CLC, pode beneficiar, nos mesmos termos, qualquer outra pessoa que tenha reparado prejuízos devidos à poluição, na medida em que a legislação nacional admita essa sub-rogação (artigo V/6)[222]. No caso português[223], relevará sobretudo a sub-rogação pelo credor (artigo 589 do Código Civil) ou mesmo a

---

[220] O artigo V/4 reporta-se, antes, a "créditos admitidos"; contudo, atenta, no caso português, a necessária intervenção do tribunal, este deverá reconhecer os créditos. De resto, é esta a posição que melhor se harmoniza com o facto de a versão inglesa do citado artigo V/4 se referir a "established claims". Cf. o artigo 8/5 do Decreto 49.029, de 26 de Maio de 1969 (cf. o nosso *Limitação de responsabilidade por créditos marítimos*, p. 324 e ss.); na doutrina, veja-se SALVADOR DA COSTA, *O concurso de credores*[4], pp. 375-376.

[221] Cf. o nosso *Limitação de responsabilidade por créditos marítimos*, p. 333 e ss., sobre o lugar paralelo constituído pelo artigo 3/3 da Convenção de Bruxelas de 1957; especificamente sobre o regime do artigo V/5 da CLC, cf., v. g., HWANG, *Die Reederhaftung für Ölverschmutzungsschäden*, pp. 105-106.

[222] O artigo V/7 da CLC admite, neste quadro, que o proprietário do navio ou qualquer terceiro que possa beneficiar da sub-rogação obtenha uma, digamos, "reserva de lugar" no fundo, tendo, para o efeito, de convencer o tribunal de que poderá ter que pagar uma quantia em termos que lhe permitiriam beneficiar da sub-rogação. A tradução portuguesa do artigo V/7 não faz sentido, enunciando, mesmo, uma situação juridicamente impossível: a de que alguém já obteve o efeito da sub-rogação ("uma soma em relação à qual haja beneficiado de uma sub-rogação") relativamente a um pagamento que ainda irá, eventualmente, fazer ("que poderá ser compelido a pagar ulteriormente"). Quanto à solução, pondo de parte as agruras da "traição" da tradução, compreende-se perfeitamente o regime do artigo V/7, inspirado, de resto, no artigo 3/4 da Convenção de Bruxelas de 1957 (cf. o nosso *Limitação de responsabilidade por créditos marítimos*, p. 317 e ss.): de outra forma, o sujeito em causa poderia ter que pagar, ficando subrogado mas sem poder beneficiar do fundo. Sobre o regime do artigo V/7, cf., v. g., HWANG, *Die Reederhaftung für Ölverschmutzungsschäden*, pp. 105-106.

[223] Remete-se, por todos, para VAZ SERRA, *Sub-rogação nos direitos do credor*, *passim*, GALVÃO TELLES, *Direito das obrigações*[7], p. 280 e ss., ANTUNES VARELA, *Das obrigações em geral*, II[7], p. 334 e ss., RIBEIRO DE FARIA, *Direito das obrigações*, II, p. 547 e ss., MENEZES

sub-rogação pelo devedor (artigo 590 do Código Civil) – *in casu*, pelo proprietário do navio – sendo que, em qualquer caso, o terceiro subrogado não pode receber do fundo mais do que receberia o credor cujo crédito foi satisfeito. Não será também de afastar a hipótese, propiciadora de uma sub-rogação legal (artigo 592/1 do Código Civil)[224], de haver um terceiro directamente interessado na satisfação do crédito.

Fora do quadro da sub-rogação, o artigo V/8 admite algo que se nos afigura estar fora da lógica comum da limitação da responsabilidade: que o devedor possa concorrer, também ele, diminuindo, assim – limitando – ainda mais a sua responsabilidade: são admitidos os créditos *razoáveis* do proprietário do navio decorrentes de despesas realizadas e sacrifícios consentidos voluntariamente com o objectivo de evitar ou reduzir uma poluição[225].

4.3.4. Processo aplicável ao fundo de limitação

I. Conforme decorre do que vimos expondo, a constituição definitiva do fundo de limitação passa necessariamente por um *processo judicial*, no âmbito do qual o juiz irá decidir se o proprietário do navio tem, efectivamente, fundamento para limitar a sua responsabilidade ou se, ao invés, essa limitação não é possível.

No pressuposto de que há fundamento para limitar a responsabilidade, está prevista uma reclamação de créditos e o reconhecimento dos mesmos[226], o que pressupõe, pese embora o silêncio da CLC neste particular, a admissão de oposição ao reconhecimento de créditos reclamados por parte dos credores interessados no não "esgotamento" do fundo, antes da satisfação dos respectivos créditos.

LEITÃO, *Direito das obrigações*, II[6], p. 37 e ss. e JÚLIO GOMES, *Do pagamento com sub--rogação, passim*.

[224] Cf., por todos, VAZ SERRA, *Sub-rogação nos direitos do credor*, p. 34 e ss., GALVÃO TELLES, *Direito das obrigações*[7], p. 286 e ss., ANTUNES VARELA, *Das obrigações em geral*, II[7], p. 338 e ss., RIBEIRO DE FARIA, *Direito das obrigações*, II, p. 560 e ss. e o nosso *Assunção fidejussória de dívida*, pp. 874 e ss., 884 e ss. e 894 e ss..

[225] Cf, sobre este regime, que já constava na CLC/69, HWANG, *Die Reederhaftung für Ölverschmutzungsschäden*, p. 107.

[226] Recorde-se o facto, já assinalado, de o artigo V/4 se referir aos "créditos admitidos", expressão que interpretamos como "créditos reconhecidos" ("established claims").

A questão que se coloca, agora, é a da determinação do processo aplicável, sabido que a CLC nada dispõe neste particular. *A priori*, conforme bem identifica Oliveira Coelho[227], são três as hipóteses de aplicação: (*i*) o processo de constituição do fundo de limitação previsto no Decreto 49.029, de 26 de Maio de 1969[228] – diploma que regulamenta o processo de execução da Convenção de Bruxelas de 1957 sobre a limitação da responsabilidade dos proprietários de navios de alto mar – (*ii*) o processo de constituição do fundo de limitação previsto para as situações de abandono do navio e do frete no Decreto-Lei 202/98, de 10 de Julho[229] e (*iii*) o processo de consignação em depósito regulado no artigo 1024 e seguintes do CPC.

O processo previsto no Decreto 49.029 está gizado, conforme dissemos, em estreita dependência relativamente ao regime da Convenção de Bruxelas de 1957, ou seja, com referência aos danos cuja verificação permite ao proprietário do navio limitar a sua responsabilidade nos termos daquela Convenção[230]. Como é sabido, os danos cuja ressarcibilidade está em causa na CLC não se confundem com os da Convenção de Bruxelas de 1957, razão pela qual, numa primeira e instintiva abordagem, seríamos tentados a excluir o processo do Decreto 49.029 como aplicável à constituição do fundo de limitação com base na CLC[231].

Um pouco na mesma linha, de acentuar a diversidade de pressupostos, estaria igualmente prejudicada a aplicação ao fundo de limitação constituído com base na CLC, das normas processuais previstas no Decreto-Lei 202/98[232]: é que a CLC não contempla, diversamente do Decreto-Lei 202/98,

---

[227] Cf. OLIVEIRA COELHO, *Poluição marítima por hidrocarbonetos e responsabilidade civil*, p. 156 e ss..
[228] Cf. o nosso *Limitação de responsabilidade por créditos marítimos*, pp. 299 e ss. e 324 e ss..
[229] Cf. o nosso *Limitação de responsabilidade por créditos marítimos*, p. 209 e ss..
[230] Cf. o nosso *Limitação de responsabilidade por créditos marítimos*, pp. 299 e ss. e 324 e ss...
[231] É esta a posição de OLIVEIRA COELHO, *Poluição marítima por hidrocarbonetos e responsabilidade civil*, pp. 157-158, autor que atribui decisiva relevância a esta diversidade de campos de aplicação das duas Convenções.
[232] Normas essas que, conforme vimos (*Limitação de responsabilidade por créditos marítimos*, p. 209 e ss.), constituem o regime do Decreto 49.029, com alterações.

qualquer forma de abandono do navio ou do frete, seja ele *in natura* ou *in valorem*.

Restaria, assim, a consignação em depósito regulada no artigo 1024 e seguintes do CPC, tendo por pressuposto o regime substantivo plasmado no artigo 841 e seguintes do Código Civil. Para Oliveira Coelho[233], a constituição dos fundos de limitação previstos na CLC articula-se, "sem qualquer dificuldade", com a disciplina do CPC para a consignação em depósito.

II. A tese da aplicação do regime da consignação em depósito é, *a priori*, sedutora, ainda que, a final, se não partilhe da ideia, que encontramos já em Ferrara[234], de que a constituição do fundo de limitação corporiza um meio de extinção das obrigações. Não comungamos, porém, desta opinião, independentemente da questão substantiva da natureza do fundo de limitação de responsabilidade.

Em primeiro lugar, realce-se que há uma diferença substancial que importa aqui destacar: a consignação em depósito destina-se, directamente, a extinguir a obrigação do devedor para com o seu credor, verificados os requisitos enunciados no artigo 841 do CC[235]; o mesmo não se passa na constituição do fundo de limitação: o objectivo directo do proprietário do navio, ao requerer a constituição do fundo é limitar a sua responsabilidade. É este último efeito que o proprietário do navio pretende, em primeiro lugar, ver reconhecido e é esse efeito que o tribunal irá declarar, se entender que estão verificados os necessários requisitos. Certo é que, após essa fase, o caminho está aberto para a extinção das dívidas correspondentes aos créditos por prejuízos devidos à poluição; contudo, o objecto directo e primeiro do requerimento do proprietário do navio não é (ainda) esse: é, antes, o reconhecimento de que tem direito à limitação de responsabilidade. Ora, esta especificidade não está presente no regime geral da consignação em depósito do artigo 1024 e seguintes do CPC.

---

[233] Cf. OLIVEIRA COELHO, *Poluição marítima por hidrocarbonetos e responsabilidade civil*, pp. 159-160.

[234] Cf. FERRARA, *La limitazione dell'armatore dai debiti relativi ad un viaggio della nave*, p. 287, cf. também o nosso *Limitação de responsabilidade por créditos marítimos*, p. 344 e ss..

[235] Cf., por todos, ANTUNES VARELA, *Das obrigações em geral*, II⁷, p. 185 e ss. e CUNHA DE SÁ, *Modos de extinção das obrigações*, p. 187 e ss..

Refira-se, em segundo lugar, que o requerimento de constituição do fundo de limitação não está dependente da verificação de qualquer dos pressupostos da consignação em depósito exigidos no artigo 841/1 do Código Civil[236]; na verdade, o proprietário do navio pode requerer a constituição do fundo ainda que não haja mora dos credores e pode também fazê-lo ainda que não se verifique a situação de, sem culpa sua, não poder cumprir, por quaisquer outros motivos atinentes às pessoas dos credores.

Acresce uma outra dificuldade, que consideramos decisiva, no que tange à aplicação do regime da consignação em depósito do CPC: este processo não contempla uma fase de reclamação e de verificação de créditos, diversamente do que flui da CLC, não podendo confundir-se com tal fase o facto de o artigo 1030 do CPC admitir a citação de credores "quando sejam conhecidos mas duvidoso o seu direito".

Ora, estas diferenças relevantíssimas, com particular relevo para a última assinalada, levam-nos a excluir a aplicação do regime processual geral da consignação em depósito, sem embargo da similitude resultante de o devedor – no caso, o proprietário do navio – pretender, a final, liberar-se; trata-se, porém, de uma similitude que, como dissemos, não se encontra no mesmo plano na consignação em depósito e no fundo de limitação, já que, os objectivos directos e imediatos dos dois processos são diferentes.

III. Uma vez que, de acordo com o artigo 2/2 do CPC, a todo o direito corresponde a acção adequada a fazê-lo reconhecer em juízo, bem como os procedimentos necessários para acautelar o efeito útil da acção, somos forçados a procurar o processo cujos objectivos tenham a maior similitude com os objectivos do processo de constituição do fundo de limitação, ao abrigo da CLC/92. Se seguirmos este critério, seremos necessariamente conduzidos à aplicação do regime do Decreto 49.029, mas adaptado por força da própria CLC aos respectivos termos e objectivos. Na verdade, para além de ter por objecto a constituição de um fundo de limitação, o referido Decreto 49.029 prevê, numa primeira fase, um, digamos, "sub-processo" para declaração do fundo e, depois, a reclamação e reconhecimento de créditos.

Neste contexto, parece-nos inócuo o facto de os danos pressupostos na Convenção de Bruxelas de 1957 e os danos pressupostos na CLC/92 serem

---

[236] Cf., por todos, ANTUNES VARELA, Das obrigações em geral, II[7], p. 189 e ss..

diferentes: à partida – identificadas e reconhecidas as diferenças – haverá que adaptar o processo previsto no Decreto 49.029 à nova situação. Assim, a título de exemplo:

(*i*)   O fundo não poderá ser constituído, como consta do artigo 1/2 do Decreto 49.029, "por qualquer das formas admitidas pela lei civil para a prestação de caução autorizada por lei", mas, antes, por qualquer das formas previstas no artigo V/3 da CLC/92[237];

(*ii*) O montante do fundo de limitação a indicar [alínea *b*) do artigo 2/1 do Decreto 49.029] é calculado de acordo com o disposto nos artigos V/1 e V/3 da CLC/92 e não em conformidade com o artigo 3 da Convenção de Bruxelas de 1957;

(*iii*) A declaração de constituição do fundo de limitação não tem os efeitos previstos no artigo 4/1 do Decreto 49.029 mas, antes, os do artigo VI da CLC/92[238];

(*iv*) A quantia, eventualmente, a reservar [alínea *d*) do artigo 2/1 do Decreto 49.029] não é indicada de acordo com o artigo 3/4 da Convenção de Bruxelas de 1957 mas, antes, de acordo com o artigo V/7 da CLC/92;

(*v*)   Nos embargos (artigo 6/2 do Decreto 49.029) não será possível alegar "quaisquer fundamentos que seria lícito deduzir em processo de declaração", mas, apenas, aqueles que, no entender dos embargantes, são impeditivos da constituição do fundo de limitação, face à CLC/92, como seja a alegação de que a situação não está abrangida pela CLC ou a alegação de que o proprietário do navio não pode limitar a sua responsabilidade, em virtude da alegada

---

[237] Admite-se, contudo, que não tenhamos aqui uma diferença real, já que a remissão feita no artigo V/3 para o direito interno ["apresentação de uma garantia bancária ou de qualquer outra garantia aceitável pela legislação do Estado Contratante no território do qual o fundo for constituído e julgada satisfatória pelo tribunal ou qualquer outra autoridade competente"] pode, no caso português, ser interpretada como remissão para o regime da *prestação de caução* do artigo 623 e seguintes do Código Civil.

[238] Não estamos, porém, aqui, perante uma diferença no que respeita ao próprio processo aplicável ao fundo, mas, antes, perante uma diferença dos efeitos a nível da constituição do fundo, efeitos esse que são, a um tempo, substantivos e adjectivos; cf. o nosso *Limitação de responsabilidade por créditos marítimos*, p. 308 e ss..

ocorrência de um comportamento preclusivo da limitação (artigo V/2);

(vi) Enquanto que, face à letra do Decreto 49.029, os credores desconhecidos que não hajam reclamado os seus créditos, poderiam, aparentemente, exercê-los posteriormente contra o proprietário do navio (artigo 9/1), podendo mesmo tais credores responsabilizar os "restantes bens do requerente" (artigo 9/2), no caso de a quantia reservada para esse efeito não ser suficiente[239], é claro que assim não acontece na CLC: o contrário violaria o princípio da limitação da responsabilidade do proprietário do navio ao fundo (artigo V da CLC/92).

4.3.5. Sobre a natureza jurídica do fundo de limitação

I. Ao canalizar para o proprietário do navio a responsabilidade por prejuízos devidos à poluição e ao permitir a este, em determinados termos, a constituição de um fundo de limitação, no qual emprega, directa ou indirectamente, parte do seu património, é, de algum modo, obrigatória a equacionação do fundo de limitação como *património autónomo*.

Trata-se, substancialmente, de determinar a natureza jurídica do fundo de limitação da CLC. Apreciada a natureza jurídica do fundo de limitação constituído ao abrigo da Convenção de Bruxelas de 1957[240], importa, fundamentalmente, por confronto de regime, apreciar se a natureza jurídica dada àquele fundo se mantém para o fundo constituído ao abrigo da CLC.

II. Face ao regime da CLC, não se suscitarão dúvidas razoáveis de que, uma vez constituído o fundo de limitação e reconhecido pelo tribunal o direito à limitação de responsabilidade, *só os bens afectos ao fundo* responderão pelas dívidas associadas ao *evento* que decorram de *prejuízos*

---

[239] Cf. o nosso *Limitação de responsabilidade por créditos marítimos*, p. 317 e ss., onde se negam as conclusões que resultariam da consideração isolada da letra do artigo 9 do Decreto 49.029. A ser correcta a posição que acima tomámos, não estamos aqui perante uma diferença real entre o regime do Decreto 49.029 e o regime da CLC/92.

[240] Cf. o nosso *Limitação de responsabilidade por créditos marítimos*, p. 353 e ss..

devidos à poluição. Assim resulta, na verdade, da, acima focada[241], alínea *a*) do artigo VI/1, de acordo com a qual, recorde-se, "nenhum direito a indemnização, por prejuízos devidos à poluição resultante do evento, poderá ser exercido sobre outros bens do proprietário"; esse efeito é complementado pela alínea *b*) do artigo VI/1, que impõe a libertação dos bens que tenham sido apreendidos por prejuízos devidos à poluição, causados pelo evento em causa.

Podemos, portanto, considerando os efeitos plasmados no artigo VI da CLC, afirmar, desde já, um certo grau de autonomia que só poderemos considerar plena ou total se, ademais, pudermos concluir que os bens afectos ao fundo *só respondem* pelas dívidas referidas[242].

Numa primeira abordagem da CLC, não encontramos base para reconhecer esta segunda faceta da plena autonomia patrimonial, desde logo porque o artigo VI – disposição que parece concentrar a enunciação dos efeitos da constituição do fundo – não a estabelece, não se encontrando, por outro lado, tal enunciação em qualquer outra disposição da CLC. Foi, no entanto, sustentado[243] que essa dimensão da plena autonomia patrimonial resultaria do artigo VII/9, de acordo com o qual, "qualquer fundo constituído por um seguro ou outra garantia financeira, por força do parágrafo 1 do presente artigo só poderá ser utilizado para satisfação das indemnizações devidas em virtude da presente Convenção". O artigo VII/9 seria, assim, a demonstração de que o fundo só responde pelas dívidas decorrentes de prejuízos devidos à poluição, relativos a um evento, sendo o regime aí expresso aplicável a todas as situações de constituição do fundo e não apenas às aí especificamente previstas.

Independentemente da conclusão a que se chegue, a final, não nos parece que o regime do artigo VII/9 possa ser trazido à colação, para efeitos de directa sustentação da plena autonomia patrimonial. Na verdade, diversamente do que resulta da tradução portuguesa da Convenção – aparentemente,

---

[241] Cf. o nosso *Limitação de responsabilidade por créditos marítimos*, p. 421 e ss..

[242] Cf., para a caracterização do património autónomo (puro), por todos, C. MOTA PINTO / PINTO MONTEIRO / P. MOTA PINTO, *Teoria geral do direito civil*[4], p. 347 e ss.; cf. também o nosso *Limitação de responsabilidade por créditos marítimos*, p. 353 e ss..

[243] Assim OLIVEIRA COELHO, *Poluição marítima por hidrocarbonetos e responsabilidade civil*, p. 153.

neste ponto, traída pela versão francesa[244] – o artigo VII/9 não se refere directamente ao fundo de limitação mas, antes, às somas facultadas ["Any sums provided by insurance or by other financial security (...)"] pelo seguro ou pela garantia financeira, seguro esse que é independente de qualquer "evento" e de qualquer processo de limitação de responsabilidade. Na verdade, conforme é sabido, tal seguro ou garantia é uma condição para que o navio possa empreender viagem (artigo VIII/10).

Efectivamente, todo o artigo VII está pensado para a situação específica do seguro ou da garantia financeira, que não para a constituição do fundo de limitação, *qua tale*, não havendo, assim, fundamento para radicar explicações ou teorizações gerais do fundo ou da sua natureza nesse regime específico.

Parece-nos, pois, claro que o "fundo" de que fala o artigo VII/9 não é o fundo de limitação constituído ao abrigo do artigo V e a cujos efeitos se refere o artigo VI, devendo, antes, ser lido, como "somas" ou "quantias"[245]. Questão naturalmente diversa – questão essa mais de índole operacional – é a de saber se, em concreto, ocorrido um evento causador de prejuízos devidos à poluição, o proprietário do navio pode "canalizar" o seguro ou garantia constituído por força do artigo VII/1 para a constituição do fundo de limitação, nos termos do artigo V, questão a que, em princípio, com ressalva

---

[244] É o seguinte o teor da versão inglesa: "Any sums provided by insurance or by other financial security maintained in accordance with paragraph 1 of this Article shall be available exclusively for the satisfaction of claims under this Convention". A versão francesa – que, manifestamente, diverge da inglesa e que influenciou o tradutor português – é a seguinte: "Tout fonds constitué par une assurance ou autre garantie financière en application du paragraphe 1 du présent article n'est disponible que pour le règlement des indemnités dues en vertu de la présente Convention".

[245] É esta, de resto, a tradução e o sentido que se mostram coerentes com o regime paralelo do artigo IX da Convenção de Bruxelas de 1962, sobre a responsabilidade dos armadores de navios nucleares, de acordo com o qual "as somas provenientes de um seguro, de qualquer outra garantia financeira ou das indemnizações prestadas pelo Estado, conforme o parágrafo 2 do artigo 3.º, são exclusivamente reservadas à reparação devida em aplicação da presente Convenção" (cf. o nosso *Limitação de responsabilidade por créditos marítimos*, p. 472 e ss.); o mesmo podemos dizer relativamente ao artigo 12/9 da Convenção HNS (cf. o nosso *Limitação de responsabilidade por créditos marítimos*, p. 454 e ss.), de acordo com o qual "quaisquer montantes disponibilizados por força do seguro ou outra garantia financeira constituída de acordo com o número 1 só poderão ser utilizados para satisfação de pedidos de indemnização nos termos da presente convenção".

dos termos em que tais garantias estão constituídas, será possível dar uma resposta afirmativa, como solução de princípio[246].

Igualmente diverso é o facto, que nos parece pacífico, de o seguro ou garantia constituídos ao abrigo do artigo VII deverem ser tidos como constituídos em benefício dos lesados por prejuízos devidos à poluição, que, assim, podem accionar directamente tal seguro ou garantia[247], independentemente de o proprietário do navio ter tido a iniciativa de constituir um fundo de limitação.

É em função de o seguro ou a garantia financeira coenvolver, necessariamente, um terceiro – no caso, o segurador ou o garante – que a CLC optou por deixar claro, no seu artigo VII/9, até para "sossego" desses terceiros, que tais valores apenas podem ser utilizados para a satisfação das indemnizações devidas ao abrigo da Convenção.

Também não nos parece convincente a ideia[248] de que a plena autonomia patrimonial resultaria do regime plasmado no artigo V/4 da CLC, de acordo com o qual "a distribuição do fundo pelos credores será efectuada proporcionalmente aos montantes dos créditos admitidos". Do artigo V/4 só é possível retirar o que do mesmo consta: que entre os credores do fundo, vale o princípio *par conditio creditorum*, não havendo, assim, credores privilegiados. De resto, a questão do modo de repartição entre os credores coloca-se a jusante do problema em análise.

III. Voltemos, então, à questão que vínhamos analisando, supondo, para o efeito, que o fundo é constituído por um depósito em dinheiro e que é reconhecido ao proprietário do navio o direito de limitar a sua responsabilidade. Pode tal depósito ser "atacado" por outros credores?

---

[246] Naturalmente que se o proprietário do navio optar por tal "canalização", não poderá fazer navegar o navio (artigo VII/10) sem a prestação de um outro seguro ou de uma outra garantia. Solução diversa equivaleria a deixar a descoberto os prejuízos que pudessem decorrer de qualquer outro evento numa nova viagem.

[247] Cf. o nosso *Limitação de responsabilidade por créditos marítimos*, p. 391 e ss..

[248] Sustentada por OLIVEIRA COELHO, *Poluição marítima por hidrocarbonetos e responsabilidade civil*, p. 164, para quem o recorte nos bens do proprietário do navio que ficam, *opus legi*, "*exclusivamente* afectos ao pagamento de certas e determinadas dívidas já judicialmente reconhecidas" decorre do artigo V/4 da CLC/92.

Aparentemente não, sob pena, dir-se-á, de esvaziamento da lógica da limitação de responsabilidade da CLC: se o *quantum* depositado pelo proprietário do navio pudesse ser beliscado por outros credores, antes da satisfação dos créditos decorrentes de prejuízos devidos à poluição, seria todo o sistema de limitação da responsabilidade da CLC que estaria em crise. Nesta linha, a explicação para o facto de o artigo VI da CLC não incluir, entre os efeitos do fundo, o facto de o mesmo *só responder* pelas dívidas como tal relevantes para a Convenção, estaria no facto de a CLC considerar tal efeito como que imanente ao sistema de limitação. Ainda nesta linha, poderíamos dizer que ao fundo de limitação constitui um núcleo patrimonial com *plena autonomia*.

Parece-nos, porém, que uma tal argumentação não colhe ou, pelo menos, não colhe em termos absolutos. Na verdade, por mais lógica que seja a solução da plena autonomia patrimonial, a verdade é que a mesma não está consagrada na CLC. Nem se pode dizer, de resto, que faltasse aos autores da CLC fonte inspiradora. Na verdade, a CLC, que em tantas das suas disposições, se inspirou na Convenção de Bruxelas de 1957, não reproduziu o seu artigo 2/3, de acordo com o qual o fundo, uma vez constituído, "será exclusivamente consignado ao pagamento dos pedidos de indemnização em relação aos quais a limitação de responsabilidade pode ser invocada"[249].

Assim, desmontado o argumento fundado na redacção do artigo VII/9, é mister reconhecer que não encontramos na CLC uma base sólida para concluir que o fundo só responde pelos créditos decorrentes de prejuízos devidos à poluição, nos termos da CLC.

Refira-se, no entanto, que esta ausência de plena autonomia patrimonial acaba, na prática, por não ter um relevo significativo. Na verdade, se o fundo for constituído por garantia prestada por terceiro, funcionará a garantia, quer a mesma seja real quer seja pessoal. Sendo o fundo constituído por bens do próprio proprietário do navio, só poderia haver verdadeiramente concurso de créditos de terceiros ao mesmo nível dos créditos tutelados pela CLC, se a caução em causa não corporizasse uma garantia real que atribui aos credores do fundo uma preferência relativamente a outros credores. Ora, no caso, mais frequente, de depósito de dinheiro, funcionará o regime do

---

[249] Cf. o nosso *Limitação de responsabilidade por créditos marítimos*, pp. 308 e ss. e 353 e ss..

penhor, o mesmo acontecendo com o depósito de títulos de crédito, pedras ou metais preciosos (artigo 666/2 do Código Civil)[250].

Em termos conclusivos, podemos dizer que não há uma diferença substancial entre o fundo de limitação constituído ao abrigo da Convenção de Bruxelas de 1957 e o fundo de limitação constituído ao abrigo da CLC/92, já que, em ambos os casos, a constituição do fundo é feita através de prestação de caução. Assim, tal qual no fundo constituído ao abrigo da Convenção de Bruxelas de 1957, o fundo constituído ao abrigo da CLC/92 não libera, automaticamente, o proprietário do navio; este mantém-se responsável, até os limites resultantes do artigo V, no caso de insuficiência da caução.

5. O *plus* de tutela dos lesados para além da CLC

5.1. Introdução. A conjugação CLC/FIPOL/Fundo Complementar

I. Aquando da aprovação da CLC/69, os Estados Contratantes tinham plena consciência da insuficiência do sistema de indemnização naquela estabelecido, sistema esse que, como vimos, assenta na canalização da responsabilidade para o proprietário do navio, admitindo, porém, a Convenção, de algum modo em contrapartida, que este possa, em princípio, limitar a sua responsabilidade, verificados determinados requisitos, através da constituição de um fundo de limitação.

Era já evidente que as indemnizações previstas na CLC/69, para aplicação nas situações de limitação de responsabilidade, estavam longe de ser suficientes para indemnizar os lesados em eventos de certa dimensão, razão pela qual foi gizada uma outra Convenção, destinada a funcionar em conjunto com a CLC: tratou-se de complementar a CLC, de forma a assegurar aos lesados uma compensação suplementar à indemnização da CLC ou mesmo única, nos casos – *rectius*, em casos – em que o proprietário do navio se pode exonerar de responsabilidade. Nasce, assim, em 1971, a Convenção Internacional para Constituição de um Fundo Internacional para Compensação de Prejuízos devidos à Poluição por Hidrocarbonetos

---

[250] Cf. também o nosso *Limitação de responsabilidade por créditos marítimos*, p. 302 e ss., relativamente ao regime da Convenção de Bruxelas de 1957.

que, como diz Chao Wu[251], forma com a CLC "um todo inseparável"; na mesma linha, diz, entre nós, Mário Raposo[252], que a Convenção de 1971 é a "consequência necessária da CLC". Tal Convenção apresentava-se, também, como uma forma de desagravar a responsabilidade objectiva do proprietário do navio, consagrada na Convenção[253].

Confrontada com a CLC, a Convenção de 1971 apresenta uma filosofia bem diversa[254]: enquanto que a primeira assenta na responsabilidade civil canalizada para o proprietário do navio, a segunda parte dessa situação de responsabilidade para criar *disponibilidades financeiras*, com o propósito de reparar os danos sofridos pelos lesados quando tal reparação não tenha sido (integralmente) possível face à CLC. A Convenção de 1971 não é, portanto, uma convenção de responsabilidade civil: ela tem, antes, por objectivo criar um mecanismo destinado a compensar os lesados.

---

[251] Cf. CHAO WU, *La pollution du fait du transport maritime des hydrocarbures*, p. 96 e HWANG, *Die Reederhaftung für Ölverschmutzungsschäden*, pp. 131-132 e ainda p. 152: "Zwischen den beiden Abkommen besteht ein enger Zusammenhang".

[252] Cf. MÁRIO RAPOSO, *Segunda (e última) reflexão*, p. 685, onde se lê também o seguinte: "adveio, pois, a viabilidade da CLC da criação do *Fund* 71"; e a pp. 691: "aprovar a CLC sem aprovar a *Fund* não tem razão de ser".

[253] Cf., v. g., BERLINGIERI, *La conferenza di Bruxelles sui danni da polluzione da idrocarburi*, p. 506 e in *Il sistema internazionale di risarcimento dei danni causati da inquinamento da idrocarburi*, p. 18, reproduzindo o seguinte trecho do relatório do presidente da Comissão: "The question as to whether the liability of the ship should be strict liability or based on the notion of fault had divided the members of the Commitee for some time. As a small majority had first of all declared itself in favour of strict liability, it had been necessary to try and find a compromise acceptable by all, as the procedure did not create the uniformity of law and it was necessary to avoid a convention which would not receive the signatures necessary for the creation of a genuine, uniform, maritime law. The compromise was contained in the draft of the convention and the resolution on the international fund submitted for the approval of the Conference; and in the opinion of the Committee it constituted an inseparable whole which, as a matter of fact, had received almost unanimous approval"; cf. também HWANG, *Die Reederhaftung für Ölverschmutzungsschäden*, pp. 131-132: "So bietet diese Regelung eine günstige Lösung für die Ölgeschädigten, während auch der Eigentümer nicht übermässig betastet wird, da ihn der Fonds grundsätzlich von der zusätzlichen Eigentümerhaftung durch das haftungsabkommen befreit".

[254] Fala, por isso, VIALARD, *Préface – K. Le Couviour*, p. 11, de uma "combinaison étrange du droit de la responsabilité civile et des mécanismes collectifs d'indemnisation".

Esse mecanismo passou pela criação, em termos pioneiros[255], de um *Fundo Internacional*. Para os Estados Parte da Convenção de 1971 – também Estados Parte da CLC/69 – foi particularmente decisivo o facto de "as consequências económicas dos prejuízos causados por derramas ou descargas de hidrocarbonetos transportados a granel por via marítima não deveriam ser suportados exclusivamente pelos proprietários dos navios, mas deviam sê-lo também, em parte, pelos que têm interesses no transporte de hidrocarbonetos" (do preâmbulo).

É, assim, criado um Fundo[256] – o FIPOL 1971[257] – que, nos termos do artigo 2/1 da Convenção de 1971, tem, entre os seus objectivos principais, "assegurar uma compensação pelos prejuízos por poluição, na medida em que seja insuficiente a compensação concedida pela Convenção sobre a Responsabilidade" [alínea *a*)][258].

---

[255] Sobre o pioneirismo do FIPOL, no quadro geral dos "fundos de indemnização", cf. REMOND-GOUILLOUD, *Les fonds d'indemnisation*, p. 307. Sobre as vicissitudes da aprovação da Convenção de 1971, *maxime* no que respeita ao confronto de interesses envolvidos, cf. M'GONIGLE / ZACHER, *Pollution, politics and international law*, p. 182 e ss..

[256] Por força do artigo 2/2, o Fundo é uma pessoa jurídica, como tal reconhecida em cada Estado Contratante, podendo, nos termos da legislação desse Estado, assumir direitos e obrigações, bem como ser parte em acção judicial movida junto dos tribunais desse mesmo Estado e sendo representada por um Administrador. O Fundo tem uma Assembleia e um Secretariado, o qual é chefiado por um Administrador (artigo 15); A Assembleia é objecto de atenção específica nos artigos 17 a 20, enquanto que o Secretariado é objecto de regulamentação nos artigos 28 a 30. Acentuando a diferença entre o fundo de limitação da CLC e o Fundo da Convenção FIPOL, cf., v. g., HERBER, *Seehandelsrecht*, p. 195.

[257] A designação "FIPOL" é de matriz francesa, correspondendo à abreviatura de "Fonds International d'Indemnisation pour les Dommages dus à la Pollution par les Hydrocarbures". As traduções portuguesas dos instrumentos internacionais nesta matéria andam algo desencontradas: a Convenção de 1971 refere-se ao "Fundo" (artigo 2), o mesmo acontecendo com o Protocolo de 1992 (que se refere ao Fundo de 1971) e com a própria Convenção de 1992; contudo, o Protocolo de 2003 designa a Convenção de 1992 sobre o Fundo como Convenção FIPOL 1992.

[258] Cf., por todos, CHAO WU, *La pollution du fait du transport maritime des hydrocarbures*, p. 100 e ss. e HWANG, *Die Reederhaftung für Ölverschmutzungsschäden*, p. 131 e ss.. A alínea *b*) do artigo 2/1 da Convenção de 1971 enunciava como segundo grande objectivo do Fundo "desobrigar os proprietários da obrigação financeira adicional que lhes impõe a Convenção sobre a Responsabilidade, ficando essa desobrigação sujeita às condições que visam garantir o cumprimento das convenções sobre a segurança marítima e outras conven-

Nas breves referências que se seguem, consideramos apenas a Convenção FIPOL 1992[259], que veio substituir a Convenção de 1971[260]. A Convenção FIPOL 1992 complementa a CLC/92 do mesmo modo que a Convenção de 1971 complementa a CLC/69[261].

II. A constatação da insuficiência das soluções ressarcitórias – sempre com cariz *reactivo* em relação às catástrofes[262] – acabaria por se repetir, não já com referência apenas à CLC mas ao conjunto das soluções CLC/FIPOL. Essa constatação determinou, numa primeira fase, a elevação dos montantes de indemnização da CLC e do FIPOL[263], seguindo-se, numa

---

ções"; sobre este objectivo, que já não surge enunciado na Convenção FIPOL 1992 e ao qual se referia, especificamente, o artigo 5 da CLC 1969, cf., v. g., HERBER, *Seehandelsrecht*, p. 197 e CHAO WU, *op. cit.*, p. 111 e ss..

[259] É esta, como vimos, a designação adoptada no "Protocolo de 2003 à Convenção Internacional para a Constituição de um Fundo Internacional para Compensação pelos prejuízos devidos à Poluição por Hidrocarbonetos, de 1992", aprovada conforme Decreto 1/2005, de 28 de Janeiro.

[260] Esta substituição resulta do artigo 27 do "Protocolo de 1992 à Convenção Internacional para a Compensação pelos Prejuízos devidos à Poluição por Hidrocarbonetos, 1971", aprovado pelo Decreto 38/2001, de 25 de Setembro. De acordo com o referido artigo 27, os artigos 1 a 36-quinto da Convenção de 1971 sobre o Fundo, emendados pelo mesmo Protocolo, passaram a constituir a "Convenção Internacional para o Estabelecimento de um Fundo Internacional para Compensação pelos Prejuízos Devidos à Poluição por Hidrocarbonetos de 1992 (Convenção de 1992 sobre o Fundo)".

[261] Cf., a propósito, ALTFULDISCH, *Haftung und Entschädigung nach Tankerunfällen auf See*, p. 46 e ss..

[262] Cf., v. g., VIALARD, *Faut-il réformer le régime d'indemnisation des dommages de pollution par hydrocarbures?*, *passim* e ARROYO, *Curso de Derecho Marítimo*², pp. 755-756; cf. também ALTFULDISCH, *Haftung und Entschädigung nach Tankerunfällen auf See*, p. 17: "In der Folge bedurfte es daher stets eines Unglücks, das die bisherigen Grenzen überstieg, und einer anschliessenden politischen Diskussion über die unzureichenden bestehenden Haftungsgrenzen, bis diese wieder erhöht wurden"; cf. ainda SABRINA ROBERT, *L'Érika*, p. 25 e ss., colocando a CLC "entre satisfaction et désillusion des victimes de la marée noire".

[263] Fase essa que se traduziu nos Protocolos SDR de 1976 (quer da CLC/69, quer do Fundo/71) e, após a CLC/92 e FIPOL/92, nas Emendas de 2000 relativamente a ambas as Convenções; cf., v. g., NESTEROWICZ, *European Union legal measures in response to the oil pollution of the sea*, p. 29 e ss..

demonstração de que o problema pode estar no próprio modelo constituído pela CLC/FIPOL[264], a criação de um terceiro nível de compensação (*lato sensu*), através de um novo Fundo que funciona em suplemento ao FIPOL[265], sendo, por tal, designado Fundo Complementar (*Supplementary Fund*)[266]. A criação do novo Fundo é feita através de um Protocolo (2003) à Convenção FIPOL 1992[267], sendo a respectiva *occasio* explicada pelos seguintes Considerandos: "Notando que a indemnização máxima permitida pela Convenção FIPOL 1992 poderá ser insuficiente em certas circunstâncias, para satisfa-

---

[264] Vejam-se as palavras desassombradas de VIALARD, *Faut-il réformer le regime d'indemnisation des dommages de pollution par hydrocarbures?*, p. 442: "Ce système, pour nous, repose sur une erreur d'optique fondamentale, consistant à vouloir traiter comme un problème classique du droit maritime (...), une question qui relève, dès la première goutte de pétrole échappée des flancs du navire transporteur, du droit de l'environnement". Tmbém para LE COUVIOUR, *La responsabilité civile à l'épreuve des pollutions majeures*, I, p. 36 e ss., o dispositivo CLC / FIPOL é incapaz de gerir os fenómenos catastróficos especiais, como são os os das grandes poluições resultantes do transporte marítimo; noutro passo (*op. cit.*, I, p. 38), a autora vai mesmo longe, questionando mesmo a apreensão do fenómeno catastrófico por parte das ciências jurídicas.

[265] É, neste particular, eloquente o facto de, por força do artigo 6/2 do Protocolo de 2003, um pedido de indemnização junto do FIPOL 1992 dever ser considerado como pedido de indemnização do mesmo requerente junto do Fundo Complementar.

[266] Cf., sobre este, ALTFULDISCH, *Haftung und Entschädigung nach Tankerunfällen auf See*, pp. 54-55; entre nós, cf. OLIVEIRA COELHO, *Poluição marítima por hidrocarbonetos e responsabilidade civil*, p. 190 e ss.. Seguindo o modelo do FIPOL, o Fundo Complementar é uma pessoa colectiva com personalidade jurídica própria (artigos 2/2 e 16 e seguintes do Protocolo de 2003).

[267] O Protocolo foi ratificado por Portugal, tendo sido aprovado conforme Decreto 1/2005, de 28 de Janeiro. Lamentamos, mais uma vez, o desacerto das traduções das convenções internacionais, que propicia dificuldades de interpretação, obrigando o intérprete, à cautela, a ter "sempre à mão" uma das versões que fazem fé. Seria, na verdade, elementar que os conceitos-chave utilizados no Protocolo de 2003 coincidissem com os que são utilizados na Convenção FIPOL 1992, a qual, por sua vez, deve estar inteiramente "sintonizada" com a CLC/92. Ora, o desencontro designativo é patente num conceito fundamental, parametrizador do âmbito de aplicação da CLC/92 e, por arrastamento, do FIPOL 1992 e do Fundo Complementar, que é o de "prejuízos devidos à poluição" (artigo I/6 da CLC/92 e artigo 1/2 da Convenção FIPOL 1992); o Protocolo de 2003 opta por referir, indistintamente, "prejuízo por poluição" (artigo 1/6) – fazendo, de resto, uma remissão para a "mesma acepção" do artigo I da CLC – "danos causados pela poluição" (artigo 4/1) e "prejuízos devidos à poluição" (artigo 2/1).

zer as necessidades de indemnização nalguns Estados Contratantes nessa convenção (...)"; e ainda: "Reconhecendo que alguns Estados Contratantes nas Convenções CLC 1992 e FIPOL 1992 consideram necessário e urgente disponibilizar fundos complementares através da criação de um regime complementar a que os Estados podem aderir se assim o desejarem (...)".

De acordo com o artigo 4/1 do Protocolo de 2003, o Fundo Complementar pagará uma compensação a qualquer pessoa que sofra *prejuízos devidos à poluição* (artigo I/6 da CLC/92) "se essa pessoa não tiver podido obter uma indemnização integral e adequada em resposta a um pedido de indemnização procedente[268] relativo a esses danos, nos termos da Convenção FIPOL 1992, porque o montante total dos danos excede, ou existe o risco de exceder, o limite de indemnização aplicável estabelecido no n.º 4 do artigo 4.º da Convenção FIPOL 1992 para cada incidente".

III. O Fundo é "alimentado" por contribuições, nos termos do artigo 10 e seguintes da Convenção FIPOL 1992. Os contribuintes do Fundo[269] são as pessoas que, no ano civil relevante, nos termos da Convenção[270], tenham

---

[268] O "pedido de indemnização procedente" é definido no artigo 1/8 do Protocolo 2003 como "um pedido de indemnização que tenha sido reconhecido pelo FIPOL 1992 e não passível de recurso ordinário e que teria sido integralmente pago se o limite estabelecido no n.º 4 do artigo 4.º da Convenção FIPOL não tivesse sido aplicado a esse incidente".

[269] Cf., v. g., JACOBSSON, *The international liability and compensation regime for oil pollution from ships*, p. 6 e ss.; cf. ainda, do mesmo autor, *Internationales Shadensersatzrecht für Ölverschmutzungsschäden beim Seetransport*, p. 6 e ss. e, com referência ao Fundo 71, *Entwicklung des Schadenbegriffs im Recht der Haftung für Ölverschmutzungsschäden*, pp. 5-6; cf. também ALTFULDISCH, *Haftung und Entschädigung nach Tankerunfällen auf See*, p. 51, para quem o tipo de financiamento do Fundo é um "wesentliches Merkmal" do mesmo. Sobre as alternativas colocadas no domínio dos trabalhos preparatórios, cf., v. g., HWANG, *Die Reederhaftung für Ölverschmutzungsschäden*, p. 135 e ss.; foi então considerado relevante o perigo da carga (HWANG, *op. cit.*, p. 137): "je mehr Ladung auf See befördert wird, desto grösser ist die Ölschadengefahr, die sie darstellt".

[270] Nos termos do artigo 12/2, é a Assembleia que fixa o montante das contribuições a ser cobrado. A partir daí, cabe ao Director determinar o montante da contribuição anual de cada pessoa referida no artigo 10, devendo, nessa determinação, considerar o regime das alíneas *a*) e *b*) do artigo 12/2. Esclarece o artigo 12/3 que as importâncias mencionadas no artigo 12/2 são calculadas dividindo o total das contribuições necessárias pelo total das quantidades de hidrocarbonetos contribuintes que foram recebidos, no decurso do ano considerado, no conjunto dos Estados Contratantes.

recebido determinada tonelagem de *hidrocarbonetos contribuintes*[271] transportados por via marítima (*i*) para portos ou instalações terminais localizados no território de cada Estado contratante [alínea *a*) do artigo 10/1] e (*ii*) descarregados num porto ou numa instalação terminal de um Estado não contratante e transportados posteriormente para uma instalação localizada naquele Estado contratante, tendo em conta que os hidrocarbonetos contribuintes só serão contabilizados na primeira entrega num Estado contratante após a sua descarga no Estado não contratante[272].

As contribuições ao Fundo estão, assim, dependentes da indústria petrolífera de transformação dos vários Estados parte, constatação que, a uma análise mais realista, deixa a nu o facto de os verdadeiros contribuintes serem, a final, os consumidores, já que, como é óbvio, tais contribuições reflectir-se-ão, em cadeia, nos preços na fase do consumo[273].

Seja como for, pelo menos numa primeira linha e em termos formais, os contribuidores são os utilizadores do transporte, importadores de hidrocarbonetos, que não os proprietários dos navios[274], o que marca uma relevante diferença de pressupostos face à CLC.

---

[271] A tonelagem a partir da qual o artigo 10 impõe deveres de contribuição é 150.000 toneladas. O conceito de *hidrocarbonetos* válido para a Convenção FIPOL 1992 é o do artigo I/5 da CLC/92, por força do artigo 1/2 daquela. No entanto, a Convenção FIPOL 1992 consagra o conceito de *hidrocarbonetos contribuintes* (artigo 1/3), considerando como tais o *petróleo bruto* e o *fuelóleo*. Por sua vez, cada um destes conceitos é objecto de novas definições [alíneas *a*) e *b*) do artigo 1/3]; cf., v. g., COMENALE PINTO, *La responsabilità per inquinamento da idrocarburi*, p. 34.

[272] Realce-se o facto de o artigo 10/2 introduzir o conceito de "pessoa associada": o objectivo é evitar que as companhias se socorram de sociedades-satélite para tornear o dever e a dimensão da contribuição. Assim, a alínea *a*) do artigo 10/2 manda adicionar aos hidrocarbonetos contribuintes recebidos pela "pessoa" os hidrocarbonetos contribuintes recebidos pela "pessoa associada"; cf., a propósito, HWANG, *Die Reederhaftung für Ölverschmutzungsschäden*, pp. 138-139.

[273] Cf., v. g., ARROYO, *Curso de Derecho Marítimo*², p. 761 ("Naturalmente esse importe lo paga el consumidor") e VIALARD, *Faut-il réformer le régime d'indemnisation des dommages de pollution par hydrocarbures?*, p. 440: "Qui paie la taxe, sinon le consommateur final de pétrole? Alors, un peu plus, un peu moins!".

[274] Cf., v. g., BONASSIES, *Après l'Erika: Les quatre niveaux de réparation des dommages*, p. 1574 e ss.; cf. também ALTFULDISCH, *Haftung und Entschädigung nach Tankerunfällen auf See*, p. 51 e ss. e VINCENZINI, *Profili assicurativi della responsabilità civile per inquinamento*

Quanto às contribuições para o Fundo Complementar, as mesmas são asseguradas *grosso modo* nos termos das contribuições para o FIPOL[275].

5.2. As compensações supletivas ou complementares

5.2.1. A compensação pelo Fundo

I. Resulta do artigo 2/1 da Convenção FIPOL 1992 que o principal objectivo do Fundo[276] é [alínea *a*)] assegurar uma compensação pelos *prejuízos devidos à poluição*[277], na medida em que seja insuficiente a indemnização prevista na CLC/92.

Na verdade, porém, conforme resulta do regime plasmado no artigo 4, o Fundo destina-se a cobrir não apenas situações de *insuficiência* mas também

---

da idrocarburi, 982 e ss.; cf. ainda KAPPET, *Tankerunfälle und der Ersatz ökologischer Schäden*, pp. 44-45: "Den Streit zwischen Reedern und Ölwirtschaft, wer für die Haftung infolge von Ölverschmutzungsschäden aufkommen soll, konnte auf diese Weise zun Ausgleich gebracht werden".

[275] Efectivamente, de acordo com o artigo 10/1 do Protocolo, as contribuições anuais para o Fundo Complementar serão efectuadas, em relação a cada Estado contratante, por qualquer pessoa que, no ano referido nas alíneas *a*) ou *b*) do artigo 11/2, tenha recebido, no total, hidrocarbonetos em quantidade superior a 150.000 toneladas, nos termos fixados nas alíneas *a*) e *b*) do mesmo artigo 10/1. Vale também no domínio do Fundo Complementar o regime do artigo 10/2 da Convenção FIPOL 1992, designadamente no que respeita ao relevo da "pessoa associada", por força do artigo 10/2 do Protocolo. Sobre o regime de contribuição para o Fundo Complementar, cf., v. g., ALTFULDISCH, *Haftung und Entschädigung nach Tankerunfällen auf See*, p. 55.

[276] Cf., v. g., COMENALE PINTO, *La responsabilità per inquinamento da idrocarburi*, p. 32 e ss..

[277] Vale aqui, por força do artigo 1/2 da Convenção FIPOL 1992, o sentido traçado no artigo I/6 da CLC/92. Aliás, outros conceitos parametrizadores da CLC/92 têm aplicação na Convenção FIPOL 1992, como o de "navio", "pessoa", "proprietário", "hidrocarbonetos", "medidas de salvaguarda", "evento" e "Organização", o que resulta explicado pela "continuidade normativa" (a expressão é, entre nós, adoptada por OLIVEIRA COELHO, *Poluição marítima por hidrocarbonetos e responsabilidade civil*, p. 186) entre as duas Convenções. Destacando a identidade de âmbitos de aplicação entre a CLC/92 e a Convenção FIPOL/92, cf. ALTFULDISCH, *Haftung und Entschädigung nach Tankerunfällen auf See*, p. 48 e COMENALE PINTO, *La responsabilità per inquinamento da idrocarburi*, p. 32 e ss..

aquelas, mais graves, em que os lesados[278] não tenham recebido qualquer indemnização por prejuízos devidos à poluição[279] no quadro da CLC/92. O artigo 4 da Convenção FIPOL 1992 revela-se, de facto, a disposição fundamental para determinar quem e em que situações pode agir contra o FIPOL.

Antes de analisarmos essas situações, importa, desde já, chamar a atenção para o facto de os artigos 4/2 e 4/3 preverem situações de "desobrigação" do Fundo, ou seja de situações em que o Fundo se pode recusar licitamente a pagar a compensação. Na alínea *a*) do artigo 4/2 é admitida a exclusão de responsabilidade do Fundo se for provado que os prejuízos devidos à poluição são consequência "de um acto de guerra, de hostilidades, de guerra civil ou de insurreição ou que foi causado por um derrame ou descarga de hidrocarbonetos proveniente de um navio de guerra ou de qualquer outro navio propriedade de um Estado ou por ele explorado e exclusivamente atribuído, no momento do incidente, a um serviço não comercial do Estado"[280].

Por sua vez, a alínea *b*) do mesmo artigo 4/2 prevê que o Fundo pode desobrigar-se "se o reclamante não puder provar que o prejuízo é devido a

---

[278] Em cujo número não se encontram, diversamente do que sustenta OLIVEIRA COELHO, *Poluição marítima por hidrocarbonetos e responsabilidade civil*, p. 186, "os donos da mercadoria cujo derramamento provoca os danos".

[279] Para quem siga cegamente a tradução portuguesa, deparará aqui com dificuldades sobre a identificação dos danos relevantes: na verdade, o artigo 4/1 da Convenção FIPOL 1992 emprega a expressão "prejuízos por poluição", quando seria suposto, em consonância com o artigo 1/2 e com a alínea *a*) do artigo 2/1, usar a expressão "prejuízos devidos à poluição". Trata-se de um escolho que o intérprete supera, dando relevo ao conceito que vem definido no artigo I/6 da CLC/92 e que é, de resto, assumido, desde logo, no artigo 1/2 da Convenção FIPOL, bem como na alínea *a*) do artigo 2/1. É de lamentar, mais uma vez, uma certa ligeireza do tradutor português que, na alínea *b*) do artigo 4/1, usa uma outra expressão ("prejuízo motivado por poluição") para designar os "prejuízos devidos à poluição".

Refira-se, nesta sede, que, por força do último parágrafo do artigo 4/1 da Convenção FIPOL 1992, são considerados "prejuízos por poluição", para efeitos do artigo 4, "as despesas ou os sacrifícios voluntários, razoavelmente efectuados pelo proprietário, para evitar ou reduzir prejuízos por poluição". Esta previsão é coerente com o facto de o artigo V/8 da CLC/92 admitir que participem no fundo de limitação, "desde que razoáveis, as despesas realizadas e os sacrifícios consentidos voluntariamente pelo proprietário, com o objectivo de evitar ou reduzir uma poluição".

[280] Cf., sobre a *ratio*, COMENALE PINTO, *La responsabilità per inquinamento da idrocarburi*, p. 34.

um incidente envolvendo um ou mais navios"[281]. Trata-se de uma medida que, se, por um lado, é compreensível, para evitar recursos não fundados ao Fundo – cujo campo de intervenção é determinado em função de uma prévia identificação do seu risco de intervenção, por parte dos contribuintes[282] – por outro, tornar-se-á intolerável se for interpretada no sentido de os lesados terem de identificar o navio ou navios; considerando os objectivos do Fundo, bastará que os lesados provem que os prejuízos têm origem num incidente marítimo envolvendo, pelo menos, um navio (ainda que não identificado), cabendo, então, ao Fundo o ónus da contraprova[283].

A situação de desobrigação prevista no artigo 4/3 da Convenção FIPOL 1992[284] está relacionada com o comportamento do lesado: destaque-se a desobrigação *per relationem* prevista na segunda parte do artigo 4/3: o Fundo fica desobrigado na medida em que o proprietário o fique também, nos termos do disposto no artigo III/3 da CLC/92[285]. De acordo com a primeira parte do artigo 4/3, o Fundo pode desobrigar-se, no todo ou em parte, da obrigação de compensar o lesado se fizer a prova de que o prejuízo devido à poluição resulta, no todo ou em parte, "seja do facto de a pessoa que o sofreu ter agido ou deixado de agir na intenção de causar prejuízo, seja da negligência dessa mesma pessoa"; trata-se, no entanto, de uma previsão que, em rigor, é pleonástica, uma vez que a desobrigação do Fundo, nessa situação, já resultaria da citada remissão *per relationem*, constante do último período do artigo 4/3 da Convenção sobre o Fundo, considerando o regime estabelecido no artigo III/3 da CLC.

---

[281] Cf., sobre este regime e sua justificação, CHAO WU, *La pollution du fait du transport maritime des hydrocarbures*, p. 104 e ss.. Sobre o "tremendous significance" do debate nesta matéria – dos "unidentified ships" – cf. M'GONIGLE / ZACHER, *Pollution, politics and international law*, p. 186 e ss..

[282] Acentuando este aspecto, cf. REMOND-GOUILLOUD, *Les fonds d'indemnisation*, p. 311.

[283] Cf., neste sentido, HWANG, *Die Reederhaftung für Ölverschmutzungsschäden*, p. 142: "es ist hinreichend, wenn der Geschädigte beweisen kann, dass die Schäden aus dem Tankereignis entstanden sind"; cf. também OLIVEIRA COELHO, *Poluição marítima por hidrocarbonetos e responsabilidade civil*, pp. 189-190.

[284] Desobrigação essa que, no entanto, não abrange as *medidas de salvaguarda*, conforme dispõe o artigo 4/3, *in fine*.

[285] Cf. o nosso *Limitação de responsabilidade por créditos marítimos*, p. 382 e ss..

II. A *primeira situação* em que é possível recorrer ao Fundo é aquela em que a CLC/92 "não prevê nenhuma responsabilidade pelos prejuízos em causa". Digamos que, *a priori*, em todos os casos em que o proprietário do navio fica exonerado de responsabilidade, o lesado poderá obter uma compensação do FIPOL[286].

O artigo 4/1 da Convenção FIPOL 1992 remete, desta forma, para o artigo III/2 da CLC/92[287], disposição que exonera o proprietário do navio da responsabilidade por qualquer prejuízo devido à poluição, *grosso modo*, por actos de guerra ou de caso fortuito ou de força maior [alínea *a*)]; por acto ou omissão intencional de terceiro [alínea *b*)] ou por negligência ou acção prejudicial de um Governo ou de outra autoridade responsável pelo bom funcionamento dos faróis ou de outros auxiliares da navegação, praticada no exercício destas funções [alínea *c*)].

A *segunda situação* em que é possível ao lesado recorrer ao Fundo é aquela [alínea *b*) do artigo 4/1] em que em que o proprietário do navio, responsável face à CLC/92, não tenha *capacidade financeira* para cumprir as obrigações que decorrem daquela Convenção, sendo a (eventual) garantia financeira, constituída nos termos do artigo VII da mesma CLC, insuficiente para satisfazer os pedidos de indemnização[288].

Que *diligências* deve fazer o lesado para ter "comprovado" o requisito da incapacidade financeira do proprietário do navio? Parece que *todas* (!), face ao que dispõe o segundo período da alínea *b*) do artigo 4/1, deixando a nu a frágil situação dos lesados e suscitando a legítima reserva sobre a coerência entre o discurso preambular à Convenção FIPOL 1992 e as concretas exigências desta: o lesado tem de fazer a prova de que usou "todos os meios legais ao seu alcance" para conseguir obter integralmente o montante da indemnização a que tem direito face à CLC/92 e que tal objectivo não foi conseguido. Havendo garantia financeira constituída nos termos do artigo VII da CLC, o lesado terá de fazer idêntica prova.

---

[286] Cf., a propósito, com referência à Convenção FIPOL 1971, CHAO WU, *La pollution du fait du transport maritime des hydrocarbures*, p. 108 e ss. e HWANG, *Die Reederhaftung für Ölverschmutzungsschäden*, p. 141 e ss..

[287] Cf. o nosso *Limitação de responsabilidade por créditos marítimos*, p. 382 e ss..

[288] Cf., por todos, HWANG, *Die Reederhaftung für Ölverschmutzungsschäden*, pp. 143-144.

A *terceira situação* em que é possível ao lesado recorrer ao Fundo é aquela [alínea *c*) do artigo 4/1] em que os prejuízos excedem o limite da responsabilidade do proprietário do navio, conforme estabelecido no artigo V/1 da CLC/92[289].

Digamos que a previsão de intervenção do Fundo nesta situação tem toda a lógica, correspondendo mesmo, pode dizer-se, à situação típica, objecto de preocupação dos Estados parte, aquando da criação do FIPOL. Justifica--se, assim, neste quadro, a referência ao limite do fundo de limitação de responsabilidade, para deixar claro a partir de que volume quantificado de danos intervém o Fundo.

Causa já alguma perplexidade, sob o prisma de tutela dos lesados, a dependência da intervenção do FIPOL da constituição, no âmbito da CLC/92, de um fundo de limitação. Na verdade, resulta do artigo 4/6 da Convenção FIPOL que, não tendo o proprietário do navio constituído um fundo de limitação ao abrigo do artigo V/3 da CLC/92, o pagamento de uma compensação por parte do Fundo está dependente da discricionariedade da Assembleia do Fundo. Ou seja: literalmente interpretado, o artigo 4/6 permite que, numa situação em que o proprietário do navio não tenha o direito de limitar a sua responsabilidade (artigo V/2 da CLC/92) e, como tal, não tenha podido constituir um fundo de limitação, o FIPOL só compensa os lesados pelos prejuízos sofridos se quiser, de nada relevando, neste quadro, a circunstância de o proprietário do navio estar eventualmente insolvente. Parece-nos, porém, que a preocupação ínsita ao regime do artigo 4/6 não é a da *efectiva constituição* do fundo de limitação, como tal declarada pelo tribunal, mas a do *requerimento* ou *promoção* de constituição do fundo de limitação. Aparentemente, pretende o FIPOL assegurar-se, antes de pagar qualquer compensação, que o evento foi sujeito à apreciação de um tribunal, no âmbito de um processo no qual foi feita prova relativamente à dimensão da responsabilidade do proprietário do navio.

Referidas as situações em que é possível aos lesados por prejuízos devidos à poluição exigir uma compensação ao Fundo, torna-se evidente que, umas vezes, tal compensação surge *em complemento* da indemnização

---

[289] A alínea *c*) do artigo 4/1 não se reporta apenas àquele limite: reporta-se ainda aos "termos de qualquer convenção internacional em vigor ou aberta para assinatura, ratificação ou adesão à data da presente Convenção".

obtida, directa ou indirectamente, através do proprietário do navio – como no caso em que o lesado tenha sido parcialmente satisfeito através do fundo de limitação previsto na CLC/92 – enquanto que noutros casos essa compensação supre a falta de indemnização, tendo, então, um cariz *supletivo*[290]: assim acontece, por exemplo, na situação em que o lesado não logra obter indemnização directa do proprietário do navio por impotência económica deste, nem logra recorrer a um fundo de limitação, pelo facto de o mesmo não ser obrigatório ou, sendo-o, não ter sido constituído.

III. Conforme resulta do exposto, a compensação pelo Fundo não é norteada pelo princípio do ressarcimento integral dos danos sofridos pelo lesado: a compensação supletiva ou suplementar pagável pelo Fundo tem também limites, que se encontram definidos no artigo 4 da Convenção FIPOL 1992[291].

A regra está formulada no artigo 4/4[292], na sua alínea *a*): a soma dos montantes recebidos ao abrigo da CLC/92 com os montantes a pagar pelo Fundo, por prejuízos devidos à poluição em consequência de um *evento*, não poderá exceder 203.000.0000 unidades de conta[293].

As alíneas *b*) e *c*) do artigo 4/4 contêm novas previsões. Assim [alínea *b*)], a quantia total a pagar pelo Fundo, por prejuízos devidos à poluição resultantes de um *fenómeno natural* de carácter excepcional, inevitável e

---

[290] Cf., a propósito, REMOND-GOUILLOUD, *Les fonds d'indemnisation*, p. 310 e ss. e CHAO WU, *La pollution du fait du transport maritime des hydrocarbures*, p. 100 e ss.; cf. também MÁRIO RAPOSO, *A nona lei marítima de Macau*, p. 1168 (acentuando o cariz complementar) e *Segunda (e última) reflexão*, p. 684, reportando-se à previsão de uma "indemnização adicional ou substitutiva em relação à prevista na CLC".

[291] Consideramos aqui os limites que resultam das emendas adoptadas na 82.ª sessão do Comité Legal da OMI, através da Resolução LEG.2 (82), conforme aprovação feita pelo Decreto 5/2006, de 6 de Janeiro.

[292] De salientar também o regime da alínea *d*) do artigo 4/4, a qual manda não considerar, para efeitos da soma global, os (eventuais) *juros do fundo de limitação* constituído ao abrigo do artigo V/3 da CLC; refira-se também o facto de a alínea *e*) definir os termos da *conversão* das unidades de conta em moeda nacional.

[293] Para efeitos da Convenção FIPOL, o significado de "unidade de conta" é o mesmo que se encontra estabelecido na CLC/92, conforme decorre do artigo 1/4 daquela Convenção. Não se compreenderia, de resto, que, em função das íntimas ligações entre as duas convenções, fossem adoptados significados diversos.

irresistível – situação esta em que a alínea *a*) do artigo III/2 da CLC permite que o proprietário do navio se exonere de responsabilidade[294] – não deve exceder 203.000.0000 unidades de conta; já de acordo com a alínea *c*), a quantia máxima de compensação mencionada nas alíneas *a*) e *b*) deve ser de 300.740.000 unidades de conta para um determinado evento que ocorra em qualquer período em que haja três Partes na Convenção, relativamente à quais o conjunto de hidrocarbonetos contribuintes recebidos por pessoas, nos territórios dessas Partes, durante o ano civil anterior, seja igual ou superior a 600 milhões de toneladas[295].

O artigo 4/5 cura da situação em que as quantias definidas nos termos do artigo 4/4 não sejam suficientes para satisfazer plenamente as pretensões dos lesados; nesse caso, o montante disponível deverá ser distribuído pelos reclamantes, de tal forma que a proporção entre cada reclamação e o montante das compensações recebidas ao abrigo da Convenção FIPOL seja a mesma para todos os reclamantes: trata-se, substancialmente, de aplicar, em sede de compensação pelo Fundo, a lógica do princípio *par conditio creditorum*.

5.2.2. A compensação pelo Fundo Complementar

Tal como em relação ao FIPOL, também as compensações a pagar pelo *Fundo Complementar* não são norteadas pelo princípio da integral satisfação dos credores[296], estabelecendo, do mesmo modo, o Protocolo de 2003 limites de compensação pelo Fundo Complementar.

De acordo com a alínea *a*) do artigo 4/2 do Protocolo, o montante total das compensações pagáveis pelo Fundo Complementar, por força do artigo 4/1, relativamente a cada *evento*[297], será limitado de modo a que a soma desse montante e do montante das indemnizações efectivamente pagas ao

---

[294] Cf. o nosso *Limitação de responsabilidade por créditos marítimos*, p. 382 e ss..

[295] Cf., mas com referência à Convenção de 1971 e respectivos valores, CHAO WU, *La pollution du fait du transport maritime des hydrocarbures*, p. 111 e ss..

[296] Cf., v. g., BRIGNARDELLO, *I luoghi di rifugio per le navi in pericolo*, p. 427.

[297] Somos forçados a voltar, mais uma vez, às agruras das traduções: o Protocolo refere-se aqui a "incidente" e chega mesmo (artigo 1/6) a remeter para o sentido que tal palavra tem na CLC/92, sentido esse que, em rigor literal, não é nenhum, já que esta adopta o conceito de "evento" (artigo I/8).

abrigo da Convenção CLC 1992 e da Convenção FIPOL 1992 que se inscrevam no âmbito de aplicação do Protocolo, não exceda 750 milhões de unidades de conta[298].

Por força do artigo 4/3, se o montante dos pedidos de indemnização imputáveis ao Fundo Complementar exceder o montante total das indemnizações pagáveis nos termos do artigo 4/2, o montante disponível é repartido *pro rata*, de modo que a proporção entre o pedido de indemnização procedente e o montante da indemnização efectivamente recebida pelo credor ao abrigo do Protocolo seja a mesma para todos os credores.

6. Considerações conclusivas sobre o sistema CLC/Fundos

6.1. CLC / Fundo / Fundo Complementar: um modelo à deriva?

I. O até agora exposto permite manifestar, com alguma segurança, reservas à solidez do sistema CLC/Fundos. Essas reservas assentam, em vários pontos.

(*i*) No facto de, como se viu, a CLC, ao canalizar a responsabilidade para o proprietário do navio, ter operado "desimputações", imunizando – nas relações externas com os lesados – sujeitos, como o armador não proprietário do navio que, de outro modo, poderia ser responsabilizado[299].

---

[298] Por força do artigo 5 do Protocolo de 2003, o Fundo Complementar pagará a indemnização quando a Assembleia do FIPOL 1992 considerar que o montante total dos pedidos de indemnização procedentes excede, ou existe o risco de exceder, o montante total de indemnização previsto no artigo 4/4 da Convenção FIPOL 1992 e que, em consequência, a Assembleia do FIPOL 1992 tenha decidido, provisória ou definitivamente, que apenas serão efectuados pagamentos em relação a uma percentagem de um pedido procedente; caberá, então, à Assembleia do Fundo Complementar decidir se e em que medida esse Fundo pagará a proporção de um pedido procedente, não paga ao abrigo da Convenção CLC 1992 e da Convenção FIPOL 1992.

[299] Cf., a propósito, CHAO WU, *La pollution du fait du transport maritime des hydrocarbures*, p. 219 e ss. e 100 e ss.; cf. também BONASSIES, *Le Droit Maritime classique et la sécurité des espaces maritimes*, p. 134: "se sachant juridiquement responsable, l'affréteur

Por outro lado, ao canalizar a responsabilidade para o proprietário do navio, sem ter tido o cuidado de efectivar uma canalização total ou absoluta, a CLC coloca fora da responsabilidade face aos lesados os, amiúde, verdadeiros responsáveis, ao mesmo tempo que permite que se efective uma pressão responsabilizadora sobre terceiros, intervenientes normalmente secundários ("side-players"), como as empresas reparadoras ou as sociedades de classificação de navios.

(*ii*) Ao limitar a responsabilidade do proprietário do navio aos prejuízos devidos à poluição decorrentes de hidrocarbonetos minerais persistentes, a CLC deixa fora do sistema a poluição causada por outras substâncias nocivas ou perigosas, forçando, assim, os trabalhos para uma outra Convenção (no caso a HNS):

(*iii*) Os limites sucessivamente fixados têm demonstrado que o sistema CLC/Fundos tem andado ao ritmo das grandes catástrofes, estando sempre ou quase sempre aquém da seguinte.

(*iv*) A dimensão dos danos a ressarcir só a partir do Protocolo de 1992 dá algum relevo aos danos ambientais, mas impunha-se um critério mais "amigo do ambiente".

(*v*) Considerando a CLC, o seguro não protege suficientemente os lesados quando o proprietário do navio esteja insolvente, quando o próprio segurador o esteja ou quando o proprietário do navio tenha provocado intencionalmente os danos.

(*vi*) O sistema actual não se mostra suficientemente dissuasor na prevenção de grandes catástrofes[300].

(*vii*) A CLC surge, designadamente quando confrontada com o *Oil Pollution Act*, demasiado branda para com o proprietário do navio, tendo o Protocolo de 1992 facilitado – ou, pelo menos, pretendido facilitar – a limitação de responsabilidade ou, vendo por outro

---

coque nue, l'affréteur à temps, et plus généralement l'exploitant non propriétaire, sera porté à être plus attentif à la qualité de ses équipages, à la formation de ceux-ci, à l'entretien du navire, tous éléments qui font la sécurité de la navigation".

[300] Cf., v. g. BULHER, *Les marées noires: prévention et réparation*, p. 474, seguindo de perto o pensamento de Vialard.

prisma, restringido as situações em que aos credores é dado obter indemnização pela totalidade dos danos[301].

II. Neste quadro, não espanta que o complexo e insuficiente sistema CLC/Fundos fique, para muitos[302], a perder no confronto com o *Oil Pollution Act* norte-americano, reportando-se Lucchini[303] à "grande faiblesse" do sistema, Chao Wu[304] a um "vício oculto", enquanto que Vialard[305] se refere, duramente, à "irresponsabilité organisée" dos proprietários de navios.

Na base de tudo parece estar um erro de perspectiva[306]: a aplicação a um problema ambiental de uma lógica de responsabilidade civil (e respectiva limitação) marítima, podendo dizer-se, com Vialard[307], que "la limitation de l'indemnisation des catastrophes de marée noire opposée à des victimes d'un trafic profitable au monde entier est devenue inacceptable"; ou então, com Bonassies[308]: "L'institution de la limitation de responsabilité, valable dans la vie maritime classique, apparait dépassée par les développements de la tecnologie moderne, lesquels font des navires des sources de danger non seulement pour les marchandises qu'ils transportent mais aussi pour les tiers, et surtout pour l'environnement".

---

[301] Lê-se, a propósito, em JACOBSSON, *The international liability and compensation regime for oil pollution from ships*, p. 20: "(...) it is much more difficult for a shipowner to limit liability in the United States than it is under the international regime".

[302] Cf., v. g., VIALARD, *Faut-il réformer le régime d'indemnisation des dommages par hydrocarbures?*, p. 443 e ss., lendo-se a pp. 449: "Combien de temps lui faudra-t-il pour transposer dans une convention internationale les idées de l'*Oil Pollution Act* de 1990, dont les solutions sont beaucoup plus proches des exigences sociales et environnnementales modernes que celles du système de l'OMI?".

[303] Cf. LUCCHINI, *Le procès de l'Amoco Cadiz*, p. 782; a pp. 766, o autor refere-se às sucessivas "insuffisances ou défaillances", progressivamente postas a nu.

[304] Cf. CHAO WU, WU, *La pollution du fait du transport maritime des hydrocarbures*, p. 221.

[305] Cf. VIALARD, *Faut-il réformer le régime d'indemnisation des dommages par hydrocarbures?*, p. 438.

[306] Refere-se, a propósito, VIALARD, *Faut-il réformer le régime d'indemnisation des dommages par hydrocarbures?*, p. 442, a "une erreur d'optique fondamentale".

[307] Cf. VIALARD, *Faut-il réformer le régime d'indemnisation des dommages par hydrocarbures?*, p. 449.

[308] Cf. BONASSIES, *Rapport de synthèse*, p. 1088.

Haveria que tratar estas situações em "modo ambiental", que não em "modo marítimo", ou, se quisemos, deixar de seguir o "paradigma marítimo" para seguirmos o "paradigma ambiental"[309].

A questão que, serenamente, deve ser colocada é a de saber quando é que haverá coragem de tomada de medidas de fundo, que permitam parar com a situação de "correr atrás do prejuízo", que se verifica no sistema actual constituído pelo conjunto CLC / Fundos[310].

6.2. Sobre a natureza da responsabilidade do proprietário do navio

Cremos ter deixado suficientemente apontada uma diferença de natureza entre a *indemnização* prevista na CLC e a *compensação* prevista na Convenção FIPOL e no Fundo Complementar[311]. Essa diferença de natureza apresenta-se, à partida, como sugestiva: na CLC estaria em causa a responsabilidade do proprietário do navio, enquanto que através dos Fundos se pretenderia tornar indemnes os lesados, mas à margem do regime da responsabilidade civil.

Impõe-se, porém, uma análise mais atenta no que tange à responsabilidade do proprietário do navio, importando questionar o seu carácter *ressarcitório* ou *punitivo*[312]. Mais concretamente, está em causa saber se a

---

[309] Cf. também KIERN, *Liability, compensation and financial responsibility under the Oil Pollution Act*, p. 529 e ss., referindo-se ao facto de o *Oil Pollution Act* ter desmantelado o tradicional regime da responsabilidade marítima e respectiva limitação: "traditional barriers to responsible party liability".

[310] Com propostas para um novo modelo, organizado com base num SUPER-FIPOL, e com um regresso à responsabilidade aquiliana, complementada pela previsão de indemnizações punitivas, cf. LE COUVIOUR, *La responsabilité civile à l'épreuve des pollutions majeures*, I e II, *passim* (cf. ee II, p. 753 e ss.); Questionando se a existência de limites de indemnização não será "a historical mistake", cf. também FAURE / HUI, *Financial caps of oil pollution damage*, p. 603 e ss.. A equacionação de uma reforma exigiria uma profunda análise económica do sistema existente, abordagem essa que, de resto, vem sendo feita por alguns autores; cf., v. g., Faure / Hui, *Economic analysis of compensation for oil pollution damage*, *passim* e FAURE, *L'analyse économique du droit de l'environnement, passim*.

[311] Cf. *supra*, ponto 5.1.

[312] Sobre o problema, no âmbito da CLC, pode ver-se, v. g., COMENALE PINTO, *La responsabilità per inquinamento da idrocarburi*, p. 17 e ss. e VINCENZINI, *Profili assicurativi della responsabilità per inquinamento da idrocarburi*, p. 980.

responsabilidade que o artigo III/1 da CLC imputa ao proprietário do navio tem por fim ressarcir os lesados ou punir tal responsável. Não se esqueça, na equacionação deste problema, o facto de, para a CLC, ser absolutamente indiferente, no que respeita às relações externas com os lesados, que o proprietário do navio seja o efectivo ou material responsável – aquele que seria responsável, de acordo com as regras gerais de imputação da responsabilidade civil aquiliana. Conforme vimos, ainda que, de acordo com o regime geral da responsabilidade civil, a imputação devesse ser feita, por exemplo, ao afretador em casco nu, a CLC desconsidera totalmente tal imputação e sobrepõe à mesma a imputação – a canalização – ao proprietário do navio. Falou-se mesmo *supra* de "desimputações", mas, na realidade, trata-se de desconsideração de imputações a nível das relações externas – salvos os casos excepcionais em que a CLC permite a responsabilização directa das pessoas num primeiro passo "imunizadas", nos termos do artigo III/4[313], e sem prejuízo também das situações de imputação a pessoas não referidas no mesmo artigo III/4[314].

À partida, diríamos que a responsabilidade do proprietário do navio tem um cariz indemnizatório: a CLC imputa ao proprietário do navio a responsabilidade por prejuízos devidos à poluição com o único objectivo de permitir o ressarcimento de prejuízos. A partir daqui, o facto de tal sujeito poder, em princípio, limitar a sua responsabilidade não milita contra esta conclusão, significando tal limitação possível – quando possível – que, por razões específicas, a seu tempo analisadas[315], a CLC admite que o proprietário do navio não tenha que arcar com a totalidade dos danos.

Até aqui, a ideia de *punir* o proprietário do navio *qua tale* parece-nos alheia à CLC, parecendo-nos evidente que, a pretender estabelecer um sistema de indemnização punitiva, a CLC não teria optado por um regime de canalização: teria optado por imputar a responsabilidade ao efectivo causador, dobrando tal imputação com uma *pena*.

Onde a dimensão punitiva já parece aflorar é nas situações em que, ao proprietário do navio não é possível limitar a sua responsabilidade (artigo

---

[313] Cf. *supra*, ponto 2.
[314] Cf. *supra*, ponto 2.7.
[315] Cf. *supra*, ponto 4.

V/2)[316]: poderíamos dizer que a CLC, ao impor – diríamos *reimpor* – ao proprietário do navio o dever de ressarcir os lesados pela totalidade dos danos indemnizáveis face à mesma CLC, estaria a punir o proprietário do navio pela sua conduta. Não obstante, não nos parece que assim seja, pelo menos em termos de natureza da responsabilidade do proprietário do navio, uma vez que a mesma não é, à partida[317] – diríamos mesmo, em princípio – limitada ou limitável, cobrindo, assim, vocacionalmente, a responsabilidade do proprietário do navio a totalidade dos danos. A dimensão punitiva só é captável se nos circunscrevermos ao regime da limitação da responsabilidade sem curar da sua inserção e articulação com os termos da imputação feita no artigo III/1 da CLC.

Acresce que, em rigor, as situações em que ao proprietário do navio não é dado limitar a sua responsabilidade correspondem, não plenamente mas *grosso modo*, àquelas em que a imputação legal *ex vi* canalização se encontra com aquela que seria a imputação nos termos gerais da responsabilidade civil, colocando-se, então a questão do carácter sancionatório ou punitivo nos termos em que a questão deve ser, em geral colocada na dogmática da responsabilidade.

O exposto não desconsidera o facto de o proprietário do navio poder ter que ressarcir danos que não causou efectivamente. Nesses casos, a sua responsabilidade objectiva é explicada pelo risco e perigosidade da actividade que desenvolve ou que propicia, ao permitir a exploração do navio por outrem, podendo ser também considerado um garante da indemnização que os lesados poderiam (eventualmente) exigir a outrem, entretanto imunizado, nas relações externas, pela CLC.

---

[316] Cf. *supra*, ponto 4.2.
[317] Cf. o nosso *Limitação de responsabilidade por créditos marítimos*, p. 481 e ss., sobre a posição do proprietário do navio quanto à limitação na convenção de Bruxelas de 1957.

BIBLIOGRAFIA*

ALBUQUERQUE, Pedro de / PEREIRA, Maria de Lurdes – *A responsabilidade civil das autoridades reguladoras e de supervisão por danos causados a agentes económicos e investidores no exercício de actividades de fiscalização ou investigação*, in "Regulação e concorrência. Perspectivas e limitres da defesa da concorrência", Almedina, Coimbra, 2004, pp. 203-248.

ALMEIDA, Alcides de / DUARTE, Miranda – *Legislação marítima anotada*, II, Almedina, Coimbra, 1971.

ALMEIDA, Margarida Maria Matos Correia Azevedo de – *A responsabilidade civil do banqueiro perante os credores da empresa financiada*, Universidade de Coimbra, Coimbra Editora, Coimbra, 2003.

ALTFULDISCH, Rainer – *Haftung und Entschädigung nach Tankerunfällen auf See. Bestandsaufnahme, Rechtsvergleich und Überlegungen de lege ferenda*, Springer, Berlin, 2006.

AMZALAK, Mose Bensahat – *Armamentos marítimos*, Lisboa, 1924.

ANTUNES, Ana Filipa Morais – *O abuso da personalidade jurídica colectiva no Direito das Sociedades Comerciais. Breve contributo para a temática da responsabilidade civil*, in "Novas tendências da responsabilidade civil", por Ana Filipa Morais Antunes, Maria João Pestana de Vasconcelos e Fernando Sá, Almedina, Coimbra, 2007, pp. 7-83.

ANTUNES, José A. Engrácia – *Os grupos de sociedades. Estrutura e organização jurídica da empresa plurisocietária*, 2.ª edição, Almedina, Coimbra, 2002.

ARAGÃO, Maria Alexandra – *O princípio do poluidor-pagador*, Coimbra Editora, Coimbra, 1997.

ARAÚJO, Fernando – *Teoria económica do contrato*, Almedina, Coimbra, 2007.

ARROYO MARTÍNEZ, Ignacio – *Curso de Derecho Marítimo*, 2.ª edição, Thomson – Civitas, Cizur Menor, 2005.

——, *Problemas jurídicos relativos a la seguridad de la navegación marítima (referencia especial al "Prestige")*, in "Estudios sobre el régimen jurídico de los

---

*A presente lista inclui as obras que, constando da Bibliografia do nosso livro *Limitação de responsabilidade por créditos marítimos*, estão citadas no presente texto. Pelas razões explicadas na nota inicial, inseriu-se também a indicação bibliográfica daquela obra.

Vertidos de Buques en el Medio Marino", Direcção de José Luís Meilán Gil, Coordenação de Juan José Pernas García e Rafael Garcia Pérez, Thomson / Aranzadi, Cizur Menor, 2006, pp. 41-69.

AYLLÓN DÍAZ-GONZÁLEZ, Juan Manuel – *Derecho nuclear*, Editorial Comares, Granada, 1999.

BARBOSA, Mafalda Miranda – *Liberdade vs. Responsabilidade. A precaução como fundamento da imputação delitual? Considerações a propósito dos cable cases*, Almedina, Coimbra, 2006.

BASEDOW, Jürgen / WURMNEST, Wolfgang – *Die Dritthaftung von Klassifikationsgesellschaften*, Mohr Siebeck, Tübingen, 2004.

——, *Responsabilidad de las sociedades de classificación frente a terceros en el contexto de los accidentes de la navegación*, in "Estudios sobre el régimen jurídico de los Vertidos de Buques en el Medio Marino", Direcção de José Luís Meilán Gil, Coordenação de Juan José Pernas García e Rafael Garcia Pérez, Thomson / Aranzadi, Cizur Menor, 2006, pp. 413-434.

BERLINGIERI, Francesco – *Progetto di Convenzione Internazionale per la disciplina della responsabilità per danni da polluzione da idrocarburi*, in DM 1968, pp. 520-542.

——, *La conferenza di Bruxelles sui danni da polluzione da idrocarburi*, in DM 1969, pp. 501-518.

——, *Il regime uniforme della responsabilità per danni risultanti dall'esercizio della nave e della sua limitazione*, in DM 1999, pp. 271-311.

——, *Il sistema internazionale di risarcimento dei danni causati da inquinamento da idrocarburi*, in DM 1992, pp. 3-29.

BLOMEYER, Johann-Georg – *Die Kanalisierung der Haftung im Atomrecht aus Versicherungsrechtlicher Sicht*, Berlin, 1971.

BOISSON, Philippe – *Le rôle des sociétés de classification dans le transport maritime*, in "Études de droit maritime à l'aube du XXI.ᵉ siècle. Mélanges offertes à Pierre Bonassies", Éditions Moreux, Paris, 2001, pp. 65-74.

——, *La société de classification bénéficie-t-elle de l'exclusion prévue par l'article III (4) de la Convention CLC?*, in DMF 2008, pp. 696-703.

BONASSIES, Pierre – *Le droit maritime classique et la sécurité des espaces maritimes*, in "Espaces et Ressources Maritimes", N.º 1 (1968), pp. 115-135.

——, *Après l'Erika: les quatre niveaux de réparation des dommages résultant d'une pollution maritime par hydrocarbures*, in DM 2000, pp. 1570-1580.

——, *Rapport de synthèse*, in DMF 2002, pp. 1083-1088.

——, *Sociétés de classification et convention de 1969 / 1992 sur la responsabilité pour les dommages dus à la pollution par les hydrocarbures*, in DMF 2008, pp. 691-696.

BONELLI, Franco – *La limitazione della responsabilità armatoriale*, in DM 1983, pp. 130-144.

——, *La responsabilità della società controllante per gli illeciti delle proprie controllate*, in DM 1985, pp. 908-919.

BRIGNARDELLO, Monica – *I luoghi di rifugio per le navi in pericolo: un difficile compromesso tra sicurezza della navigazione, tutela ambientale ed interessi degli Stati costieri*, in DM 2005, pp. 401-433.

BRINZ, V. – *Obligation und Haftung*, in AcP 70 (1886), pp. 371-408.

BRITO, José Miguel de Faria Alves de – *Seguro marítimo de mercadorias. Descrição e notas ao seu regime jurídico*, Almedina, Coimbra, 2006.

BULHER, Jean-Claude – *Les marées noires: prévention et réparation*, in DMF 2003, pp. 471-475.

CABRAL, Rita Amaral – *A tutela delitual do direito de crédito*, in "Estudos em Homenagem ao Professor Doutor Manuel Gomes da Silva", Edição da Faculdade de Direito da Universidade de Lisboa, Coimbra Editora, 2001, pp. 1025--1053.

CARBALLO-CALERO, Pablo Fernández / TORRES PÉREZ, Francisco – *Aseguramiento de la responsabilidad civil por contaminación marina: la intervención de los P & I*, in "Estudios sobre el régimen jurídico de los Vertidos de Buques en el Medio Marino", Direcção de José Luís Meilán Gil, Coordenação de Juan José Pernas García e Rafael Garcia Pérez, Thomson / Aranzadi, Cizur Menor, 2006, pp. 491-520.

CARBONE, Sergio M. – *Diritto internazionale e protezione dell'ambiente marino dall'inquinamento: sviluppi e prospettive*, in DM 2001, pp. 956-968.

CARBONE, Sergio M. / CELLE, Pierangelo / GONZALO, Marco Lopez de – *Il Diritto Marittimo attraverso i casi e le clausole contrattuali*, 3.ª edição, G. Giappichelli Editore, Torino, 2006.

CAXARIA, João da Fonseca / MILLER, Rui Vieira – *Regulamento Geral das Capitanias anotado e com legislação complementar*, Almedina, Coimbra, 1972.

CELLE, Pierangelo – cf.: CARBONE, Sergio M. / CELLE, Pierangelo / GONZALO, Marco Lopez de.

COELHO, Carlos Oliveira – *Poluição marítima por hidrocarbonetos e responsabilidade civil*, Almedina, Coimbra, 2007.

COLLAÇO, Isabel Magalhães – *Problemas jurídicos no domínio do risco nuclear*, textodactilografado, s/d mas provavelmente 1960.

COMISSÃO PERMANENTE DE DIREITO MARÍTIMO INTERNACIONAL – *Pareceres da Comissão Permanente de Direito Marítimo Internacional*, Ministério da Marinha, Lisboa, 1964.

CORDEIRO, António Menezes – *O levantamento da personalidade colectiva no direito civil e comercial*, Almedina, Coimbra, 2000.

—, *Manual de Direito das Sociedades*, I, 2.ª edição, 2007, II, 2.ª edição, 2007, Almedina, Coimbra.

CORDIER, Patricia – cf.: PONTAVICE, Emmanuel / CORDIER, Patricia.

COSTA, Mário Júlio Almeida – *Direito das obrigações*, 10.ª edição, Almedina, Coimbra, 2006.

COSTA, Salvador da – *O concurso de credores. Sobre as várias espécies de concurso de credores e de garantias creditícias*, 4.ª edição, Almedina, Coimbra, 2009.

DANIEL, B. D. – *Potential liability of marine classification societies to non-contracting parties*, in USFMLJ 19 (2006-2007), pp. 183-295.

DÄUBLER, Wolfgang – *Haftung für gefährliche Technologien. Das Beispiel Atomrecht*, C. F. Müller, Heidelberg, 1988.

DE MARTINO, Vittorio – *La responsabilità civile nelle attività pericolose e nucleari*, Giuffrè Editore, Milano, 1979.

DIAS, João António Álvaro – *Dano corporal. Quadro epistemológico e aspectos ressarcitórios*, Almedina, Coimbra, 2001.

DIOGO, Luís da Costa / JANUÁRIO, Rui – *A Convenção das Nações Unidas sobre o Direito do Mar e o novo regime legal do ilícito de poluição marítima*, in RJ 24 (2001), pp. 227-264.

DUARTE, Diogo Pereira – *Aspectos do levantamento da personaliadde colectiva nas sociedades em relação de domínio. Contributo para a determinação do regime da empresa plurisocietária*, Almedina, Coimbra, 2007.

DUARTE, Miranda – cf.: ALMEIDA, Alcides de / DUARTE, Miranda.

DUNCAN, George E. – *Limitation of shipowner' liability: parties entitled to limit; the vessel; the fund*, in TLR 53 (1978-1979), pp. 1046-1086.

ESTEVES, José Vasconcelos – *Direito Marítimo, I. Introdução. Armamento. Navio. Comandante. Piloto*, Livraria Petrony, Lisboa, 1990.

FARIA, Jorge Leite Areias Ribeiro de – *Direito das obrigações*, 2 volumes, Almedina, Coimbra, 1990.

FAURE, Michael / HUI – *Financial caps of oil pollution damage: a historical mistake?*, in MP 32 (2002), pp. 592-606.

——, *Economic analysis of compensation for oil pollution damage*, in JMLC 37 (2006), pp. 179-217.

FERNANDES, Luís A. Carvalho – *Teoria geral do direito civil*, I. *Introdução. Pressupostos da relação jurídica*, 5.ª edição, 2009, II. *Fontes, conteúdo e garantia da relação jurídica*, 4.ª edição, 2007, Universidade Católica Portuguesa, Lisboa.

FERRARA, Francesco – *La liberazione dell'armatore dai debiti relativi ad un viaggio della nave*, in "Studi in onore di Antonio Cicu", I, Giuffrè, Milano, 1951, pp. 245-294.

FOLEY, Vincent J. / NOLAN, Christopher R. – *The Erika judgement – Environmental liability and places of refuge: a sea change in civil and criminal responsability that the maritime community must heed*, in TMLJ 33 (2008), pp. 41-78.

FRADA, Manuel A. Carneiro da – *Teoria da confiança e responsabilidade civil*, Almedina, Coimbra, 2004.

GARCÍA CACHAFEIRO, Fernando – *Las empresas petroleras frente a los daños causados por las "mareas negras"*, in "Estudios sobre el régimen jurídico de los Vertidos de Buques en el Medio Marino", Direcção de José Luís Meilán Gil, Coordenação de Juan José Pernas García e Rafael Garcia Pérez, Thomson / Aranzadi, Cizur Menor, 2006, pp. 459-478.

GARCÍA-PITA Y LASTRES, José Luís – *Aspectos jurídico-mercantiles de la llamada "responsabilidad civil" por daños, en el siniestro "Prestige"*, in "Estudios sobre el régimen jurídico de los Vertidos de Buques en el Medio Marino", Direcção de José Luís Meilán Gil, Coordenação de Juan José Pernas García e Rafael Garcia Pérez, Thomson / Aranzadi, Cizur Menor, 2006, pp. 435--457.

GOMES, Carla Amado – *Risco e modificação do acto autorizativo concretizador de deveres de protecção do ambiente*, Coimbra, Coimbra Editora, 2007.

——, *O ambiente como objecto e os objectos do Direito do Ambiente*, in "Textos dispersos de Direito do Ambiente", I, Lisboa, 2008, pp. 9-33.

——, *A responsabilidade civil por dano ecológico. Reflexões preliminares sobre o novo regime instituído pelo Decrto-Lei n.º 147/2008, de 29 de Julho*, in "O Direito" 141 (2009), pp. 127-161.

GOMES, Júlio Vieira – *Do pagamento com sub-rogação, mormente na modalidade de sub-rogação voluntária*, in "Estudos em Homenagem ao Professor Doutor

Inocêncio Galvão Telles", I. "Direito privado e vária", Almedina, Coimbra, pp. 107-165.

GOMES, Manuel Januário da Costa – *Assunção fidejussória de dívida – Sobre o sentido e o âmbito da vinculação como fiador*, Almedina, Coimbra, 2000.

—, *Direito Marítimo*, IV – *Acontecimentos de mar*, Almedina, Coimbra, 2008.

—, *Limitação de responsabilidade por créditos marítimos*, Almedina, Coimbra, 2010.

GONZALO, Marco Lopez de – cf.: CARBONE, Sergio M. / CELLE, Pierangelo / GONZALO, Marco Lopez de.

GRASSETTI, Cesare –*Il regime giuridico della responsabilità civile*, in "Il Diritto della Energia Nucleare", Giuffrè, Milano, 1961, pp. 427-440.

GRIMALDI, Marcello – *Oil pollution e coperture assicutative P & I*, in "Studi in memoria di Elio Fanara", II, Giuffrè, Milano, 2008, pp. 91-102.

HECK, Philipp – *Grundiss des Schuldrechts*, Tübingen, 1929.

HERBER, Rolf – *Das internationale Übereinkommen über die Haftung für Schäden durch Ölverschmutzung auf See*, in RabelsZ 1970, pp. 223-252.

—, *Seehandelsrecht. Systematische Darstellung*, Walter de Gruyter, Berlin, New York, 1999.

HILL, Christopher – cf.: HODGES, Susan / HILL, Cristopter

HODGES, Susan / HILL, Cristopter – *Principles of maritime law*, LLP, London, Hong Kong, 2001.

HOLTAPPELS, Peter – *Haftung von Klassifikationsgesellschaften in der Handelsschiffahrt*, in TranspR 2002, pp. 278-282.

HUI, Wang – cf.: FAURE, Michael / HUI, Wang.

HWANG, Chen-Yen – *Die Reederhaftung für Ölverschmutzungsschäden (insbesondere auf See) unter besonderer Berücksichtigung des Internationalen Haftungsabkommens von 1969 und des Internationalen Fondsabkommens von 1971*, Hamburg, 1978.

JACOBSSON, Mans – *The international liability and compensation regime for oil pollution from ships – International solutions for a global problem*, in TMLJ 32 (2007), pp. 1-33.

JANUÁRIO, Rui – cf.: DIOGO, Luís da Costa / JANUÁRIO, Rui.

JORGE, Fernando Pessoa – *Ensaio sobre os pressupostos da responsabiliadde civil*, Lisboa, 1968.

JÚNIOR, Eduardo dos Santos – *"Mitigation of damages", redução de danos pela parte lesada e "culpa do lesado"*, in "Homenagem da Faculdade de Direito de Lisboa ao Professor Doutor Inocêncio Galvão Telles – 90 anos", Almedina, Coimbra, 2007, pp. 349-367.

——, *Especialização e mobilidade temática do Direito Comercial Internacional como disciplina de mestrado. Uma aplicação: os contratos internacionais de engenharia global*, Almedina, Coimbra, 2009.

KANNO, Hansgeorg – *Gefährdungshaftung und rechtliche Kanalisierung im Atomrecht. Ein Beitrag zur Dogmatik der Schadenshaftung*, Verlag Handelsblatt, Dusseldorf, 1967.

KAPPET, Liliane C. – *Tankerunfälle und der Ersatz ökologischer Schäden. Am Beispiel des Vertragssystems des Internationalen Übereinkommens über die zivilrechtliche Haftung für Ölverschmutzungsschäden in Verbindung mit der Internationalen Übereinkommen über die Errichtung eines Internationalen Fonds zur Entschädigung für Ölverschmutzungsschäden*, LIT Verlag, Hamburg, 2006.

KIERN, Lawrence – *Liability, Compensation, and Financial Responsibility under the Oil Pollution Act of 1990: A review of the first decade*, in TMLJ 24 (199--2000), pp. 481-590.

KIM, Inho – *Ten years after the enactment of the Oil Pollution Act of 1990: a success or a failure*, in MP 26 (200"), pp. 197-207.

——, *A comparaison between the international and US regimes regulating oil pollution liability and compensation*, in MP 27 (2003), pp. 265-279.

KOULOURIS, Michel – *Les aspects récents du Droit International en matière des transports internationaux (Cooperation internationale)*, Atenas, 1973.

LAGONI, Nicolai – *The liability of classification societies*, Springer, Berlin, Heidelberg, 2007.

LARENZ, Karl – *Lehrbuch des Schuldrechts*, I. *Allgemeiner Teil*, 14.ª edição, Verlag C. H. Beck, München, 1987.

LE COUVIOUR, Karine – *La responsabilité civile à l'épreuve des pollutions majeures résultant du transport maritime*, 2 volumes, Presses Universitaires d'Aix--Marseille, Aix-Marseille, 2007.

LEITÃO, Adelaide – *"Revogação unilateral" do mandato, pós-eficácia e responsabilidade pela confiança*, in "Estudos em homenagem ao Professor Doutor Inocêncio GalvãoTelles", I. Direito privado e vária, Almedina, Coimbra, 2002, pp. 305-346.

LEITÃO, João Menezes – *Instrumentos de direito privado para protecção do ambiente*, in RJUA 7 (1997), pp. 29-65.

LEITÃO, Luís Menezes – *Direito das obrigações*. I. *Introdução. Da constituição das obrigações*, 8.ªedição, 2009; II. *Transmissão e extinção das obrigações. Não cumprimento e garantias do crédito*, 6.ª edição, 2008; III. *Contratos em especial*, 6.ª edição, 2009, Almedina, Coimbra.

LETOURNEAU, Keith B. / WELMAKER, Wesley T. – *The Oil Pollution Act of 1990: Federal judicial interpretation through the end of millenium*, in USFMLJ 12 (1999-2000), pp. 147-225.

LOPES, Pedro Silva – *Condicionamentos da responsabilidade civil por danos causados ao ambiente – Algumas reflexões*, in RJUA 1997 (7), pp. 161-186.

——, *Dano ambiental. Responsabilidade civil e reparação sem responsabilidade*, in RJUA 1997 (8), pp. 31-56.

LUCCHINI, Laurent – *Le procès de l'Amoco Cadiz: Présent et voies du futur*, in AFDIP XXXI (1985), pp. 762-782.

MARINO, Adele – *L'Agenzia europea per la sicurezza marittima: struttura e competenze*, in "Studi in memoria di Elio Fanara", I, Giuffrè, Milano, 2006, pp. 277-298.

MARTINS, Eliane M. Octaviano – *Da responsabilidade internacional e a poluição do meio ambiente marinho*, in DM 2002, pp. 1510-1529.

MASON, Michael – *Civil liability for oil pollution damage: examining the evolving scope for environmental compensation in the international regime*, in MP 27 (2003), pp. 1-12.

MEDICUS, Dieter – *Schuldrecht*, I. *Allgemeiner Teil*, 17.ª edição, Verlag C. H. Beck, München, 2006.

MEMLOUK, Malik – *L'indemnisation du préjudice écologique à la suite du jugement Erika*, in DMF 2008, pp. 770-780.

MILLER, Machale A. – *Liability of classification societies from the perspective of United States Law*, in TMLJ 22 (1997-1998), pp. 75-115.

MILLER, Rui Vieira – cf.: CAXARIA, João da Fonseca / MILLER, Rui Vieira.

MOHR, Peter Conrad – *Die Kanalisierung der Haftung unter besonderer Berücksichtigung des Atomrechts*, Walter de Gruyter, Berlin, 1970.

MONTEIRO, António Pinto – cf.: PINTO, Carlos Alberto da Mota / MONTEIRO, António Pinto / PINTO, Paulo Mota.

MONTEIRO, Jorge Sinde – *Responsabilidade por conselhos, recomendações e informações*, Almedina, Coimbra, 1989.

——, *Rudimentos da responsabilidade civil*, in RFDUP, ano II (2005), pp. 349--390.

MORRIS, Brandon T. – *Oil, money and the environment: punitive damages under due process, preemption, and marine law in the make of the Exxon Valdez litigation*, in TMLJ 33 (2008-2009), pp. 165-202.

NESTEROWICZ, Malgorzata Anna – *European Union legal measures in response to the oil pollution of the sea*, in TMLJ 29 (2004-2005), pp. 29-44.

——, *An economic analysis of compensation for oil pollution damage: recent developments in respect of International Oil Pollution Compensation Funds*, in JMLC, 37/4 (2006), pp. 559-566.

NOLAN, Christopher R. – cf.: FOLEY, Vincent J. / NOLAN, Christopher R..

PANNATIER, Serge – *La protection du milieu marin*, in "Le droit internacional face à l'éthique et à la politique de l'environnement", sob a direcção de Ivo Rens e com a colaboração de Joel Jakubec, Genève, 1996, pp. 47-58.

PAPPENHEIM, Max – *Handbuch des Seerechts. Sachen des Seerechts. Schuldverhältnisse des Seerechts*, I Verlag von Duncker & Humblot, 1906.

PELZER, Norbert – *Begrenzte und unbegrenzte Haftung im deutschen Atomrecht*, Nomos Verlaggesellschaft, Baden-Baden.

PEREIRA, Maria de Lurdes – cf.: ALBUQUERQUE, Pedro de / PEREIRA, Maria de Lurdes.

PINHEIRO, Luís Lima – *O Direito Comercial Marítimo de Macau revisitado*, in "Estudos de Direito Civil, Direito Comercial e Direito Comercial Internacional", Almedina, Coimbra, 2006, pp. 283-295.

——, *Direito aplicável ao contrato de transporte marítimo de mercadorias*, in "I Jornadas de Lisboa de Direito Marítimo, 6 e 7 de Março de 2008. O Contrato de transporte marítimo de mercadorias", Almedina, Coimbra, 2008, pp. 163-202.

PINTO, Carlos Alberto da Mota / MONTEIRO, António Pinto / PINTO, Paulo Mota – *Teoria geral do direito civil*, 4.ª edição, Coimbra Editora, Coimbra, 2005.

PINTO, Michele M. Comenale – *La responsabilità per inquinamento da idrocarburi nel sistema della CLC 1969*, Cedam, Padova, 1993.

PINTO, Paulo Mota – cf.: PINTO, Carlos Alberto da Mota / MONTEIRO, António Pinto / PINTO, Paulo Mota.

PONTAVICE, Emmanuel du / CORDIER, Patricia – *La mer et le droit*, PUF, Paris, 1984.

PROENÇA, José Carlos Brandão – *A conduta do lesado como pressuposto e critério de imputação do dano extracontratual*, Almedina, Coimbra, 1997.

RAPOSO, Mário – *Direito Marítimo. Uma perspectiva*, in BMJ 43 (1983), pp. 347--395.

——, *A nova lei marítima de Macau e os seus trabalhos preparatórios*, in ROA 61 (2001), pp. 1163-1193.

——, *Segunda (e última) reflexão sobre um esboço de reforma do Direito Marítimo português*, in ROA 62 (2002), pp. 683-709.

——, *Responsabilidade extracontratual das sociedades de classificação de navios*, in "Estudos em Homenagem a Francisco José Veloso", Escola de Direito da Universidade do Minho, Associação Jurídica de Braga, 2002, pp. 599-611.

REMOND-GOUILLOUD, Martine – *Les fonds d'indemnisation (collectivisation du risque)*, in "Droit de l'environnement marin. Développements récents", Economica, Paris, pp. 305-317.

——, *Droit Maritime*, 2.ª edição, Pedone, Paris, 1993.

——, cf.: RODIÈRE, René / REMOND-GOUILLOUD, Martine.

RENGER, Reinhard – *Haftung und Entschädigung für Ölverschmutzungsschäden auf See. Über die Londoner Protokolle vom November 1992 zu den Übereinkommen von 1969 und 1971*, in TransportR 1993, pp. 132-135.

RIBEIRO, Joaquim de Sousa – *O ónus da prova da culpa na responsabilidade civil por acidentes de viação*, in "Estudos em Homenagem ao Prof. Doutor J. J. Teixeira Ribeiro", II – Iuridica (1), Universidade de Coimbra, 1979, pp. 413--542.

ROBERT, Sabrina – *L'Érika: Responsabilités pour un désastre écologique*, Éditions Pédonne, Paris, 2003.

RODIÈRE, René – *Traité général de Droit Maritime. Introduction. L'armement (Ses agents, ses auxiliaires. Limitation de responsabilité)*, Dalloz, Paris, 1976.

– *Responsabilité civile et risque atomique*, in "Aspects du droit de l'énergie atomique", tome I – "Responsabilité. Assurance. Transport", sob a direcção de Henry Puget, Éditions du Centre National de la Recherche du Centre Scientifique, Paris, 1965, pp. 5-17.

RODIÈRE, René / REMOND-GOUILLOUD, Martine – *La mer. Droits des hommes ou proie des États?*, A. Pedone, Paris, 1980.

RUIZ SOROA, José María – *La responsabilidad por daños y su limitación el el derecho marítimo*, in "VI Jornadas de Derecho Marítimo de San Sebastián", Vitoria--Gasteiz, 1999, pp. 11-29.

——, cf.: GABALDÓN GARCÍA, José Luis / RUIZ SOROA, José Maria.

SÁ, Almeno de – *Cláusulas contratuais gerais e Directiva sobre cláusulas abusivas*, 2.ª edição, Almedina, Coimbra, 2001 [Mc: *Cláusulas contratuais gerais*[2]].

SÁ, Fernando Augusto Cunha de – *Modos de extinção das obrigações*, in "Estudos em Homenagem ao Professor Doutor Inocêncio Galvão Telles", I. "Direito privado e vária", Almedina, Coimbra, 2002, pp. 171-262.

SEIBT, Christoph H. – *Zivilrectlicher Ausgleich ökologischer Schäden*, J. C. B. Mohr (Paul Siebeck), Tübingen, 1994.

SENDIM, José de Sousa Cunhal – *Responsabilidade civil por danos ecológicos. Da reparação do dano através da restauração natural*, Coimbra Editora, Coimbra, 1998.

SERRA, Adriano Vaz – *Sub-rogação nos direitos do credor*, in BMJ 37 (1953), pp. 5-66.

——, *Responsabilidade civil pelos danos causados por instalações de energia eléctrica ou gás e por produção e emprego de energia nuclear*, in BMJ 92 (1960), pp. 139-157.

SICCARDI, Francesco – *Pollution liability and classification societies, is the system a fair one?*, in DM 2005, pp. 691-710.

SILVA, João Calvão da – *Responsabilidade civil do produtor*, Almedina, Coimbra, 1990.

SILVA, Joaquim Ferreira da – *Resposta à poluição marinha*, in RDAOT 3 (1998), pp. 103-119.

SILVA, Vasco Pereira da – *Verde cor de Direito. Lições de Direito do Ambiente*, Almedina, Coimbra, 2002.

TELLES, Inocêncio Galvão – *Direito das obrigações*, 7.ª edição (revista e actualizada), Coimbra Editora, Coimbra, 1997.

TORRES PÉREZ, Francisco – cf.: CARBALLO-CALERO, Pablo Fernández / TORRES PÉREZ, Francisco.

TROTZ, Norbert – *Die Revision der Konvention über die zivilrechtliche Haftung für Schäden aus der Ölverschmutzung des Meeres und über die Errichtung eines Entschädigungsfonds*, Aktuell Beiträge der Staats- und Rechtswissenschaft, Potsdam – Babelsberg, 1987.

VAN HOOYDONK – *The obligation to offer place of refuge to a ship in distress*, in CMI-Y 2003, pp. 403-445.

VARELA, João de Matos Antunes – *Das obrigações em geral*, I, 10.ª edição (2000), II, 7.ª edição (1997), Almedina, Coimbra.

VASCONCELOS, Maria João Pestana de – *Algumas questões sobre a ressarcibilidade de danos patrimoniais puros no ordenamento jurídico português*, in "Novas tendências da responsabilidade civil", por Ana Filipa Morais Antunes, Ana

Maria Taveira da Fonseca, Maria João Pestana de Vasconcelos e Fernando Sá, Almedina, Coimbra, 2007, pp. 147-206.

VIALARD, Antoine – *La responsabilité des propriétaires de navires de mer*, thèse pour le doctorat en Droit, Faculté de Droit et des Scioences Économiques de Bordeaux, 1969

——, *Faut-il réformer le régime d'indemnisation des dommages de pollution par hydrocarbures?*, in DMF 2003, pp. 435-449.

——, *Préface* a Karine le Couviour, *La responsabilité civile à l'épreuve des pollutions majeures résultant du transport maritime*, I, Presses d'Aix-Marseille, Aix-Marseille, 2007, pp. 11-12.

VINCENZINI, Enrico – *Profili assicurativi della responsabilità civile per inquinamento da idrocarburi nella legislazione internazionale uniforme*, in DM 1993, pp. 978-992.

WEITNAUER – *Die kanalisierung derHaftung im Versicherungsrecht*, in DB 1961, pp. 666-668.

WELMAKER, Wesley T. – cf.: LETOURNEAU, Keith B. / WELMAKER, Wesley T..

WU, Chao – *La pollution du fait du transport maritime des hydrocarbures. Responsabilité et indemnisation des dommages*, Indemer, Pedone, 1994.

WURMNEST, Wolfgang – cf.: BASEDOW, Jürgen / WURMNEST, Wolfgang.

ZACHER, Mark W. – cf.: M'GONGLE, R. Michael / ZACHER, Mark W..

ZOPPINI, Andrea – *La pena contrattuale*, Giuffrè, Milano, 1991.

ZUNARELLI, Stefano – *La Convenzione di Londra sulla responsabilità nel trasporto marittimo di sostanze pericolose e nocive*, in "Studi in onore di Gustavo Romanelli", Giuffrè, Milano, 1997.

——, cf.: BERLINGIERI, Francesco / ZUNARELLI, Stefano / ALVISI, Chiara.

Gestão de Riscos Ambientais de Atividades Petrolíferas Offshore e Danos Ambientais Anônimos: Uma Perspectiva Luso-Brasileira

Orlindo Francisco Borges[*]

Sumário: 0. Enquadramento do tema; 1. Poluição marinha e o desenvolvimento dos princípios ambientais inerentes à gestão do risco: perspectiva de um Direito Administrativo global; 2. Regulamentação internacional para a gestão de riscos marinhos envolvendo hidrocarbonetos e a sua recepção por Portugal e Brasil; 3. Danos ambientais anônimos com hidrocarbonetos; 3.1. "Manchas órfãs" em Portugal; 3.2. "Manchas órfãs" no Brasil; 4. Síntese comparativa dos regimes analisados; 4.1. Recepção de normas internacionais; 4.2. Responsabilidade civil por poluição causada por óleo proveniente de navios; 4.3. Cooperação internacional; 4.4. Planos nacionais de contingência; 4.5. Distribuição de competências; 4.6. Recursos destinados, instrumentalização e a responsabilidade pelos atos de contenção e combate do dano; 5. Considerações finais: possíveis contribuições para uma maior efetividade preventiva

0. Enquadramento do tema

O transporte marítimo, dada a potencialidade de dispersão de hidrocarbonetos para o meio marinho, é uma atividade que representa graves riscos ao ambiente. Em razão disso, fundamental se faz a adoção de medidas de prevenção e segurança marítima pelos países costeiros. Neste contexto, Brasil e Portugal merecem destaque, uma vez que ambos são dotados de

---

[*] Advogado. Professor da Faculdade de Direito da Universidade Federal do Espírito Santo. Mestre e Doutorando em Ciências Jurídico-Ambientais pela Faculdade de Direito da Universidade de Lisboa.

relevante área de jurisdição marinha, cujas Zonas Econômicas Exclusivas se inserem entre as maiores do mundo. Sendo assim, devido esta relevância geográfica e a potencialidade da ocorrência de sinistros ambientais em áreas de suas jurisdições, convém analisar a efetividade das políticas de gestão de riscos costeiros destes países, suas semelhanças, diferenças e o que poderia contribuir um sistema com o outro, de modo a se evitar a ocorrência destes incidentes de repercussão global.

Embora os grandes vazamentos de óleo demandem maior atenção e preocupação da comunidade internacional, o foco deste trabalho será voltado para eventos de menor monta, porém de maior incidência, que, muitas vezes em razão de sua pequena proporção, são relegados a um segundo plano e, por isso, ocasionam sérios prejuízos ao ambiente marinho. É o caso, por exemplo, dos danos anônimos, popularmente conhecidos como "manchas órfãs" ou "manchas abandonadas".

Neste ponto, fundamental se faz estabelecer um acordo semântico acerca da utilização dos termos "danos anônimos" e "manchas órfãs", expostos aqui enquanto sinônimos. Isso porque, verifica-se a utilização do termo "danos órfãos" por balizada doutrina em Portugal para designar os danos ambientais ecológicos, ou seja, os impactos ambientais em que não há a possibilidade de se recorrer a mecanismos de responsabilidades individualizadas: seja porque não há como se singularizar os lesados; seja em decorrência de uma fonte longínqua; seja porque não há como se identificar o seu causador específico[1].

Nesta pesquisa, todavia, os termos "danos anônimos" e "órfãos" não estão relacionados aos legitimados para a proposição de uma eventual ação por responsabilidade civil ambiental, mas dizem respeito apenas à origem do dano: o seu agente causador. Um "dano anônimo", portanto, se referirá a um

---

[1] Cfr. José Joaquim Gomes CANOTILHO, *Responsabilidade Civil por Danos Ecológicos: Da Reparação do Dano através da Restauração Natural*, Coimbra, Coimbra Editora, 1998, p. 403; Luis MENEZES LEITÃO, *A Responsabilidade Civil por Danos Causados ao Ambiente*, in: Carla AMADO GOMES; Tiago ANTUNES (Orgs.), *Actas do Colóquio "A Responsabilidade Civil por Dano Ambiental"*, ICJP: Lisboa, 2009, p. 25. No mesmo sentido, Carla AMADO GOMES, *A responsabilidade civil por dano ecológico. Reflexões preliminares sobre o novo regime instituído pelo DL 147/2008, de 29 de Julho*, Lisboa, AAFDL, 2009, p. 29, "*o autêntico dano ecológico é sempre órfão: a sua prevenção e reparação só por representantes da colectividade pode ser levada a cabo, junto dos tribunais especializados em questões jurídico-públicas*".

impacto ambiental relevante em que não há a possibilidade de identificação de seu agente causador de imediato.

Diante desta problemática, pretende-se realizar um estudo comparado de ambos os sistemas jurídicos acerca da efetividade de seus instrumentos de gestão de riscos ambientais no que tange ao combate da poluição marinha por hidrocarbonetos. Nesse pormenor, destacar-se-á essa tipologia de impacto no meio ambiente, em que torna falha a aplicação do princípio do poluidor-pagador, dado que nesses eventos impossibilita-se o repasse das externalidades negativas da atividade para o sujeito responsável pelo dano. O presente estudo, portanto, tem por objetivo analisar a forma como se tutela a proteção do ambiente marinho no Brasil e em Portugal, a partir da forma como estes países recepcionaram as normas de Direito Internacional voltadas à prevenção da poluição marinha e a sua potencialidade de atuação efetiva diante de "manchas órfãs"[2].

1. Poluição marinha e o desenvolvimento dos princípios ambientais inerentes à gestão do risco: perspectiva de um Direito Administrativo global

No que tange à gestão de riscos ambientais, destacam-se dois princípios de Direito Ambiental, a precaução e a prevenção, ambos intimamente relacionados às preocupações práticas e prementes decorrentes do temerário aumento dos níveis de poluição marítima[3]. Situação, que não permite uma análise pautada tão-somente por meio de uma ótica doméstica, mas global.

O próprio despertar da era ecológica pode ser atribuído ao mar, com o naufrágio do petroleiro *Torrey Canyon*, em 1967, que acarretou em uma catastrófica poluição do ambiente marinho e na edição de uma série de

---

[2] Merece ser destacado que, embora ambos os países possuam grandes diferenças no tocante ao contencioso administrativo, não se pretende neste trabalho tecer as respectivas comparações nesta seara. Como acima delimitado, o objeto desta pesquisa é analisar comparativamente as normas de prevenção adotadas por Brasil e Portugal e não a forma como estes países resolvem seus respectivos conflitos administrativos.

[3] Cf. R. C. EARLL, *Commonsense and the precautionary principle – an environmentalist's perspective*, in MPB, 1992, n. 4, pp. 182 segs.

convenções internacionais voltadas à tutela dos recursos naturais a partir de 1968[4]. Desde então, um emaranhado normativo tem sido editado, de maneira que a tutela do ambiente tem se apresentado enquanto um *"desígnio internacional, fortemente dependente da cooperação entre os Estados e reflexo de novos valores de solidariedade, inter e intrageracional"*[5].

Os Estados não estão preparados para controlar, prevenir e limitar unilateralmente danos ambientais no mar, ainda mais quando se trata da possibilidade de que, estes, ocorram transpondo fronteiras nacionais. Nesses casos, em que as fronteiras e funções estatais se sobrepõem e entram em conflito, há a necessidade dos Estados delegarem parte de seus poderes regulatórios para que outras autoridades públicas (globais e/ou regionais) atuem em seu lugar. É nesse cenário que agem os corpos reguladores globais, no qual, em matéria relativa às questões marítimas, destacam-se a Organização Marítima Internacional (OMI), a Autoridade Internacional dos Fundos Marinhos (ISA) e o Tribunal Internacional sobre Direito do Mar (ITLOS), além de todos os outros organismos internacionais ambientais afetos às questões ao meio marinho[6].

Não obstante, podemos observar claramente no desenvolvimento dos princípios de gestão de riscos ambientais, a perspectiva do Direito Administrativo Global abordado por CASSESE[7], posto que, cada vez mais, tem existido uma interdependência dos sistemas internacional, regional e doméstico na criação e aplicação das normas ambientais.

No plano principiológico, temos o desenvolvimento da prevenção e da precaução (sustentáculos da política de gestão de risco nas modernas sociedades) como fruto da internalização e adequação destas normas editadas internacionalmente e transpostas para os ordenamentos jurídicos regionais e estatais.

O princípio da prevenção, no plano internacional, por exemplo, teve o seu reconhecimento tanto convencional quanto consuetudinário. Além disso,

---

[4] Cfr. Alexandre KISS, *Direito Internacional do Ambiente*, in: *Direito do Ambiente*, INA, 1994, pp. 147 segs., p. 147.

[5] *Cfr.* Carla AMADO GOMES, *Direito Administrativo do Ambiente*, *in*: Paulo OTERO; Pedro GONÇALVES (orgs.),*Tratado de Direito Administrativo Especial,* Vol. I, pp. 159/279, p. 161.

[6] *Cfr.* Sabino CASSESE, Administrative law without the State? The challenge of global regulation, in International Law and Politcs, 2005, vol. 37:663, p. 671/673.

[7] Idem.

foi positivado no âmbito comunitário europeu e internamente em diversos países ao longo do globo, dentre os quais o Brasil e Portugal.

No plano convencional internacional, Fernando da Silva SUORDEM[8] elenca inúmeros instrumentos normativos preventivos, dos quais Carla AMADO GOMES[9] destaca alguns que tratam acerca da proibição de poluição transfronteiriça: a Convenção sobre Alto-Mar, assinada em Genebra em 1958 (art. 25/1); a Convenção de Montego Bay, de 1982 (art. 194/2), bem como as Convenções sobre a interdição de utilização de técnicas de modificação do ambiente com fins militares ou hostis, de 1977; a Convenção para a proteção da camada de ozônio, de 1985, e a Convenção sobre alterações climáticas, de 1992. Em todos estes instrumentos se verifica a convocação dos Estados para a proteção de seus recursos naturais por meio da adoção de técnicas de prevenção de lesões irreversíveis e com consequências de nível global.

Consuetudinariamente, também voltada à proteção marítima, tal princípio foi concebido por meio da sólida construção de jurisprudência do Tribunal Internacional de Justiça (TIJ), que vem entendendo pelo direito de intervenção do Estado costeiro em matéria ambiental nos limites de sua zona econômica, a fim de prevenir atuações lesivas ao ambiente marítimo[10].

O princípio da precaução, por sua vez, fez a sua primeira aparição na Segunda Conferência Ministerial do Mar do Norte, em 1987, sobre poluição marítima e depois ganhou ampla projeção, tendo sido destacado na Declaração da Conferência Governamental de Bergen sobre Desenvolvimento Sustentado (1990); no princípio 15 da Declaração do Rio de Janeiro; no art. 3.º, da Convenção-Quadro sobre alterações climáticas da ONU; e no parágrafo 22.5, da Agenda 21[11].

Ambos os princípios estão voltados ao afastamento do perigo/risco para a segurança das gerações futuras. Nesse sentido, para uma separação entre ambos os princípios, a doutrina tem feito distinção entre "defesa contra um

---

[8] Cf. Fernando da Silva SUORDEM, O princípio da separação dos poderes e os novos movimentos sociais, Coimbra, 1995, pp. 241 e segs.

[9] Cf. Carla AMADO GOMES, A prevenção à prova no Direito do Ambiente: em especial os actos autorizativos ambientais, Coimbra, 2000, p. 23.

[10] Cf. Carla AMADO GOMES, Apontamentos sobre a jurisprudência ambiental internacional, in Elementos de Apoio à disciplina de Direito Internacional do Ambiente, Lisboa, 2008, pp. 367 segs.

[11] Cf. Carla AMADO GOMES, A prevenção à prova..., p.30.

perigo" e "evitação de um perigo", como adverte ÖSSENBUHL[12]: "*A prevenção pressupõe a previsibilidade do perigo, enquanto a precaução visa antecipar o surgimento de um perigo, a fim de o evitar*". Enquanto na prevenção enfrenta-se perigos existentes, a precaução obriga a adopção de medidas que se antecipem ao perigo hipotético (risco)[13].

A inteligência destes princípios parte do fato de que as agressões ao meio ambiente são, em regra, de difícil ou impossível reparação, de maneira que se torna forçosa uma atuação pró-ativa e de segurança, voltada para se evitar que o dano ocorra, haja vista que, uma vez constatado, será quase impossível o seu retorno ao *status quo ante*. Contudo, é importante frisar que o princípio da precaução não tem por finalidade imobilizar as atividades humanas, não se trata de um "*antes prevenir do que remediar a qualquer custo*", como adverte Cass R. SUNSTEIN[14], haja vista que a adoção de tal princípio para todas as suas possibilidades (todos os riscos imagináveis) resultaria em sua inoperatividade[15]. Isso porque, segundo o autor, há uma tendência mundial em seguir o princípio da precaução. Isso se dá muitas vezes, de maneira impensada, cujos mecanismos cognitivos são identificados pela economia comportamental como sendo fruto da "*aversão à perda*", do "*mito da natureza benigna*", da "*heurística da disponibilidade*", da "*negligência da probabilidade*", bem como da "*negligência do sistema*"[16]. Partindo dessas premissas, adverte-se que a utilização em larga escala desse princípio (em sua concepção forte) poderá resultar em inação, o que não é desejável por qualquer ordenamento jurídico.

---

[12] Cf. F. ÖSSENBUHL, Vorsorge als Rechtsprinzip im Gesundheits – Arbeits- und Umweltschutz, in Neue Zeitschrift für Verwaltung, 1986, Heft 3, p. 162 – apud Carla AMADO GOMES, A prevenção a prova..., p. 34.

[13] Idem, p. 34

[14] Cass R. SUNSTEIN, *Para além do princípio da precaução*, in *Interesse Público*, n. 37, São Paulo: Notadez, mai.-jun., 2006, pp. 119/173, p. 168.

[15] No mesmo sentido, Vasco Pereira da SILVA, ao defender inadequada a recondução da idéia de precaução enquanto um princípio *in dúbio pro natura*, por representar uma carga excessivamente inibidora, uma vez que o "risco zero" em matéria ambiental é inexistente. *Cfr.* Vasco Pereira da SILVA, *Como a Constituição é verde: os princípios fundamentais da Constituição Portuguesa do Ambiente*, Lisboa: AAFDL, 2001, p. 19; Vasco Pereira da SILVA, *Verde cor de Direito: Lições de Direito do Ambiente*, Coimbra: Almedina, 2003, pp. 69/70;

[16] Sobre o assunto, veja-se Cass R. SUNSTEIN, *Para além..., cit.*, p. 119/172.

Portanto, resgatando-se a essência do princípio da precaução, qual seja a necessidade da imediata implementação de medidas de prevenção na potencialidade de graves danos ambientais ou à saúde humana, a palavra de ordem em todo microssistema de Direito Ambiental condiz com esse adágio, *"não postergar"*. Daí, a necessidade de uma interpretação correta deste dispositivo, sob pena de desvirtuar toda a atuação da tutela ambiental nas atuais sociedades do risco. Em razão disso, acredita-se não ser necessário o tratamento destes princípios de maneira autônoma. Isso porque, ambos os entendimentos convergem para um significado comum que é o de se evitar perigos ao ambiente marinho, não importando para este fim se tais perigos sejam imediatos ou mediatos. Nesse sentido, concorda-se com as observações de Vasco Pereira da SILVA, que ressalta que melhor do que uma separação entre os institutos como princípios distintos e autônomos é a construção de uma noção ampla de prevenção[17], motivo pelo qual abordar-se-á ambos os princípios prevenção e precaução sob uma perspectiva de prevenção alargada.

2. Regulamentação internacional para a gestão de riscos marinhos envolvendo hidrocarbonetos e a sua recepção por Portugal e Brasil

Embora o despertar da era ecológica tenha ocorrido nos finais dos anos 60, já na década de 50 iniciou-se a preocupação mundial na regulação do transporte de hidrocarbonetos em razão de sua potencialidade poluidora. Neste sentido, a *Convenção de Londres (*OILPOL/54)[18] para a prevenção das águas do mar por óleos, foi assinada em 1954 e, dentre outras disposições, proibia a descarga de óleo e misturas oleosas por navios e impunha aos Estados a obrigação de tomar todas as medidas necessárias voltadas à promoção de instalações adequadas para o recebimento de resíduos[19].

---

[17] Cfr. Vasco Pereira da SILVA, *Como a Constituição... ob. cit.*, p. 17/19.

[18] Em Portugal, a OILPOL/54 foi adotada apenas em 1965, por meio do Decreto-Lei n.º 46.186/65. O Brasil também ratificou esta convenção

[19] Cfr. Manuel Januário da COSTA GOMES, *Limitação de Responsabilidade por Créditos Marítimos*, Almedina: Coimbra, 2008, p. 362/363.

No entanto, foi com o desastre do *Torrey Canyon*, em 1967[20], que surgiu o atual marco normativo em matéria da poluição do mar por hidrocarbonetos. Diante da verificação da inadequação do quadro normativo da época[21], foram editadas a *Convenção de Responsabilidade Civil* (CLC/69) e a *Convenção sobre Intervenção em Alto Mar em Incidentes de Poluição por Óleo (INTERVENTION/69)*, ambas de 1969.

A *INTERVENTION/69* reconhece aos Estados Costeiros o direito de tomar medidas além dos limites de seus mares territoriais em casos que possam vir a resultar em danos às suas áreas costeiras. Este direito só pode ser exercido após a realização de consultas aos Estados de bandeira dos navios objeto da intervenção e aos proprietários do navio e da carga, envolvidos no evento, sob pena do Estado interventor ser obrigado a indenizar os danos causados pelas medidas que vier a adotar.

A CLC/69, por sua vez, estabeleceu um regime de responsabilidade e de limitação voltada ao tratamento da poluição por hidrocarbonetos. Trata-se de um regime de responsabilização objetiva, canalizada ao proprietário do navio[22], porém limitável, salvo em casos que a atuação do agente venha

---

[20] Em 18 de março de 1967, este petroleiro de propriedade de uma empresa norte-americana, registrada nas Bermudas, e que navegava sob a bandeira de conveniência liberiana, encalhou nos recifes de *Seven Stones*, próximo às ilhas *Scilly*, em alto mar, partindo-se em quatro e atingindo o mar com cerca de 120 mil toneladas de óleo bruto, que atingiu 110 km da costa britânica e 80 km da costa francesa, acarretando em graves impactos ambientais e econômicos para ambos os países, que sofreram com desaparecimento de 50% da população de aves da região e arcaram na época, respectivamente, com £3.750.000 e 41 milhões de francos. *Cfr.* Emmanuel Du Pontavice, *La pollution des mer par les hydrocarbures*, Librairie Générale de Droit et de Jurisprudence, p. 9; Jean-Pierre Quéneudec, *L'incidence de l'affaire du Torrey Canyon sur le droit de la mer*. In: *Annuaire français de droit international*, vol. 14, 1968, pp. 701-718, p. 701. Disponível em: «http://www.persee.fr/web/revues/home/prescript/article/afdi_0066-3085_1968_num_14_1_1515». Acesso em: 03.abr.2011; Chao WU, *La pollution du fait du transport maritime des hydrocarbures*, Pedone: Mônaco, 1994, p. 13.

[21] Inexistia, na época, legislação internacional que tratasse acerca da responsabilidade por um evento acidental ocorrido em alto-mar, porém, com efeitos transfronteiriços. *Cfr.* Chao WU, *La pollution... ob. cit.*, pp. 14/15.

[22] O proprietário do navio será responsável, independentemente de sua culpa, por qualquer prejuízo devido à poluição causada pelo navio, salvo se o mesmo provar que a poluição: (1) decorreu de um ato de guerra, hostilidades, de uma guerra civil, de uma insurreição ou de um fenômeno natural de caráter excepcional, inevitável e irresistível; (2) resulta, em sua

a incidir em uma de suas exceções. Esta responsabilização é assegurada pela imputação de um seguro obrigatório e complementada por um sistema de compensação estabelecido pela *Convenção Internacional para o Estabelecimento de um Fundo para a Compensação pelos Prejuízos Devidos à Poluição Marinha por Hidrocarbonetos* (FIPOL/71)[23], que instituiu o Fundo responsável por compensar as vítimas que não foram indenizadas ou receberam reparações pecuniárias insuficientes[24].

Ao trazer o Direito Ambiental para dentro do campo do Direito Marítimo Internacional, este sistema estabelece o regime de prevenção marítima por poluição por hidrocarbonetos a vigorar até hoje com algumas alterações e acréscimos decorrentes de novas demandas verificadas nos incidentes combatidos ao longo dos anos.

Em decorrência de novos acidentes com petroleiros, como o caso do *Amoco Cadiz*[25], em 1978, que demonstraram a insuficiência deste regime,

---

totalidade, de um fato deliberadamente praticado ou omitido por terceiro com a intenção de causar o prejuízo; (3) resulta, na totalidade, da negligência ou qualquer outra ação prejudicial de um governo ou autoridade responsável pelo bom funcionamento de faróis ou de outros auxiliares de navegação, praticado no exercício destas funções.

[23] O Fundo actuará quando: (1) o proprietário do navio é exonerado de sua responsabilidade nos termos da convenção, exceto nos casos de guerra, hostilidade, guerra civil ou insurreição; (2) o proprietário não possui recursos suficientes para garantir o pagamento em cumprimento à CLC/69 e o seu seguro se mostra insuficiente, depois de esgotados os meios legais ao alcance da vítima em ser compensada integralmente; (3) o dano extrapola o teto compensatório previsto na CLC/69. Cfr. Art. 4.º(1) do FIPOL/92. Cfr. Manuel Januário da Costa Gomes, *Leis Marítimas* 2 ed., Almedina: Coimbra, 2007, p. 949.

[24] Cfr. Manuel Januário da Costa Gomes, *Limitação... ob. cit.*, p. 365; Chao Wu, *La pollution... ob cit.*, p. 95 e ss.

[25] Em 16 de março de 1978, dois dias antes de se completarem 11 anos do desastre envolvendo o *Torrey Canyon*, o petroleiro de bandeira liberiana, *Amoco Cadiz*, que se dirigia do Golfo Pérsico para Le Havre (França) carregado com 1.619.048 barris de óleo bruto, devido a uma falha em seu mecanismo de direção encalhou nas rochas de Portsall, a 5,55 km da costa da Bretanha e, devido às más condições do tempo, foi inviabilizada a tentativa de salvação por reboque efetuada e o navio partiu-se derrubando a totalidade de sua carga no mar.

Este incidente foi o de maior magnitude de sua época, tendo formado uma mancha de óleo de aproximadamente 33 km de largura por 148 km de comprimento que atingiu 370 km da costa francesa e afetado as praias de 76 diferentes comunidades situadas na região da Bretanha. Cfr. Arnaud De Raulin, *L'Epopée judiciaire de l'Amoco Cadiz. In: Journal du droit international,* Paris. 120n.1 (jan.-mar.1993*),* pp. 41/96, p. 42/43*; Amoco Cadiz* procederam-se alterações ao sistema CLC/FIPOL por meio de protocolos (1976 e 1984) a fim de atualizar o Fundo para o atendimento das demandas da época. Ainda assim, tais tentativas não lograram o êxito pretendido em decorrência de sua não ratificação pelos EUA, que aprovaram legislação própria (a *Oil Pollution Act – OPA*) após o evento do *Exxon Valdez* em 1989[26].

Diante da pressão decorrente da existência do *Oil Pollution Act* norte-americano e de novos incidentes, a exemplo do *Haven*, foi ratificado o Protocolo de 1992 à CLC e ao FIPOL. Este protocolo integra as convenções no sentido de complementar os seus termos, em especial, em delimitar o campo de aplicação da norma internacional, por meio das novas noções de "navio" e de "evento"; reforçar a canalização por meio do arrolamento de pessoas imunes a responder por pedidos de responsabilização (art. III(4)); e aumentar os limites de indenização a serem imputados aos proprietários dos navios envolvidos em eventos de poluição por óleo[27]. Limites estes novamente revistos pelo Protocolo de 2003 à FIPOL/92, incentivado após o incidente do *Érika*.

O Fundo é financiado por contribuições anuais de pessoas que tenham recebido quantidades superiores a 150.000 ton. de hidrocarbonetos transportados por via marítima nos portos e terminais de um Estado contratante, que, por sua vez, informará o Fundo da quantidade circulada em seu território para a cobrança das contribuições[28].

Observa-se, portanto, que o regime da CLC/FIPOL busca uma reparação célere e efetiva das vítimas ao estabelecer um regime de canalização da responsabilidade do proprietário do navio com base em sua imputação objetiva, na obrigação de um seguro obrigatório e com a instituição de um Fundo complementar de indenização, voltadas à busca de uma reparação quase que integral desses tipos de dano. Acresce que esse sistema tem-se desenvolvido em resposta aos incidentes de grande magnitude, quando verificada a insuficiência de seus termos, de modo que se apresenta como uma via de

---

Incident Report. Disponível em: «http://www.incidentnews.gov/incident/6241». Acesso em: 30.abr.2011.

[26] Cfr. Manuel Januário da Costa Gomes, *Limitação... ob. cit.*, p. 367; Chao WU, *La pollution... ob. cit.*, p. 293 e ss.

[27] Cfr. Manuel Januário da Costa Gomes, *Limitação... ob. cit.*, p. 368.

[28] Art. 10.º, do FIPOL/92. Cfr. Manuel Januário da Costa Gomes, *Leis... ob. cit.*, p. 954.

eterna revisão a se organizar sempre depois de confirmada a ausência de sua efetividade para o caso concreto. Assim, apesar de se apresentar enquanto instrumento de prevenção, a sua organização se mostra repressiva, uma vez que seus postulados surgem *a reboque* das grandes catástrofes.

Paralelamente ao regime CLC/FIPOL, assinale-se também os termos da *Convenção das Nações Unidas sobre o Direito do Mar* (UNCLOS), assinada em Montego Bay em 1982. Editada com o intuito de se tornar a Constituição dos mares, esta convenção estabeleceu em seu art. 192 a obrigação dos Estados em proteger e preservar o ambiente marinho, devendo os mesmos tomar, individual ou conjuntamente (conforme seja mais apropriado) todas as medidas compatíveis com a convenção para prevenir, controlar e reduzir a poluição do meio marinho, qualquer que seja a sua fonte, utilizando-se para este fim os meios mais viáveis que disponham e de conformidade com as suas possibilidades, devendo esforçar-se por harmonizar as suas políticas a esse respeito (art. 194(1)). A seção II da convenção se encarrega da promoção da cooperação mundial e regional, em patente influência do Direito Administrativo Global, para a consecução deste objetivo.

Há, ainda, a *Convenção MARPOL 73/78*[29], para a prevenção de poluição por navios que, inclusive, em seu preâmbulo estabelece o desejo em *"alcançar a eliminação completa da poluição intencional ao meio marinho por hidrocarbonetos e outras substâncias prejudiciais, bem como a minimização de descargas acidentais de tais substâncias"*[30]; e a *Convenção OPRC/90*, sobre Preparo, Resposta e Cooperação em caso de poluição por óleo.

A *MARPOL 73/78* se apresenta como a principal norma internacional relacionada à prevenção de poluição decorrente de causas operacionais e acidentais por navios, tornando a OILPOL/54 praticamente obsoleta. A Convenção originariamente foi concluída em Londres em 1973, mas o Protocolo de 17 de fevereiro de 1978 absorveu seus termos, uma vez que foi adotado antes de sua entrada em vigor. O Anexo I da Convenção, sobre a prevenção da poluição por óleo, que mais interessa para os fins deste trabalho, é de aplicação obrigatória aos Estados signatários, devendo os mesmos adotar os seus termos aos navios que arvorem a sua bandeira ou naveguem em

---

[29] Sobre a MARPOL, *Cf.* Ignacio Arroyo-Martinez, *Curso de Derecho Marítimo,* J.M Bosch Editor: Barcelona, 2001,, p. 746 e ss.

[30] Cfr. Manuel Januário da Costa Gomes, *Leis... ob. cit.,* p. 913.

sua jurisdição, a exigir uma série de requisitos técnicos de prevenção, com especial destaque para as vistorias e inspeções a seres realizadas no Estado do porto (arts. 5.º e 7.º), bem como a exigência de que os navios-tanque com mais de 150 ton. e navios comuns com mais de 400 ton. tenham um "plano de bordo para emergência de poluição por óleo" (*Shipboard Oil Pollution Emergency Plan*). Destaque idêntico para a obrigação de que os navios--tanque construídos a partir de Julho 1993 (data da vigência da Emenda adotada em 1992) tivessem casco-duplo. Obrigação esta acompanhada da elaboração de um calendário para a adequação dos navios já construídos.

Já a Convenção OPRC/90[31], determina que todos os seus signatários estabeleçam um sistema nacional para o preparo e a resposta de incidentes com hidrocarbonetos, a incluir uma relação organizacional entre os órgãos envolvidos e a designação das autoridades responsáveis por tais ações. Enfatize-se, ainda, os termos de seu art. 2(2) que define "incidente de poluição por hidrocarbonetos" como um acontecimento que impõe uma ação urgente ou uma atuação imediata.

No panorama das convenções em vigor, ao analisar a sua adoção e ratificação no Brasil e em Portugal, deparamos com o seguinte quadro: Em Portugal, o sistema CLC/FIPOL foi aprovado integralmente com todas as suas emendas e protocolos. A CLC/69 foi aprovada para ratificação pelo Decreto n.º 694/76, de 21 de Setembro; o seu Protocolo de 1976, por sua vez, foi aprovado para adesão pelo Decreto do Governo n.º 39/85, de 14 de Outubro; já o Protocolo de 1992, foi aprovado pelo Decreto do Governo n.º 40/2001, de 28 de Setembro. Entretanto, conforme o Aviso n.º 12/2005, de 22 de Dezembro de 2004[32], Portugal denunciou a CLC com efeitos somente a partir de 1.º de Dezembro de 2005[33].

O FIPOL/71, por seu turno, foi aprovado, para ratificação, por meio do Decreto do Governo n.º 13/85, de 21 de Junho, que também aprovou, para adesão, as alterações procedidas pelo Protocolo de 1976; já o Protocolo de 1992, foi aprovado pelo Decreto n.º 38/2001, de 25 de Setembro. O país aprovou, ainda, o Protocolo de 2003 (que ainda aguarda o atendimento dos requisitos de seu artigo 21 para a sua vigência), por meio do Decreto n.º

---

[31] Sobre a OPRC, *Cf.* Ignacio Arroyo-Martinez, *Curso de Derecho... ob. cit.*, p. 745 e ss.
[32] Publicado no *Diário da República I Série-A, de 7 de Janeiro de 2005*.
[33] Cfr. Manuel Januário da Costa Gomes, *Leis... ob. cit.*, p. 931.

1/2005, de 28 de Janeiro e depositou o instrumento de ratificação em 15 de fevereiro de 2005[34].

Já no Brasil, acerca do sistema CLC/FIPOL, somente a CLC/69 vigora em território nacional, não tendo sido ratificados os seus protocolos subseqüentes nem o FIPOL/71-92, em que o país não é parte contratante. A CLC/69 foi ratificada pelo Decreto legislativo n.º 74/76, de 30 de Setembro e regulamentada pelo Decreto n.º 79.437/77, de 28 de Março, responsável por sua promulgação no país[35].

A INTERVENTION/69 foi aprovada por ambos os países. Em Portugal esta convenção foi aprovada, para ratificação, pelo Decreto n.º 88/79, de 21 de Agosto e, por meio do Aviso n.º 121/98, tornou-se público o depósito de sua carta de ratificação em 15 de fevereiro de 1980; o seu Protocolo de 1973 foi aprovado, para adesão, pelo Decreto do Governo n.º 17/87, de 22 de Abril, e tornou-se público o depósito de seu instrumento de adesão por meio do Aviso n.º 119/98, de 08 de Julho de 1987[36]. Enquanto isso, no Brasil, a Convenção e o Protocolo de 1973, com suas respectivas emendas, foram aprovados por meio do Decreto Legislativo n.º 305/2007, de 26 de Outubro; promulgados pelo Decreto n.º 6.478/08, de 9 de Julho e ratificados apenas em 18 de Janeiro de 2010[37], praticamente, 35 anos após a entrada em vigor desta convenção internacionalmente.

As convenções MARPOL 73/78 e OPRC/90 também foram ratificadas por ambos os países. Contudo, a MARPOL 73/78 foi adotada por Portugal por meio do Decreto do Governo n.º 25/87, de 10 de Julho, que aprovou a adesão do Protocolo de 1978, posto que conforme o art. 2.º do referido Decreto, as disposições do Protocolo e da Convenção serão lidas e interpretadas em conjunto como um único instrumento. Não obstante, seus Anexos e emendas foram aprovados sucessivamente pelos Decretos n.º 48/90, de 7 de Novembro, n.º 19/98, de 10 de Julho, n.º 20/2000 de 11 de Agosto e n.º 6/2006, de 6 de Janeiro. Além disso, o Decreto n.º 192/98, de 10 de Julho,

---

[34] Cfr. Manuel Januário da COSTA GOMES, *Leis... ob. cit.*, p. 971.
[35] Disponível em: «https://www.ccaimo.mar.mil.br/convencoes_e_codigos/convencoes/responsabilidade_civil/clc». Acesso em: 23.ago.2011.
[36] *Cfr.* Manuel Januário da COSTA GOMES, *Leis... ob. cit.*, pp. 1019 e 1029.
[37] Disponível em: «https://www.ccaimo.mar.mil.br/convencoes_e_codigos/convençoes/prevenção_da_poluicao_marinha/intervention». Acesso em: 23.ago.2011.

determina quais os ministérios competentes para a aplicação das regras da Convenção[38].

No Brasil, como em Portugal, tanto a Convenção como o Protocolo de 1978 foram aprovadas por um único instrumento, o Decreto Legislativo n.º 004/87, de 11 de Novembro, também responsável pela aprovação de seus Anexos I e II. Já os Anexos III, IV e V (opcionais), foram aprovados por meio do Decreto n.º 60/95, de 19 de Abril. A Convenção e seus Anexos foram promulgados pelo Decreto n.º 2.508/98, de 4 de Março e entraram em vigor a partir de 4 de Abril de 1996. Registra-se, ainda, que apesar da aprovação do Protocolo de 1997 e do Anexo VI da Convenção pelo Decreto Legislativo n.º 499/2009, de 10 de Agosto, os mesmos ainda não vigoram no país, posto aguardarem a finalização de seu processo de internalização no regime brasileiro por meio de um Decreto Presidencial promulgando-os[39].

A OPRC/90, em Portugal, foi aprovada pelo Decreto n.º 8/2006, de 10 de Janeiro. Já no Brasil, esta Convenção foi aprovada pelo Decreto Legislativo n.º 43/98, de 29 de Maio, e promulgado pelo Decreto 2870/98, de 10 de Dezembro.

Pelo exposto, observa-se que, no caso de Portugal, as convenções internacionais relacionadas foram adotadas em sua totalidade, ainda que com alguns anos de atraso entre a data de sua vigência internacional e a de vigência dentro do país, após a sua adoção. No Brasil, por outro lado, além dos lapsos entre a vigência internacional das Convenções por si ratificadas serem deveras superiores, há ainda o fato do mesmo não ser signatário da CLC/92, nem do FIPOL 71/92.

Dessa afirmação decorrem duas grandes diferenças entre os sistemas comparados. A primeira advém do fato de ambos os ordenamentos possuírem sistemas distintos acerca da recepção de normas de Direito Internacional para as suas respectivas ordens jurídicas internas. Enquanto em Portugal adota-se um sistema monista[40], ou seja, em que as normas de Direito Internacional

---

[38] Cfr. Manuel Januário da COSTA GOMES, *Leis... ob. cit.*, p. 913.

[39] Disponível em: «https://www.ccaimo.mar.mil.br/convencoes_e_codigos/convencoes/ prevencao_da_poluicao_marinha/marpol». Acesso em: 23.abr.2015.

[40] Nesse sentido, explica Flávia PIOVESAN: *"A Constituição portuguesa de 1976 determina que as normas e os princípios de direito internacional geral ou comum fazem parte integrante do direito português. Trata-se do fenômeno da recepção automática das normas*

por si adotadas passam a produzir efeitos em sua ordem interna a partir do momento da publicação de sua aprovação[41], no Brasil impera um sistema misto – inclusive, mal executado, o que prejudica em muito a vigência e adoção de normas de prevenção ambiental em decorrência da demora desnecessária que leva o processo de internalização das normas internacionais sobre proteção do ambiente. Explica-se.

No Brasil, em regra geral, para que um instrumento normativo internacional tenha validade em sua ordem legal, fundamental se faz que tais normas sejam incorporadas por meio de um ato interno de seu Poder Executivo, no caso, a edição de um Decreto Presidencial ou Executivo. Ato este que é distinto da ratificação do tratado[42]. Pela ratificação, o Estado se compromete perante a comunidade internacional a adotar os termos acordados, ainda que não haja legislação interna sobre o assunto. Tal compromisso, todavia, só será válido para a ordem jurídica interna depois da edição de norma nacional que transforma o direito internacional em interno[43].

Ocorre, no entanto, que em se tratando de normas internacionais que versem sobre Direitos Humanos, o parágrafo 1.º do art. 5.º, da Constituição Federal do Brasil de 1988 (CF/88) dispõe que os mesmos terão aplicação imediata[44], ou

---

do direito internacional pelo direito português, mediante o qual tais normas são diretamente aplicáveis pelos tribunais e outras autoridades encarregadas de aplicar o direito. Pela recepção automática, as normas de direito internacional entram em vigor no direito interno português ao mesmo tempo em que adquirem vigência na ordem internacional, não exigindo qualquer transformação em lei ou outro ato de direito interno para serem incorporadas no ordenamento interno". Cfr. Flávia PIOVESAN, *Direitos Humanos e Direito Constitucional Internacional.* 7.ed. São Paulo: Saraiva, 2006, p. 89.

[41] Nesse caso, tratou-se da *recepção condicionada* (art. 8.º, n.2, CRP/76). Embora não destacado, não se ignora as hipóteses de *recepção automática,* previstas no art. 8.º, ns.1 e 3, da CRP/76. *Cfr* Jorge Bacelar GOUVEIA, *Manual de Direito Internacional Público,* 3.ed. Almedina: Coimbra, 2008, pp. 433/436-438/440.

[42] Nesse sentido, frisa Jorge Bacelar GOUVEIA, que a ratificação do Presidente da República (art. 84, VIII, CF/88) não é necessariamente identificada como um ato jurídico constitucional, com relevância interna e externa, mas se apresenta como um ato simbólico--confirmativo da vontade de vinculação internacional cuja competência final é atribuída ao Congresso Nacional. *Cfr* Jorge Bacelar GOUVEIA. *Manual... ob. cit.,* p. 376.

[43] *Cfr.* Flávia PIOVESAN, *Direitos Humanos...* ob. cit., p. 88.

[44] *Cfr.* Valério de Oliveira MAZZUOLI, *Direitos Humanos e Relações Internacionais,* Campinas: Agá Juris, 2000, pp. 153/154.

seja, basta a sua aprovação para que inicie a produção de seus efeitos em sua ordem jurídica, dispensando-se, assim, o ato de promulgação. Dispositivo, este, que nos leva a crer que o sistema brasileiro de recepção de tratados e convenções internacionais se apresenta enquanto misto, uma vez que confere aplicação imediata para os tratados de direitos humanos, característica do sistema monista, e exige a promulgação de normas internas para a promulgação de todos os outros tipos de instrumentos internacionais[45], característica do sistema dualista. Essa peculiaridade torna este sistema *sui generis*, a permitir uma classificação distinta das teorias monista e dualista.

Contudo, apesar dos avanços – ao permitir que os tratados internacionais sobre direitos humanos tenham aplicação imediata, diminuindo-se, assim, a burocracia e o lapso temporal exacerbado para se iniciar a vigência de seus efeitos –, esta técnica é mal executada, como pode ser observado com as convenções acima apresentadas. Isso porque, embora o ordenamento jurídico brasileiro reconheça a proteção do ambiente como um direito humano (art. 225, CF/88), as convenções e tratados internacionais sobre tal matéria continuam a aguardar a promulgação deste tipo de norma para vigorar no país, quando não precisariam.

Exemplos disso são o Protocolo de 1997 e o Anexo VI da MARPOL 73/78. Convenção esta, reconhecidamente sobre prevenção da poluição marinha e, portanto, uma convenção de proteção do ambiente enquanto um direito humano. Conforme a CF/88, tais normas teriam aplicação imediata a partir de sua aprovação (efetuada por meio do Decreto Legislativo n.º 499/2009, de 10 de Agosto), contudo, ainda aguardam a sua promulgação, que é desnecessária para que venha a vigorar. Sendo assim, verifica-se que embora a sistema brasileiro tenha buscado efetivar a aplicação das normas de direitos humanos pactuadas internacionalmente, dentre elas tratados e convenções sobre proteção do meio ambiente, na prática, a sua recepção não é efetiva. Pior, em se tratando de prevenção da poluição marinha, a prática brasileira se mostra incoerentemente não preventiva ao levar décadas para reconhecer os efeitos de tais instrumentos normativos.

A segunda diferença identificada entre Brasil e Portugal se apresenta nos termos das convenções internacionais não ratificadas pelo Brasil,

---

[45] *Cfr.* Antonio Augusto CANÇADO TRINDADE, A Proteção Internacional dos Direitos Humanos. São Paulo: Saraiva, 1991, p. 304.

nomeadamente a CLC/92 e o FIPOL 71/92, que complementam o sistema internacional de responsabilidade por poluição por hidrocarbonetos causada por navios.

A CLC/92 apresentou grandes inovações em relação à CLC/69[46], onde se destacam alguns traços além do aumento do aumento dos limites de indenização a cargo do proprietário do navio. Dentre eles, o alargamento do campo de aplicação da convenção por meio da alteração das definições de "navio" (art. I(1)) e, em especial, "evento" (art. I(8)), em que passou a incluir também as hipóteses de grave iminência da ocorrência de poluição, o que não era previsto no texto de 1969[47]. Além disso, o Protocolo de 1992 trouxe, ainda, uma previsão de limitação de indenização para os "prejuízos devidos à poluição", definidos no art. I(6).

Na CLC/69, "prejuízos por poluição" significam *"qualquer perda ou dano exterior ao navio que transporte hidrocarbonetos, causados por uma contaminação resultante de fuga ou descarga de hidrocarbonetos, qualquer que seja o local onde possa ocorrer, e compreendendo o custo das medidas de salvaguarda, bem como quaisquer perdas ou danos causados pelas referidas medidas"*[48]. A abertura deste conceito dá azo para pedidos de reparação que possam atingir qualquer patamar, onerando excessivamente o proprietário do navio, a inviabilizar, assim, que a totalidade das vítimas, receba suas respectivas indenizações equitativamente.

Com as alterações promovidas pela CLC/92, "prejuízo por poluição" passou a incluir em seu conceito, cunhado na CLC/69, a ressalva quanto à indenização a ser recebida com a inclusão da cláusula limitativa: *"desde que a compensação pelos danos causados ao ambiente, excluídos os lucros cessantes motivados por tal dano, seja limitada aos custos das medidas necessárias tomadas ou a tomar para a reposição das condições ambientais"*[49]. Desse modo, somente com as modificações dos conceitos

---

[46] Sobre distinções entre a CLC/69 e a CLC/92, *Cfr.* Francesco Siccardi, *Pollution liabiility and classification societies: Is the System a Fair One?*, In: *Il Diritto Marittimo*, 2005, pp. 691-710, p. 693 e ss.; Manuel Januário da Costa Gomes, Limitação... *ob. cit.*, p. 368.

[47] *Cfr.* Manuel Januário da Costa Gomes, Leis... *ob. cit.*, p. 931/932; *idem, Limitação... ob. cit.*, p. 368.

[48] *Cfr.* Manuel Januário da Costa Gomes, Leis... *ob. cit.*, p. 932.

[49] *Idem.*

acima expostos, altera-se diametralmente a forma de atuação dos Estados unicamente signatários da CLC/69, como é o caso do Brasil, e dos Estados signatários da CLC/92, como Portugal.

Vejamos, por exemplo, como ficaria a aplicação do art. III(1), da CLC/69-92 em ambos os países. Este dispositivo agrega os conceitos de "navio", "evento" e "prejuízos devido à poluição" em seus termos e dispõe acerca da responsabilidade do proprietário do navio por prejuízos devido à poluição, observe:

Artigo III

1 – O proprietário de um navio, no momento em que se verifique um evento ou, se o evento consistir numa sucessão de factos, no momento em que se verifique o primeiro, é responsável por qualquer prejuízo devido à poluição causado pelo navio e resultante do evento, salvo nos casos previstos nos parágrafos 2 e 3 do presente artigo.

No Brasil, conforme a redação original da CLC/69, este artigo é dirigido apenas aos proprietários de embarcações ou engenhos flutuantes que transportem "efetivamente óleo a granel como carga", conforme o conceito de navio adotado em seu art. I(1); em casos de poluição propriamente dita, conforme conceito de "evento" disposto no art. I(8); e a indenização decorrente desta verificação não possui qualquer limite de aferição (art. I(6)).

Já em Portugal, com as modificações efetuadas pela CLC/92, a sua aplicação abrange não só os proprietários de embarcações e engenhos marítimos que transportem efetivamente óleo a granel como carga, como também qualquer outra embarcação com capacidade para o transporte de hidrocarbonetos e outros tipos de carga, ao menos que se prove que não existam quaisquer resíduos a bordo, originados do transporte de hidrocarbonetos a granel (art. I(1)); a se incluir como "evento" não só os incidentes de poluição, como também, qualquer fato que constitua uma grave e iminente ameaça de causar poluição (art. I(8)); e cuja indenização pelos prejuízos causados, "excluídos os lucros cessantes motivados por tal dano", será limitada aos custos das medidas necessárias tomadas ou a tomar para a reposição das condições ambientais do local afetado (art. I(6)).

Portanto, o sistema da CLC tem aplicabilidade a uma maior diversidade de eventos em Portugal do que no Brasil; do mesmo passo, em ambos os sistemas verifica-se a possibilidade de se aferir valores distintos de compensação para uma situação idêntica devido aos conceitos recepcionados por cada país.

Além disso, a CLC/92 reforçou o sistema de canalização da responsabilidade do proprietário no navio[50], elencando no parágrafo 4.º, do art. III, uma série de sujeitos imunes a uma potencial ação de responsabilização pelas vítimas[51]. Assim, enquanto em Portugal se veda a propositura de pedidos de compensação direcionados aos funcionários ou agentes do proprietário ou membros da tripulação; ao piloto ou qualquer outra pessoa que, não sendo membro da tripulação preste serviços para o navio; a qualquer afretador, gestor ou operador do navio; bem como qualquer pessoa que desenvolva operações de salvamento com o consentimento do proprietário ou de acordo com instruções da autoridade competente; ou, ainda, qualquer pessoa que esteja a executar medidas de salvaguarda; no Brasil não há qualquer imunidade, restando apenas que nenhum pedido de compensação que não tenha por fundamento o disposto na CLC poderá ser formulado contra o proprietário do navio ou seus prepostos e agentes. Portanto, enquanto os prepostos e agentes do proprietário do navio são imunes a um potencial pedido de compensação pelos danos decorrentes do evento poluidor em Portugal, os mesmo não o serão no Brasil.

Por fim, por não ser signatário do FIPOL 71/92, os incidentes ocorridos em jurisdição marinha brasileira não terão a sua reparação assegurada pelos recursos do Fundo. De tal forma que esta inexistência se apresenta enquanto uma lacuna na proteção do ambiente marinho brasileiro e traz preocupações práticas na efetivação das medidas de prevenção do país, posto que as convenções não ratificadas reduziriam o risco de não indenização de custos de atividades de combate e limpeza.

---

[50] Sobre o regime de canalização estabelecido pelo art. III(4), da CLC/92, *Cfr.* Philippe BOISSON, *La société de classification bénéficie-t-elle de l'exclusion prévue par l'article III (4) de la convention CLC?*, In: Le Droit Maritime Français, Set. 2008, pp.696-703; Pierre BONASSIES, *Sociétés de classification et convention de 1969/1992 sur la responsabilité pour les dommages dus à la pollution par les hydrocarbures*, In: Le Droit Maritime Français, Set. 2008, p.691-695.

[51] *Cfr.* Manuel Januário da COSTA GOMES, *Limitação... ob. cit.*, p. 368.

3. Danos ambientais anônimos com hidrocarbonetos

Preliminarmente, para a conceituação de dano e poluição ambiental, é preciso deixar consignado que tais institutos são impossíveis de serem averiguados *per se*. Isso porque eles só podem ser compreendidos em relação a uma determinada realidade previamente estabelecida.

Paulo de Bessa ANTUNES conceitua poluição como *"uma situação de fato, causada pela ação humana, que altera negativamente uma determinada realidade"*[52]. Nesse sentido, para que ocorra poluição, fundamental se faz que se tenham padrões previamente fixados para que se constate se ocorreu, ou não, uma alteração negativa naquela realidade.

Para tanto, existem padrões técnicos estipulados pelos órgãos ambientais por meio de suas Resoluções e Portarias. Portanto, a poluição juridicamente considerada *"é uma afronta aos limites jurídicos definidos normativamente"*[53].

Portanto, para que se constate a ocorrência de poluição é necessário que haja uma alteração ambiental, e essa alteração modifique negativamente o *status quo* ambiental, compreendendo não só a saúde, segurança e bem-estar da população, mas também as atividades sociais, econômicas, bem como a estética e as condições sanitárias do ambiente.

Segundo ensinamentos de Paulo de Bessa ANTUNES, a poluição é um gênero do qual podem ser extraídos três elementos (espécies), a saber: 1) a poluição em sentido estrito; 2) o dano ambiental; e 3) o crime ambiental, conforme a intensidade da alteração do *status quo* ambiental.[54]

A poluição em sentido estrito seria a alteração ao meio cujas repercussões sobre a normalidade do ambiente seriam desprezíveis; o dano ambiental seria uma alteração ao meio ambiente por um ato ilícito capaz de lhe provocar um desvalor ambiental, o que acarretaria para o agente uma responsabilidade objetiva; e o crime ambiental seria a mais grave violação ao bem ambiental, que se consubstancia na realização de qualquer conduta especificada como crime pela legislação ambiental[55].

---

[52] Cfr. Paulo de Bessa ANTUNES, *Dano ambiental: uma abordagem conceitual*. Rio de Janeiro: Lúmen Júris. 2000. p. 173.
[53] *Idem*, p. 176.
[54] *Idem*, p. 80/81.
[55] *Idem*, p. 80/84.

A poluição no mar por derramamento de óleo não se enquadra no conceito de poluição em sentido estrito. Sempre que uma embarcação derrama óleo no mar o dano é significativo, resultando na degradação de diversas formas de vida marinha. Ao atingir a água do mar, o óleo se espalha pela superfície e forma uma camada compacta que leva anos para ser absorvida. Isso impede a oxigenação da água, alterando o ecossistema e, conseqüentemente, matando a fauna e flora marinhas. O óleo que fica em contato com a superfície é facilmente disperso para outras localidades por meio da ação dos ventos, o que traz inúmeras conseqüências, haja vista seu caráter ubíquo e a facilidade de contaminação de outros meios, como os sedimentos marinhos, costões rochosos, praias, rios fluviais e atmosfera, o que dificulta a sua mitigação e agravam os prejuízos, dado que se apresentam enquanto áreas ecologicamente sensíveis (zona costeira)[56].

A comoção social normalmente é associada com os grandes desastres ecológicos, em que ficaram gravadas na memória da sociedade imagens de aves e animais cobertos de óleo, como nos casos dos acidentes envolvendo os navios *Torrey Canyon* (Reino Unido, 1967), *Amoco Cádiz* (França, 1978), *Exxon Valdez* (Alaska, 1989*) e o Prestige* (Bretanha, 2002)[57], principais responsáveis pela evolução normativa no plano internacional acerca

---

[56] Quanto aos impactos negativos deste tipo de incidente ambiental, GILBERTONI explica que *"vão desde a mortalidade por sufocamento físico, por falta de oxigenação da água, aos efeitos da contaminação química que incluem toxicidade e a interferência em processos biológicos. Afetam uma enorme cadeia de desenvolvimento, contemplando plâncton, moluscos, crustáceos, aves, mamíferos. Podem, em alguns casos, causar o desaparecimento de populações mais sensíveis e provocar mudanças nas comunidades marinhas. A fixação do hidrocarboneto nos sedimentos prolonga os efeitos da poluição durante vários meses e anos depois dos derrames. Os impactos sociais e econômicos no turismo e nas atividades recreativas, na indústria, pesca, portos e marinas pode ser arrasador para algumas comunidades. Além disso, o dano ambiental causado por derramamento de óleo ou substâncias químicas no mar, não é estático, pelo contrário, agrava-se com o passar do tempo".* Cfr. Carla Adriana Comitre GILBERTONI, *Teoria... ob. cit.,* pp. 402/403.

[57] Para uma análise da forma como se processou o contencioso ambiental internacional nestes eventos, *Cf.* Orlindo Francisco BORGES, *Poluição marinha por hidrocarbonetos: a resolução jurisdicional de conflitos envolvendo incidentes com petroleiros no Direito Internacional.* In: Carla AMADO GOMES (Coord.). *Direito(s) das Catástrofes Tecnológicas.* AAFDL: Lisboa, 2014, pp. 245/311.

da necessidade do disciplinamento de medidas preventivas de proteção ambiental no mar.

Contudo, é desconhecida da maior parte da população a ocorrência contínua de incidentes de menor monta[58], que ocorrem principalmente em operações de rotina como carga e descarga e abastecimentos de navios em instalações portuárias.

Tal fenômeno se agrava, quando constatado que estes acidentes de menor dimensão são relegados a um segundo plano, e em grande parte dos casos não são comunicados às autoridades portuárias e ignorados.

Quando não comunicados e, conseqüentemente, não identificados os agentes promotores daquela poluição, há a ocorrência das chamadas "manchas órfãs"[59].

A gravidade dessas manchas reside no fato de que: (1) Por serem pequenas, não sensibilizam a população, de maneira que em grande parte dos casos são ignoradas e o órgão fiscalizador não é acionado; (2) São danos de ação contínua; (3) Quando analisadas individualmente não apresentam grandes impactos, porém, quando visto o contexto ambiental como um todo, no qual se tem diversas manchas "pequenas" de variadas origens e tipologias, equivale-se a uma mancha de grande proporção e mitigação mais complexa; (4) quando acionado o órgão fiscalizador, o mesmo demanda tempo para identificar (se identificar) o responsável e autuá-lo para apresentar as medidas compensatórias, conforme o princípio do poluidor pagador.

---

[58] "*A maioria dos acidentes marítimos são de pequenas dimensões*", explica GILBERTONI ao referir que os incidentes ambientais com hidrocarbonetos mais corriqueiros não ultrapassam 7 ton. de óleo lançadas ao mar. Idem, p. 381.

[59] Segundo a CETESB, o termo "manchas órfãs" vem sendo empregado, genericamente, como referência ao aparecimento de substâncias oleosas em águas marinhas, estuarinas ou fluviais, cuja fonte poluidora não foi identificada. Por se tratar de uma mancha de óleo "sem dono", não há quem se responsabilizar pelo fato. É preciso então gerar-se um consenso prévio entre as autoridades portuária, marítima, ambiental e municipal, bem como entre os representantes dos terminais e operadores portuários, no sentido de estruturar um plano de ação de emergência integrado para este fim específico, quando houver acionamento, bem como para avaliar as despesas relativas aos custos de ações de contenção, remoção, destinação e tratamento dos resíduos gerados. CETESB, *Manchas órfãs*. Disponível em: «http://www.cetesb.sp.gov.br/gerenciamento-de-riscos/vazamento-de-oleo/211-manchas-orfas». Acesso em: 02.mai.2011.

Portanto, a sociedade normalmente se preocupa com os vazamentos de óleo em grande escala, cujo medo da ocorrência se pauta em termos emocionalmente apelativos (imagens de animais encobertos de óleo e paisagens naturais degradas, por exemplo), enquanto se esquece dos recorrentes incidentes de menor escala, cuja probabilidade de ocorrência é infinitamente maior.

Nesse contexto, podemos revisitar uma das críticas lançadas por SUNSTEIN ao princípio da precaução em sua concepção forte, acerca da "negligência da probabilidade", quando da edição de medidas regulatórias. Segundo o autor, é natural a produção de uma estimativa imprecisa da probabilidade quando fortes emoções estiverem associadas à situação. Nesse sentido, entende que em grande parte dos casos em que o princípio da precaução é aplicado, a questão da probabilidade é negligenciada e as pessoas focam sua aplicação em um resultado dominado pela emoção[60]. Se probabilidades são negligenciadas, especialmente quando emoções estão envolvidas, então o princípio operará por meio de preocupação pública excessiva com certos riscos de baixa probabilidade[61].

Daí a importância de se dar maior atenção na regulação de uma ação preventiva com a questão dos acidentes de pequenas dimensões envolvendo óleo, em especial as "manchas órfãs", que se têm tornado cada vez mais constantes e graves.

Posto isto, façamos uma análise de como seria contingenciada uma "mancha órfã" nos atuais sistemas de prevenção adotados pelos países comparados.

3.1. "Manchas órfãs" em Portugal

As "manchas órfãs" embora reconhecidas, em sua maioria, enquanto vazamentos de menor proporção que em raras vezes constam dos registros

---

[60] Cfr. Cass R. SUNSTEIN, op. cit., p. 158/159.

[61] *"Esta heurística não leva as pessoas a negligenciar a probabilidade, mas a responder à questão da probabilidade ao substituir uma questão difícil (qual é o risco estatístico?) por uma questão fácil (exemplos proeminentes vêm imediatamente à mente). Meu ponto aqui não é que a visualização faz com que um evento pareça mais provável (embora isso também seja verdade), mas que a visualização faz com que a questão da probabilidade torne-se menos relevante ou mesmo irrelevante"*. Cfr. Cass R. SUNSTEIN, op. cit, p. 160/161.

oficiais, no histórico de incidentes em Portugal há destaque para uma mancha desta tipologia dentre os maiores desastres do país.

Em dezembro de 1992, uma maré negra de origem desconhecida, com cerca de 60 ton. de óleo[62] atingiu 20 km da costa de Figueira da Foz, evento que acarretou em uma operação de limpeza que durou 2 meses de atividades[63]. Na época ainda não estava em vigor o PML.

Atualmente, se imaginarmos um novo incidente anônimo, verificaríamos a seguinte forma de atuação.

Uma vez constatado o evento danoso, seria acionada a Capitania dos Portos responsável pela localidade afetada que, por sua vez, daria inicio à execução do seu Plano de Intervenção.

Esta ação se resumiria basicamente na execução de atos voltados a proteção física dos locais sensíveis em risco, acompanhada da contenção e recolha da substância poluente no mar, costas e margens afetadas, uma vez que não há como se proceder, nesta hipótese, qualquer ação diretamente junto à fonte poluidora (não identificada). Se necessário, ainda poderá utilizar-se de dispersantes, por meio de uma aplicação criteriosa e em conformidade com a legislação em vigor.

A depender da proporção do dano, o Plano de Intervenção poderá ser Local, Regional ou Nacional, a diferenciar a autoridade responsável pela sua coordenação. Em se tratando de impacto local, a autoridade coordenadora será o Capitão do Porto; se o impacto for regional, a autoridade competente será o Chefe do Departamento Marítimo; e se o impacto for nacional, a competência pela coordenação do plano será do Diretor-Geral da Autoridade Marítima. Os atos de combate à poluição, todavia, serão executados pelas Capitanias dos Portos em âmbito local.

Em âmbito nacional, o SCPMH é chamado a atuar em conjunto com o PML, integrando o sistema de combate, de modo a reforçar as operações com pessoal e material de apoio. No que tange os materiais de apoio, o SCPMH está equipado com barreiras para a contenção de produtos poluentes

---

[62] *Cfr.* EXPRESSO, *60 toneladas de 'crude' derramadas na Figueira da Foz*, 12.fev.1992. Disponível em: «http://ecoline.ics.ul.pt/ecoline.asp?p06&1&418&433&579». Acesso em: 23.ago.2011.

[63] *Cfr.* AUTORIDADE MARÍTIMA, *Sinistros marítimos com derrames graves*. Disponível em. «http://autoridademaritima.marinha.pt/PT/DCPM/Pages/sinistros.aspx». Acesso em: 21.Ago.2011.

e proteção de áreas sensíveis, recuperadores e absorventes para a remoção de hidrocarbonetos, tanques para armazenagem provisória, máquinas para a limpeza das zonas costeiras atingidas por derrames e meios de transporte para pessoal e material. Possui ainda duas lanchas para o combate de poluição os portos e dois navios de patrulha oceânica com capacidade de combate à poluição por hidrocarbonetos[64].

Por se tratar de uma "mancha órfã", não há como se exigir uma caução do agente causador do dano para a cobertura dos gastos efetuados com as operações de combate à poluição como prevê o art. 21, do DL n.º 235/2000, dada a inviabilidade de sua identificação, o que torna, quase que impossível o repasse dos custos efetuados. Todavia, por ser signatário do FIPOL/92, diante da impossibilidade de identificação deste, poderá a Autoridade Marítima portuguesa requerer do Fundo a compensação por seus gastos com fundamento no art. 4.º, n.1, da Convenção FIPOL/92, que reconhece a aplicação do Fundo diante da exoneração do proprietário do navio.

A atuação do Fundo nestas hipóteses não prejudica a aplicação do princípio do poluidor pagador, uma vez que se dá o repasse das externalidades negativas da atividade para quem a explora economicamente, posto que os financiadores do Fundo são as empresas que transportam mais do que 150.000 ton. de óleo por ano e, em razão disso, contribuem para a potencialidade da ocorrência de desastres desta natureza.

Ainda assim, por meio da aplicação do art. 13, do DL 235/2000, há a possibilidade de investigação e análise da tipologia do óleo para uma potencial aferição do responsável pelo dano, o que permite, se identificado o autor, a sua assunção da responsabilidade pelo evento danoso.

Pelo exposto, em Portugal, independentemente de identificar ou não o agente causador do dano, constitui um dever precípuo da Autoridade Marítima o exercício da atividade de contenção do dano com os seus próprios recursos. Depois de sanado o impacto, busca-se o repasse dos gastos para o seu responsável e, não havendo a possibilidade de sua identificação ou ainda se os recursos existentes forem insuficientes, os custos serão assumidos pelo FIPOL.

---

[64] *Cfr.* SERVIÇO DE COMBATE À POLUIÇÃO DO MAR POR HIDROCARBONETOS, p.2. Disponível em: « http://www.presidencia.pt/archive/doc/SCPMH.pdf». Acesso em: 23.ago.2011.

3.2. "Manchas órfãs" no Brasil

No Brasil, o combate de "manchas órfãs" faz parte do cotidiano das autoridades ambientais. Em pesquisa realizada no estado do Espírito Santo, foi verificado que entre os anos de 2000 e 2007, 16,3% dos incidentes envolvendo hidrocarbonetos atendidos pelo órgão estadual de meio ambiente capixaba[65] (Instituto Estadual de Meio Ambiente e Recursos Hídricos – IEMA), não foi possível se identificar o agente causador do evento. Dado este agravado quando observado em que 82,3% das ocorrências faltou alguma informação essencial à efetiva reparação do dano[66]. Além disso, em São Paulo, regista-se que a CETESB atendeu 102 "manchas órfãs" entre 1981 e 2006[67]. Se constatado um novo incidente desta natureza, o procedimento a ser adotado no país será o seguinte:

A Marinha do Brasil, a agência reguladora do petróleo (ANP) ou o órgão de meio ambiente (municipal, estadual ou federal) será acionado, uma vez que todos possuem competência fiscalizadora (art. 7.º, do Decreto n.º 4.136/02). Contatado um desses órgãos, há uma comunicação interna no sentido de comunicar os demais e delegar as funções respectivas às atribuições de cada ente (art. 27, da Lei 9.966/00).

Enquanto a Marinha detém a atribuição para investigar o navio causador do dano, autuá-lo e multá-lo, os órgãos ambientais possuem competência para avaliar o impacto que fundamentará os processos administrativos instaurados por si e pela Marinha, bem como as sanções civis e penais (medidas judiciais) que serão propostas pela Procuradoria-Geral da República em âmbito federal ou pelos órgãos estaduais e municipais de meio ambiente em suas respectivas jurisdições. A ANP, por sua vez, será responsável pelas sanções administrativas e judiciais envolvendo a indústria do petróleo (art. 27, da Lei n.º 9.966/00).

---

[65] "Capixaba" refere-se ao gentílico do estado do Espírito Santo, Brasil, ou seja, é o termo que designa as pessoas nascidas naquele ente federado.

[66] *Cfr.* Orlindo Francisco BORGES, *A utilização dos royalties do petróleo na efetivação do princípio da precaução frente à sociedade do risco: uma análise a partir da relação derramamento de óleo no mar vs. Meio ambiente protegido como um direito fundamental, no cenário capixaba.* Monografia apresentada ao curso de graduação em Direito da Faculdade de Direito de Vitória – FDV, Vitória: FDV, 2009, pp. 63/86 e Anexos.

[67] *Cfr.* CETESB, *Manchas... ob. cit.*

O ato de comunicação da ocorrência do sinistro poderá ser feito mediante a notícia de um cidadão (art. 8.º, do Decreto n.º 4.136/02); por meio da própria constatação de um dos entes fiscalizadores ou; ainda, por meio da comunicação de quem explora a atividade de portos organizados, instalações portuárias, plataformas e instalações de apoio. Comunicação esta, obrigatória, sob pena de multa, conforme dispõem os arts. 46 (pela não comunicação à Capitania dos Portos), 47 (pela não comunicação ao órgão ambiental competente) e 48 (pela não comunicação da ANP), do Decreto n.º 4.136/02.

Note-se que a obrigação das instalações portuárias e afins comunicarem às autoridades competentes se dá apenas nos casos em que o incidente tenha *"ocorrido em suas instalações ou no seu navio quando dele tomar conhecimento"* [68]. Este preceito, muitas vezes, contribui para que tais entes não procedam a comunicação de eventos cuja autoria seja desconhecida, haja vista que se o fizer, assumirá a responsabilidade pela contenção de um dano causado por um terceiro.

Isso porque, devido o repasse da obrigação do Poder Público de estruturar-se para o combate à poluição (art. 7.º, da Lei n.º 9.966/00), cumulado com a obrigação da realização de Planos de Área com previsão de procedimentos de resposta para danos de origem desconhecida (art. 4.º, XII, do Decreto n.º 4.871/03) há, na verdade, uma delegação do dever do Estado de reparação imediata do dano para os exploradores de atividades portuárias.

Embora haja a ressalva no art. 7.º, §2.º, da Lei 9.966/00 de que os custos empreendidos pelas instalações portuárias e plataformas serão ressarcidos em regresso pelo infrator, nestas hipóteses em que o mesmo não é identificado, não há tal possibilidade. Tal situação redunda, portanto, numa delegação de responsabilidade para um agente que não praticou um ato ilícito. Isso acontece por recurso ao princípio do poluidor-pagador, ao reconhecer que tais entidades exercem atividade de risco a justificar uma responsabilidade pela reparação de impactos identificados em sua área de atuação.

No entanto, ainda que os custos sejam assumidos pelas entidades exploradoras de portos organizados e afins, ou, ainda, pelo Poder Público diante de insuficiência de recursos, entendemos que esta sistemática se mostra falha, uma vez que seu tratamento é voltado, tão somente, ao combate do dano sem qualquer mecanismo de compensação para as vítimas.

---

[68] *Cfr.* Arts. 46, 47 e 48, do Decreto n.º 4.136/02, de 20 de Setembro. Disponível em: «http://www.jurisway.org.br/v2/bancolegis1.asp?idmodelo=265». Acesso em: 01.set.2011.

Assim, embora a delegação dos atos de combate à poluição para um particular cuja atividade comporte riscos ao ambiente se justifique na premissa entabulada pelo princípio do poluidor-pagador, nesses casos em que não há a identificação de um agente causador, as vítimas acabam por assumir os prejuízos por si sofridos em razão da exclusão de responsabilidade resultante de um ato exclusivo de terceiro (questão que deverá ser discutida judicialmente, caso as vítimas pretendam ser compensadas). Ao inexistir compensação das vítimas pelo agente causador do evento, verifica-se que tal princípio não opera em sua maior medida conforme tal mecanismo.

Esta problemática se agrava em razão da inexistência de um Fundo voltado à reparação de danos com hidrocarbonetos, a exemplo do FIPOL, ou seja, com destinação previamente estipulada, de maneira que venha a suprir tais lacunas.

4. Síntese comparativa dos regimes analisados

Quando confrontados os sistemas de ambos os países observamos que, apesar de seus objetivos comuns, diversas diferenças se assinalam na estruturação de seus instrumentos de prevenção e combate da poluição por hidrocarbonetos no mar e na forma de atendimento perante danos anônimos. Estas questões serão pontuadas em nossas considerações finais sob a forma de sub-tópicos articulados, com o intuito de proceder em uma síntese comparativa de ambos os regimes a identificar as suas semelhanças, divergências, e os contributos que os regimes se podem dar reciprocamente.

4.1. Recepção de normas internacionais

Em Portugal vigora um sistema monista, no qual se reconhece no art. 8.º, n.2, da Constituição da República de 1976 (CRP/76) a aplicação imediata dos tratados e convenções internacionais por si ratificadas ou aprovadas em seu ordenamento jurídico após a sua publicação oficial. Além disso, o Estado ratificou a totalidade das convenções internacionais sobre prevenção da poluição marinha por hidrocarbonetos destacados neste trabalho, de modo que o seu sistema de prevenção se encontra em consonância com os parâmetros internacionalmente reconhecidos enquanto aconselháveis para a proteção dos oceanos.

O sistema brasileiro, por outro lado, possui um sistema misto, em que apenas se reconhece a aplicação imediata de convenções sobre direitos humanos em sua ordem interna, conforme preceitua o art. 5.º, §1.º, da CF/88. Todas as demais convenções terão de ser incorporadas legislativamente por meio da edição de um ato de promulgação, o que faz com que várias convenções ratificadas pelo Brasil durem décadas para a produção de seus efeitos. Exemplo disso são as convenções INTERVENTION/69 e MARPOL 73/78 que levaram mais de 30 anos para vigorar no país em decorrência da lentidão dos seus trâmites legislativos de promulgação.

Não obstante o atraso legislativo, o Brasil ainda não é signatário da CLC/92 nem do FIPOL 71/92, o que acarreta um sistema de responsabilidade internacional por eventos de poluição com hidrocarbonetos por navios distinto dos países signatários.

4.2. Responsabilidade civil por poluição causada por óleo proveniente de navios

No caso do Brasil, a CLC/69 não atinge a totalidade de "navios" abrangidos pela CLC/92 e apenas considera como "evento" os casos onde já ocorreu poluição, ignorando as hipóteses de grave ameaça e perigo iminente. Sendo assim, o alcance de seus termos é reduzido em relação a Portugal e aos demais Estados signatários da CLC/92. Além disso, não há em seu texto a delimitação estabelecida pelo art. III(4) da CLC/92, de maneira que o regime de canalização da responsabilidade do proprietário do navio não se aplica no Brasil, posto que o mesmo não confere imunidade aos prepostos e ao capitão do navio, a gerar uma série de responsáveis virtuais para um mesmo evento.

Por conseguinte, o conceito adotado por "prejuízos causados por poluição" não possui qualquer limite no Brasil, enquanto o art. I(6), da CLC/92 ressalva que as indenizações decorrentes destes prejuízos, salvo os lucros cessantes, se limitarão aos custos de reparação a ser empreendidos para o retorno de suas condições naturais. Logo, além do regime de canalização ser falho e a limitação de responsabilidade não abranger a totalidade de eventos abarcados pela CLC/92, há ainda a possibilidade do surgimento de pedidos de compensação sem qualquer limite. Esta fórmula, desacompanhada do FIPOL ou de qualquer outro fundo de complementação, se apresenta como temerária, ao criar situações em que não há a possibilidade de se ocorrer a compensação em decorrência de sua onerosidade excessiva ou, ainda, pela impossibilidade de se repassar os custos a um particular acompanhada da ausência de recursos previamente destinados a este fim, como vimos com os casos de "manchas órfãs".

Como dito anteriormente, o regime CLC/FIPOL busca, de fato, uma reparação célere e efetiva das vítimas, mas isso é fruto de constantes revisões, todas advindas da verificação de sua insuficiência para lidar com eventos ocorridos ao longo dos anos. Posto isto, a persistência brasileira em não ratificar os protocolos subseqüentes a 1969 e o FIPOL apenas demonstra o seu despreparo instrumental legislativo de responsabilização para este tipo de catástrofes, de modo que se espera que não seja necessária a ocorrência de um novo *Érika* ou um novo *Prestige* em costas brasileiras para que surja a consciência acerca da insuficiência de seu sistema de responsabilização.

4.3. Cooperação internacional

A despeito do disposto nas convenções internacionais sobre prevenção da poluição marinha, a cooperação se apresenta não só como um instrumento essencial para a rápida resolução deste tipo de problema como, também, um princípio de Direito do Ambiente. Por este instituto, inclusive, ficam mais claros os instrumentos jurídico-administrativos globais, em que se observa uma inter-relação não só entre Estados, bem como entre instituições e organizações regionais e internacionais.

Em Portugal, existe uma grande rede de cooperação internacional. O Estado é membro da OSPAR, do Acordo de Lisboa e da União Européia, onde se insere em um regime comunitário e regional de proteção ambiental, cuja política tem se mostrado não só preventiva, mas voltada à melhoria das presentes condições ambientais de seus mares, como é o caso da Diretiva--Quadro «Estratégia Marinha».

Foi, ainda, protagonista na operação de contingência do incidente do *Prestige*[69]. Este caso ilustra bem a forma de ação cooperada desenvolvida pelos Estados Europeus. As operações de limpeza no mar foram realizadas pela Espanha, com o auxílio de navios de mais nove países europeus, com destaque para a França e Portugal, principais interessados na contenção da contaminação[70].

No Brasil há ainda uma construção do que possa se chamar de sistema cooperação internacional, no que tange ao desenvolvimento de políticas comuns integradas. O país ratificou o Acordo-Quadro sobre Meio Ambiente no âmbito do MERCOSUL, que se apresenta como uma carta de intenções de cooperação, sem, contudo, haver qualquer instrumentalização ou adoção de políticas nesse sentido. Pertence, ainda, a ROCRAM que, dentre os seus objetivos, está o de promover o preparo dos países para o seu combate e o estabelecimento de mecanismos que facilitem a cooperação e coordenação regional em casos de grandes emergências na região. Contudo, os mecanismos desenvolvidos em sede de suas Estratégias Marinhas são recomendações sem caráter vinculante.

Desse modo, verificamos a existência de sistemas de coordenação e cooperação regional em ambos os países comparados. No entanto, os mecanismos europeus desenvolvidos em sede de suas Diretivas comunitárias possuem natureza vinculante, enquanto os mecanismos Sul Americanos são meramente recomendatórios.

---

[69] Em 13 de novembro de 2002, o navio taque *Prestige,* que navegava pela bandeira de Bahamas carregado com 76.972 toneladas de óleo pesado, comunicou que havia começado a vazar óleo nas proximidades de Cabo Finisterra, na região da Galícia espanhola. Seis dias depois, enquanto era rebocado para longe da costa espanhola, o navio partiu em dois e afundou a 260 km de Vigo, liberando cerca de 63.000 toneladas de óleo no mar. Os destroços do navio que, segundo as autoridades espanholas, permaneciam com cerca de 13.800 toneladas de óleo armazenados consigo, continuaram a liberar óleo por semanas que, com o auxílio da ação das correntes e dos ventos dispersaram a mancha de óleo da costa ocidental da Galícia para o Golfo de Biscaia, afetando fortemente também a costa norte de Espanha e França. Cfr. *The Prestige Incident: IOPC Funds Report.* Disponível em: «http://www.iopcfund.org/prestige.htm». Acesso em: 28.abr.2011.

[70] Apesar dos avanços pelo mar, não houve nenhum registro de contaminação da costa portuguesa, prova da efetividade da ação preventiva adotada na operação de limpeza off--shore. *The Prestige Incident: IOPC Funds Report...* ob. cit.

4.4. Planos nacionais de contingência

Em Portugal, há um Plano Nacional de Contingência estruturado em conformidade com a OPRC/90, que é o *Plano Mar Limpo* (PML), complementado e integrado por Planos de Intervenção Regional, para os seus 5 (cinco) Departamentos Marítimos, e Planos de Intervenção Local, para as 28 (vinte e oito) Capitanias existentes.

Enquanto isso, no Brasil, por outro lado, somente após o incidente da Chevron no Rio de Janeiro, ocorrido em dezembro de 2011 no Campo de Frade/RJ[71], se impulsionou a aprovação do Plano Nacional de Contingência, instituído pelo Decreto n.º 8.127/2013, de 22 de outubro (um dia após o leilão de exploração do pré-sal do Campo de Libra/RJ).

Até a aprovação do PNC, a atuação nacional se resumia à execução dos planos de emergência local e regional, em que, por meio da Lei n.º 9.966/00, imputou-se a obrigação das instalações portuárias e plataformas desenvolverem seus respectivos Planos de Emergência Individuais (conteúdo mínimo estabelecido pela Resolução CONAMA n.º 293/01, de 12 de Dezembro) e Planos de Área (conteúdo mínimo estabelecido pelo Decreto n.º 4.871/03), que deverão ser aprovados pelo órgão ambiental competente.

Contudo, verifica-se que o processo de desenvolvimento dos Planos de Área brasileiros está em fase de iniciação, como pode se observar em recente matéria publicada pela Secretária de Comunicação do Governo do

---

[71] Segundo a Fundação SOS Mata Atlântica: *"O tamanho inicial do vazamento foi estimado pela Agência Nacional de Petróleo (ANP) em 330 barris por dia, ou 50 litros de óleo. No entanto, imagens de satélite da Agência Espacial Norte-Americana (Nasa) indicaram um vazamento dez vezes maior. A extensão da mancha vista do espaço levou a um cálculo de 3,7 mil barris de óleo por dia – quantidade próxima a identificada no início do vazamento do Golfo do México (abril/ 2010), avaliado como o maior derrame acidental na história. O episódio evidenciou a falta de governança por parte dos órgãos governamentais brasileiros, uma vez que no momento da tragédia a única fonte de informação para a sociedade era a própria empresa. O governo brasileiro não contava com suas próprias condições para chegar ao local do vazamento e avaliar seu impacto, para assim agir com rapidez e também informar, com dados precisos e transparentes, as consequências do acidente ao ambiente marinho. Desde então, aumentou-se a pressão da sociedade para que o governo criasse o Plano Nacional de Contingência (PNC) para grandes vazamentos de petróleo"*. Disponível em: < http://www.sosma.org.br/16659/plano-nacional-contra-vazamentos-de-petroleo-nao--garante-seguranca-da-costa/>. Acesso em: 29 abr. 2015.

Estado do Paraná[72]. O primeiro Plano de Área desenvolvido no país, por exemplo, o Plano de Área do Litoral Norte Paulista, teve início em 2009. Fato este que demonstra a atual situação do país no desenvolvimento de suas estratégias de combate a poluição. Logo, vê-se que tanto os planos locais/regionais, como o PNC se apresentam ainda de forma embrionária no país.

4.5. Distribuição de competências

Em Portugal, a competência para o atendimento de poluição por hidrocarbonetos no mar é unificado no Sistema da Autoridade Marítima (SAM), que abrange a totalidade de entidades com responsabilidades no exercício da autoridade marítima no país. A Autoridade Marítima Nacional coordena as atividades exercidas pela Marinha e pela Direcção-Geral da Autoridade Marítima (DGAM), que, por sua vez, possui suas atividades descentralizadas regionalmente nos Departamentos Marítimos, e localmente nas Capitanias dos Portos[73].

Diante de incidentes de poluição, o combate será efetuado pelas Capitanias dos Portos do local afetado, sob coordenação do Capitão do Porto, também responsável para proceder com a autuação do infrator e aplicação do regime contra-ordenacional cabível (art. 13 do DL n.º 44/02 e art. 11, do DL 235/00). A sua atuação será, todavia, coordenada pelo Chefe do Departamento Marítimo afetado, em casos de impacto regional, e pelo Diretor-Geral da DGAM, em casos de impacto nacional.

No Brasil, diferentemente de Portugal, existe uma rede de competências descentralizadas, a envolver seis órgãos distintos, abrangendo os pertencentes ao SISNAMA (desconcentração do Ministério de Meio Ambiente em suas esferas federal, estadual e municipal), da Autoridade Marítima (Ministério da Marinha), a Procuradoria-Geral da República (PGR), no ajuizamento de ações judiciais ambientais em jurisdição federal (art. 27, II, da Lei

---

[72] GOVERNO DO ESTADO DO PARANÁ, *Portos terão plano de combate à poluição por óleo*, publicado em: 01.set.2011. Disponível em: «http://www.comunicacao.pr.gov.br/modules/noticias/article.php?storyid=65438&tit=Portos-terao-plano-de-combate-a-poluicao--por-oleo». Acesso em. 02.set.2011.

[73] *Cfr.* PORTUGAL, Art. 8.º, do Decreto-Lei n.º 44/2002... ob. cit.

n.º 9.966/00), e a ANP (agência reguladora do petróleo), com um sistema de delegações recíprocas e de distribuição de atribuições para fiscalizar, emitir relatórios, autuar e sancionar civil, administrativo e penalmente.

Em âmbito administrativo (ou seja, não jurisdicional), conforme o Decreto n.º 4.136/02, a competência para aplicação das sanções no Brasil, se distribui para a Marinha, em eventos ocorridos por embarcações nos mares; aos órgãos ambientais, para eventos ocorridos nas instalações portuárias e plataformas; e à ANP para os eventos relacionados à indústria do petróleo. Judicialmente, a PGR é competente para ajuizar ações civis e penais (Lei n.º 9.605/98) em matéria ambiental federal, e os órgãos estaduais e municipais de meio ambiente serão competentes em suas respectivas jurisdições (art. 27, III e IV, da Lei n.º 9.966/00). Sendo assim, verifica-se que no Brasil há uma maior burocracia e complexidade na distribuição das competências do que em Portugal, havendo, muitas vezes, sobreposições e a necessidade de delegações para outros entes, o que pode redundar em ações menos eficazes.

4.6. Recursos destinados, instrumentalização e a responsabilidade pelos atos de contenção e combate do dano

No que concerne aos recursos empreendidos na contenção do impacto, verificamos que, enquanto em Portugal há um sistema coordenado e aplicado pela Autoridade Marítima, com equipamentos e pessoal próprio, cujos custos empreendidos na ação de combate poderão ser compensados pelo FIPOL diante de hipóteses em que não se puder recorrer ao agente causador do dano, no Brasil verifica-se a delegação deste dever, por meio da Lei 9.966/00, para os sujeitos que exploram portos organizados, instalações portuárias, plataformas e instalações de apoio, por meio da obrigação de terem de desenvolver Planos de Emergência Individuais (regulamentados pela Resolução CONAMA 293/01) e Planos de Área (regulamentados pelo Decreto n.º 4.781/03), que assumirão a responsabilidade pelos atos de combate à poluição local e regional.

Delegação, esta, que abrange, ainda, as ações de reparação em casos de "manchas órfãs" (art. 2.º, XII, do Decreto n.º 4.781/03). Por tal preceito aplica-se a teoria do risco, no sentido de que, em razão de explorarem uma atividade que gera a potencialidade de impactos com hidrocarbonetos, devem os mesmos contribuir com os custos de prevenção e correção dos impactos advindos.

Todavia, tal política não se mostra preventiva, uma vez que motiva a não comunicação de incidentes anônimos (dado o receio de vir a ter que empreender esforços e gastos na contenção de dano alheio), como carece de recursos para a eventualidade de um impacto de magnitude não suportável por tais Planos. Além disso, ao delegar ao particular a ação de combate à poluição, pressupõe-se a tomada de decisões pautadas em uma lógica de mercado e não preventiva, de modo que as ações empreendidas serão o mínimo para a restauração do local atingido, nem sempre se coadunando com os objetivos ambientais a serem empreendidos. Por fim, embora a delegação da ação de combate se fundamente no princípio do poluidor-pagador, tal princípio não opera na sua maior medida, posto que as vítimas do evento podem não ser compensadas por seus prejuízos. Isso porque, terão de buscar a compensação por vias judiciais onde a sua reparação será incerta, posto que a procedência de seus pedidos dependerá de uma análise acerca da excludente de responsabilidade quanto ao fato exclusivo de terceiro nos eventos com "manchas órfãs" e a possibilidade, ou não, de se inverter o ônus da prova nestes eventos.

5. Considerações finais: possíveis contribuições para uma maior efetividade preventiva

Por todo exposto, diante da verificação de algumas lacunas preventivas na sistemática brasileira, quais sejam, a falta de estruturação de um plano nacional de contingência, acompanhado de uma sistemática de responsabilização internacional desatualizada e da ausência de mecanismos vinculantes de integração e cooperação regional, entendemos que algumas medidas podem ser realizadas em prol de se garantir uma maior efetividade no combate à poluição do mar por hidrocarbonetos, quais sejam:

(1) Em se tratando de convenções internacionais por si adotadas sobre a proteção e prevenção do ambiente, reconhecer a imediata produção de seus efeitos, com fulcro no art. 5.º, §1.º, da CF/88, de modo

que o desenvolvimento legislativo busque acompanhar, sem óbices burocráticos, o desenvolvimento técnico e os riscos que visa regular;
(2) Atualizar o seu sistema de responsabilidade por poluição por hidrocarbonetos, ainda pautado nos moldes da CLC/69;
(3) Buscar maior integração regional na organização de um Plano de Contingência Sul-Americano, de modo a reunir esforços para instrumentalizar os acordos de cooperação já efetuados em competências previamente estipuladas para o combate de eventos com poluição transfronteiriça e estruturar formas de apoio mútuo entre os países costeiros do Cone Sul para a proteção do Atlântico Sudoeste.
(4) Atualizar o seu regime de responsabilidade por meio do estabelecimento de um Fundo previamente destinado para o custeio de resposta a incidentes danosos. Internacionalmente, há o FIPOL que pode vir a ser ratificado, bem como há a possibilidade da constituição de um Fundo Nacional para este fim.

No que tange à possibilidade de constituição de um Fundo nacional, uma alternativa potencial seria a utilização de parcela dos royalties do petróleo para tal fim[74]. Isso porque, além de representar uma sólida receita recebida pelos entes produtores de petróleo das empresas concessionárias de sua exploração, esta prestação possui a natureza jurídica de compensação financeira vinculada à satisfação de interesses públicos primários, dentre eles, a proteção do ambiente.

Por meio de tais medidas, entende-se que a sistemática brasileira se enquadraria melhor aos padrões internacionalmente reconhecidos como mais preventivos, a exemplo de Portugal, que tem adotado tais medidas e se apresentado enquanto referência européia na proteção dos mares e oceanos.

---

[74] Sobre a possibilidade de utilização dos royalties do petróleo para a constituição de um Fundo complementar ao regime de responsabilização por poluição marinha causada por hidrocarbonetos, *Cfr.* Orlindo Francisco BORGES, *A utilização... ob. cit.*, 115 pp.; Orlindo Francisco BORGES, *Royalties do petróleo, gestão de riscos ambientais e danos anónimos no Brasil, In: Scientia Iuridica* – Tomo LIX, 2010, n.º 324, pp. 701/726.

REFERÊNCIAS BIBLIOGRÁFICAS

i) Doutrina

AMADO GOMES, Carla. **A prevenção à prova no Direito do Ambiente: em especial os actos autorizativos ambientais**, Ed. Coimbra: Coimbra, 2000
——, **A responsabilidade civil por dano ecológico. Reflexões preliminares sobre o novo regime instituído pelo DL 147/2008, de 29 de Julho**, Lisboa, AAFDL, 2009
——, Apontamentos sobre a jurisprudência ambiental internacional, In: **Elementos de Apoio à disciplina de Direito Internacional do Ambiente**, Lisboa, 2008, pp. 367 segs.
——, *Direito Administrativo do Ambiente, In*: OTERO Paulo; GONÇALVES, Pedro (Orgs.). **Tratado de Direito Administrativo Especial**, Vol. I, pp. 159/279
ANTUNES, Paulo de Bessa. **Dano ambiental: uma abordagem conceitual**. Rio de Janeiro: Lúmen Júris. 2000
ARROYO-MARTINEZ, Ignacio. *Curso de Derecho Marítimo*, J.M Bosch Editor: Barcelona, 2001
BOISSON, Philippe. *La société de classification bénéficie-t-elle de l'exclusion prévue par l'article III (4) de la convention CLC?, In: Le Droit Maritime Français*, Set. 2008, pp.696-703;
BONASSIES, Pierre. *Sociétés de classification et convention de 1969/1992 sur la responsabilité pour les dommages dus à la pollution par les hydrocarbures, In: Le Droit Maritime Français*, Set. 2008, p.691-695.
BORGES, Orlindo Francisco. **A utilização dos royalties do petróleo na efetivação do princípio da precaução frente à sociedade do risco: uma análise a partir da relação derramamento de óleo no mar vs. Meio ambiente protegido como um direito fundamental, no cenário capixaba**. Monografia apresentada ao curso de graduação em Direito da Faculdade de Direito de Vitória – FDV, Vitória: FDV, 2009
——, *Royalties do petróleo, gestão de riscos ambientais e danos anónimos no Brasil, In*: **Scientia Iuridica** – Tomo LIX, 2010, n.° 324, pp. 701/726.
——, *Poluição marinha por hidrocarbonetos: a resolução jurisdicional de conflitos envolvendo incidentes com petroleiros no Direito Internacional*. In: AMADO GOMES, Carla (Coord.). **Direito(s) das Catástrofes Tecnológicas**. AAFDL: Lisboa, 2014, pp. 245/311.

CANOTILHO, José Joaquim Gomes. *Estado constitucional ecológico e democracia sustentada*, In: SARLET, Ingo Wolfgang (Coord.). **Direitos fundamentais sociais: Estudos de Direito Constitucional Internacional e Comparado**, Rio de Janeiro, Renovar, 2003

——, **Estado de Direito**, Lisboa, Gradiva Publicações, 1999

——, **Responsabilidade Civil por Danos Ecológicos: Da Reparação do Dano através da Restauração Natural**, Coimbra, Coimbra Editora, 1998

CANÇADO TRINDADE, Antonio Augusto. **A Proteção Internacional dos Direitos Humanos**. São Paulo: Saraiva, 1991

CASSESE, Sabino. **Administrative law without the State? The challenge of global regulation**, in International Law and Politcs, 2005, vol. 37:663

DE RAULIN, Arnaud. *L'Epopée judiciaire de l'Amoco Cadiz*. In: *Journal du droit international*, Paris. 120n.1 (jan.-mar.1993), pp. 41/96

DU PONTAVICE, Emmanuel. *La pollution des mer par les hydrocarbures à propos de l'affaire du "Torrey Canyon"*, Librairie Générale de Droit et de Jurisprudence, Paris, 1968

DUARTE, Maria Luísa. **Direito Administrativo da União Européia**, Coimbra Ed.: Coimbra, 2008

GILBERTONI, Carla Adriana Comitre. **Teoria e Prática do Direito Marítimo**. 2.ed. Rio de Janeiro: Renovar, 2005

GOMES, Manuel Januário da Costa. *Leis Marítimas*, 2 ed., Almedina: Coimbra, 2007

——, **Limitação de Responsabilidade por Créditos Marítimos**, Almedina: Coimbra, 2008

GOUVEIA, Jorge Barcelar. **Manual de Direito Internacional Público**, 3.ed. Almedina: Coimbra, 2008

KISS, Alexandre. *Direito Internacional do Ambiente*, In: **Direito do Ambiente**, INA, 1994, pp. 147 segs.,

MAZZUOLI, Valério de Oliveira. **Direitos Humanos e Relações Internacionais**, Campinas: Agá Juris, 2000

MENEZES LEITÃO, Luis. *A Responsabilidade Civil por Danos Causados ao Ambiente*, In: Carla AMADO GOMES; Tiago ANTUNES (Orgs.), **Actas do Colóquio "A Responsabilidade Civil por Dano Ambiental"**, ICJP: Lisboa, 2009

PIOVESAN, Flávia. *Direitos Humanos e Direito Constitucional Internacional*. 7.ed. São Paulo: Saraiva, 2006

PORTO, Marco Maio; TEIXEIRA, Sérgio Grein. **Portos e Meio Ambiente**. São Paulo: Aduaneiras, 2002

QUÉNEUDEC, Jean-Pierre. *L'incidence de l'affaire du Torrey Canyon sur le droit de la mer*. In: *Annuaire français de droit international*, vol. 14, 1968, pp. 701-718, p. 701. Disponível em: «http://www.persee.fr/web/revues/home/prescript/article/afdi_00663085_1968_num_14_1_1515». Acesso em: 03.abr.2011

SICCARDI, Francesco. *Pollution liabiility and classification societies: Is the System a Fair One?*, In: *Il Diritto Marittimo*, 2005, pp. 691-710

SILVA, Vasco Pereira da. Como a Constituição é verde: os princípios fundamentais **da Constituição Portuguesa do Ambiente**, Lisboa: AAFDL, 2001,

——, **Verde cor de Direito: Lições de Direito do Ambiente**, Coimbra: Almedina, 2003

SOUZA FILHO, André Moreira de. **Planos Nacionais de Contingência para Atendimento a Derramamento de Óleo: Análise de países representativos das Américas para implantação no Brasil**. Dissertação de mestrado apresentada ao curso Planejamento Ambiental, vinculado ao programa de pós-graduação em Engenharia da Universidade Federal do Rio de Janeiro – UFRJ, 2006, p. 138. Disponível em: «http://www.ppe.ufrj.br/ppe/production/tesis/amfilho.pdf». Acesso em: 13.ago.2011.

SUORDEM, Fernando da Silva. **O princípio da separação dos poderes e os novos movimentos sociais**, Coimbra, 1995

SUNSTEIN, Cass R. *Para além do princípio da precaução*, In: **Interesse Público**, n.37, São Paulo: Notadez, mai.-jun., 2006, pp. 119/173

WU, Chao. **La pollution du fait du transport maritime des hydrocarbures**, Pedone: Mônaco, 1994

ii) Legislação, Documentos oficiais, informações institucionais e reportagens

AUTORIDADE MARÍTIMA DE PORTUGAL, **Combate à poluição do mar**. Disponível em: «http://autoridademaritima.marinha.pt/PT/DCPM/Pages/combate_poluicao.aspx». Acesso em: 25.ago.2011.

——, **Organização para a acção de combate à poluição do mar: O Plano Mar Limpo**. Disponível em: «http://autoridademaritima.marinha.pt/PT/DCPM/Pages/oacpm.aspx». Acesso em: 21.jul.2011.

——, *Sinistros marítimos com derrames graves*. Disponível Em: «http://autoridademaritima.marinha.pt/PT/DCPM/Pages/sinistros.aspx». Acesso em: 21.Ago.2011.

BRASIL, **Constituição da República Federativa do Brasil de 1988**. Disponível em: «http://www.planalto.gov.br/ccivil_03/constituicao/constitui%C3%A7ao. htm». Acesso em: 20.ago.2011.

——, **Decreto n.º 2.870/98, de 10 de Dezembro**. Disponível em: «https:// docs.google.com/viewer?a=v&q=cache:NZuRPGO_x48J:www.ibama. gov.br/phocadownload/category/36-p?download%3D1059%253A2.870- -98+Decreto+n%C2%BA+2.870/98&hl=pt-PT&gl=pt&pid=bl&srcid=A DGEESj0cX5iepG-aT1cwECJyJ6gYRguZ9g46Cz7bD-3BB3lTsQZKn-Xo9ZTYItXXd8NiJgzk_fzEyhWJTv4JDZxhfSMefP38NYus9BjTDFrIA-Px8POxCxQy-TxENoQ-9xzXQJI21hstW&sig=AHIEtbSWL9QUkrz_ fowWKX2EnjEQ3AIqpw&pli=1». Acesso em: 21.ago.2011.

——, **Decreto n.º 3.334/1889, de 5 de Julho**. Disponível em. «http://www6.senado. gov.br/legislacao/ListaNormas.action?numero=3334&tipo_norma=DEC&dat a=18990705&link=s». Acesso em: 20.ago.2011

——, **Decreto 4.871/03, de 6 de Novembro**. Disponível em: «http://www.planalto. gov.br/ccivil_03/decreto/2003/d4871.htm». Acesso em: 20.ago.2011.

——, **Decreto n.º 5.208/04, de 17 de Setembro**. Disponível em: «http://www. mpambiental.org/?acao=legislacao-pop&cod=258». Acesso em: 23.ago.2011

——, **Lei n.º 5.357/67, de 17 de Novembro**. Disponível em: «http://4ccr.pgr.mpf. gov.br/institucional/grupos-de-trabalho/gt-aguas/docs_legislacao/lei_5357. pdf». Acesso em: 21.ago.2011.

——, **Lei n.º 6.938/81, de 31 de Agosto**. Disponível em: «http://www.planalto.gov. br/ccivil_03/leis/l6938.htm». Acesso em: 21.ago.2011.

——, **Lei n.º 9.605/98, de 12 de Fevereiro**. Disponível em: «http://www.ibama.gov. br/fauna/legislacao/lei_9605_98.pdf». Acesso em: 21.ago.2011.

——, **Lei n.º 9.966/00, de 29 de Abril**. Disponível em: «http://www.planalto.gov. br/ccivil_03/leis/L9966.htm». Acesso em: 21.ago.2011.

——, **Resolução CONAMA n.º 265/00, de 27 de Janeiro**. Disponível em: «http://www.mma.gov.br/port/conama/res/res00/res26500.html». Acesso em: 21.ago.2011.

——, **Resolução CONAMA n.º 293/01, de 12 de Dezembro**. Disponível em: «www.cprh.pe.gov.br/downloads/293de12dedezembrode2001.doc». Acesso em: 20.ago.2011.

CETESB, **Manchas órfãs**. Disponível em: «http://www.cetesb.sp.gov.br/geren-ciamento-de-riscos/vazamento-de-oleo/211-manchas-orfas». Acesso em: 02.mai.2011.

DIRECÇÃO-GERAL DA COMUNICAÇÃO DO PARLAMENTO EUROPEU, **O Parlamento Europeu**, Luxemburgo: Serviço das Publicações da União Europeia, 2010

EXPRESSO, *60 toneladas de 'crude' derramadas na Figueira da Foz*, 12.fev.1992. Disponível em: «http://ecoline.ics.ul.pt/ecoline.asp?p06&1&418&433&579». Acesso em: 23.ago.2011.

GOVERNO DO ESTADO DO PARANÁ, *Portos terão plano de combate à poluição por óleo*, publicado em: 01.set.2011. Disponível em: «http://www.comunicacao. pr.gov.br/modules/noticias/article.php?storyid=65438&tit=Portos-terao-plano--de-combate-a-poluicao-por-oleo». Acesso em. 02.set.2011.

IOPC, *The Prestige Incident: IOPC Funds Report*. Disponível em: «http://www. iopcfund.org/prestige.htm». Acesso em: 28.abr.2011.

MARINHA DE PORTUGAL, **Serviço de Combate a Poluição**. Disponível em: «http://www.marinha.pt/PT/amarinha/estruturaorganizativa/siatemadeautoridademaritima/dgam/Pages/ServicodeCombatePoluicao.aspx». Acesso em: 15.jun.2011.

NOAA, *Amoco Cadiz Incident Report*. Disponível em: «http://www.incidentnews. gov/incident/6241». Acesso em: 30.abr.2011.

ORDOÑES, Ramona. *Depois da BP... Governo vai criar Plano Nacional de Contingência para a exploração de petróleo, diz diretor da ANP*. In: O Globo, *25.jul.2010. Disponível em:* «http://oglobo.globo.com/economia/ mat/2010/07/25/governo-vai-criar-plano-nacional-de-contingencia-para--exploracao-de-petroleo-diz-diretor-da-anp-917236451.asp». Acesso em: 25.ago.2011.

PORTUGAL, **Decreto-Lei n.º 43/2002, de 02 de Março**. Disponível em: «http:// www.prociv.pt/Legislacao/Documents/Agentes%20PC/DL%20432002%20 Organia%C3%A7%C3%A3o%20e%20atribui%C3%A7%C3%B5es%20 SAM%20e%20cria%C3%A7%C3%A3o%20AMN.pdf». Acesso em: 16.jul.2011.

——, **Decreto-Lei n.º 44/2002, de 02 de Março**. Disponível em: «http://www. prociv.pt/Legislacao/Documents/Agentes%20PC/DL%20442002%20AMN. pdf». Acesso em: 16.jul.2011

——, **Resolução do Conselho de Ministros n.º 25/93, de 7 de Fevereiro**. Disponível em: «http://siddamb.apambiente.pt/publico/documentoPublico.asp?doc umento=5022&versao=1&searcher=Resolu%E7%E3o%7CConselho%7CM inistros%7C25/93&nota=0&prefix=&qstring=Resolu%E7%E3o%20do%20

Conselho%20de%20Ministros%20n%BA%2025/93%20nacional%3As%20 comunitaria%3As%20internacional%3As%20jurisprudencia%3As%20 doutrina%3As%20outro%3As%20legislacao%3As». Acesso em: 13.jul.2011.

PRESIDÊNCIA, **Serviço de combate à poluição por hidrocarbonetos**, p.2. Disponível em: « http://www.presidencia.pt/archive/doc/SCPMH.pdf». Acesso em: 23.ago.2011.

ROCRAM, **Estratégia Marítima de ROCRAM 2005-2010**. Disponível em: «http://www.rocram.net/prontus_rocram/site/artic/20080429/asocfile/20080429110750/estrategia_maritima_rocram_1.pdf». Acesso em: 22.ago.2011

UE, *Directiva n.º 2008/56/CE do Parlamento Europeu e do Conselho, de 17 de Junho de 2008*. Disponível em: «http://eur-lex.europa.eu/LexUriServ/LexUriServ.do?uri=CELEX:32008L0056:PT:HTML». Acesso em: 01.mar.2011.

VALOR ECONÔMICO, *Caso BP agiliza definição do Plano Nacional de Contingência*. 20.jul.2010. Disponível em: «http://www.naval.com.br/blog/tag/plano-nacional-de-contingencia/». Acesso em: 25.ago.2011

ÍNDICE

Plano da Obra 5

Nota Prévia à 2.ª Edição 7

Nota Prévia 9

As Empresas Petrolíferas em Angola
António Menezes Cordeiro

I	– A Concessionária Nacional	11
	1. As origens da Sonangol	11
	2. Aspetos estatutários	12
	3. Parâmetros e natureza geral	14
II	– Empresas licenciadas e empresas associadas	15
	4. As empresas licenciadas	15
	5. Empresas associadas	17
	6. Prestadoras de serviços	19
III	– Em especial: os consórcios	20
	7. Noções básicas; Direito comparado	20
	8. O Direito angolano; influências decisivas	22
	9. Regime vigente	26
	10. Problema da repartição dos ganhos e perdas	30
	11. O termo do consórcio	32
IV	– Breve comparação com empresas estrangeiras	34
	12. Aspetos gerais; a Exxon/MOBIL	34
	13. A Saudi Aramco	35
	14. Elf Aquitaine/Total	35
	15. Petrobrás	36

V	– Princípios gerais do Direito das empresas petrolíferas...........	36
	16. A construção de uma disciplina jurídica....................	36
	17. Prudência e adequação.................................	37
	18. Estabilidade e confiança...............................	38
	19. Assunção de risco.....................................	39
	20. Fomento e progresso...................................	39
VI	– Concretização na *governance*............................	40
	21. Associação público/privada.............................	40
	22. Composição e organização da administração	41
	23. Liberdade e tutela.....................................	42
VII	– Concretização na *compliance*............................	43
	24. A fiscalização comum..................................	43
25. Níveis de aperfeiçoamento...................................		44

Protecção do Ambiente e Actividades Petrolíferas em Angola
CARLA AMADO GOMES
JOÃO VERNE OLIVEIRA

0. Introdução...	45
1. Exploração petrolífera e impactos ambientais....................	47
1.1. Uma sensibilidade internacional crescente à protecção do ambiente na regulamentação das actividades petrolíferas.............	49
1.1.1. Em especial, o padrão europeu: a Directiva 2013/30/UE, do Parlamento Europeu e do Conselho, de 10 de Junho	50
2. Actividades petrolíferas em Angola............................	58
2.1. Importância e relevância dada ao ambiente no contexto das actividades petrolíferas (na sua globalidade)	60
2.2. Modelos contratuais de exploração petrolífera	63
2.3. Cumprimento de normas de protecção ambiental como critério decisivo na escolha de parceiros internacionais................	65
2.4. Principais responsabilidades da Concessionária Nacional e das suas Associadas aquando do início das operações.............	67
3. Exploração e produção de petróleo	74
3.1. Responsabilidade pela condução das operações e pela protecção do ambiente	76

3.1.1. Em especial, a responsabilidade por derrames	77
3.2. Responsabilidade civil objectiva das empresas petrolíferas por danos ambientais?	79
4. Abandono de campos de exploração petrolífera	82
4.1. Normas de desmantelamento	83
4.2. Restauração do meio envolvente	84
5. Em jeito de conclusão: o futuro das operações petrolíferas em Angola no que respeita à protecção do ambiente	85

O Poder Concedente no Sector Petrolífero em Angola
CARLOS MARIA FEIJÓ

1. Introdução.	91
2. A reforma legislativa de 2004	100
3. As atribuições do poder concedente ao abrigo da Lei das Actividades Petrolíferas	103
3.1. Conselho de Ministros	104
3.2. Ministério dos Petróleos.	106
3.3. Concessionária Nacional – Sonangol.	109
4. A Concessionária Nacional enquanto entidade decisória. O Conflito de interesses	111
5. Conclusões.	115

Arbitragem Petrolífera
DÁRIO MOURA VICENTE

I. A arbitragem como meio de resolução de litígios internacionais em matéria petrolífera: sua relevância actual e problemas que suscita ...	117
II. O quadro jurídico e institucional da arbitragem petrolífera internacional.	119
III. O Direito aplicável ao mérito da causa.	123
IV. A aplicabilidade da *Xaria*	133
V. A emergência de uma *lex petrolea*	136
VI. Cláusulas de estabilização	138

Da Cessão da Posição Contratual no Âmbito das Operações Petrolíferas À Luz Do Direito Angolano
FRANCISCO RODRIGUES ROCHA

1. Introdução 143
2. Regime vigente 147
3. Transmissão de que posições contratuais? 161
4. A equiparação da transmissão de participações sociais à transmissão da posição contratual nos "contratos de associação" petrolífera, para efeitos da prestação de consentimento e de autorização prévia 171
5. O direito de preferência da Concessionária Nacional e das associadas nacionais 175
6. A equiparação da transmissão de participações sociais à transmissão da posição contratual nos "contratos de associação" petrolífera, para efeitos do exercício do direito de preferência 181
7. Conclusões 181

O Regime Jurídico do Petróleo no Brasil, Industrialização e Desenvolvimento
GILBERTO BERCOVICI 183

Os Contratos no Direito do Petróleo e do Gás
LUÍS MANUEL TELES DE MENEZES LEITÃO

1. Generalidades 221
2. Os contratos celebrados com o Estado detentor no sector *Upstream* ... 224
   2.1. Generalidades 224
   2.2. O modelo da concessão 225
   2.3. O modelo contratual 230
       2.3.1. Generalidades 230
       2.3.2. Os contratos de prestação de serviços 232
       2.3.3. Os contratos de empreendimento comum (*Joint Venture*) .. 234
       2.3.4. Os contratos de partilha da produção petrolífera (*Production Sharing Contract* ou PSC) 236

2.4. Comparação entre os diversos modelos contratuais. 239
3. Os contratos celebrados entre companhias petrolíferas no âmbito do sector *Upstream* 239
   3.1. Generalidades. 239
   3.2. Os acordos de proposta conjunta (*Joint Bidding Agreements*). . . . 240
   3.3. Os acordos de actividade conjunta (*Joint Operating Agreements*) 241
   3.4. Os contratos de cessão da posição contratual (*Farm in Farm Out Agreements*) 244
   3.5. Os acordos de unitização (*Unitization Agreements*). 248
4. Os contratos celebrados pelas companhias petrolíferas com terceiros no âmbito do sector *Upstream*. 251
   4.1. Generalidades. 251
   4.2. Os contratos para a realização de estudos sísmicos (*Seismic Contracts*). 251
   4.3. Os contratos para a perfuração de poços (*Drilling Contracts*). . . . 252
   4.4. Os contratos de apoio à prospecção e exploração petrolífera (*Support or Contribution Agreements*). 253
   4.5. Os contratos de prestação de serviços relativos a poços petrolíferos (*Well services contracts*). 255
   4.6. Os contratos relativos à concessão de *royalties* sobre a produção petrolífera. 256
5. Os contratos *Midstream* 257
   5.1. Generalidades. 257
   5.2. Os contratos de compra e venda de petróleo bruto (*Crude Oil Sales Agreements*) 258
   5.3. Os contratos de venda de gás natural (*Gas Sales Agreements*) . . . 260
   5.4. Os acordos de equilíbrio da produção do gás (*Gas Balancing Agreements*) 263
   5.5. Os acordos de agregação de vendas de petróteo ou de gás (*Common Stream Agreements*). 264
6. Os contratos *Downstream* 264
   Bibliografia. 265

Seguro Petrolífero:
Contributos para o Mercado Angolano
MANUEL GONÇALVES
LINO DIAMVUTU

1. Introdução 267
   1.1. O *petroleum* 267
   1.2. As actividades petrolíferas 268
   1.3. Delimitação do tema. 270
2. Direito do Petróleo e Direito dos Seguros 270
3. O contrato do seguro de petróleo: especificações 271
   3.1. Noção 271
   3.2. Caracterização: seguro de coisas 272
   3.3. Documentos do seguro de petróleo 272
   3.4. Especificações da apólice de seguro de petróleo 272
   3.5. Condições de aceitação do risco. 273
   3.6. Clausulados tipo do Lloyd de Londres. 273
4. O contrato de resseguro petrolífero 273
   4.1. O Resseguro 273
   4.2. O resseguro petrolífero. 275
5. Riscos cobertos pelo seguro petrolífero 276
   5.1. Na fase *upstream* 276
       5.1.1. As coberturas 276
       5.1.2. As Franquias 283
   5.2. Na fase *midstream* e *downstream* 284
6. Regime jurídico de contratação do seguro de petróleo 285
   6.1. Regime especial de co-seguro vigente: caracterização 285
   6.2. Relação entre a líder do co-seguro petrolífero e a concessionária de direitos mineiros para a pesquisa e produção de hidrocarbonetos líquidos e gasosos (Sonangol) 286
   6.3. Linhas de força para a evolução do co-seguro petrolífero 287
7. Conclusão. 288

O Transporte Marítimo de Hidrocarbonetos e o Regime de Limitação de Responsabilidade Previsto na Convenção Internacional sobre Responsabilidade Civil pelos Prejuízos Devidos à Poluição por Hidrocarbonetos, 1992 (CLC 92)

MANUEL JANUÁRIO DA COSTA GOMES

1. O sistema CLC/Fundos. Introdução. Do *Torrey Canyon* ao sistema CLC-Fundo/92 e ao Fundo Complementar	290
2. O princípio da responsabilidade do proprietário do navio	299
2.1. Os parâmetros da responsabilidade do proprietário do navio	299
2.2. O proprietário do navio como sujeito passivo da canalização de responsabilidade......................................	303
2.3. Recorte negativo da imputação da responsabilidade ao proprietário do navio	310
2.4. Conclusão pela natureza objectiva da responsabilidade do proprietário do navio	314
2.5. A imputação plural e solidária	318
2.6. A canalização da responsabilidade para o proprietário do navio..	320
2.7. Brechas na canalização?.................................	328
3. Danos cobertos pela CLC/92.................................	335
4. A limitação da responsabilidade do proprietário do navio...........	344
4.1. A faculdade de promoção da limitação da responsabilidade	344
4.2. Comportamento preclusivo da limitação de responsabilidade....	346
4.3. O fundo de limitação	347
4.3.1. Requerimento e constituição do fundo de limitação......	347
4.3.2. Efeitos da constituição do fundo de limitação	350
4.3.3. Distribuição do fundo de limitação...................	352
4.3.4. Processo aplicável ao fundo de limitação	354
4.3.5. Sobre a natureza jurídica do fundo de limitação.........	359
5. O *plus* de tutela dos lesados para além da CLC..................	364
5.1. Introdução. A conjugação CLC/FIPOL/Fundo Complementar ...	364
5.2. As compensações supletivas ou complementares	371
5.2.1. A compensação pelo Fundo.........................	371
5.2.2. A compensação pelo Fundo Complementar	377
6. Considerações conclusivas sobre o sistema CLC/Fundos	378
6.1. CLC / Fundo / Fundo Complementar: um modelo à deriva?.....	378

6.2. Sobre a natureza da responsabilidade do proprietário do navio... 381
Bibliografia.. 384

Gestão de Riscos Ambientais de Atividades Petrolíferas Offshore e Danos Ambientais Anônimos: Uma Perspectiva Luso-Brasileira
ORLINDO FRANCISCO BORGES

0. Enquadramento do tema..................................... 397
1. Poluição marinha e o desenvolvimento dos princípios ambientais inerentes à gestão do risco: perspectiva de um Direito Administrativo global 399
2. Regulamentação internacional para a gestão de riscos marinhos envolvendo hidrocarbonetos e a sua recepção por Portugal e Brasil....... 403
3. Danos ambientais anônimos com hidrocarbonetos 416
   3.1. "Manchas órfãs" em Portugal............................ 419
   3.2. "Manchas órfãs" no Brasil.............................. 422
4. Síntese comparativa dos regimes analisados 424
   4.1. Recepção de normas internacionais 424
   4.2. Responsabilidade civil por poluição causada por óleo proveniente de navios... 425
   4.3. Cooperação internacional............................... 426
   4.4. Planos nacionais de contingência......................... 428
   4.5. Distribuição de competências............................ 429
   4.6. Recursos destinados, instrumentalização e a responsabilidade pelos atos de contenção e combate do dano.................. 430
5. Considerações finais: possíveis contribuições para uma maior efetividade preventiva... 431